Zu diesem Buch

Zusammenleben und Zusammenarbeiten müssen gelernt werden. Hinter dieser Banalität verbirgt sich die bittere Erfahrung gescheiterter Partnerbeziehungen oder in sich zerstrittener, arbeitsunfähiger Gruppen, nicht zuletzt aber auch die Einsicht in ein Erziehungsdefizit in einem lebenswichtigen Bereich: Nichts und niemand bereitet uns angemessen darauf vor, in so komplizierten und anfälligen sozialen Systemen wie Paaren oder Gruppen zu leben und zu arbeiten. Niemand leitet uns an, Fähigkeiten und Verhaltensweisen zu entwickeln, die unsere Beziehungen zu anderen freihalten vor Ängsten, Hemmungen und Vorurteilen.

- Wer eigene Probleme und Konflikte effektiver bewältigen will,
- wer das «Leben zu zweit» ohne Repression des Partners verwirklichen will,
- wer als Erzieher, Lehrer oder Betreuer mitverantwortlich ist für die Sozialisationsbedingungen anderer,
- wer sich in Arbeits- oder Lerngruppen mit Kommunikationsstörungen und Problemen der Interaktion auseinandersetzt,
- wer sich mit den Möglichkeiten der psychischen Stabilisierung und des sozialen Verhaltenstrainings in Gruppen vertraut machen will,

dem zeigt dieses Buch Wege zum Erkennen und zur Veränderung, die zu befriedigenden Partner- und Gruppenbeziehungen führen.

- Problembereiche des sozialen Lernens (Einzeltraining)
- Partnertraining (Programm für 10 Sitzungen)
- Selbsterfahrungstraining für Gruppen (Programm für 11 Sitzungen)
- Kommunikations- und Kooperationstraining für Arbeits- und Wohngruppen. Anleitung zum Rollenspiel

Lutz Schwäbisch und Martin Siems studierten Psychologie, Philosophie, Soziologie und Pädagogik in Hamburg. Lutz Schwäbisch arbeitet als Gestalttherapeut und Martin Siems als klinischer Psychologe (beide in freier Praxis in Hamburg). In diesem Buch verknüpfen die Autoren Erfahrungen und Erkenntnisse der Gesprächs-, Verhaltens-, Gestalt- und Kommunikationstherapie mit ihren Erfahrungen im Kommunikations- und Verhaltenstraining zahlreicher Zielgruppen wie Eltern, Lehrern, Ehepaaren, Gruppenleitern, Ausbildern, Arbeitsteams, Dozenten, Wohngruppen u. a.

Lutz Schwäbisch, Martin Siems

Anleitung zum sozialen Lernen für Paare, Gruppen und Erzieher

Kommunikations- und Verhaltenstraining

Rowohlt

379.–383. Tausend Januar 1994

Originalausgabe
Veröffentlicht im Rowohlt Taschenbuch Verlag GmbH,
Reinbek bei Hamburg, April 1974
Copyright © 1974 by Rowohlt Taschenbuch Verlag GmbH,
Reinbek bei Hamburg
Umschlagentwurf Jürgen Wulff
Satz Times (Linotron 404)
Gesamtherstellung Clausen & Bosse, Leck
Printed in Germany
1290-ISBN 3 499 16846 4

Inhalt

1 Einführung — 11

I. Der Kontext der Autoren — 11
II. Der Kontext des Lesers — 12
III. Der gesellschaftliche Kontext — 14
IV. Der wissenschaftliche Kontext — 15
V. Literatur — 16

2 Problembereiche des sozialen Lernens (Einzeltraining) — 19

I. Lernen durch Erfahrung — 19

1. ‹Alte› und ‹neue› Erfahrungen — 20
2. Die experimentelle Lernhaltung hilft uns, unsere Möglichkeiten zu entwickeln — 24
3. Die Entfaltung der eigenen Persönlichkeit bedeutet Verbesserung der Kommunikation — 26
4. Der ‹Fünferschritt› des sozialen Lernens — 29
5. Störfaktoren beim sozialen Lernen — 34

II. Soziale Angst — 37

1. Die verschiedenen Ebenen sozialer Angst — 37
2. Soziale Angst und deren Vermeidung — 38
3. Die Angst, eine eigene Persönlichkeit zu sein — 40
4. Das Chamäleonspiel — 41
5. Soziale Angst und Bestrafung — 44
6. Die Verringerung sozialer Angst — 47
7. Die Angst vor der Angst — 49
8. Übungen zur Verringerung von sozialer Angst — 50

III. Der Ausdruck von Gefühlen — 52

1. Die Akzeptierung der eigenen Gefühle — 52
2. Der nonverbale Ausdruck von Gefühlen — 55
3. Ausdruck von Gefühlen durch Handlungen — 57
4. Der sprachliche Ausdruck von Gefühlen — 58
5. Übungen zum direkten Ausdruck von Gefühlen — 61
6. Widersprüchlicher Ausdruck von Gefühlen — 68

IV. Feed-back — 70

1. Ohne Feed-back ist soziales Lernen nicht möglich — 70
2. Destruktives Feed-back — 73
3. Günstige Formen von Feed-back — 76
4. Feed-back als Lernprozeß — 79

V. Selbstkommunikation — 81

1. Warum Probleme nicht einfach übergangen werden sollten — 82
2. Probleme bestehen aus einem Tatsachenteil und einem Gefühlsteil — 83

3. Struktur- und Prozeßdenken 86
4. Selbstbestrafung behindert die Lösung von persönlichen Problemen 88
5. Zwei Gedanken, die sich logisch widersprechen, schließen sich im Seelenleben nicht aus 90
6. Die ‹Entweder-Oder-Haltung› führt zu destruktiver Kommunikation zwischen den Konfliktseiten 92
7. Lautes Sprechen fördert die Problemlösung 93
8. Wie Sie Lösungsmöglichkeiten für Konflikte mit Ihren Sozialpartnern auch allein erarbeiten können 94
9. Das Rollenspiel auf zwei Stühlen 95
10. Meditation – eine Übung, um zu lernen, sich selbst nichtwertend zuzuhören 100

VI. Das partnerzentrierte Gespräch 106

1. Die verschiedenen Formen, jemandem zu helfen 106
2. Einstellungen, die ein hilfreiches Gespräch fördern 109
3. Fördernde und hemmende Reaktionen 113
4. Übungen zur Unterscheidung von fördernden und hemmenden Reaktionen 115
5. Partnerzentrierte Reaktionen und deren Auswirkung 118
6. Das verständnisvolle Zuhören – Stufe I des partnerzentrierten Gesprächs 123
7. Das Paraphrasieren – Stufe II des partnerzentrierten Gesprächs 125
8. Das Verbalisieren emotionaler Erlebnisinhalte – Stufe III des partnerzentrierten Gesprächs 125
9. Echtes oder unechtes Verhalten 128
10. Eine Übung zur Unterscheidung von förderlichen und hindernden Reaktionen beim partnerzentrierten Gespräch 129

VII. Das Konfliktgespräch 131

1. Warum für viele Menschen Konflikte etwas Unangenehmes sind 131
2. Wie wirkt sich die Angst vor Konflikten in Beziehungen aus? 132
3. Der einseitig-direkte Beginn eines Konfliktgesprächs und seine negativen Auswirkungen 136
4. Die Akzeptierung unterschiedlicher Bedürfnisse 140
5. Die partnerschaftliche Konfliktlösung 143
6. Das vollständige Konfliktgespräch 148
7. Das Konfliktgespräch in Gruppen 149
8. Kommunikationsfallen und Selbstverteidigung beim Konfliktgespräch 153

VIII. Verhaltensänderung 158

1. Belohnung steigert die Häufigkeit von Verhaltensweisen 159
2. Wenn Verhaltensweisen nicht mehr bekräftigt werden, verringert sich ihre Häufigkeit 161
3. Bestrafung blockiert ein Umlernen 162
4. Durch die Beobachtung eines Modells werden Verhaltensweisen übernommen 163
5. Die Anwendung der Lerngesetze wird schädlich, wenn Bedürfnisse übergangen werden 164

6. Entwicklungshemmendes Verhalten	166
7. Die Analyse einengender Verhaltensketten	169

3 Ein Programm zur Verbesserung der Kommunikation in Paarbeziehungen
174

A. Allgemeines zur Durchführung des Partnerprogramms
174

1. Einleitung	174
2. Für welche Paare ist dieses Programm gedacht?	176
3. Die notwendigen Einstellungen für die Durchführung des Programms	177
4. Praktische Hinweise	178
5. Partnerprogramm oder Partnergruppe?	178
6. Funktion von Übungen, Tonband und Fragebögen	179
7. Die Kommunikationsregeln	180

B. Die Sitzungen
183

1. Sitzung: Einführung	183
2. Sitzung: Selbstdarstellung	191
3. Sitzung: Vorstellungen von Partnerschaft	198
4. Sitzung: Das partnerzentrierte Gespräch	207
5. Sitzung: Feed-back und Vermutungen	211
6. Sitzung: Autonomie	219
7. Sitzung: Wünsche	227
8. Sitzung: Umgang mit Aggressionen	234
9. Sitzung: Das Konfliktgespräch	241
10. Sitzung: Rückblick und Weiterarbeit	247

C. Anhang für Paare mit Kindern
252

4 Ein Gruppenprogramm zur Selbsterfahrung
256

A. Allgemeines zur Durchführung des Gruppenprogramms zur Selbsterfahrung
256

1. Einleitung	256
2. Wer kann an diesem Programm teilnehmen?	257
3. Kann man ohne Trainer ein Selbsterfahrungsprogramm durchführen?	258
4. Die zeitliche Einteilung des Programms	259
5. Die Funktion der Übungen und Spiele	260
6. Die Funktion des Sitzungsleiters	262
7. Weitere praktische Hinweise	263
8. Das «Blitzlicht» als Kommunikationsinstrument	265
9. Regeln für die Gruppendiskussion	266

B. Die Gruppensitzungen
269

1. Sitzung: Sich kennenlernen	269
2. Sitzung: Metakommunikation in Gruppen	273
3. Sitzung: Begegnung	285
4. Sitzung: Klärung von Beziehungen	288

5. Sitzung:	Umgang mit Gefühlen	292
6. Sitzung:	Nonverbale Übungen	298
7. Sitzung:	Selbstbehauptungstraining	302
8. Sitzung:	Vermutungen und Beobachtungen	308
9. Sitzung:	Feed-back	312
10. Sitzung:	Probleme und Konflikte	316
11. Sitzung:	Rückblick und Abschied	319

5 Trainingsmöglichkeiten zur Verbesserung von Kommunikation und Kooperation in Arbeits- und Wohngruppen 321

1. Einleitung	321
2. Für welche Gruppen kann ein Kommunikations- und Kooperationstraining hilfreich sein?	322
3. Anwendung der Diskussionsregeln	322
4. Durchführung der Sitzung «Metakommunikation in Gruppen»	323
5. Blitzlicht und Datenerhebungsbögen in Arbeitssitzungen	323
6. Die Durchführung des Selbsterfahrungsprogramms	323
7. Ein Kurztraining von vier Sitzungen	324
8. Die Sitzung «Wie kooperieren wir?»	325

6 Die Rollenspielgruppe 333

1. Einleitung	333
2. Für wen ist die Rollenspielgruppe geeignet?	334
3. Die Gruppensituation beim Rollenspiel	334
4. Die Technik des Rollenspiels	335
5. Die Hemmungen vor dem Spiel	338
6. Das Feed-back beim Rollenspiel	339
7. Vorspielen von Alternativen	340
8. Der Zweitversuch	340
9. Ein Beispiel für eine vollständige Rollenspielsequenz an Hand einer Elterngruppe	341
10. Datenerhebungsbögen	344
11. Ein Beispiel für die Benutzung von Datenerhebungsbögen an Hand einer Lehrergruppe	345
12. Das Tonband zur Datenerhebung von «draußen»	349
13. Das Tonband zur Datenerhebung von «draußen» am Beispiel einer Ehepaargruppe	350
14. Das Planspiel	352
15. Das Planspiel am Beispiel einer gewerkschaftlichen Jugendgruppe	353

Weiterführende Literatur 357

Erfahrung ist für mich die höchste Autorität. Der Prüfstein für Gültigkeit ist meine eigene Erfahrung. Keine Idee eines anderen und keine meiner eigenen Ideen ist so maßgeblich wie meine Erfahrung. Ich muß immer wieder zur Erfahrung zurückkehren, um der Wahrheit, wie sie sich in mir als Prozeß des Werdens darstellt, ein Stück näherzukommen.

Carl R. Rogers

I do my thing, and you do your thing.
I am not in this world to live
up to your expectations.
And you are not in this world to live up to mine.
You are You, and I am I,
And if by chance, we find each other, it's beautiful.
If not, it can't be helped.

Frederick S. Perls

1
Einführung

I. Der Kontext der Autoren

Seit einigen Jahren wächst im deutschen Sprachraum das Interesse für psychologische Möglichkeiten der Verhaltens- und Einstellungsänderungen schnell an, was sich im steigenden Interesse an den Therapieformen (z. B. Kommunikationstherapie, Verhaltenstherapie, Gestalttherapie und non-direktive Therapie) widerspiegelt.

Seitdem vor etwa 25 Jahren in den USA in der gruppendynamischen Laboratoriumsbewegung Theorie und Praxis der Humanwissenschaften eine erfolgversprechende Synthese eingegangen sind, hat sich diese Gruppenbewegung zur Erforschung und Beeinflussung menschlichen Verhaltens unter dem Sammelnamen «Human Relations Training» (Miles 1962) in verschiedene Richtungen weiterentwickelt, wobei dem deutschen Leser diese Entwicklungen meist aus Illustrierten bekanntgeworden sind unter dem Namen «gruppendynamisches Training», «Selbsterfahrungstraining», «basic-encounter-Gruppen», «Begegnungsgruppen», «Sensitivity-Training», «Kommunikationstraining» usw.

Während die verschiedenen therapeutischen Techniken und Arten des Gruppentrainings, deren gemeinsames Ziel ein Neu- und Umlernen des erwachsenen Menschen ist, sich in den USA fast in allen Bereichen des menschlichen Handelns als Beeinflussungsinstrument durchgesetzt haben, blieben sie in Deutschland zum größten Teil den Fachleuten selbst oder dem Training von Managern vorbehalten. Seit einigen Jahren jedoch tritt die Relevanz dieser Methoden für die Multiplikatoren im Sozialisationsgeschehen (Eltern, Lehrer, Erzieher, Jugendgruppenleiter, Sozialarbeiter usw.) immer mehr in den Vordergrund, wobei hier für Deutschland nur vier Namen herausgegriffen werden sollen: Brocher (z. B. 1967), Tausch und Tausch (z. B. 1963), Ziehfreund (1968) und Fittkau (z. B. 1972). Die Autoren sind der Meinung, daß das Gebiet der psychologischen Hilfe und Beeinflussung von Multiplikatoren im Erziehungsgeschehen eine der wichtigsten gesellschaftlichen Funktionen der Psychologie sein kann. Das steigende Interesse an diesen Methoden bei Lehrern, Eltern, Erziehern und studentischen Gruppen läßt hoffen, daß sich hier ein wichtiges Feld zur Veränderung der Gesellschaft eröffnet. Strukturelle, institutionelle und politische Änderungen sind natürlich nicht zu vernachlässigen.

Die Autoren machten bei dem Training von Eltern, Lehrern, Dozenten und verschiedenen anderen Berufsgruppen die Erfahrung, daß allgemein bedauert wurde, daß im deutschsprachigen Raum kein handlungsrelevantes und praxisnahes Buch vorliegt, das Laien den Weg zur Einsicht in ihr Verhalten und zu Verhaltensänderungen weist. Besonders wurde bedauert, daß nichts über Techniken veröffentlicht ist, die von einzelnen wie auch von Gruppen ohne die Unterstützung eines erfahrenen (und häufig ‹teuren›) Trainers angewendet werden können. Dies war für die Autoren der äußere Anlaß zum Schreiben dieses Buches. Inzwischen sind auch in Deutschland Bücher erschienen, die dem Leser eine Anleitung zum Handeln bieten (s. Literatur am Schluß des Buches).

Die Autoren hoffen, daß dieses Buch vielen Lesern hilft, ihre Bedürfnisse besser zu erkennen, ihnen gerecht zu werden und Beziehungen zu gestalten, in denen alle Beteiligten ihre Bedürfnisse optimal befriedigen können. Außerdem hoffen die Autoren, daß dieses Buch besonders den Lesern, die im Erziehungsgeschehen stehen, nicht nur neue Einsichten anbietet, sondern sie zu aktivem Handeln anregt.

II. Der Kontext des Lesers

Dieses Buch ist für Leser geschrieben, die die Motivation zur Veränderung ihres Verhaltens und ihrer Beziehungen besitzen – die aber häufig nicht wissen, wie sie diese Veränderung bewerkstelligen können. Es gibt eine Unzahl von Büchern (vernünftige und unvernünftige), die gerade Eltern oder Lehrern sagen, was sie tun müssen, wie sie werden müssen und welches Verhalten richtig ist. Was in diesen Büchern häufig nicht steht, ist, *wie* diese Änderung erreicht werden kann. ‹Emanzipatorische›, ‹demokratische› und ‹partnerschaftliche› Ziele sind gut, dennoch genügt es noch nicht, solche Verhaltensziele zu besitzen. Hinzu muß die Fähigkeit kommen, diese Ziele in konkrete Verhaltensänderung umsetzen zu können – und das ist häufig nicht einfach, wenn ein Mensch über viele Jahre lang entgegen diesen neuen Verhaltenszielen sozialisiert worden ist.

Dieses Buch soll den Leser anleiten, sein Verhalten selbst diagnostizieren zu können, selbständig Verhaltensziele zu erarbeiten, die seinen Fähigkeiten und seiner Situation angemessen sind, und diese Verhaltensziele in konkrete Verhaltenspraxis umsetzen zu können. Die Beschäftigung mit möglichen neuen Zielen, beispielsweise in der Erziehung und in der Schule, wird beim Leser vorausgesetzt. Dieses Buch beschäftigt sich daher eher mit der Frage: «*Wie* erreiche ich das, was ich für richtig halte?»

Für das Lesen dieses Buches sind folgende zwei Lesehaltungen notwendig: die ‹experimentelle Haltung› (siehe Kapitel «Lernen durch Erfahrung») und die ‹Und-Haltung› (siehe Kapitel «Selbstkommunikation»).

Die experimentelle Haltung

Ziel dieses Buches ist nicht, den Leser zu überzeugen, daß etwas ‹richtig› oder ‹falsch› ist. Es geht den Autoren nicht darum, dem Leser Wissen über die menschliche Psyche zu vermitteln, an das der Leser dann glauben kann oder nicht. Ziel ist es vielmehr, den Leser immer wieder anzuregen, seine eigenen subjektiven Erfahrungen und seine eigene Erlebnisweise zu betrachten und mit dem Inhalt dieses Buches zu vergleichen. Die Beispiele in den Kapiteln entstammen der subjektiven Erfahrung der Autoren bei ihrer Trainertätigkeit. Für den Leser kann diese Erfahrung nicht immer gültig sein, denn die Situation und die Erlebnisweise jedes Menschen sind verschieden. Ob also Parallelen oder Unterschiedlichkeiten in der eigenen Erfahrungswelt des Lesers gefunden werden, ist nicht so wichtig wie die Tatsache, daß versucht wird, den Inhalt dieses Buches in die eigene Erfahrungswelt zu integrieren.

Aus diesem Grunde haben die Autoren bei der Beschreibung von Zusammenhängen im menschlichen Verhalten und Erleben, so gut es ging, auf Untersuchungen oder objektive Beschreibung verzichtet und so geschrieben, daß vom Leser selbständig nachgeprüft werden kann, ob die aufgezeigten Zusammenhänge auch in seinem Leben bestehen.

Weiterhin geht es den Autoren nicht darum, daß der Leser ihre Aufforderungen zum Handeln für ‹gut› oder ‹schlecht› hält, sondern darum, daß mit diesen Verhaltensweisen experimentiert wird, daß sie ausprobiert werden. Nur dann können sie für die Bedürfnisse und die Situation des einzelnen Lesers und abgewandelt auch für sein Verhalten wirksam werden.

Die Und-Haltung

Das didaktische Prinzip des Buches ist es, einen Betrachtungsgegenstand jeweils nur aus einem Blickwinkel zu untersuchen. Auf diese Weise ist es möglich, den behandelten Gegenstand jeweils in einer Dimension vollständig zu verstehen und zu begreifen. Wenn das geschehen ist, kann der Gegenstand von anderen Standpunkten aus betrachtet werden, so daß eine andere Dimension deutlicher wird.

So kann der Gegenstand dieses Buches beispielsweise aus dem Blickwinkel des psychischen Erlebens betrachtet werden. (Das ist nach Meinung der Autoren gerade dann wichtig, wenn der Gegenstand für das eigene Leben relevant werden soll, und das ist zum größten Teil in diesem Buch geschehen.) Er kann aber auch aus dem Blickwinkel des neutralen Beobachters gesehen werden, wobei das menschliche Verhalten dann Objekt der Betrachtung wird. (Das ist die Betrachtungsweise der wissenschaftlichen Psychologie, die zum Erkennen von Zusammenhängen des

Verhaltens außerhalb der eigenen Person wichtig ist.) Auch das kann in einem gewissen Maße zum Verständnis der eigenen Person beitragen und ist zum Teil auch in diesem Buch geschehen. Aber die Erfahrung zeigt, daß man die eigenen Probleme noch nicht zwangsläufig besser bearbeiten kann, wenn man die theoretischen Kenntnisse der Psychologie beherrscht. Der Gegenstand dieses Buches kann auch aus dem Blickwinkel seiner gesellschaftlichen Verursachung betrachtet werden. (Das ist dann wichtig, wenn es um die Veränderung gesellschaftlicher Strukturen geht, die die individuelle Psyche beeinflussen und bedingen. Dieser Aspekt findet sich nicht in diesem Buch.)

Auch für das Lesen der verschiedenen Kapitel ist es für den Leser notwendig, daß er die Beschränkung auf eine Blickweise zur Zeit akzeptiert. Auch anderes ist richtig, das in dem betreffenden Kapitel nicht ausgeführt wird – und das folgt in den meisten Fällen in späteren Kapiteln.

III. Der gesellschaftliche Kontext

Individuelle Einstellungen und individuelles Verhalten sind zu einem großen Teil bedingt durch die Struktur der Gesellschaft, in der ein Mensch aufwächst. Für verschiedene Kulturkreise ist das beispielsweise von Margaret Mead (1935) und Ruth Benedict (1960) beschrieben worden. Eine ständig wachsende Zahl von Veröffentlichungen beschäftigt sich mit der Beziehung zwischen Schichtzugehörigkeit und Verhalten (Gottschalch u. a. 1971), und ganz allgemein wird Einstellung und Verhalten des heutigen westlichen Menschen aus der Wirtschaftsstruktur seiner Gesellschaft verständlich (vgl. Duhm 1972, 1973).

Diese Tatsache bedeutet aber nicht, daß Veränderungen innerhalb einer Gesellschaft zunächst auf der strukturellen Ebene und erst dann auf der Verhaltensebene geschehen können. (Ebenso ist im psychischen Bereich die Anwendung von Gesetzmäßigkeiten der Verhaltensänderung relativ unabhängig von der Ursache und Entstehungsgeschichte des Verhaltens.) Änderungen innerhalb einer Gesellschaft müssen vielmehr auf allen Ebenen gleichzeitig geschehen. Eine strukturelle Änderung ohne beispielsweise eine Änderung der Sozialisationssituation und der Einstellungen der nächsten Generation wird unbefriedigend bleiben. Ebenso bleibt es unbefriedigend, wenn nur auf der Verhaltensebene verändert wird und die Änderung von Institutionen ausgeklammert wird.

Während die Abhängigkeit des eigenen Verhaltens von der Gesellschaft häufig ein abstrakter Gedanke bleibt, kann jeder Mensch selbst erfahren, wie der Veränderung auf psychologischer Ebene bald Grenzen gesetzt werden durch die gesellschaftliche Realität, deren Veränderung dann notwendig einleuchtend wird.

Fassen wir noch einmal zusammen: Die Veränderung auf der psychologischen Ebene ist eine Dimension bei der Veränderung der Gesellschaft. Wer bei dieser Veränderung beginnt, wird die Notwendigkeit der Veränderung von Institutionen erfahren und sollte sich dieser Notwendigkeit bewußt sein. Dennoch bedeutet das nicht, daß wir die psychologische Ebene vernachlässigen können – wir würden uns selbst und der heranwachsenden Generation nicht gerecht werden.

IV. Der wissenschaftliche Kontext

Hintergrund dieses Buches ist das Konzept der Selbstverwirklichung der humanistischen Psychologie (Maslow 1954), das handlungsrelevant wird in dem Konzept der Selbstexploration der non-direktiven Gesprächspsychotherapie (Rogers 1942, 1961) und dem Konzept der Bewußtheit der Gestalttherapie (Perls 1969, Perls u. a. 1951, Fagan, Shepherd 1970). Hinzu kommen Erfahrungen der Kommunikationstherapie (Watzlawick u. a. 1969, Mandel u. a. 1971), der themenzentrierten interaktionellen Methode (Cohn 1970), der Encounterbewegung (Schutz 1973, Bach 1971) und des strukturierten gruppendynamischen Laboratoriums (Pfeiffer 1970). Soweit es bei der Anwendung durch den Laien die Ziele dieses Buches nicht gefährdete, sind Erkenntnisse der Verhaltenstherapie dargestellt worden (Wolpe 1966, Skinner 1953). Das didaktische Prinzip des «direkten» und «indirekten» Ausdrucks der Gefühle stammt von Berlin und anderen (1964).

Die Übungen in den praktischen Programmen sind zum Teil durch amerikanische und einige deutschsprachige Veröffentlichungen angeregt, zum Teil von den Autoren neu entwickelt worden. Eine eingehendere Spezifizierung der Quellen sowie weitere Literaturhinweise mit praktischen Übungen befinden sich am Ende des Buches. An der Entwicklung strukturierter Curricula im Kommunikationsbereich (Berron u. a. 1968) arbeiten in Deutschland beispielsweise Vopel (1972) und J. und U. Ritter (1972).

Anmerkung 1
Dieses Buch ist für den «normalbelasteten» Menschen geschrieben worden. Falls jemand unter stärkeren psychischen Problemen leidet, erspart dieses Buch nicht den Weg zu einem professionellen Therapeuten. Bei folgenden Adressen kann unter anderem nachgefragt werden, ob ein Therapeut am betreffenden Ort ansässig ist.

Gesellschaft zur Förderung der Verhaltenstherapie (GTV)
Parzivalstr. 25
8000 München 23

Gesellschaft zur Förderung der wissenschaftlichen
Gesprächspsychotherapie (GwG)
Stauffenstr. 27
4400 Münster

Anmerkung 2
Die Autoren sind dankbar für Berichte über die Erfahrungen mit den Programmen
und bitten um Kritik und Anregung. Richten Sie Ihre Zuschriften bitte an

Zentrum für Selbstentfaltung und Psychotherapie
Lutz Schwäbisch
Postfach 610301
2000 Hamburg 61

V. Literatur

Die Titel werden in der Reihenfolge ihrer Nennung im Text aufgeführt.

Miles, M. B.: *Human Relations Training: Current Status*, in: Weschler und
Schein (Hg.), 1962

Brocher, T.: *Gruppendynamik und Erwachsenenbildung*, Braunschweig
1967

Tausch, R., Tausch, A.-M.: *Erziehungspsychologie*, Göttingen 1963

Zifreund, W. (Hg.): *Schulmodelle, Programmierte Instruktionen und
technische Medien*, München 1968

Fittkau, B.: *Kommunikations- und Verhaltenstraining für Erzieher*, in:
Gruppendynamik Heft 3, 1972

Mead, M.: *Geschlecht und Temperament in primitiven Gesellschaften*,
Reinbek bei Hamburg 1958

Benedict, R.: *Urformen der Kultur*, Reinbek bei Hamburg 1960

Duhm, D.: *Angst im Kapitalismus*, Hagen 1972

Duhm, D.: *Warenstruktur und zerstörte Zwischenmenschlichkeit*, RLV-
Text 5, Köln 1973

Gottschalch, W., u. a.: *Sozialisationsforschung*, Frankfurt am Main 1971

Maslow, A. H.: *Motivation and Personality*, New York 1954

Rogers, C. R.: *Entwicklung der Persönlichkeit*, Stuttgart 1973

Perls, F. S.: *Gestalt Therapy Verbatim*, London 1969

Perls, F. S., u. a.: *Gestalt Therapy*, Penguin Books, Harmondsworth,
Middlesex 1951

Fagan, J., Shepherd, I. L.: *Gestalt Therapy now*, London 1970

Watzlawick, H., u. a.: *Menschliche Kommunikation*, Bern und Stuttgart
1969

Mandel, A., u. a.: *Einübung in Partnerschaft durch Kommunikationstherapie und Verhaltenstherapie*, München 1971

Cohn, R.: *Das Thema als Mittelpunkt interaktioneller Gruppen*, in: *Gruppenpsychotherapie und Gruppendynamik*, Band 3, Heft 2, Göttingen 1970

Schutz, W. C.: *Freude*, Reinbek bei Hamburg 1971 und 1973

Bach, F., Bernhard, Y.: *Aggression Lab*, Dubuque (Iowa) 1971

Pfeiffer, J. W., Jones, J. E.: *A Handbook of Structured Experiences for Human Relations Training*, Iowa City 1970

Wolpe, J., Lazarus, A.: *Behaviour Therapy Technique*, Oxford 1966

Skinner, B. F.: *The Behaviour of Organism*, New York 1953

Berlin, Wyckoff, Merman: *Improving Communication in Marriage*, Atlanta (Georgia) 1964

Berron, B., Solomon, C. N., Reisel, J.: *Self-Directed Small Group Programs*, La Jolla 1968

Ritter, J., Ritter, U. P.: *Notwendigkeit und Möglichkeiten der Entwicklung gruppendynamischer Curricula*, in: K. W. Vopel (Hg.): Gruppendynamische Experimente im Hochschulbereich. *Blickpunkt Hochschuldidaktik*, Heft 24, 1972

Vopel, K. W.: *Simulated Social Skill Training 1*, in: K. W. Vopel (Hg.): Gruppendynamische Experimente im Hochschulbereich. *Blickpunkt Hochschuldidaktik*, Heft 24, 1972

2
Problembereiche des sozialen Lernens (Einzeltraining)

In diesem Teil erhalten Sie Informationen über verschiedene Problembereiche des sozialen Lernens. Außerdem können Sie Übungen durchführen, die Sie für die Gesetzmäßigkeiten der zwischenmenschlichen Kommunikation und des Verhaltens sensibilisieren, und Sie können mit den Verhaltensvorschlägen experimentieren, die am Ende vieler Kapitel stehen.

Das Durcharbeiten dieses Teiles ist die notwendige Voraussetzung, um das Partnerprogramm oder das Selbsterfahrungsprogramm für Gruppen durchzuführen. Wenn zur Durchführung dieser Programme keine Möglichkeit besteht, sollte zunächst das ganze Buch vollständig durchgelesen werden. Dann sollten Sie wöchentlich erneut je ein Kapitel dieses Teils durcharbeiten.

Dieser Teil gliedert sich in folgende Kapitel:

I.   Lernen durch Erfahrung
II.   Soziale Angst
III.   Der Ausdruck von Gefühlen
IV.   Feed-back
V.   Selbstkommunikation
VI.   Das partnerzentrierte Gespräch
VII.   Das Konfliktgespräch
VIII.   Verhaltensänderung

I. Lernen durch Erfahrung

In diesem Kapitel wollen wir uns damit auseinandersetzen, was eigentlich geschieht, wenn sich ein erwachsener Mensch in einen sozialen Lernprozeß einläßt, sich verändert oder sich entwickelt.

Wir werden uns mit der Bedeutung ‹alter› Erfahrung in früheren Situationen und der Möglichkeit befassen, ‹neue› Erfahrungen in der momentanen Auseinandersetzung mit der Umwelt zu machen.

Wir wollen Ihnen in diesem Kapitel zeigen, wie Sie immer wieder selbst herausfinden können, ob Ihr Verhalten Ihren eigenen Absichten gerecht wird. Wir wollen Ihnen einen Weg zeigen, bei dem Sie auf experimentelle Weise Ihre Absichten und Ihr Verhalten anpassen können an Ihre Situation, Ihre Fähigkeiten, Ihre Möglichkeiten und an Ihre und die Bedürfnisse Ihrer Sozialpartner.

Dieses experimentelle soziale Lernen ist kein Prozeß, den Sie einmal durchlaufen und der damit abgeschlossen ist. Es ist vielmehr eine Grundeinstellung und eine Haltung, mit der Sie tagtäglich neue Erfahrungen in sich aufnehmen und neue Einsichten gewinnen können.

Dieser Lernprozeß kann durch vielerlei Störfaktoren behindert werden, und die Voraussetzung für eine erfolgreiche experimentelle Lernhaltung ist das Erkennen und die Bearbeitung dieser Störfaktoren. Wie Sie diese Störfaktoren wahrnehmen lernen und verändern können, wollen wir Ihnen in den nächsten Kapiteln aufzeigen.

1. ‹Alte› und ‹neue› Erfahrungen

Unser soziales Verhalten ist zu einem großen Teil gesteuert durch Informationen, die wir in unserer Kindheit und Jugend gespeichert haben. Zu diesen ‹alten› Informationen gehören die Verhaltens- und Einstellungsnormen, die uns unsere Eltern vermittelt oder vorgelebt haben, wie auch Erlebnisse und Gefühle unserer Kindheit.

Diese gespeicherten Informationen sind abzuleiten aus der Struktur und den Normen unserer Gesellschaft. Erlebt und übernommen haben wir sie jedoch als Kind in unserer konkreten Auseinandersetzung mit unserer Umwelt (Mutter – Eltern – Geschwister – Mitschüler – Lehrer usw.).

Diese alten Erfahrungen gehören zu unserer Person, und wir können sie nicht übergehen und negieren, wenn wir uns auch als Erwachsene weiterentwickeln wollen. Aber diese Erfahrungen stammen eben aus einer früheren Situation und können damit für unser Leben, für das ‹Hier und Jetzt›, falsch und irreführend sein. Wenn wir zum Beispiel als Kinder die Erfahrung gemacht haben, daß wir klein und hilflos sind und den Rat und die Unterstützung anderer Menschen in hohem Maße benötigen, dann war diese Information für unser Verhalten wichtig und gut. Heute sind wir aber keine Kinder mehr, und diese alte Information kann unser Verhalten beschränken und einengen, wenn wir uns weiter nach ihr richten. Nicht alle früher gespeicherten Informationen müssen falsch sein – im Gegenteil, viele dieser Informationen können uns eine große Hilfe in der Auseinandersetzung mit unserer Umwelt sein. Wir müssen sie aber immer wieder neu auf ihre Richtigkeit prüfen. Denn wir selbst haben uns verändert, wir besitzen heute zum Beispiel andere Fähigkeiten als früher, unsere Situation hat sich verändert, und wir stehen in Kontakt mit anderen Menschen, deren Bedürfnisse verschieden von denen unserer Eltern, Geschwister und Mitschüler sind.

Wir zählen im folgenden einige Informationen auf, die viele Menschen in unserer Gesellschaft in ihrer Jugend machen. Häufig haben wir diese Erfahrungen vergessen oder verdrängt, aber vielleicht treffen einige dieser

Erfahrungen auch auf Sie zu. Versetzen Sie sich dafür in Ihre Kindheits-
situation.

Informationen über Normen und Einstellungen (unser Eltern-Ich)

Man sollte immer freundlich zu anderen Menschen sein.
Es ist nicht erlaubt, ärgerlich zu sein.
Man müßte viel erwachsener und reifer sein.
Man darf nicht allein über die Straße laufen.
Menschen, die anders denken, sind gefährlich.
Man sollte die Suppe nicht schlürfen.
Man muß sich kontrollieren, um sich richtig zu verhalten.
Fremde Leute sollte man nicht ansprechen.

Informationen, die Sie gespeichert haben:

_____

_____

_____

_____

_____

_____

_____

_____

Überlegen Sie bitte, ob Sie Ihre früher gespeicherten Erfahrungen auf
ihre Richtigkeit für Ihre jetzige Situation geprüft haben. So wird beispielsweise die Norm «Man darf nicht allein über die Straße laufen» von
einem älter werdenden Kind verändert zu: «Ich muß im Straßenverkehr
vorsichtig sein». Den Sinn dieser Vorschrift empfindet das Kind als richtig

und vernünftig und verändert diese Norm im Hinblick auf seine jetzige Situation. (Es kann schon allein über die Straße gehen.) Auf diese Weise wird die von den Eltern gelernte Vorschrift zu einer vom eigenen Ich geprüften und verarbeiteten Erfahrung. Durch eine neue, durch seine Vernunft gesteuerte Prüfung ist die alte Information in die eigene Person integriert worden.

Aber nicht alle Vorschriften, die in unserem ‹Eltern-Ich› gespeichert worden sind, werden einer erneuten Überprüfung und Testung unterzogen. «Man sollte nicht ärgerlich sein» ist zum Beispiel häufig eine Information, die viele Menschen ungeprüft in ihrem späteren Leben verwenden. Viele Vorurteile sind dadurch zu erklären, daß die alten Informationen später nicht erneut geprüft werden.

Informationen über Gefühle und Erfahrungen in der Kindheit
(unser Kindheits-Ich)

Ich bin hilflos und klein.
Ich fühle mich einsam und allein.
Ich habe Angst vor anderen Menschen.
Ich habe weniger Rechte als die anderen.
Ich habe Angst, daß meine Mutter mich verlassen kann.
Die Umwelt ist für mich zu kompliziert und undurchschaubar.
Die anderen haben recht, ich habe unrecht.
Ich fühle mich unterlegen.

Informationen, die Sie als Kleinkind gespeichert haben:

_____

_____

_____

_____

_____

_____

_____

Die oben aufgeführten Gefühle bilden sich bei den meisten Kindern während ihrer Entwicklung, schon weil sie eben so hilflos, abhängig und klein sind. Diese Gefühle und Erfahrungen werden gespeichert, und sie können jederzeit störend in unseren Sozialkontakt eingreifen. Aus dem Gefühl «Ich fühle mich einsam und klein» können beispielsweise folgende spätere Verhaltensweisen erklärt werden: Anklammerung an andere Menschen, andere Partner von sich abhängig zu machen, Entwicklung einer extremen Kontaktfreudigkeit, ängstliches Zurückziehen von anderen Menschen usw. Diese alten Erfahrungen können uns die Umwelt verzerrt wahrnehmen und uns unrealistisch mit ihr auseinandersetzen lassen. Aber diese negativen Auswirkungen lassen sich nicht dadurch verhindern, daß wir diese Gefühle negieren, unterdrücken oder verdrängen. Eine Veränderung wird vielmehr erst dann möglich, wenn wir diese Gefühle im ‹Hier und Jetzt› bewußter wahrnehmen lernen, sie zunächst als *unsere* Gefühle annehmen und akzeptieren, um dann mit unserer Vernunft zu entscheiden, wie wir auf diese Gefühle reagieren wollen. Indem wir unsere Gefühle im jetzigen Sozialkontakt bewußter wahrnehmen, werden wir offen für die Veränderung dieser Gefühle und werden ‹neue› Erfahrungen machen können.

In diesem Buch werden wir häufig von der ‹Akzeptierung der eigenen Gefühle› sprechen. Damit meinen wir nicht, diese Gefühle für gut zu befinden oder gutzuheißen. Akzeptierung bedeutet, Gefühle ohne Wertung einfach wahrzunehmen. Ohne sie mit dem Etikett ‹gut› oder ‹schlecht› zu versehen, erkennen wir einfach, daß sie im ‹Hier und Jetzt› vorhanden sind, und nehmen sie als unserer Person zugehörig wahr. Erst dann werden diese Gefühle einer Regulierung durch unsere Vernunft und einer Neuprüfung zugänglich. Die Bewertung und die Verdrängung alter Erfahrungen hingegen verhindert, daß wir in unserer jetzigen Situation ‹vernünftige› Entscheidungen fällen können.

Um eine lernoffene Haltung zu entwickeln und um neue Erfahrungen machen zu können, müssen wir sensibler dafür werden, welche unserer Einstellungen und Gefühle das Ergebnis alter Erfahrungen sind, damit diese nicht störend in die erneute Auseinandersetzung mit der Umwelt im ‹Hier und Jetzt› eingreifen können.

Ein jederzeit sozial lernender Mensch ist jemand, der sich der Abhängigkeit seines Verhaltens von ‹alten› Normen und Gefühlen wie auch von Normen seiner jetzigen Umwelt bewußt ist. Er hinterfragt aber diese alten Erfahrungen daraufhin, ob sie für seine jetzige Situation angemessen sind und seinen Bedürfnissen wie denen seiner Sozialpartner gerecht werden. Er ist bereit, immer wieder mit neuen Verhaltensweisen zu experimentieren und sich jederzeit erneut mit der Umwelt auseinanderzusetzen. Ein solcher Mensch lernt, sich flexibel an seine Umwelt anzupassen (indem er sich oder die Umwelt verändert), ohne sich von seiner eigenen Person zu entfremden.

2. Die experimentelle Lernhaltung hilft uns, unsere Möglichkeiten zu entwickeln

Unsere persönliche Situation (im allgemeinsten Sinne) verändert sich häufig, und wenn wir uns nicht immer wieder erneut mit ihr auseinandersetzen, laufen wir Gefahr, unser Verhalten nach nicht realitätsgerechten Informationen und Daten auszurichten. Durch den raschen Wandel unserer Gesellschaft werden Anforderungen an das Verhalten des einzelnen gestellt, die er nicht erfüllen kann, wenn er nicht gelernt hat, auf neue Konstellationen, veränderte Anforderungen und veränderte eigene Bedürfnisse flexibel reagieren zu können.

Lernen bedeutet immer eine Auseinandersetzung mit der Umwelt, wobei das Ergebnis nicht eine bedingungslose Anpassung an diese ist, sondern je nach Situation entweder eine Veränderung der Umwelt oder eine Veränderung des eigenen Verhaltens.

Diese Auseinandersetzung mit der Umwelt verlangt immer wieder Mut, sich in neue Situationen zu begeben, mit neuen Verhaltensweisen zu experimentieren und für neue Erfahrungen offen zu sein. Dabei sollten die alten Erfahrungen so eingesetzt werden, daß sie ein erneutes und verändertes Erleben der Umwelt nicht behindern, sondern eher unterstützen, wie wir es an folgendem Schema verdeutlichen wollen.

Dieses Schema stellt einen Menschen in der Auseinandersetzung mit der Umwelt dar. Die Grenzen zwischen dem Individuum und der Umwelt sind durchlässig, Individuum und Umwelt stehen in einem sich verändernden Kontakt zueinander. Verhaltensweisen des Menschen verändern seine Umwelt, neue Informationen werden aus der Umwelt aufgenommen, die wiederum neue Verhaltensweisen fordern. Dieser Vorgang ist im Doppelpfeil a dargestellt.

Pfeil a: Sie sind beispielsweise in Kontakt mit einem unbekannten Menschen. Sie sind sich unsicher, wie Sie sich ihm gegenüber verhalten sollen, weil er sich so verhält, als ob er keinen Kontakt wünscht.

Sie schicken nun folgende Verhaltensweise aus: Sie fragen ihn, wie er sich fühlt und ob er mit ihnen sprechen will. Ihr Verhalten verändert Ihr Gegenüber und beeinflußt ihn. Er entwickelt ein Bedürfnis, Ihnen die gefragten Informationen zu geben. Er teilt Ihnen mit, daß er gern mit Ihnen reden will, daß er selbst aber unsicher ist und sich das in seinem Verhalten so niederschlägt, daß es ablehnend wirkt. Diese neue Information wird Sie wiederum beeinflussen, bestimmtes neues Verhalten zu realisieren.

Pfeil b: Der Pfeil b demonstriert eine alte Erfahrung, die den Kontakt ‹Hier und Jetzt› mit der Umwelt positiv unterstützt. Sie haben Ihre Sprache gelernt, Sie können sich mit Ihrem Gegenüber so unterhalten, daß Sie beide unter den gleichen Worten dieselben Dinge verstehen. Sie vermuten aus ihrer Erfahrung heraus, daß der andere nicht unbedingt innerlich ablehnend sein muß, auch wenn sein Gesicht so aussieht. Dies alles sind alte Erfahrungen, die Ihnen beim realistischen Kontakt mit der Umwelt helfen.

Pfeil c: Der Pfeil c stellt dar, wie eine alte Erfahrung den Kontakt mit der Umwelt negativ und behindernd beeinflußt. Vielleicht haben Sie in Ihrer Kindheit häufig das Gefühl gespürt ‹Ich mache alles falsch› oder ‹Wenn andere ärgerlich sind, bin ich daran schuld› oder ‹Ich werde nicht gemocht›. Diese alten Gefühle werden Sie dann beeinflussen, die Mimik Ihres Gegenüber als Ablehnung zu interpretieren und sich aus der Situation zurückzuziehen. Sie prüfen Ihre Hypothesen nicht und machen die Erfahrung ‹Ich hatte ja recht. Es stimmt, daß ich nicht gemocht werde›.

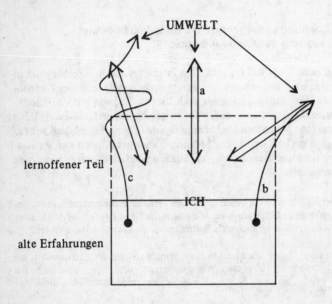

Am Pfeil c wird besonders deutlich, auf welche Weise Menschen immer wieder Erfahrungen machen können, die ihre Kindheitserfahrungen bestätigen und ihnen recht geben. Diesen Teufelskreis können wir nur durchbrechen, wenn wir unsere Gefühle in der Situation bewußter wahrnehmen und wagen, mit neuen Verhaltensweisen zu experimentieren. Dann hätte in unserem Beispiel folgendermaßen reagiert werden können: «Ich fühle mich ziemlich unsicher. Ich befürchte, daß mich mein Gegenüber ablehnt und nicht mit mir zusammen sein mag. Ich spüre diese Angst ganz deutlich, und ich muß akzeptieren, daß ich sie habe. Aber ich weiß auch, daß ich diese Befürchtungen häufig habe und daß ich selten prüfe, ob sie auch zutreffend sind. Was kann mir eigentlich passieren, wenn mich mein Gegenüber tatsächlich ablehnt? Eigentlich gar nichts, nur, daß ich dann klarer sehe. Ich nehme mir mal den Mut und frage ihn einfach, ob er mit mir sprechen will!»

Gerade im Sozialkontakt sollten alte Erfahrungen immer nur dazu be-

nutzt werden, Hypothesen zu bilden (z. B. «Vielleicht lehnt er mich ab»).
Wie in der experimentellen Wissenschaft müssen diese Hypothesen aber
ständig neu auf ihre Richtigkeit hin geprüft werden (Nachfrage). Auf diese Weise wird Wirklichkeit immer wieder neu erlebt, wir machen neue
Erfahrungen, nehmen unbekannte Möglichkeiten und Fähigkeiten unserer eigenen Person wahr, finden kreative Lösungen in schwierigen Situationen und können uns selbst verwirklichen.

3. Die Entfaltung der eigenen Persönlichkeit bedeutet Verbesserung der Kommunikation

Bevor wir neue kreative Möglichkeiten in unserer eigenen Person oder in
unseren Beziehungen entdecken können, müssen wir sensibler für ‹Störungen› werden. Störungen nennen wir hier all das, was uns stört. Jedes
System wird dann und wann durch Störungen behindert, und das trifft für
einen einzelnen Menschen wie für eine Dyade (Zweierbeziehung) wie für
eine Gruppe zu. Erst wenn diese Störungen wahrgenommen werden können, sind sie einer Bearbeitung zugänglich, und das System kann sich
weiterentwickeln.

Störung im Individuum: Ich bemerke, daß ich verhältnismäßig bequem geworden
bin und selten neue Dinge anpacke. Mir macht das Neue zwar etwas Angst, aber
der jetzige Zustand ist wirklich nicht befriedigend. Was kann ich dagegen tun?

Störung in einer Dyade: Mich stört es, daß du mir so häufig Vorwürfe machst. Ich
fühle mich dann ziemlich zerknirscht und unterlegen, und deine Vorwürfe helfen
mir nicht weiter. Ich wünsche mir, daß wir anders miteinander über die Dinge
sprechen. Was meinst du?

Störung in einer Gruppe: Mich stört es, daß wir immer wieder auf dieses Thema
zurückkommen. Ich bin sehr an dem Thema X interessiert und habe mir viele
Gedanken darüber gemacht. Ich wünsche mir, daß wir alle darüber sprechen, aber
sagt mal, was ihr wollt.

Es ist einleuchtend, daß diese Störungen nur bearbeitet werden können,
wenn sie auch wahrgenommen werden. Dies geschieht jedoch häufig
nicht. Die meisten Menschen haben erfahren, daß es unangenehm ist,
eine Störung zu empfinden und daß die Sozialpartner auf die freimütige
Äußerung dieser Störungen negativ reagieren. Die Wahrnehmung einer
Störung ist häufig mit Ärger und Angst verbunden, so daß sie nicht wahrgenommen wird und das Individuum sich gegen diese Wahrnehmung
wehrt und schützt. Oder aber die Störung wird von einem Teil des Systems
(z. B. von einem Gruppenmitglied) so geäußert, daß die anderen Teile
(die anderen Gruppenmitglieder) angegriffen werden und ihrerseits zu

Gegenangriffen übergehen. Auf diese Weise wird die Wahrnehmung und die Äußerung von Störungen negativ erlebt, und das System baut in vermehrtem Maß Abwehrmechanismen gegen das Erkennen dieser Störungen auf.

Diesen Teufelskreis können wir nur durchbrechen, indem wir die Art und Weise verändern, *wie* wir miteinander sprechen. Das bedeutet die Veränderung unserer Kommunikation. Das Training der eigenen Kommunikationsfertigkeit bedeutet nicht, daß wir den Inhalt unserer Aussagen verändern, sondern nur die Form der Mitteilung. Wenn wir lernen, Störungen neutral zu betrachten und so zu äußern, daß auch andere Menschen zu einer neutralen Betrachtung fähig werden und sich nicht angegriffen fühlen, werden durch Veränderungen die Störungen behoben, und das System kann sich weiterentwickeln. In unseren Fällen sind zum Beispiel folgende Änderungen möglich:

Individuum: Der Betreffende reflektiert bewußter über seinen Hang zur Bequemlichkeit. Er versucht seine Bedürfnisse vielleicht in einem Gespräch mit einem anderen zu klären. Er entschließt sich dann zu einer Veränderung seines Verhaltens.

Dyade: Beide Partner sprechen gemeinsam über die Gründe für die Vorwürfe. Partner A spricht über das, was ihn am Partner B stört, und Partner B spricht über seine Gefühle, wenn ihm etwas vorgeworfen wird. Vielleicht einigen sich beide so, daß Partner B die störenden Verhaltensweisen verändert und daß Partner A lernt, seinen Ärger so auszudrücken, daß Partner B nicht verletzt wird (Verbesserung der Kommunikation).

Gruppe: Die Gruppenmitglieder überlegen gemeinsam, ob sie das Thema wechseln wollen oder ob sie das alte Thema beibehalten. Das an dem neuen Thema interessierte Gruppenmitglied kann überlegen, ob es sein Bedürfnis zurückstellen kann oder ob es sich vorübergehend allein beschäftigt, oder ob noch andere Maßnahmen möglich sind.

Wenn in Systemen Störungen so geäußert werden, daß sich die verschiedenen Teile nicht angegriffen oder in Verteidigungshaltung fühlen, werden diese Systeme sich selbst regulieren können und sich jederzeit an sich wechselnde Bedürfnisse innerhalb des Systems (z. B. der Gruppenmitglieder) und an die Anforderungen außerhalb des Systems (z. B. Arbeitsziel der Gruppe) flexibel anpassen können.

Dies ist aber meist nur nach einer Verbesserung der Kommunikation des Systems möglich, und der größte Teil der nachfolgenden Kapitel soll Ihnen dazu eine Hilfe sein.[1] Schauen Sie sich bitte noch einmal die zuerst

1 Das gilt für die Kommunikation innerhalb der eigenen Person, für Partnerbeziehungen, für Gruppen, für Schulklassen, für Vorgesetzte-Mitarbeiter-Beziehungen, wie auch für größere Systeme wie Interessengruppen oder unterschiedliche Gesellschaften.

aufgeführten Äußerungen von Störungen an und vergleichen Sie die Form mit der folgenden:

Individuum: Ich bin aber auch viel zu bequem. Nie mache ich mal etwas Neues. Ich bin auch wirklich schwach und ein ganz mieser Kerl.
Folge: Er legt sich erst einmal aufs Bett, um mit seiner Unzufriedenheit fertigzuwerden. Oder er verdrängt schnell seine Unzufriedenheit, weil er sich recht unwohl bei der Art fühlt, wie er mit sich selbst spricht.

Dyade: Mach mir doch nicht immer Vorwürfe, das ist ja schrecklich mit dir.
Folge: Nun beklage du dich auch noch! Willst du etwa deine Fehler rechtfertigen ... usw. usw. Es folgen weitere gegenseitige Anklagen.

Gruppe: Wie könnt ihr euch nur für solch ein Thema interessieren. Ihr solltet vielmehr euch mal mit X beschäftigen!
Folge: Ach X. Das gehört ja nun wirklich nicht zur Sache! Nur, weil du uns hier nicht folgen kannst, fängst du wieder an zu meckern.

Vielleicht wird Ihnen an den Beispielen deutlich, wie stark die Art und Weise, in der wir miteinander sprechen, die Möglichkeit beeinflußt, eine Störung sachlich und neutral zu betrachten und zu bearbeiten.

Es kommt auf die Art und Weise unserer Kommunikation an, ob wir alte negative Erfahrungen mit Störungen wiederholen und provozieren, oder ob wir viel mehr Störungen beheben können, als wir zunächst glauben. Dann werden wir uns selbst so verändern können, daß wir unseren eigenen Bedürfnissen gerechter werden, und Beziehungen können so gestaltet werden, daß die Bedürfnisse aller Beteiligten aufeinander abgestimmt und ernstgenommen werden können.[1]

Eine solche Verbesserung der Kommunikation bedeutet gleichzeitig eine partnerschaftlichere Gestaltung von Beziehungen (Lehrer – Schüler, Eltern – Kind, Gruppenmitglied – Gruppenmitglied, Partner – Partner, Vorgesetzter – Mitarbeiter). Denn Störungen in einem System können nur dann optimal gelöst werden, wenn alle Beteiligten das gleiche Recht zur Kritik haben und alle Meinungen gleich wichtig- und ernstgenommen werden. Es muß dann gelernt werden, die Verschiedenheit von Menschen und Meinungen zu akzeptieren und jedem Beteiligten das Recht auf seine eigene Entfaltung einzuräumen. Überall dort, wo Unterdrückung und Zwang angewandt werden oder wo psychische Abhängigkeiten bestehen, ist es schwer, die Kommunikation so zu gestalten, daß das Sy-

---

1 So beziehen sich unsere Vorschläge zur Verbesserung der intrapersonellen (innerhalb einer Person) und interpersonellen Kommunikation (zwischen verschiedenen Personen) nicht so sehr auf ‹normale› Situationen. Sie werden vielmehr dann relevant, wenn Störungen eintreten, wenn Situationen schwierig werden und wenn Konflikte auftreten.

stem seine Schwierigkeiten erkennen und überwinden kann und sich weiterentwickelt. Voraussetzung für soziales Lernen ist ein verständnisvolles
und akzeptierendes emotionales Klima.

4. Der ‹Fünferschritt› des sozialen Lernens

Wir wollen in diesem Kapitel den Lernprozeß schematisch darstellen, den
Sie beim Erlernen neuer Verhaltensfertigkeiten durchmachen werden.
Drei Fertigkeiten für das soziale Lernen sind grundlegend:
1. Die Fähigkeit, das eigene Verhalten zu diagnostizieren. (Wie verhalte
   ich mich eigentlich? Verhalte ich mich so, wie ich es mir vorstelle oder
   wünsche?)
2. Die Fähigkeit, selbständig eigene Verhaltensziele zu entwickeln. (Wie
   will ich mich verhalten? Welches Verhalten ist meinen eigenen Bedürfnissen und den Bedürfnissen meiner Sozialpartner angemessen?)
3. Die Fähigkeit, die entwickelten Verhaltensziele in die konkrete Verhaltenspraxis umzusetzen. (Wie kann ich das, was ich mir vorgenommen habe, in konkrete Verhaltensänderung in der jeweiligen Situation
   überführen?)

Das Grundprinzip dieses experimentellen Lernens ist zunächst, Informationen über die Auswirkung unseres Verhaltens in der Umwelt zu sammeln. Diese Informationen über die Wirkung unseres Verhaltens auf andere Menschen nennen wir ‹Rückmeldung› oder ‹Feed-back› (ein ameri-
kanischer Ausdruck aus der Kybernetik). Dieses Feed-back erlaubt uns
zu prüfen, ob die Auswirkung unseres Verhaltens unseren Absichten entspricht, und wir können Feed-back immer wieder zur Kontrolle unseres
eigenen Verhaltens einsetzen.

Feed-back konfrontiert uns mit der Wirkung unseres eigenen Verhaltens und mit den Bedürfnissen unserer Sozialpartner. Folge dieser Konfrontation ist häufig eine erneute Auseinandersetzung mit der Frage «Wer
bin ich eigentlich», und «Wie will ich mich verhalten». Der letzte Schritt
ist dann die Übung von Verhaltensfertigkeiten, die wir uns neu zu lernen
vorgenommen haben, oder die Veränderung unseres Verhaltens. Wir
wollen diesen Lernvorgang durch den folgenden ‹Fünferschritt› verdeutlichen:
1. Sie haben *Absichten* in ihrem Sozialkontakt. (Sie wollen einer Gruppe
   mitteilen, was Sie denken und welcher Meinung Sie über verschiedene
   Dinge sind.)
2. Sie schicken *Verhalten* aus, um diese Absichten zu erreichen. (Sie sprechen in den Gruppensitzungen mit den anderen Gruppenmitgliedern.)
3. Sie erhalten *Feed-back (Rückmeldung)* über die Auswirkung Ihres
   Verhaltens in der sozialen Umwelt. (Die anderen Gruppenmitglieder
   teilen Ihnen mit, daß sie Ihre Mitteilungen häufig nicht oder schwer

Sie selbst		**Ein Sozialpartner**

① Sie haben eine ABSICHT

② Sie schicken VERHALTEN aus.

③a Ihr Sozialpartner NIMMT Ihr Verhalten WAHR. Er sieht Ihr Verhalten und deutet es. Außerdem löst Ihr Verhalten bei ihm Gefühle aus.

③b Sie erhalten FEED-BACK über Ihr Verhalten, indem Ihr Sozialpartner Ihnen seine Wahrnehmung mitteilt.

④ Sie vergleichen die Rückmeldung mit Ihren Absichten und verarbeiten diese Rückmeldung. Bei Abweichungen der Auswirkung Ihres Verhaltens von Ihren Absichten entwickeln Sie NEUE VERHALTENSZIELE.
Oder aber durch das Feed-back verändern sich Ihre Absichten und daraus resultieren neue Verhaltensziele.
Diese Verarbeitung kann geschehen durch:
ⓐ Selbstkommunikation
ⓑ ein hilfreiches Gespräch mit einem anderen
ⓒ ein Konfliktgespräch

⑤ Sie ÜBEN NEUES VERHALTEN, um Ihre neuen Verhaltensziele in die Praxis umzusetzen.

Verhalten
Feed-back
Verhalten
Feed-back
Verhalten
Feed-back
Verhalten
usw.

verstehen, weil Sie sehr schnell sprechen und viele Einzelheiten auslassen.)

4. Sie verarbeiten das Feed-back und *entwickeln neue Verhaltensziele*. (Vielleicht entschließen Sie sich dazu, langsamer sprechen zu lernen. Oder sie geben Ihre Absicht auf, mit den Gruppenmitgliedern zu kommunizieren. Oder aber Sie führen mit diesen ein Konfliktgespräch, weil einige Verhaltensweisen der Gruppenmitglieder Sie zu unverständlichem Sprechen provozieren.)

5. Sie versuchen, durch *Verhaltensübung* die neu entwickelten Verhaltensziele zu erreichen. (Sie üben z. B. langsamer und verständlicher zu sprechen. Ergebnis eines Konfliktgesprächs kann auch sein, daß Sie selbst und auch die anderen Gruppenmitglieder neues Verhalten einüben.)

Das nebenstehende Schema soll Ihnen noch einmal deutlich machen, welche Rolle Sie und Ihre Sozialpartner in dem Prozeß des sozialen Lernens einnehmen:

Beispiel 1

In einer Trainingsgruppe von Studenten brechen am zweiten Abend des fünftägigen Kommunikationstrainings Konflikte aus. Diese Konflikte waren zum Teil schon in den ersten Tagen unterschwellig vorhanden und nicht erkannt worden. Einige Konflikte waren erst am zweiten Tag zwischen den Gruppenmitgliedern entstanden.

Die Situation in der Gruppe ist ziemlich turbulent, und kein Gruppenmitglied ist zufrieden mit der Gruppe und mit dem Thema. Kaum ein Gruppenmitglied ist sich ganz klar darüber, wie es sich selbst fühlt und was es will. Ebenso ist den meisten nicht transparent, wie sich die anderen Gruppenmitglieder fühlen. Die Unzufriedenheit ist nur unterschwellig zu spüren. Der Gruppenteilnehmer Günther hat sich schon seit einer halben Stunde aus dem Kreis der Gruppen entfernt, sitzt auf der Fensterbank und liest demonstrativ die Zeitung. Schließlich gibt ein Gruppenmitglied Günther die Rückmeldung, daß ihn dessen Verhalten ungemein störe und er Günthers Zurückziehen als Mißachtung der Gruppe ansieht. Nun halten die anderen Gruppenmitglieder mit ihrem Feed-back auch nicht mehr zurück, welches sich mit dem zuerst geäußerten Ärger ungefähr deckt.

Als Günther über die Motive seines Verhaltens befragt wird, sagt er: «Ich wollte der Gruppe einmal zeigen, wie unmöglich ich sie finde. Ich mag hier überhaupt nicht mehr sitzen. Keiner hört dem anderen richtig zu, und jeder hackt auf einem anderen herum. Ich fühle mich dann einfach nicht mehr wohl und habe Angst, überhaupt den Mund aufzumachen.»

Die anderen Gruppenmitglieder sind erstaunt. Sie kannten Günther nur als überlegenen, distanzierten Beobachter und waren gar nicht auf die Idee gekommen, daß er sich in der Gruppe vielleicht nicht wohl fühlt. Als er nun so offen von seinen Gefühlen spricht, wird ihnen deutlich, daß es ihnen ebenso geht wie Günther. Günthers Ausbruch wirkt erleichternd und erlösend auf die ganze Gruppe, und alle teilen sich ihre Gefühle mit, die sie im Augenblick der Gruppe und dem Thema gegenüber haben.

Günther wiederum ist erstaunt, daß sein demonstratives Wegsetzen nicht sofort als Mißfallen gedeutet wurde. Ihm geht auf, daß er auch sonst in seinem Leben häufig Ärger oder Mißfallen durch Verhaltensweisen wie Wegsetzen, Weghören, Weggehen oder Wegsehen ausdrückt. Durch diese Verhaltensweisen können aber seine Absichten den anderen nicht wirklich deutlich werden. Da er nun mit der offenen sprachlichen Äußerung seines Ärgers eine positive Erfahrung gemacht hat, nimmt er sich für die nächsten Gruppensitzungen vor, häufiger seinen Ärger in Worte zu fassen und ihn der Gruppe mitzuteilen.

Dies ist zwar nicht einfach, zumal es in einigen Situationen viel Mut von ihm verlangt. Aber je häufiger er dieses Verhalten übt, desto leichter fällt es ihm und desto weniger aggressiv kann er seinen Ärger mitteilen.

Günther hat also durch Feed-back erfahren, daß sein Verhalten eine andere Wirkung auf die anderen Gruppenmitglieder hatte, als er es annahm. Da er mit seinem bisherigen Verhalten seine Absichten (Mitteilung des Ärgers und Änderung der Gruppe) nicht erreichen konnte, versucht er neues Verhalten zu erlernen, das seinen Absichten gerechter wird.

Beispiel 2

Am ersten Tag einer Trainingsgruppe von Jugendgruppenleitern fällt Alfred auf. Er ist ungefähr zehn Jahre älter als die anderen, ist verheiratet und steht schon fest im Beruf, während die anderen Gruppenmitglieder zum größten Teil noch zur Schule gehen.

Alle Gruppenmitglieder sind zunächst dankbar, daß Alfred dabei ist. Er kann hervorragend reden, hat zu jedem Thema etwas zu sagen, lenkt von unwichtigen Themen ab und steuert wichtigere an und meistert passive oder schwierige Situationen so, daß es für die Gruppe immer interessant ist.

Nun erzählt Karin von einem Problem mit ihrem Freund. Alfred beschwichtigt sie und meint, daß das alles nicht so schlimm sei und sie das nicht so ernst nehmen solle. «So etwas geht auch wieder, und das kenne ich auch aus meiner Jugend. Du machst dir einfach zu viele Sorgen», sagt er. Karin fäng darauf an zu weinen und verläßt die Gruppe, weil sie zunächst etwas Ruhe braucht, wie sie der Gruppe mitteilt. Die Gruppe ist ziemlich verwirrt, und für den Rest der Sitzung stagniert das Gespräch. Keiner weiß so recht, warum.

Aber am Abend, als sich diese Gruppe mit einer Parallelgruppe trifft und diese beiden Gruppen ihre verschiedenen Erfahrungen austauschen, wird einem Gruppenmitglied bewußt, daß es sich in seiner Gruppe gar nicht so wohl gefühlt hat. Es hat sich in der Sitzung nicht getraut, seine Interessen wahrzunehmen, den Mund aufzumachen und diese Interessen anzumelden. Es hatte Angst, von Alfred mundtot geredet zu werden.

Dieses Gruppenmitglied teilt nun seine Gedanken und Gefühle mit. Andere Gruppenmitglieder äußern, daß es ihnen in der Sitzung ähnlich gegangen ist, daß es ihnen damals nur noch nicht bewußt war.

Auch Karin schaltet sich jetzt wieder ein und sagt, daß sie folgende Gedanken nach dem Vorfall in der Gruppe gehabt hat: «Ich mache mir das Leben auch viel zu schwer und sehe Probleme, wo andere Menschen keine sehen. Mich versteht auch keiner.»

Jetzt ist sie aber ärgerlich und wütend auf Alfred und wirft ihm vor, daß er verständnislos und grob ist. Sie sagt: «Du bist ein richtiger Gefühlstöter! Du kannst dich überhaupt nicht in andere Menschen hineinversetzen, und du mußt immer an dich denken – damit du auch ja im Mittelpunkt bleibst!» Karin wird daraufhin aufgefordert, ihr Feed-back an Alfred noch einmal zu wiederholen, so daß deutlich wird, welche Gefühle sie selbst hat und welches konkrete Verhalten Alfreds diese ausgelöst haben. Denn das Feed-back wird von der Gruppe als so vorwurfsvoll erlebt, daß Alfred es kaum hören und annehmen kann.

Alfred ist ziemlich betroffen und kann die Nacht schlecht schlafen. War denn seine Absicht nicht in Ordnung, die Gruppe in Trab zu halten? Auf der anderen Seite war es zu deutlich, daß er die anderen gestoppt und gehemmt hatte. Verhielt er sich nicht genauso Tag für Tag in seiner Familie und seinen Kollegen gegenüber? Da behinderte er doch die anderen nicht! Oder doch? Wirkte sein Verhalten dort vielleicht ebenso auf die anderen wie hier in der Gruppe, nur daß dort keiner ihm diese Wirkung mitteilte? Dieser Gedanke war sehr schmerzlich für Alfred. Vielleicht hatte er sich jahrelang so verhalten, daß er seine Mitmenschen gebremst und gehemmt hat, ohne daß er es selbst bemerkt hatte. Langsam erinnerte er sich an solche Situationen. Auf der anderen Seite fiel ihm auch ein, daß er in vielen Situationen mit seinem forschen und vorwärtsdrängenden Verhalten anderen Menschen geholfen hatte. Wie sollte er sich denn verhalten? Konnte es sein, daß es nur darum ging, seine Stärken in einigen Situationen einzusetzen und zu erkennen, wann diese Verhaltensweisen die Entwicklung anderer Menschen stören können?

All diese Gedanken teilte er der Gruppe am nächsten Tag mit und sagte, wie betroffen er sei und zu welchem Problem ihm das Feed-back vom Vortage geworden sei. Die Gruppe geht hilfreich auf Alfred ein und gibt ihm die Gelegenheit, dieses Problem mit Hilfe der Gruppe zu durchdenken. Alfred erhält in diesem Gespräch viele neue Einsichten über sein Verhalten. Er sieht neue Zusammenhänge zwischen seinem Verhalten und den Reaktionen seiner Mitmenschen. Die Gruppenmitglieder äußern, daß sie sich selbst und Alfred geholfen hätten, wenn sie sofort ihre Interessen angemeldet hätten, und nehmen sich vor, in der Zukunft häufiger von ihren Gefühlen und Wünschen zu sprechen.

Am Schluß des Gesprächs äußerst Alfred den Wunsch, zu lernen, sich mehr zurückzuhalten, mehr zuzuhören, abzuwarten und mehr Verständnis zu zeigen. Er will vermehrt darauf achten, ob die Beiträge der anderen Gruppenmitglieder nicht ebenso wichtig und interessant sind wie seine eigenen – auch wenn man auf diese Beiträge manchmal länger warten muß.

Ein anderes Gruppenmitglied erzählt, daß es ihm früher ebenso gegangen wäre wie Alfred und daß er erstaunt gewesen sei, wieviel Neues er über die anderen Gruppenmitglieder und das Thema erfuhr, als er aufmerksamer zuhörte. Alfred weiß, daß eine Änderung für ihn nicht einfach sein wird. Ein Verhalten, das man jahrelang gezeigt hat, ist nicht so einfach zu verändern. Er bittet deshalb die Gruppenmitglieder, ihn jedesmal sofort darauf aufmerksam zu machen, wenn er mit seinem Beitrag andere Gruppenmitglieder stoppt.

In der Tat wurde Alfred kein stilles, zurückgezogenes Gruppenmitglied, aber er erreichte sein neues Verhaltensziel recht gut. Er lernte zuzuhören und sich zurückzuhalten, wenn das für andere Gruppenmitglieder wichtig war. Auf der anderen Seite erkannte er auch, wann es für ihn und die anderen gut war, wenn er die Initiative ergriff.

Die Verhaltensänderung zu Hause war natürlich nicht so groß wie die in der

Gruppe. Aber die offenen Gespräche, die er mit seiner Frau und seiner Tochter über dieses Problem führte, machten die häusliche Situation deutlicher und entspannter. Es war schon eine große Erleichterung, daß er sich der Wirkung seines Verhaltens bewußt war, auch wenn sich dieses nicht so rasch änderte. Dafür wird er noch einige Zeit benötigen.

5. Störfaktoren beim sozialen Lernen

Der soziale Lernprozeß kann auf allen Stufen von Störfaktoren beeinflußt werden, die verhindern, daß beim Neu- und Umlernen positive Erfahrungen gemacht werden.

Der Faktor der sozialen Angst und Unsicherheit wirkt sich auf allen Stufen des Fünferschrittes aus. Soziale Angst hindert uns daran, neues Verhalten auszuprobieren, angemessen Feed-back zu geben und zu empfangen. Sie erschwert die Lösung der eigenen Konflikte, die Entwicklung von neuen Verhaltenszielen und unser Festhalten an diesen Zielen. Angst hindert uns, neue Erfahrungen zu machen und uns zu entwickeln. Im Kapitel «Soziale Angst» untersuchen wir deswegen die Entstehung von Angst, besonders im sozialen Bereich. In diesem Kapitel werden auch Wege aufgezeigt werden, wie die Angst verringert werden kann.

Im Kapitel «Ausdruck von Gefühlen» setzen wir uns mit der Art und Weise auseinander, die eigenen Gefühle wahrzunehmen und auszudrükken. Denn ein unangemessener Umgang mit den eigenen Gefühlen behindert soziales Lernen und führt wiederum zu Angst und zur Wahrnehmungsverzerrung.

Die Mitteilung der eigenen Wahrnehmung eines anderen Menschen wird darauf in dem Kapitel «Feed-back» besprochen, denn Feed-back kann lernfördernd, aber auch lernbehindernd und destruktiv gegeben werden.

In den Kapiteln «Selbstkommunikation», «Das partnerzentrierte Gespräch» und «Das Konfliktgespräch» zeigen wir Möglichkeiten auf, Probleme mit der eigenen Person und mit den Sozialpartnern so zu lösen, daß wir uns selbst und unsere Beziehungen befriedigend verändern und entwickeln können.

Zum Schluß besprechen wir im Kapitel «Verhaltensänderung» die Gesetzmäßigkeiten des Verhaltenlernens und zeigen Ihnen Möglichkeiten, Ihr eigenes Verhalten im Kontakt mit Ihren Sozialpartnern zu analysieren und Veränderungsmöglichkeiten wahrzunehmen.

Die Zusammenhänge, die wir in diesen Kapiteln aufzeigen, und unsere Anregungen zur Verbesserung der Kommunikation sollen für Sie ein Anreiz sein, das dort Gesagte mit Ihrer eigenen subjektiven Erlebnisweise und mit Ihren Erfahrungen zu vergleichen. Ein rein verstandesmäßiges Aufnehmen unserer Vorschläge entspricht nicht den Absichten dieses

Buches. Den Sinn unserer Vorschläge können Sie häufig nur durch die konkrete Erfahrung mit ihnen erkennen. Wir wollen Sie anregen, mit diesen Vorschlägen zu experimentieren und sie in Ihre Person, für Ihre Ziele und für Ihre soziale Situation zu integrieren. Dabei werden Sie wahrscheinlich einiges an Ihren Bedürfnissen und an Ihrer Situation verändern müssen – so wie das älter werdende Kind die Regel seiner Eltern «Man darf nicht allein über die Straße gehen» für seine veränderten Fähigkeiten umformt zu der Regel «Ich muß im Straßenverkehr vorsichtig sein» (Kapitel 1).

Zur Einübung und zum Experimentieren mit den von uns vorgeschlagenen Verhaltens- und Kommunikationsregeln sind im Teil 3 praktische Programme für Paare, Gruppen, Lehrer, Eltern, Arbeits- und Wohngruppen aufgeführt. Denn das soziale Lernen wird im normalen Alltag häufig durch die Störfaktoren ‹Streß›, ‹ernste Konsequenzen des Verhaltens›, ‹Leistungsdruck› und ‹lernhemmende Konkurrenzhaltung› behindert. Der Versuch, das eigene Verhalten *sofort* in seinem Alltag zu verändern, ist häufig eine Überforderung, und es werden Mißerfolge erlebt, deren Ursachen nicht immer durchschaubar gemacht werden können.

Eine Trainingssituation, in der Menschen zusammen an der Verbesserung ihrer Kommunikation arbeiten, ist für das soziale Lernen besonders günstig. Häufig kann hier erst eine lernfördernde Atmosphäre geschaffen werden, in der Vertrauen und Akzeptierung herrschen und in der der einzelne seine Angst verlieren kann, für ‹falsches› Verhalten bestraft oder ausgelacht zu werden. Erst dann kann mit neuen Verhaltensweisen experimentiert werden.

Natürlich muß der Lernerfolg in einer Trainingsgruppe daraufhin in den Alltag übertragen werden (Transfer-Problem). Dies wird aber leichterfallen, wenn die Veränderung in einer nicht so schwierigen Situation (nämlich in der Trainingsgruppe) schon erreicht worden ist. Auf diese Weise geht man den Weg der ‹kleinen Schritte› (siehe «Selbstkommunikation»), meistert jedesmal die Situation erfolgreich und steigert langsam die Schwierigkeit der Situation. Diese Schritte für das soziale Lernen würden dann folgendermaßen aneinandergereiht werden können:

1. Sensibilisierung für das zwischenmenschliche Geschehen im Kommunikations- und Verhaltensbereich.
2. Diagnostik des eigenen Verhaltens und Einübung der Kommunikationsfertigkeiten in der Selbsterfahrungsgruppe.
3. Einübung neuer Verhaltensweisen für den Alltag und für den Beruf in der Rollenspielgruppe.
4. Verbesserung der Kommunikation in der eigenen Partnerschaft, Arbeits- oder Wohngruppe, Familie oder im Klassenzimmer in einer Übungssituation (siehe Vorschläge für Arbeits- und Wohngruppen, Partnerprogramm, Vorschläge fürs Klassenzimmer im Rollenspielprogramm).

5. Verfestigung der neu erlernten Verhaltensweisen in der alltäglichen Situation.

Aber auch wenn Sie nicht die Möglichkeit haben, zusammen mit anderen in einer Übungssituation unsere Vorschläge auszuprobieren, können die nächsten Kapitel für Sie viele Anregungen für Ihre alltägliche Praxis bieten. Sie dürften Sie aber nicht nur lesen, sondern sollten mit ihnen praktisch experimentieren.

II. Soziale Angst

1. Die verschiedenen Ebenen sozialer Angst

Angst, die sich auf die eigene Person oder andere Menschen bezieht, soziale Angst also, erlebt jeder Mensch. Jeder von uns kennt auch die unrealistischen Ängste, die Ängste vor an sich ungefährlichen Dingen. Oft bemerken wir diese Ängste erst, wenn sie überwunden worden sind. Hierfür ein Beispiel:

In einer besonders günstigen Situation unterhält Herr A., der bis jetzt bei Geselligkeiten still und zurückhaltend war und meist nur bejahend mit dem Kopf nickte, die ganze Gesellschaft mit der Schilderung seiner Hobbies. Er ist erstaunt über sich selbst, da er nie geglaubt hätte, daß andere Menschen sich so für ihn und seine Erzählung interessieren könnten. Erst auf dem Heimweg wird ihm bewußt, daß er früher so oft geschwiegen hat, weil er befürchtete, daß sich niemand für ihn interessiert. Er wollte diese befürchtete unangenehme Erfahrung vermeiden, hielt sich still zurück, und wäre er nicht zufällig dieses Mal aus sich herausgekommen, dann besäße er seine Befürchtung noch heute. Hätte jemand vor diesem Abend Herrn A. gefragt, warum er denn so still sei, wäre es ihm nicht möglich gewesen zu antworten: «Ich befürchte, daß niemand an mir interessiert ist und hören will, was ich sage», weil ihm diese Angst noch nicht so klar war – er nahm sie nicht wahr. Herr A. hätte zum Beispiel geantwortet: «Ich will auch gar nichts erzählen, ich bin wirklich ganz zufrieden so», und er hätte dies ehrlich gemeint.

An unserem Beispiel können wir gut erkennen, auf welchen verschiedenen Ebenen soziale Angst sich auswirkt:

- Angst vor bestimmten *Menschen und Situationen*.
  (Herr A. vermeidet zum Beispiel andere stille Menschen und Situationen, in denen er genötigt ist, von sich aus etwas zu sagen.)
- Angst vor dem *Verhalten anderer Menschen*.
  (Herr A. hat Angst, wenn andere ihn auffordernd anschauen, wenn andere über ihn lachen, wenn andere ihn nicht mögen.)
- Angst vor bestimmtem *eigenem Verhalten*.
  (Herr A. hat Angst, sich in Gesellschaft hervorzutun.)
- Angst vor eigenen *Gedanken und Gefühlen*.
  (Herr A. würde der Gedanke «Ich habe Angst, in diesem Kreise zu sprechen, und befürchte, daß man sich nicht für mich interessiert» Angst machen, so daß er ihn vermeidet. Er nimmt diese Befürchtung nicht wahr, sie bleibt unbewußt, und er kann sie deswegen nicht denken.)
- Angst, die eigenen *Gedanken und Gefühle mitzuteilen*.
  (Angenommen, Herr A. hätte doch seine Befürchtung erkannt, so hätte er immer noch Angst haben können, diese der Gesellschaft mitzuteilen.)

Auf allen diesen Ebenen haben Menschen ihre Ängste. Ängste, vor Gruppen zu sprechen; vor anderen zu tanzen; daß einem andere etwas ‹Böses› wollen; die eigene Schwäche zu zeigen oder den eigenen Ärger wahrzunehmen usw.

Viele dieser Ängste sind ein wichtiger Grund, Menschen und Situationen zu vermeiden, die der eigenen Person schaden können, aber viele dieser Ängste sind unrealistisch und stammen aus ‹alten› Erfahrungen. Durch die Vermeidung aller aversiven (angstmachenden) Reize im Sozialkontakt nehmen sich Menschen viele Möglichkeiten. Sie verstellen sich positiven Erfahrungen, denn viele Erlebnisse sind möglich, ohne daß die befürchteten Konsequenzen eintreten. Sehr viele Verhaltensweisen wagt man nicht zu zeigen, und auf sehr viele Erlebnisse mit anderen Menschen verzichtet man, weil die eigenen Befürchtungen im Wege stehen. Erst da, wo der Mensch relativ frei von Angst sein kann, kann er den Raum seiner Erfahrungsmöglichkeiten erweitern und sich selbst verwirklichen.

2. Soziale Angst und deren Vermeidung

Stellen wir uns vor, Herr A. hätte nach einiger Zeit seine Angst verloren, in einer Gesellschaft zu sprechen, und sich zu einem recht lebhaften Gesprächspartner entwickelt. Es wäre dann dennoch denkbar, daß er sich eines Abends sehr ruhig und zurückhaltend verhält, weil er mit Gedanken beschäftigt ist, die ihm im Augenblick wichtiger sind als das Gespräch.

Herr A. zeigt äußerlich das gleiche Verhalten wie vor einigen Monaten, und dennoch hat sich sein inneres Erleben verändert. Er hat keine Angst mehr. Als es ihm noch schwerfiel zu reden, war er der Ansicht, daß er gar kein Bedürfnis habe, zu sprechen. Erst später wurde ihm deutlich, daß dies nicht richtig war. Er hatte erkannt, daß er das Sprechen aus Angst vermieden hatte.

Woran bemerkt Herr A. eigentlich, daß dieses Verhalten jetzt nicht mehr Folge seiner Angst ist? Er hat in der letzten Zeit so oft erfahren, daß er öffentlich sprechen kann und sogar viel Spaß daran hat. Er ist sich ziemlich sicher, daß er, wenn er wollte, im Moment in das Gespräch eingreifen könnte. Das ist ein Anzeichen für ihn, daß sein jetziges Schweigen höchstwahrscheinlich kein Vermeidungsverhalten ist.

Jede Verhaltensweise kann also aufgefaßt werden als Annäherungsverhalten (Wir lesen ein Buch, weil uns der Inhalt interessiert; wir sind freundlich zu jemandem, weil wir Zuneigung zu ihm verspüren; wir trinken ein Glas Bier, weil es uns schmeckt) oder aber auch als Vermeidungsverhalten (Wir lesen das Buch, weil wir uns sonst langweilen würden; wir sind freundlich, weil wir Angst haben, sonst abgelehnt zu werden; wir trinken ein Bier, weil wir im nüchternen Zustand unsere Sorgen stärker spüren).

Die Fragen: «Habe ich soziale Angst» oder: «Woher kommt meine Angst» sind oft allein nicht zu beantworten, weil die Antworten unter Umständen für uns unangenehm und beunruhigend wären. Deswegen können wir unsere Angst oft nicht wahrnehmen. Sinnvoller als diese Fragen ist im täglichen Leben die Frage: «Ist mein Verhalten Vermeidungsverhalten?» Diese Vermutung können Sie nämlich prüfen, indem Sie einfach ausprobieren, ob Sie Angst haben, wenn Sie anderes Verhalten zeigen. Sie würden also beispielsweise das Buch zur Seite legen und prüfen, ob es richtig ist, daß Sie sich jetzt unwohl fühlen und nichts mit sich anzufangen wissen. Ist dies der Fall, dann wissen Sie, daß Sie das Buch unter anderem auch lesen, um zum Beispiel Langeweile zu vermeiden. Wenn Sie wissen, daß Sie sich nicht scheuen würden, Ihrem Gegenüber höflich und bestimmt zu sagen, daß Sie etwas an ihm stört (Sie haben das ausprobiert), dann wissen Sie, daß Ihre Freundlichkeit im Augenblick kein Vermeidungsverhalten ist.

Erstaunlich viele Eigenschaften des Menschen stellen sich bei genauerer Prüfung als Vermeidungsverhalten heraus.

Jemand, der immer nur freundliches Verhalten zeigt aus Angst, sonst abgelehnt zu werden, entwickelt bald eine regelrechte Vermeidungshaltung – die er selbst und andere als sein ‹freundliches Wesen› beschreiben würden.

Diese Vermeidungshaltungen haben aber den Nachteil, daß zum einen starr an ihnen festgehalten werden muß, weil sonst befürchtete Konsequenzen drohen («Wenn ich einmal nicht freundlich bin, werde ich nicht gemocht») und zum zweiten die Sozialpartner eine Vermeidungshaltung bei längerem Kontakt als unecht und unglaubwürdig empfinden.

Diese Vermeidungshaltungen sind dem einzelnen meist nicht bewußt. Erst wenn sie ihm deutlich werden, wie beispielsweise im akzeptierenden Klima einer Selbsterfahrungsgruppe, kann sich ein Mensch auch mit dem, was er vermeidet, auseinandersetzen. Diese Konfrontation mit seiner sozialen Angst ist eine Vorbedingung, um sie abzubauen. Diese Vermeidungshaltungen werden in der Umgangssprache ‹Fassaden› oder ‹Masken› genannt, weil sie starr und unpersönlich sind und den Menschen mit seinen wirklichen Gefühlen verstecken.

Am Anfang von Trainingsgruppen zur Verbesserung der Kommunikation und des Sozialverhaltens trägt fast jedes Mitglied seine persönliche Maske, aus Angst, von den anderen angegriffen, verletzt und abgelehnt zu werden. Es gibt da den ‹betont Sicheren›, den ‹betont Hilflosen›, den ‹betont Offenen›, den ‹Fachmann für Gruppenprozesse›, den ‹distanziert Belehrenden›, den ‹unparteiischen Helfer› und viele andere Rollen mehr.

Vielleicht kennen Sie Menschen in Ihrem Alltag, die durch Ironie, Hochmut, Selbstsicherheit oder Prahlerei vermeiden, ihre soziale Angst zu empfinden oder zuzugeben, und dabei etwas Fassadenhaftes ausstrahlen und unecht wirken. Denken Sie aber daran, daß hinter Fassaden

Angst steht und kein ‹böser Wille› oder ‹schlechter Mensch›. Selbst wenn jemand den Wunsch hätte, seine Fassaden aufzugeben, weil sie ihn zum Beispiel beim Kontakt mit anderen stören, dann wäre ihm dies nicht einfach möglich (siehe «Die Verringerung sozialer Angst»). Angriffe und Vorwürfe machen Fassaden gewöhnlich härter, fester und undurchdringlicher. Erst ein akzeptierender Umgang schafft das Vertrauen und die Möglichkeit, Ängste zu verlieren und Fassaden aufzugeben.

Es ist ein Irrtum anzunehmen, daß Drängen und Fordern dazu führen können, einen Menschen ‹menschlicher› zu machen.

3. Die Angst, eine eigene Persönlichkeit zu sein

Es klingt zunächst verblüffend, aber es gibt wenige Menschen, die einfach sie selbst sein können. Viele Menschen werden durch ihre Ängste behindert, sich als einzigartiges Individuum zu erleben, das sich mit all seinen Verhaltensweisen, Gedanken, Gefühlen und körperlichen Regungen wahrnimmt und akzeptiert. Erst dann, wenn ein Mensch sich selbst, so wie er ist, annimmt und akzeptiert, kann er sich produktiv weiterentwikkeln. Aber viele Menschen haben Angst, sie selbst zu sein. Es macht ihnen Angst, wenn sie nicht ihren eigenen Idealbildern entsprechen oder den Bildern, die sich ihre Sozialpartner von ihnen machen. Ein einzigartiges Individuum zu sein, heißt auch manchmal anders sein zu können, als andere Menschen wünschen. Oft ist es schwer und angstauslösend, nicht das liebe Kind zu sein, das die Eltern sich wünschen; nicht so zu sein, wie es sich der Ehemann oder die Ehefrau vorstellen; nicht eine Mutter zu sein, die ihre Kinder immer liebt und für sie jederzeit da ist; nicht ein Mann zu sein, der immer sicher seinen Weg geht; nicht ein Lehrer zu sein, der immer Geduld und Verständnis hat.

Ein Mensch, dem in seiner Jugend selten zugestanden wurde, sich auf seine Art zu verhalten, wird es schwerer als andere haben, seine persönlichen Eigenschaften, Gefühle und Gedanken als Ausdruck seiner Person anzunehmen und zu akzeptieren. Wenn ihm von seinen Eltern und Lehrern vermittelt wurde, daß er ein ganz anderer Mensch sein müßte, um akzeptiert zu werden, dann kann er ein starkes Mißtrauen entwickeln, nicht akzeptiert, angenommen und gemocht zu werden. Er wird diese Gefühle und Gedanken wahrscheinlich vermeiden, indem er Haltungen entwickelt, die ihn diese angstvollen Gedanken nicht spüren lassen. Vielleicht wird er sich selbst beweisen wollen, wie wichtig er sich nimmt, indem er Karriere macht, indem er in einem Sozialberuf so aufgeht, daß er sich selbst ganz vergißt, oder er wird sich in seinen Tagträumen sich selbst als wichtig, groß und von der Umwelt geliebt vorstellen. Vielleicht wird er sich von seinen Mitmenschen immer wieder Bestätigung holen müssen, indem er andere von sich abhängig macht, sich so verhält, daß seine Mitmenschen immer wieder auf ihn angewiesen sind. Er wird eifersüchtig sein und Besitzansprüche auf andere Menschen anmelden, oder er wird im Kontakt mit anderen Menschen immer die Rolle spielen, die den anderen gefällt.

Es gibt unzählige Verhaltensweisen, um gegen das eigene Gefühl, nicht akzeptiert zu werden, anzukämpfen. Da aber all diese Verhaltensweisen Vermeidungsstrategien sind, haben sie den Nachteil, die ursprüngliche Angst nicht zu verringern, sondern einen Menschen von sich selbst zu entfernen.

Wenn Eltern, Lehrer und Ehepartner versuchen, ihre Kinder bzw. Partner zu ändern, um selbst ein stärkeres Gefühl von Akzeptierung, Wichtigkeit und Sinnhaftigkeit in ihrem Leben zu erhalten, dann laufen sie Gefahr, auch anderen Menschen ein tiefes Gefühl von Mißtrauen der eigenen Person gegenüber zu vermitteln und sie zu sozial ängstlichen Individuen zu erziehen.

Es ist schwierig, allein auf sich gestellt zu lernen, sich selbst und die eigenen Besonderheiten zu akzeptieren. Der bessere Weg ist der, sich eine akzeptierende Umwelt zu schaffen. In den nächsten Kapiteln wollen wir praktische Verhaltensregeln darstellen, mit deren Hilfe es Ihnen möglich ist, in Ihren Sozialbeziehungen ein Klima von gegenseitigem Vertrauen und Akzeptierung zu schaffen, auch in problembeladenen und konfliktreichen Situationen.

4. Das Chamäleonspiel

Wenn Sie Lust haben, einmal selbst zu überdenken, was Sie in Ihren Sozialkontakten vermeiden, dann können Sie das folgende Schema zur Hilfe nehmen.

Überlegen Sie zunächst, welches Verhalten Sie im Kontakt mit den jeweilig angegebenen Sozialpartnern nicht offen zeigen. Tragen Sie diese Verhaltensweisen in die dafür vorgesehene Spalte ein. Bei einigen Partnern können dies auch mehrere Verhaltensweisen sein.

Beispiel:

Gute(r) Freund(in)   Ich spreche nicht über
                      meine Schwächen.

                      Ich zeige keine ‹unerwünschten›
                      Gefühle wie Verzweiflung,
                      Enttäuschung usw.

Beurteilen Sie nun die von Ihnen eingetragenen Verhaltensweisen in der unten stehenden Skala. Dabei bedeuten die Extremwerte der Skala:

1 = Ich hätte Angst vor Konsequenzen; auch wenn ich wollte, könnte ich dieses Verhalten nicht ohne Angst zeigen.

7 = Ich habe keine Angst. Ich habe jedoch auch kein Bedürfnis, dieses Verhalten im Kontakt mit dieser Person zu zeigen. Wenn ich es müßte, könnte ich dieses Verhalten ohne Angst zeigen.

Die Zahlen bedeuten also:

1 = Die Aussage 1 stimmt völlig
2 = Die Aussage 1 stimmt weitgehend
3 = Die Aussage 1 stimmt etwas
4 = unentschieden
5 = Die Aussage 7 stimmt etwas
6 = Die Aussage 7 stimmt weitgehend
7 = Die Aussage 7 stimmt völlig

(Siehe auch das Beispiel am Ende der Skala)

Sozialpartner	Verhalten, das ich nicht zeige	Ver- meidung				keine Vermeidung		
		1	2	3	4	5	6	7
Meine Frau								
Mein Mann								
Mein Vater								
Kind(er)								
Schüler								
Geschwister								
Vorgesetzter								
Gute(r) Freund(in)								
Nachbarn								
....								
....								
....								
Beispiel: Meine Frau	zu weinen,	x						
	meine Sorgen zu erzählen,			x				
	betrunken zu sein					x		

42

Wenn Sie das Schema ausgefüllt haben, dann gehen Sie die Verhaltensweisen durch, die Sie anderen gegenüber vermeiden. Überlegen Sie:

a) Welche Verhaltensweisen, die Sie vermeiden, würden Sie gern zeigen, wagen es jedoch noch nicht?

_____

_____

_____

_____

_____

_____

_____

_____

b) Mit welchen Verhaltensweisen, die Sie vermeiden, haben Sie bei diesem Partner in welcher Situation negative Erfahrungen gemacht?

Partner	Verhaltensweise	Situation	negative Erfahrung
_____	_____	_____	_____
_____	_____	_____	_____
_____	_____	_____	_____
_____	_____	_____	_____
_____	_____	_____	_____

c) Bei welchen Verhaltensweisen können Sie sagen, daß die Erfahrung mit diesem Partner Ihre Befürchtung nicht unterstützt, so daß es möglich ist, daß Ihre Befürchtungen mit anderen Sozialpartnern und in anderen Situationen entstanden sind und von Ihnen verallgemeinert werden?

Verhalten	Sozialpartner, bei dem Sie mit diesem Verhalten unangenehme Erfahrungen gemacht haben	Situation
_____	_____	_____
_____	_____	_____
_____	_____	_____
_____	_____	_____
_____	_____	_____

5. Soziale Angst und Bestrafung

Soziale Angst wird besonders dort erzeugt, wo in der Erziehung bestrafend auf das Kind eingewirkt wird. Das Gefühl, bestraft zu werden, entsteht immer dann, wenn unser Handeln von negativen Konsequenzen gefolgt wird – wenn wir zum Beispiel Schläge für eine Handlung bekommen, uns gesagt wird, daß diese Handlung schlecht und falsch war, oder wenn wir durch unser Verhalten Mißerfolge erleben. Kinder fühlen sich in ihrer Jugend bestraft,

- wenn die Eltern zur Verhaltensänderung Macht und Zwang anwenden;
- wenn die kindliche Umwelt so beschaffen ist, daß die Bewältigung dieser Umwelt häufig mit Mißerfolgen verbunden ist;
- wenn die Normen der Gesellschaft so einengen, daß zwangsläufig natürliche Regungen und Gefühle mit Schuld- und Schamgefühlen verbunden werden.

Die Einstellung zur Sexualität ist ein gutes Beispiel für Normen, die bestrafend wirken können. Wie vielen Kindern wird auch heute noch gesagt, wie verwerflich Sexualität oder bestimmte Erscheinungsformen der Sexualität sind, so daß das Kind bei sexuellen Vorstellungen und Phantasien das Gefühl erhält: «Das darf ich gar nicht denken oder wünschen», und: «Ich tue etwas Schlechtes!» Diese Gedanken lösen Angst aus, erzeugen Schuldgefühle, und dieses Schuldgefühl bewirkt, daß ein ganzer Teil der eigenen Persönlichkeit nicht akzeptiert und damit aus dem eigenen Leben ausgeklammert wird.

Ebenso angstauslösend kann es auf ein Kind wirken, wenn seine Umwelt so beschaffen ist, daß der Versuch, sie zu erforschen und in ihr zu handeln, häufig von Mißerfolgserlebnissen begleitet wird. Wenn beispielsweise die Lichtschalter in einer Wohnung so hoch angebracht sind, daß ein Kind sie nicht allein erreichen kann, und wenn ihm gleichzeitig verwehrt wird, einen Stuhl zu Hilfe zu nehmen (er könnte schmutzig werden), dann wird es in dieser Situation nicht die Erfahrung machen, daß es selbst seine eigenen Bedürfnisse befriedigen kann. Der Versuch, die Umwelt der eigenen Bedürfnislage anzupassen, wird bestraft, und damit wird forschendes, neugieriges Verhalten unterdrückt. Das Kind kann nicht die reale Wichtigkeit und Fähigkeit seiner Person erfahren.

Das gleiche trifft zu, wenn an Menschen immer wieder Forderungen und Erwartungen gestellt werden, die sie nicht erfüllen können, weil sie nicht im Rahmen ihrer augenblicklichen Fähigkeiten und Möglichkeiten liegen. Bei jedem Versuch, etwas zu leisten und zu schaffen, wird ihnen von der Umwelt durch eine solche Überforderung vermittelt, daß diese Leistung nicht gut genug ist. Auch auf diese Weise erhalten Menschen für das Ausprobieren ihrer Fähigkeiten Bestrafungen und können so in ihrem Selbstwertgefühl stark verletzt und verunsichert werden.

In vielen Familien und Schulen wird nicht partnerschaftlich erzogen, sondern mit Bestrafung gearbeitet. Mit Bestrafung ist hier nicht nur die körperliche Züchtigung gemeint, sondern auch alle Verhaltensweisen und Äußerungen, die dem anderen ein schlechtes Gewissen machen – wie zum Beispiel Anklagen und Ermahnungen, Liebesentzug, «Das-tut-man-nicht»-Sätze oder «Du-bist-ein-böses-Kind»-Sätze. Wer mit Bestrafung, Macht und Zwang mit seinen Sozialpartnern und besonders mit seinen Kindern umgeht, sorgt dafür, daß die nächste Generation irrationale soziale Angst aufbauen wird, sich nicht frei entfalten und verwirklichen kann und mit ihren sozialen Verhaltensweisen weder ihren eigenen Bedürfnissen noch den Bedürfnissen ihrer Sozialpartner gerecht wird.

Wir werden Ihnen in den nächsten Kapiteln zeigen, wie Sie in Ihrer Partnerschaft und in der Erziehung sich selbst und den Sozialpartnern gerecht werden können, ohne Bestrafung anzuwenden. Bestrafendes Verhalten ist also abzulehnen aus den schon genannten Gründen und zum anderen aus der Erkenntnis der Lernpsychologie, daß Bestrafung kein

Verhalten ändert, sondern nur unterdrückt und damit einer echten Änderung unzugänglich macht (siehe Kapitel VIII: «Verhaltensänderung»).

Vielleicht haben Sie schon öfter ‹Erfolg› mit Bestrafungen gehabt, gelangen aber bei genauerem Nachdenken zu dem Schluß, daß Sie eigentlich das Verhalten eines anderen Menschen nur unterdrückt haben, so daß für kurze oder auch für längere Zeit der Sozialpartner sich zwar anders gab, daß aber eine wirkliche Änderung nicht stattgefunden hat (zum Beispiel kann Ihr Kind in Ihrer Gegenwart bestimmtes Verhalten unterlassen, realisiert es aber, wenn Ihre Kontrolle fehlt).

Vielleicht haben Sie Lust, mit Hilfe des folgenden Schemas einmal zu prüfen, ob Sie Ihren Sozialpartnern gegenüber mit Bestrafung arbeiten. Dabei ist mit Bestrafung all das gemeint, was auf den anderen bestrafend wirkt, wie zum Beispiel:

ein schlechtes Gewissen machen	gehässig kritisieren
verletzen	triumphierend provozieren
auslachen	jammern und klagen
anklagen	Vorwürfe machen
ironisieren	ausschimpfen
herabsetzen	ein leidendes Gesicht machen
drohen	sich zurückziehen

Sozialpartner	Bestrafung für …	durch …	Änderung	Beziehung
Beispiel: Ehemann	Zeitung lesen beim Frühstück	Meckern, Zurückziehen	Nein	nicht verbessert

Bitte schreiben Sie einmal auf, welchen Sozialpartner Sie für welches Verhalten bestrafen. Zusätzlich, mit welchen Verhaltensweisen Sie ihn bestrafen, ob Sie dadurch eine echte Änderung seines Verhaltens erreicht haben und ob sich die Beziehung zu diesem Partner durch das bestrafende Verhalten verbessert oder verschlechtert hat.

6. Die Verringerung sozialer Angst

Ganz allgemein kann man sagen, daß sich soziale Angst in einer akzeptierenden Umwelt verringert, in der der einzelne nicht ständig unter dem Druck steht, sich durch Leistung zu bestätigen, und in der er nicht fürchten muß, sich für ‹falsches› Verhalten genieren, schämen und entschuldigen zu müssen. In solch einem Klima bekommt der einzelne den Mut, mit neuen Verhaltensweisen zu experimentieren, die er sonst aus Angst unterdrückt. Häufiger als er denkt, kann er die Erfahrung machen, daß viele neue Verhaltensweisen von den anderen akzeptiert werden, und durch diese Erfahrung lernt er sie schließlich selbst zu akzeptieren. Ein Mensch erhält dadurch die Möglichkeit, sein Verhaltensrepertoire zu erweitern und neue Bereiche seiner Persönlichkeit zu entdecken.

Aber selbst in dieser akzeptierenden Umwelt wird das Ausprobieren neuen Verhaltens nicht ganz ohne Angst möglich sein, so daß doch immer ein kleiner Ruck, ein kleines Überwinden nötig ist. Ein guter Anzeiger dafür, daß wir neues Verhalten ausprobieren, ist eine gewisse körperliche Spannung und Aufregung.

Um soziale Angst zu verringern, suchen Sie sich akzeptierende Sozialpartner und experimentieren Sie öfter mit neuem Verhalten, das Sie sonst aus Angst vermeiden. Riskieren Sie dabei ruhig ein kleines aufgeregtes Kribbeln.

Soziale Angst wird verringert durch die Konfrontation mit den angstbesetzten Reizen und durch die Erfahrung dieser Reize ohne Angst, das heißt durch die Erfahrung der Ungefährlichkeit der Reize. Wenn Sie zum Beispiel Angst haben, in einer Gruppe von einem Problem zu erzählen, weil es Ihnen peinlich ist und weil Sie befürchten, daß die anderen Gruppenmitglieder Sie nicht verstehen werden – dann können Sie diese Angst nur verlieren, indem Sie sich einen kleinen Ruck geben und doch einmal davon erzählen. Nur so können Sie die Erfahrung machen, daß die anderen Gruppenmitglieder Sie viel besser verstehen, als Sie dachten.

Damit die Konfrontation mit angstbesetzten Reizen eine positive Erfahrung wird, könnten Sie noch folgende zwei Hilfen beherzigen:

a) Die Wahrscheinlichkeit, die Konfrontation mit den angstbesetzten Reizen ohne Angst zu erfahren, ist größer, wenn Sie in einer mit Angst unvereinbaren Gefühlslage sind – zum Beispiel wenn Sie sich entspannt und ruhig fühlen. Im sozialen Kontakt haben wir meist Gefühle, die unvereinbar mit Angst sind, wenn wir merken, daß andere uns verstehen und helfen wollen. Wir werden dann ruhig, entspannt und vertrauensvoll, und das Überwinden von Angstschwellen fällt uns leichter.

b) Noch eine Hilfe zur Verringerung von Angst ist es, bei der Angstbewältigung mit kleinen Schritten voranzugehen: das heißt, die angstbesetzten Reize werden ihrer Schwierigkeit nach gestaffelt. Man macht sich zuerst an die ‹leichtesten› Reize und geht dann Schritt für Schritt zu den ‹schwereren›. Wenn ein Kind Angst hat, von einem Fünf-Meter-Brett ins Wasser zu springen, dann wäre es unklug, wenn es immer wieder versuchen würde, vom Fünf-Meter-Brett zu springen und jedesmal die Erfahrung machen müßte, daß dieser Sprung zu schwer ist. Viel aber lernen wir durch Erfolgserlebnisse, und in diesem Fall wäre es sinnvoll, erst vom Beckenrand so lange zu üben, bis das ohne Angst gelingt, dann vom Ein-Meter-Brett, dann vom Drei-Meter-Brett und zum Schluß vom Fünf-Meter-Brett zu springen.

Dieser Weg der kleinen Schritte ist im Endeffekt schneller und erfolgreicher als der der Überforderung. Wenn wir uns mit Reizen konfrontieren, die zu schwierig sind und zu viel Angst auslösen, kann unsere Angst sogar größer statt kleiner werden.

Im Sozialkontakt geschieht die Staffelung der Reize oft von selbst, weil wir häufig erst die nächstschwierigere Aufgabe wahrnehmen, wenn wir die leichtere schon gemeistert haben. Das Gruppenmitglied, das beispielsweise Angst hat, von seinem Problem zu sprechen, wird wahrscheinlich erst von einem ‹kleinen Problem› erzählen. Erst wenn durch die Akzeptierung der Gruppe die Angst verringert worden ist, wird es das nächstschwierigere wahrnehmen und irgendwann erneut die Angst überwinden, von diesem zu erzählen. Menschen, die durch eine Therapie oder eine akzeptierende Gruppe langsam die Angst vor ihren eigenen Gefühlen verlieren, berichten immer wieder, daß sie heute Gefühle wahrnehmen können, die sie gestern zwar auch hatten, aber noch nicht erkennen konnten.

Soziale Angst verringert sich durch die erneute Konfrontation mit angstbesetzten Reizen und die positive Erfahrung ihrer ‹Ungefährlichkeit›. Die Wahrscheinlichkeit von positiven Erfahrungen bei erneuter Konfrontation wird vergrößert durch eine Gefühlslage, die unvereinbar ist mit Angst (zum Beispiel Entspannung) und durch ein Voranschreiten durch kleine Schritte.

7. Die Angst vor der Angst

Was geht eigentlich im Erleben eines Menschen vor, wenn er versucht, nach den Vorschlägen des vorangegangenen Kapitels seine Angst zu verringern? Er verringert seine Angst, Angst zu haben. Wenn er sich langsam im entspannten Zustand schwierigen Situationen aussetzt, dann wird er auch Angst spüren – aber in einer Art und Weise, die die beste Voraussetzung für die Verringerung der Angst ist. Wir wollen das einmal genauer betrachten.

Was Menschen in ihrem Sozialkontakt behindert, ist eigentlich nicht ihre Angst. Denn warum sollte man nicht in Gesellschaft einmal ‹unsichere Knie› haben, beim Feuer geben mit der Hand zittern oder mit unsicherer Stimme sprechen? Unangenehm wird diese Erfahrung erst dadurch, daß wir uns gegen diese Angst wehren und unsere Muskeln anspannen müssen, um sie nicht zum Vorschein kommen zu lassen. Aber Druck erzeugt Gegendruck – und die eigene Angst wird immer stärker und immer bedrohlicher erlebt. Schließlich müssen wir starke ‹Muskelpanzer› aufbauen, um uns unsere Angst nicht anmerken zu lassen – und wir werden verkrampft. Oder aber wir beginnen, diese schwierigen Situationen zu vermeiden – und das beeinträchtigt ebenso unsere Funktionsfähigkeit.

Wenn jemand seine Angst verringern will, dann muß er bereit sein, diese Angst zu fühlen, sie zu erleben und das Entstehen und die Entwicklung dieses Gefühls zu verfolgen. Er muß ‹mit seiner Angst› gehen. Wenn wir so vorgehen, dann bemerken wir nach einiger Zeit, wie wenig dieses Gefühl der Angst unser Zusammensein mit anderen beeinträchtigt. Dieses Gefühl wird nicht mehr als bedrohlich empfunden, es wird angenommen und erlebt – und verringert sich häufig, ohne daß wir etwas Besonderes dabei tun müßten. Durch diese Erfahrung können wir uns auch in immer schwierigere Situationen begeben, da wir nicht mehr befürchten, daß dabei ein Angstgefühl entstehen kann. Durch viele solcher Erfahrungen wird ein Mensch immer sicherer, das Selbstvertrauen wächst, und es gibt wenige Situationen, die er vermeidet.

Ziel sollte also sein, die Angst vor der Angst zu verlieren. Die Angst selbst vollkommen zu verlieren sollte nicht das Ziel sein – denn das wäre manchmal lebensgefährlich. Das wird am besten erreicht, wenn wir uns in schwierigen Situationen entspannen, genau auf unsere körperlichen Angstgefühle achten und diese Gefühle innerlich in Worte fassen, indem wir uns beispielsweise innerlich sagen: «Aha, jetzt bekomme ich ein etwas flaues Gefühl in der Magengegend – ich fühle ein wenig Unsicherheit, wie sich diese Situation weiter entwickelt – jetzt verschwindet das Gefühl aus dem Magen – aber mein Atem wird immer kürzer – wogegen wehre ich mich? – ich will mal tief ein- und ausatmen – ach ja, ich bin wohl ziemlich traurig über das, was mein Gesprächspartner gesagt hat» usw. Bei diesem innerlichen Monolog sollte tief ein- und ausgeatmet werden. Wenn wir so unser Gefühl verfolgen und ‹mit ihm gehen›, dann wird das subjektiv als intensives bewußtes Erleben der eigenen Person erfahren, aber dennoch mit einer gewissen inneren Distanz zu diesen Gefühlen – und wir werden frei für neue Gefühle, zum Beispiel die Sicherheit, die Freude oder das Engagement.

8. Übungen zur Verringerung von sozialer Angst

Falls Sie in Ihrem Leben durch Angstgefühle behindert werden, dann schlagen wir Ihnen folgende Übungen vor. Die Übungen sollten in der angegebenen Reihenfolge durchgeführt werden, und erst wenn eine Übung mehrere Male erlebt worden ist, sollten Sie zu der nächsten übergehen.

1. *Sensibilisierung für die eigenen Körpergefühle*

Legen Sie sich auf ein Bett und versuchen Sie zunächst, alle Muskeln zu entspannen. Gehen Sie alle Ihre Muskeln durch (Stirn, Wangen, Mund, Hals, Schultern, Arme, Hände, Brust und Bauch, Gesäß und Beine) und versuchen Sie, die Muskeln ganz ‹loszulassen› und alle Spannungen aus ihnen entweichen zu lassen. Schließen Sie die Augen.

Atmen Sie dann für ca. 10 Minuten tief ein und aus und konzentrieren Sie sich vollkommen auf Ihre Körpergefühle. Nach einiger Zeit und Übung werden Sie Körperempfindungen wahrnehmen können, die ihnen zuvor nicht bewußt waren. Wie geht ihr Atem? Spüren Sie den Luftstrom durch die Nasenlöcher, durch die Luftröhre und in der Brust und im Bauchraum? Treten in einigen Gliedmaßen willkürlich Spannungen auf? Wie fühlt sich Ihr Magen an, ihr Zwerchfell und Ihr Kehlkopf?

2. *Sensibilisierung für Körpergefühle, die Angst anzeigen*

Wieder entspannen Sie zunächst Ihre Muskeln.

Versuchen Sie dann wieder für ca. 10 Minuten tief ein- und auszuatmen und auf Ihre Körperempfindungen zu achten. Stellen Sie sich aber dazu Situationen vor, die Ihnen einmal Angst gemacht haben oder Angst machen würden. Auf einer Gesellschaft werden Sie unsicher, ein Bekannter kritisiert Sie, Sie machen bei der Arbeit Fehler usw. Schließen Sie dabei die Augen, damit Sie sich diese Situation bildlich vorstellen können, und achten Sie dabei auf Ihre Körpergefühle. Einige Menschen benötigen eine längere Übungszeit, um sich Situationen bildlich-plastisch vorstellen zu können. Versuchen Sie dabei, Ihre Körperempfindungen symbolisch auf die psychische Ebene zu übersetzen, zum Beispiel: «Ich muß auf einmal schlucken. Was geht mir in dieser Situation so schwer runter?» «Meine Hand ballt sich zur Faust. Will ich etwas festhalten, oder wen will ich zerdrücken?»

Bei sehr ängstlichen Menschen kann es vorkommen, daß die Angst bei dieser Übung so groß wird, daß sie sich gegen dieses Gefühl wehren wollen, die Angst sich vergrößert, sie ihre Muskeln anspannen, und die Angst vor der Angst bleibt. Deswegen sollte die Vorstellung abgebrochen werden, und Sie sollten erneut Ihre Muskeln entspannen, wenn Sie den Eindruck haben, daß Sie nicht mehr ‹mit der Angst gehen› können. Sie sollten dann weniger angstauslösende Situationen für die Vorstellung nehmen und diese dann schrittweise staffeln, wenn Sie bei einer Schwierigkeitsstufe die Angst erleben und betrachten können.

Die verschiedenen Muskelspannungen, die während der Vorstellungen auftreten können, sind ein wichtiger Hinweis dafür, wie Sie normalerweise Ihre Angst unterdrücken. Verschließt Ihnen die Angst den Mund? Zeigen Ihre Beinmuskeln Spannungen an, die die Bewegung des Weglaufens andeuten? Zeigt eine Ballung Ihrer Faust an, daß Sie sich wehren wollen oder aggressive Gefühle haben?

3. Sensibilisierung im Sozialkontakt

Nachdem Sie diese Übungen allein durchgeführt haben, können Sie in Situationen, in denen Sie mit anderen Menschen zusammen sind, ebenso vorgehen. Achten Sie auf Ihre Körpergefühle, fassen Sie diese innerlich in Worte und verfolgen Sie das Angstgefühl in seinem Entstehen, in seiner Entwicklung und in seinem Vergehen. Zunächst sollten Sie diese Übung jedoch in nicht allzu schwierigen Situationen durchführen (schrittweise vorgehen). Es ist wichtig, daß Sie sich dabei zu entspannen versuchen und tief ein- und ausatmen.

4. Staffelung der Schwierigkeiten

Wenn Sie eine Angst in bestimmten Situationen spüren und den Wunsch haben, diese zu verlernen, können Sie die 3. Übung folgendermaßen erweitern:
1. Versuchen Sie detailliert eine Situation zu beschreiben, in der Sie diese Angst verspüren.
2. Schreiben Sie das Verhalten auf, das Sie angstfrei zeigen möchten.
3. Suchen Sie sich aus Ihrer Beschreibung die Angstfaktoren heraus. (Was macht Ihnen angst, was verstärkt Ihre Angst?)
4. Konstruieren Sie sich Übungssituationen, in denen Sie mit weniger Angst reagieren, in denen es Ihnen also eher möglich ist, sich frei nach Ihrem Wunsch zu verhalten.
5. Machen Sie konkrete Beispiele für die Übungssituationen und ordnen Sie diese nach ihrer Schwierigkeit. Die leichteste kommt an den Anfang, die schwerste an den Schluß.
6. Arbeiten Sie diese Hierarchie durch. Beginnen Sie, die leichteste Aufgabe zu üben. Erst wenn Sie diese ohne Angst bewältigen, gehen Sie zur nächstschwierigeren. Sollten Sie beim Üben die nächste Übung nicht schaffen, so schalten Sie einen weiteren Zwischenschritt ein. Achten Sie dabei auf Ihre Gefühle und gehen Sie ‹mit ihnen›, wie es in der 3. Übung beschrieben wurde.

Hierfür ein Beispiel:
Ein Student will seine Angst vor Autoritäten verlernen. Er beschreibt die angstauslösende Situation wie folgt:
1. Immer, wenn ich mit meinem Professor rede, bekomme ich Angst. Ich werde unsicher, weiß nicht mehr, was ich sagen will. Ich mag den Professor nicht ansehen. Ich verliere immer mehr den Faden. Dies erlebe ich besonders, wenn ich mit einer Frage oder einer Bitte zu ihm gehe. Ich habe meist Angst, daß er mich verurteilt oder ablehnt.

2. Das Verhalten, das ich zeigen möchte: Freies Sprechen und Ansehen im Kontakt mit Autoritätspersonen.
3. Die Angstfaktoren: Autorität; nicht wissen, was ich reden soll, Blickkontakt, Angst vor Ablehnung.
4. Die Übungssituationen:
   a) Freies Reden mit fremden Studenten (1)
   b) Blickkontakt mit fremden Studenten (2)
   c) Blickkontakt mit Studentinnen (3)
   d) Freies Reden mit Studentinnen (4)
   e) Zu Autoritätspersonen gehen mit einer Bitte (7)
   f) Den Professor nach Informationen fragen (6)
   g) Zu Fremden gehen und um etwas bitten (5)
   h) Sich der Ablehnung von Bekannten aussetzen (9)
   i) Sich der Ablehnung von fremden Menschen aussetzen (8)
   j) Mit dem Professor diskutieren und die eigene Meinung vertreten (10)
   (Die Zahlen in den Klammern bezeichnen die Rangfolge der Schwierigkeit der Situationen.)
5. Konkrete Übungsaufgaben:
   Ich experimentiere mit Blickkontakten; ich versuche, anderen Menschen in die Augen zu sehen:
   a) fremden Studenten
   b) fremden Studentinnen
   c) Autoritätspersonen

   Ich übe freies Sprechen im Kreise von Fremden.

   Ich frage Fremde nach Informationen oder äußere eine Bitte.

   Ich setze mich Situationen aus, in denen ich die Ablehnung anderer befürchte.

   Ich nehme mir vor, in einen Laden zu gehen, der Verkäuferin meine Wünsche vorzutragen, etliche Kleidungsstücke anzuprobieren und dann sicher und bestimmt den Laden wieder zu verlassen, ohne etwas zu kaufen, usw.

III. Der Ausdruck von Gefühlen

1. Die Akzeptierung der eigenen Gefühle

Eine offene, unterdrückungsfreie und für alle Beteiligten gleichermaßen befriedigende Beziehung kann nur verwirklicht und erfahren werden, wenn in dieser Beziehung die Möglichkeit besteht, die eigenen Gefühle, Wünsche und Befürchtungen freimütig auszudrücken. Dann besteht die Möglichkeit, sich selbst als denjenigen zu zeigen, der man ist, und andere als Individuen zu erfahren. Diese entsprechen zwar nicht immer den Idealen der Gesellschaft, können aber in solchen Beziehungen lernen, ihre

Schwächen einzugestehen, sich als einzigartige Person zu akzeptieren und damit die Grundvoraussetzung für eine Entfaltung ihrer Persönlichkeit im sozialen Kontakt finden.

Jemand, der seine Gefühle voll akzeptiert, wird in seinem Ausdruck andere nicht verwirren, denn er wird eindeutig und unmißverständlich kommunizieren können. Außerdem wird es ihm besser gelingen, auftretende Probleme in seinem Leben zu lösen. Aber häufig sind wir so erzogen worden, daß wir uns viele Gefühle verbieten und versuchen, sie zu unterdrücken. Wir akzeptieren nicht, daß wir fröhlich sind, wenn wir meinen, daß hierfür kein Grund vorhanden ist. Wir akzeptieren nicht unsere Traurigkeit, wenn wir meinen, wir dürften nicht traurig sein. Wir akzeptieren nicht unseren Ärger, wenn wir meinen, wir dürften nicht ärgerlich sein. Wir versuchen dann, diese Gefühle zu unterdrücken und nicht wahrzunehmen. Auf diesem Weg gelingt es jedoch nicht, unsere Probleme zu lösen, denn durch Unterdrückung können wir unsere Gefühle nicht bewältigen. Nehmen wir zum Beispiel das Gefühl des Ärgers: Wenn jemand ein ärgerliches Gefühl hat und dieses entweder nicht wahrnimmt oder unterdrückt, dann kann dieses Gefühl beispielsweise in der Körpersprache (Mimik, Gestik, Tonfall) sichtbar werden. Es kann auch sein, daß sein Ärger in seinen Handlungen zum Ausdruck kommt, obwohl er den Ärger selbst nicht bemerkt. Wenn ein Mensch nun über längere Zeit seinen Ärger unterdrückt, kommt es zu einem Gefühlsstau, der sich meist irgendwann in einem erregten Streit explosionsartig entlädt. Solch ein Streit, in dem die Ärgergefühle ausbrechen, wird meist von der eigenen Person, ebenso wie von den anderen, als recht unangenehm erlebt. Verständlich, daß man auf Grund eines schlechten Gewissens nach einem solchen Erlebnis zu der Einsicht kommt: «Ich wußte es ja, es ist nicht gut, seinen Ärger auszudrücken. Ich sollte mich wirklich mehr beherrschen lernen.» Der Kreislauf beginnt erneut, und in Zukunft versucht man den eigenen Ärger noch stärker zu unterdrücken und zu leugnen.

Unerkannte Gefühle, besonders aggressive Gefühle, wirken sich auch aus, wenn sie nicht auf eine der beschriebenen Arten sichtbar werden. Sie wirken weiter in unserem Kopf und beeinflussen andere Gedanken und Gefühle. Oder sie wirken weiter in unserem Körper als Verspannungen und psychosomatische Beschwerden. Aber wie können wir diesen Teufelskreis durchbrechen? Wir müssen den Ausdruck unseres Ärgers ‹kultivieren›. Da die meisten Menschen in ihrer Kindheit schon dafür bestraft werden, wenn sie ärgerliche Gefühle zeigen, werden aggressive Impulse später bei ihrem Auftreten unterdrückt. Deswegen haben wir keine Gelegenheit zu lernen, unseren Ärger so auszudrücken, daß andere Menschen dadurch nicht verletzt werden und wir im Sozialkontakt positive Erfahrungen mit dem Ausdruck unseres Ärgers machen. Bildlich gesprochen: Unsere Ärgergefühle konnten nicht erwachsen werden. Damit dies nachgeholt werden kann, ist der erste Schritt, diese Gefühle bewußter wahrzunehmen. Häufig bemerken wir dann, daß unser Ärger im Augenblick das letzte Gefühl in einer ganzen Kette von Gefühlsreaktionen ist, wie zum Beispiel Verletztheit – Traurigkeit – Unterlegenheitsgefühl – Wut und Ärger.

Der zweite Schritt sollte sein, zu lernen, den Ärger so auszudrücken, daß Beziehungen intensiver und lebendiger werden und nicht durch den Ausdruck von Ärger getrübt werden.

Die nächsten Kapitel werden konkreter darauf eingehen, wie das erreicht werden kann. Das Ergebnis dieser ‹Kultivierung› unserer Aggression ist häufig, daß Menschen lernen, verletzende Aggressionsäußerungen durch nichtverletzendes selbstbehauptendes Verhalten zu ersetzen und ihre Interessenkonflikte mit den Sozialpartnern auf partnerschaftliche Weise zu lösen (siehe Kapitel «Konfliktgespräch»).

Es kann nie falsch oder schlecht sein, ein Gefühl zu haben. Ihre Gefühle gehören Ihnen, und Sie haben ein unbedingtes Recht darauf!

Vergessen Sie die Meinung, daß Sie einige Gefühle nicht haben dürften. Sie schaden sonst sich selbst und Ihren Beziehungen. Natürlich ist es nicht richtig, jedes Gefühl auszuagieren – zum Beispiel Ihren Mann zu schlagen, einem Schüler zu zeigen, daß man ihn nicht mag usw. Es kann aber nie falsch sein, das Gefühl zu *haben* – zum Beispiel den eigenen Mann schlagen zu wollen oder einen Schüler nicht zu mögen. Erkennen Sie diese Gefühle nicht, kommen sie auf andere Weise heraus. Sie sticheln vielleicht gegen Ihren Mann oder nehmen den Schüler weniger häufig im Unterricht dran, oder Sie bekommen Kopfschmerzen oder Depressionen, wenn sich die Aggression nach innen wendet. Erkennen Sie diese Gefühle, dann können Sie darüber nachdenken, und das ist die beste Voraussetzung für deren Änderung.

Dieses Ziel ist aber nicht leicht zu erreichen. Denn die Konsequenzen von offenen Gefühlsäußerungen können angst machen, wenn beispielsweise jemand die Erfahrung gemacht hat, daß eine Gefühlsäußerung in bestimmten Situationen stets unangenehme Folgen nach sich zog. Offenheit wurde mit Reaktionen der Verachtung, der Peinlichkeit oder mit Lachen beantwortet, Unsicherheit sollte ausgeredet werden, und der Ärger wurde logisch untersucht und für unberechtigt befunden. Ein solcher Mensch ist bemüht, die eigenen Gefühle mit sich selbst auszumachen. Ihm fehlt die Erfahrung positiver Erlebnisse, die durch offene Gefühlsäußerungen in Beziehungen erlebt werden können.

Weiter hemmt uns auf dem Weg zum offenen Gefühlsausdruck die Angst, sich angreifbar zu machen. Seine Gefühle direkt und deutlich zu zeigen, bedeutet, zu der eigenen Person zu stehen. Es muß nicht immer bedeuten, daß wir diese Gefühle auch befürworten, aber wir akzeptieren die Tatsache, daß wir ein bestimmtes Gefühl haben. Mit einem solchen eindeutigen Bekenntnis geben wir anderen Menschen die Möglichkeit zur Kritik an unserer Person. In Beziehungen, in denen versucht wird, das Gefühl der eigenen Schwäche zu kompensieren, indem der andere Partner wegen seiner Schwächen kritisiert, verurteilt und angeprangert wird, ist das Erlernen von offenen Gefühlsäußerungen und Bekenntnissen der eigenen Person sehr schwer. Dann wird das taktische und fassadenhafte Verhalten oft vorgezogen.

Wir unterdrücken aber nicht nur Gefühle, die wir als negativ erleben, sondern manchmal unterdrücken wir auch ein Gefühl, weil wir gleichzeitig ein gegenteiliges Gefühl haben, und wir meinen, es wäre unvernünftig, sich widersprechende Gefühle zu haben. Aber unser Seelenleben ist nicht so ‹vernünftig›, und gegensätzliche Gefühle können sehr wohl zur gleichen Zeit in uns existieren. Wir nennen das dann ambivalente Gefühle, wenn jemand beispielsweise eine Person liebt und zur gleichen Zeit haßt oder wenn jemand einem anderen Menschen eine Freude machen will und sich zur gleichen Zeit ärgert, daß er ihm so selten eine Freude macht. Erkennen wir widersprüchliche Gefühle nicht an, besteht die Gefahr, daß wir das eine Gefühl mit Worten ausdrücken und zur gleichen Zeit das andere in unserer Mimik oder in unseren Handlungen. Das führt dann zu verwirrender Kommunikation (siehe Kapitel «Widersprüchlicher Ausdruck von Gefühlen»).

> Es kann nie falsch sein, ein Gefühl zu haben! Sie haben ein Recht auf alle Ihre Gefühle, und Sie fördern Ihre eigene Entwicklung und die Verbesserung Ihrer Beziehungen, wenn Sie Ihre Gefühle stärker wahrnehmen und in den Sozialkontakt einbringen, und zwar in der direkten Form (siehe Kapitel «Sprachlicher Ausdruck von Gefühlen»). Hierzu brauchen Sie Ihren Mut, sich zu Ihrer Person zu bekennen, und das Verständnis und die Akzeptierung von seiten Ihrer Sozialpartner.

2. Der nonverbale Ausdruck von Gefühlen

Unser Gesichtsausdruck, unsere Gestik, der Tonfall unserer Stimme sind für andere Menschen Anhaltspunkte, die ihnen Aufschluß über die Verfassung unserer Gefühle geben. Eine Stimme kann beispielsweise traurig, müde, interessiert oder liebevoll wirken. Ein Gesichtsausdruck kann bedrohlich oder fröhlich wirken, und auch unsere Körperhaltung kann ein Signal für eine depressive Stimmung oder für starke Erregung sein.

Diese nonverbalen Äußerungen sind Körperreaktionen, die zusammen mit unseren Gefühlen auftreten und vom vegetativen Nervensystem ausgelöst werden. Sie sind damit nur unvollständig unserer willentlichen Kontrolle unterworfen. Selbst wenn wir uns vornehmen, fröhlich zu wirken, um unsere Trauer nicht zu zeigen, gelingt es nicht, die wahren Gefühle vollständig zu verbergen. Sie werden sich in körperlichen Reaktionen ausdrücken. Unser Lachen wirkt verkrampft, unsere Fröhlichkeit wirkt gespielt und nicht wirklich frei.

Wer seine Unsicherheit nicht zeigen möchte und sich vornimmt, bei einer Diskussion nicht rot zu werden, wird diese Reaktion trotz des Vorsatzes nicht vollständig unterdrücken können.

Doch die nonverbalen Signale geben nur sehr undeutlich Aufschluß über die Gefühlsverfassung eines Menschen. Mit dieser Art von Signalen teilen wir anderen nur vage mit, wie wir uns im Augenblick fühlen, da diese Signale mehrere Bedeutungen haben können. Zittern kann jemand vor Erregung, vor Ärger oder vor Freude. Rotwerden kann ein Zeichen sein für Wut oder auch für Verlegenheit. Wenn wir also jemandem Einblick geben wollen in das, was uns bewegt, so werden diese unwillkürlichen Reaktionen unseres Körpers nicht ausreichen. Dennoch ist es wichtig zu sehen, daß sie im Zusammensein mit anderen ständig das gegenseitige Verhalten beeinflussen.

Diese Beeinflussung des Verhaltens in einer Beziehung kann selbst dann stattfinden, wenn die eigenen Gefühle nicht bewußt wahrgenommen werden. Hierfür ein Beispiel:

Ein Ehetherapeut beobachtet bei einer Sitzung mit einem Ehepaar, daß immer dann, wenn die Ehefrau ihre Augenbrauen hebt, ihr Mann von einem heiklen Thema zu einem unverbindlicheren und konfliktlosen Thema übergeht. Als die Eheleute vom Therapeuten auf diesen Vorgang hin angesprochen werden, sind beide sehr überrascht, da sie selbst nichts davon bemerkt hatten. Durch die Beobachtung des Therapeuten wird ihnen aber dieser Ablauf ihrer Interaktion bewußt, und beide sehen klarer, daß sie auf diese Art die heiklen Themen vermieden haben.

In diesem Beispiel war beiden Partnern nach dem Gespräch bewußt, daß das Augenbrauen-Heben der Frau eigentlich bedeutete: «Ich habe Angst, hier weiterzureden, und will das nicht.» Dieses Gefühl wurde durch ein nonverbales Signal ausgedrückt, und der Ehemann reagierte unbewußt darauf.

Wenn Sie Ihre Gefühle besser kennenlernen wollen, dann horchen Sie öfter in Ihren Körper hinein und übersetzen Sie die nonverbalen Reaktionen in sprachliche Äußerungen. Zum Beispiel sagen Sie zu sich selbst: «Ich bin jetzt unsicher», wenn Ihnen Ihre Körpergefühle dies vermitteln.

3. Ausdruck von Gefühlen durch Handlungen

Auch die Handlungen eines Menschen können seine Gefühle ausdrükken. ‹Jemanden in den Arm nehmen›, ‹jemandem einen Vogel zeigen›, ‹jemandem eine Ohrfeige verpassen› – all das sind Handlungen, die dem anderen zeigen, welche Gefühle wir ihm gegenüber haben. Bei diesen Beispielen ist noch recht klar, welche Gefühle hinter solchen Verhaltensweisen stehen. Schwieriger wird es bei komplizierteren Handlungsabläufen.

In einer Diskussionsgruppe kann ein Mitglied seine Interesselosigkeit am Thema ausdrücken, indem es zunächst versucht, die Gesprächsbeiträge der anderen ins Lächerliche zu ziehen; dann indem es versucht, das Gespräch zu unterbrechen, sich anschließend mit einem anderen Mitglied über private Themen unterhält und schließlich in Schweigsamkeit verfällt. Der gefühlsmäßige Hintergrund braucht unserem Gruppenmitglied nicht bewußt zu sein – es zeigt all diese Verhaltensweisen, ohne daß es sein Gefühl bemerkt: «Ich finde die Diskussion langweilig.»

Der Gefühlshintergrund solcher Handlungen kann auch nur schwer von anderen Menschen durchschaut werden, und oft führen solche oder ähnliche Verhaltensweisen zu Konflikten, die in Streitereien oder Anschuldigungen enden, ohne daß den Beteiligten einsichtig wird, welche Gefühle zu dem Konflikt geführt haben.

Gerade in diesem Fall hätte es für die Gruppe besonders fruchtbar sein können, wenn dieses Gruppenmitglied seine Gefühle erkannt und in Worten ausgedrückt hätte. Es hätte dann den anderen Gruppenmitgliedern mitgeteilt, wie es sich fühlt, und sein Verhalten wäre von den anderen richtig interpretiert worden. Außerdem hätte unser Gruppenmitglied mit Hilfe der Gruppe über seine Interesselosigkeit nachdenken können und hätte danach vielleicht wieder produktiv mitarbeiten können. Oder aber dieses Gruppenmitglied hätte nur stärker als die anderen empfunden, daß das Thema tatsächlich langweilig war und es den anderen eigentlich ebenso ging. Dann hätte der verbale Ausdruck seines Unmuts die ganze Gruppe zu einer produktiven Reflexion anregen können.

Wenn Sie wollen, daß für Sie und für Ihre Sozialpartner die Motive Ihres Handelns sichtbarer werden, dann halten Sie öfter inne in Ihren Handlungen, achten Sie auf Ihre nonverbalen Signale und versuchen Sie, Ihre Gefühle in Worten auszudrücken.

---

4. Der sprachliche Ausdruck von Gefühlen

Die Sprache gibt uns die Möglichkeit, anderen Menschen genauer als durch Gesten, Mimik usw. unsere Gefühle mitzuteilen und zu beschreiben. ‹Ich freue mich›, ‹Ich liebe dich›, ‹Ich traue mich nicht› sind Äußerungen, die andere Menschen in die Lage versetzen, unsere Gefühlslage zu verstehen und nachzuvollziehen. Doch auch auf der verbalen Ebene drücken wir oft Gefühle so aus, daß sie für andere überhaupt nicht oder nur undeutlich sichtbar werden. Häufig kommt es in sogenannten ‹sachlichen› Gesprächen dazu, daß Meinungen und Ansichten geäußert werden, obwohl eigentlich Gefühle gemeint sind. Dann werden Gefühle auf einer anderen Ebene ausgedrückt, und das ist für andere schwer zu durchschauen, bzw. nachzuvollziehen.

Ein Vater hält seinem Sohn einen sachlichen Vortrag über die linke Studentenbewegung und meint eigentlich: «Mir paßt es nicht, daß du auch in einer solchen Bewegung bist!» In einer Diskussionsgruppe macht ein Gruppenmitglied lange Ausführungen über das Thema, gebraucht viele Zitate und meint eigentlich: «Seht mal, ich bin gar nicht so dumm, wie ihr vielleicht denkt.» Auch auf der sprachlichen Ebene können wir uns so ausdrücken, daß unsere Gefühle weder uns noch anderen transparent werden. Wir wollen zum besseren Verständnis des verbalen Ausdrucks von Gefühlen zwei Kategorien unterscheiden lernen – den direkten und den indirekten Ausdruck.

Der direkte Ausdruck von Gefühlen. Eine Äußerung, die die eigene Gefühlslage mit Worten beschreibt, wollen wir ‹direkter Ausdruck von Gefühlen› nennen. Beispiele: ‹Ich bin ärgerlich›, ‹Ich bin unzufrieden›, ‹Ich bin fröhlich›, ‹Ich freue mich›, ‹Ich befürchte . . .› usw.

In diesen Sätzen werden die eigenen Gefühle direkt durch Worte benannt. Obwohl nicht jeder Ausdruck, der mit ‹ich› anfängt, ein direkter Ausdruck von Gefühlen sein muß, so ist das ‹ich› aber ein guter Anzeiger dafür, ob jemand direkt von *seiner* Gefühlslage spricht.

Der direkte Ausdruck von Gefühlen darf nicht verwechselt werden mit einem spontanen Ausdruck einer Gefühlsregung wie ‹Aua!›, ‹Laß das!› Diese Äußerungen sind in unserem definierten Sinne keine direkten Äußerungen von Gefühlen, da diese (Schmerz und Ärger) nicht benannt werden.

Der indirekte Ausdruck von Gefühlen. Andere sprachliche Äußerungen, in denen die eigene Gefühlslage eher maskiert oder verdeckt wird, wollen wir ‹indirekter Ausdruck von Gefühlen› nennen. Der Sprecher drückt sich dabei so aus, daß ihm selbst und seinem Sozialpartner nicht bewußt wird, welche Gefühle er hat.

Beispielsweise sagt eine Ehefrau zu ihrem Ehemann in ärgerlichem Tonfall: «Willst du am Wochenende etwa zum Angeln fahren?» Die in diesem Beispiel benutzte Frageform ermöglicht der Ehefrau, sich selbst aus dem Spiel zu lassen. Es geht scheinbar um eine Frage. Wenn sie jedoch ihre Gefühle direkt ausdrücken würde, müßte sie sagen: «Ich bin enttäuscht, daß du am Wochenende nicht zu Haus sein wirst.»

Wenn nun ihr Mann auf ihre Frageform reagieren würde, indem er fragt: «Hast du etwa was dagegen?», dann könnte sie sich von ihrem Gefühl der Enttäuschung distanzieren, indem sie antwortet: «Es war ja nur eine Frage.» Oder aber sie könnte ihren Mann ins Unrecht setzen, indem sie ihm vorwirft: «Dich darf man nicht einmal fragen, du reagierst sofort ausfallend!» Die Ehefrau steht nicht zu ihrem Gefühl der Enttäuschung, kann deswegen kaum über diese Enttäuschung nachdenken, und außerdem kann sie diese nicht in ihre Beziehung zu ihrem Mann einbringen.

In der indirekten Ausdrucksweise von Gefühlen spricht der Sprecher mehr über den Sozialpartner als über sich selbst. Häufig nimmt er dabei seine Gefühle als Eigenschaften anderer wahr.

Wir wollen einmal die häufigsten indirekten Ausdrucksformen aufzählen, wobei der direkte Ausdruck in Klammern steht.

Fragen: «Findest du deine Kleidung etwa geschmackvoll?»
  (direkt: «Ich mag deine Kleidung nicht.»)
Befehle: «Sei ruhig.»
  (direkt: «Ich fühle mich gestört, wenn du so laut sprichst.»)
Anklagen: «Du hörst mir ja nie zu!»
  (direkt: «Ich ärgere mich, wenn ich dir etwas erzähle und du mit so vielen anderen Gedanken beschäftigt bist.»)
Schimpfen: «Du kannst aber auch gar nichts!»
  (direkt: «Das ärgert mich, daß ich diese Aufgabe jetzt allein erledigen muß.»)
Sarkasmus: «Das hast du ja wieder einmal großartig gemacht.»
  (direkt: «Ich finde das nicht gut, was du gemacht hast.»)
Urteile: «Du bist unsensibel.»
  (direkt: «Ich brauche mehr Einfühlung von dir!»)
Man-Sätze: «Man kann nicht einfach widersprechen!»
  (direkt: «Ich habe gar keine Lust mehr, weiterzusprechen, wenn ich sofort ein Nein höre!»)
Du-solltest-Sätze: «Du solltest wirklich etwas strenger zu den Kindern sein!»
  (direkt: «Ich halte Strenge für besser und wünsche mir, daß du auch so denkst.»)

Die direkten Äußerungen in Klammern sind natürlich nur mögliche Gefühlsäußerungen, hinter den indirekten Ausdrucksformen könnten jedesmal auch andere Gefühle stehen. Wenn uns also jemand seine Gefühle indirekt mitteilt, dann wissen wir nicht ganz genau, was er fühlt, sondern wir müssen raten und sind auf unsere Vermutungen angewiesen.

Die indirekte Ausdrucksform hat den scheinbaren ‹Vorteil›, daß uns für unsere Gefühle keiner verantwortlich machen kann. Wir machen uns unangreifbar und schieben unsere eigenen Schwierigkeiten unserem Sozialpartner in die Schuhe. Dies geschieht häufiger bei Gefühlen, die wir als ‹negativ› erleben, wie Ärger, Haß, Wut, Traurigkeit usw.

In Beziehungen, in denen ‹negative› Empfindungen nicht akzeptiert werden, werden diese negativen Empfindungen als Versagen empfunden, das durch den indirekten Ausdruck der Gefühle einem anderen zugeschoben wird.

Die große Gefahr solcher indirekten Kommunikation ist, daß offene Konfliktgespräche und gegenseitige Bekenntnisse der eigenen Gefühle nicht möglich sind. Die Sozialpartner lernen ihre unterschiedlichen Erlebnisweisen nicht kennen, und die Lösung von Problemen wird erschwert.

Der indirekte Ausdruck von negativen Gefühlen neigt dazu, den anderen anzuklagen, und dieser wird versucht sein, sich zu rechtfertigen und zu verteidigen. Auf diese Weise wird häufig vom eigentlichen Problem abgelenkt, und das Gespräch gleitet auf Ebenen ab, die für das eigentliche Problem unwichtig sind. Wir verdeutlichen das noch einmal an unserem Beispiel.

Direkt:
Ehefrau: «Ich wäre enttäuscht, wenn du am Wochenende zum Angeln gingest.» Dem Mann wird übermittelt, daß seine Frau ein Problem mit ihm hat – das macht ihn bereit, ihr zuzuhören. Die Fronten sind nicht verhärtet, und es könnte ein gemeinsames Gespräch beginnen über die Gefühle und Wünsche der Frau. Der Ehemann könnte ebenfalls versuchen, seine Bedürfnisse darzustellen. Nachdem beide ihre unterschiedlichen Gefühlslagen geklärt haben, können sie gemeinsame Lösungen für ihren Konflikt suchen.

Indirekt: Ehefrau: «Willst du am Wochenende etwa wieder zum Angeln gehen?!» Dem Ehemann wird übermittelt, daß er sich ‹falsch› verhält. Er erlebt diese Frage als Angriff und erlebt nicht, daß es seiner Frau wichtig ist, mit ihm zusammen zu sein. Er sieht sich nicht konfrontiert mit ihren Gefühlen, sondern mit der unterschwelligen Forderung: «Bleib gefälligst zu Haus!» Er steht vor der Alternative, zu verzichten und eine Niederlage einzustecken oder seine Interessen durchzusetzen. Im gegenseitigen Kampf um die Durchsetzung der eigenen Interessen werden Argumente ausgetauscht, die seine Berechtigung, zum Angeln zu gehen, unterstreichen sollen, wie zum Beispiel: «Du hast ja auch deine Hobbies», «Das Angeln ist doch meine einzige Freude», oder er reagiert mit Angriffen wie: «Du gönnst mir auch gar nichts!» Das Gespräch endet wahrscheinlich in einem Streit, an dessen

Ende die Aussagen stehen: «Du liebst mich nicht», und beide Partner finden keine Gelegenheit zu einer gemeinsamen Lösung für ihren Konflikt, die die Gefühle und Wünsche beider berücksichtigt.

Die direkte Form der Gefühlsäußerung hat den Vorteil,
- daß Sie sich Ihrer Empfindungen bewußter werden und sich mit Ihren Wünschen und Befürchtungen selbst erfahren;
- daß Sie Ihre Sozialpartner nicht in Verteidigungshaltung bringen, sondern ihnen eher die Gelegenheit geben, ihre Verschiedenheiten zu offenbaren (diese bleiben sonst unterschwellig verborgen und führen zu Unzufriedenheit und Spannungen);
- daß Sie zusammen mit Ihren Sozialpartnern bei unterschiedlichen Gefühlen und Wünschen gemeinsame Lösungsmöglichkeiten entwickeln können.

Ihre Kommunikation verbessert sich ganz allgemein, wenn Sie lernen, indirekte Gefühlsäußerungen zu erkennen und durch direkten Ausdruck der Gefühle zu ersetzen. Dies trifft besonders für schwierige Situationen zu.

Dies trifft natürlich nur zu für persönliche Beziehungen, in denen keiner Macht über den anderen besitzt. Wir raten Ihnen nicht, offen von Ihren Gefühlen zu sprechen, wenn Sie über das Arbeitsamt einen Job haben wollen oder wenn Sie als Lehrling genau geprüft haben, daß Ihr Arbeitgeber negative Konsequenzen ziehen wird, wenn Sie Ihre Gefühle und Meinungen offen äußern. Hier mag taktisches Verhalten angemessen sein – aber auf keinen Fall in Partnerschaften und Erziehungssituationen.

5. Übungen zum direkten Ausdruck von Gefühlen

Die folgenden Übungen sollen Ihnen eine Hilfe sein, Ihre indirekten Gefühlsäußerungen zu erkennen und in direkte zu übersetzen. Sicherlich werden Sie nicht immer und überall Ihre Gefühle in soziale Beziehungen einbringen können. Dort jedoch, wo es Ihnen darum geht, eine partnerschaftliche Beziehung zu Menschen zu entwickeln, sollten Sie den indirekten Ausdruck durch einen direkten Ausdruck Ihres Gefühls ersetzen. Partnerbeziehungen, Eltern–Kind- und Lehrer–Kind-Beziehungen können dann zum Beispiel nach den Bedürfnissen aller Beteiligten gestaltet werden.

Auswirkung von direktem und indirektem Ausdruck

Wir haben für diese Übung noch einmal unsere Aufzählung von indirekten Gefühlsäußerungen aufgeführt und dazu die direkten Äußerungen geschrieben. Bitte stellen Sie sich jedesmal vor, Sie wären angesprochen, und schreiben Sie bitte auf, welche Gefühle diese Sätze bei Ihnen auslösen würden. Achten Sie dabei darauf, wie groß Ihre Freiheit bei direktem und indirektem Ausdruck ist, auf *Ihre* Art und Weise auf die Äußerung zu reagieren. Wird Ihnen die Art und Weise Ihrer Reaktion freigestellt oder wird sie Ihnen vorgeschrieben? Stellen Sie sich außerdem vor, daß die indirekten Äußerungen ein Grad ärgerlicher gesprochen werden als die direkten. Denn durch die Benennung unseres Ärgergefühls haben wir erst einmal ‹Luft rausgelassen› und die nachfolgenden Sätze werden sachlicher.

1. Sie wollen mit Ihrer Frau ausgehen und kommen nun gerade umgezogen ins Wohnzimmer. Ihre Frau sagt:
a) «Findest du deine Kleidung etwa geschmackvoll?»
Ihre Gefühle:

---

b) «Irgendwie mag ich deine Kleidung heute abend nicht.»
Ihre Gefühle:

---

2. Sie erledigen eine Arbeit im Haus, bei der es laut zugeht. Ihr Ehepartner liest gerade ein Buch. Er sagt zu Ihnen:
a) «Sei bitte ruhig!»
Ihre Gefühle:

---

b) «Mich stört das ganz schön, wenn du so laut arbeitest.»
Ihre Gefühle:

3. Stellen Sie sich einmal vor, Sie wären ein Kind. Ihre Mutter hätte Sie zum Einkaufen geschickt, und Sie kommen unverrichteter Dinge zurück, weil Sie das Portemonnaie vergessen haben. Ihre Mutter ist tatsächlich ärgerlich, weil sie heute besonders viel zu tun hat, und sagt ärgerlich:
a) «Du kannst aber auch gar nichts!»
Ihre Gefühle:

b) «Das macht mich aber ganz schön sauer, weil ich doch jetzt das Mittagessen kochen wollte!»
Ihre Gefühle:

4. Stellen Sie sich noch einmal vor, Sie wären ein Kind. Diesmal sind Sie im Gespräch mit Ihrem Lehrer, Sie sind aber recht unaufmerksam, und Ihr Lehrer sagt ärgerlich:
a) «Du hörst mir ja nie zu!»
Ihre Gefühle:

b) «Ich mag gar nicht weiterreden und habe keine Lust dazu, weil ich nicht weiß, ob es dich überhaupt interessiert.»
Ihre Gefühle:

5. Und noch einmal sind Sie ein Kind und berichten Ihrem Vater, daß Sie seinen Metallbohrer verbogen haben. Er sagt ärgerlich:
a) «Das hast du ja wieder einmal großartig gemacht!»
Ihre Gefühle:

_____

_____

b) «Ja, das finde ich wirklich nicht gut!»
Ihre Gefühle:

_____

_____

6. Stellen Sie sich vor, Sie sind zärtlich mit einem Partner zusammen, und der sagt Ihnen plötzlich ärgerlich:
a) «Du bist wirklich unsensibel!»
Ihre Gefühle:

_____

_____

b) «Du, ich brauche noch mehr Einfühlung von dir!»
Ihre Gefühle:

_____

_____

7. Sie sind in einem Gespräch mit einem Arbeitskollegen und sind anderer Meinung als er. Er sagt ärgerlich:
a) «Man kann da nicht einfach widersprechen!»
Ihre Gefühle:

_____

_____

b) «Ich weiß nicht, aber ich mag gar nicht mehr weitersprechen, wenn Sie sofort mit Nein antworten!»

Ihre Gefühle:

_____

_____

8. Ihr Kind hat in der letzten Zeit nur schlechte Noten mit nach Hause gebracht, Sie zeigen aber Verständnis und nehmen das Ganze nicht so tragisch. Nun sagt Ihr Ehepartner Ihnen ärgerlich:

a) «Du solltest wirklich strenger mit dem Kind sein.»

Ihre Gefühle:

_____

_____

b) «Ich würde selbst strenger mit dem Kind sein und würde es gut finden, wenn du auch so denken würdest!»

Ihre Gefühle:

_____

_____

Was ist direkt, was ist indirekt?

Die folgenden Äußerungen sind Beispiele für unterschiedliche Arten, die eigenen Gefühle auszudrücken. Versuchen Sie diejenigen Sätze herauszufinden, in denen der Sprecher seine Gefühle direkt ausspricht. Schreiben Sie ein ‹D› davor, wenn Sie glauben, es handelt sich um einen direkten Ausdruck der Gefühle, und ein ‹I›, wenn Sie glauben, daß es eher eine indirekte Art ist, die eigenen Gefühle auszudrücken. Die Auflösung finden Sie am Ende des Kapitels, zunächst aber ein Beispiel:

(I)   a. Laß das!

(I)   b. Ärgere mich nicht schon wieder!

(I)   c. Man tut das nicht!

(D) d. Ich mag das nicht!

a. Laß das!

Der Sprecher drückt seine Unzufriedenheit mit dem Verhalten des Angesprochenen nicht direkt aus. Er benennt sie nicht. Er befiehlt dem anderen, mit seinem

Verhalten aufzuhören, aber teilt ihm nicht mit, in welchem Zustand er sich befindet. Erwiderung wäre hier wahrscheinlich: «Warum denn?!»

b. Ärgere mich nicht schon wieder!
Der Sprecher spricht über die Verhaltensweise seines Gegenübers, nämlich über dessen ‹ärgern›. Die Ausdrucksweise ist damit indirekt, weil sie eine Aussage über einen anderen ist und weil der Wunsch, daß der andere mit dieser Verhaltensweise aufhören soll, nicht direkt geäußert wird. Es kann sein, daß der Sprecher sich ärgerlich fühlt, wenn der andere ihn ärgert. Es wäre aber besser gewesen, wenn der Sprecher noch einmal direkt ausgedrückt hätte, daß er selbst ärgerlich ist. Denn es könnte auch sein, daß er traurig, verletzt oder wütend wird, wenn der andere ihn ärgert. Erwiderung auf diesen Satz wäre wahrscheinlich: «Ich ärgere dich doch gar nicht!» Und es käme zu einer Diskussion, ob der eine wirklich den anderen ärgert.

c. Man tut das nicht!
Der Sprecher stellt eine Norm auf. Er bekennt sich nicht dazu, daß er es ist, den etwas stört, sondern beruft sich auf eine Verhaltensvorschrift. Vielleicht hofft er, den Angesprochenen dadurch mehr einschüchtern zu können und ihn eher beeinflussen zu können. Aber dieser wird sich wehren. Es lassen sich immer Gegenargumente finden, wenn sich jemand indirekt ausdrückt. Wenn aber ein Mensch von seinem Gefühl spricht, können wir nicht mit ‹Nein›, ‹Das stimmt nicht› usw. darauf antworten. Gefühle lassen sich nicht wegdiskutieren. Erwiderung auf diesen Satz wäre wahrscheinlich: ‹Das kann man wohl tun!›, und es käme zu einer abstrakten Diskussion von Normen.

d. Ich mag das nicht!
Der Sprecher drückt sein Gefühl aus. Er mag etwas nicht und äußert das direkt. Es könnte auch sein, daß andere Gefühle dahinterstecken, wie Wut, Zorn, Traurigkeit, die nicht direkt ausgesprochen werden. Dies können wir jedoch hier nicht entscheiden. Auf jeden Fall müßten wir diese Äußerung erst einmal hören und aufnehmen, wir können sie nicht wegdiskutieren. Wir können nicht sagen: «Das stimmt nicht!»

Beachten Sie bei den folgenden Aufgaben, daß manchmal keine eindeutige Lösung zu finden ist. Wir können nur entscheiden, ob etwas mehr oder weniger direkt oder indirekt ausgedrückt wird. Zum Beispiel können wir Gefühle auf verschiedener Ebene erkennen: «Ich bin tief verletzt» ist beispielsweise oft ein ursprüngliches Gefühl, das sich langsam zu Ärger und Wut entwickelt und erst dann als «Ich bin wütend» erkannt wird.

1. ☐ a. Mich ärgert die Art, wie du mit anderen umgehst.
   ☐ b. Du benimmst dich wie ein Elefant im Porzellanladen!
   ☐ c. Interessieren dich die anderen nicht?
   ☐ d. Man sollte wenigstens die Gebote der Höflichkeit beachten.

2. ☐ a. Lach nicht so!
   ☐ b. Dein Lachen verunsichert mich!

66

☐ c. Du bist überheblich!
☐ d. Meinst du, daß man darüber lachen sollte?

3. ☐ a. Ich bin wirklich doof.
   ☐ b. Ich fühle, daß ich einen großen Fehler gemacht habe.
   ☐ c. Ich bin unzufrieden mit mir!

4. ☐ a. Ich fühle, daß du mich unterdrückst.
   ☐ b. Ich bin empört über dein Verhalten.
   ☐ c. Ich fühle mich dir unterlegen.

5. ☐ a. Eine Stunde habe ich warten müssen!
   ☐ b. Na endlich!
   ☐ c. Es ärgert mich, daß du jetzt erst kommst.
   ☐ d. Ich bin ganz durchgefroren.

6. ☐ a. Das ist eine schlechte Übung!
   ☐ b. Ich finde die Übung schlecht!
   ☐ c. Mich ärgert, daß ich diese Übung gemacht habe!

Auflösung

1. a. – D Das eigene Gefühl wird beschrieben.
   b. – I Das eigene Gefühl wird nicht beschrieben, sondern es wird eine Aussage über den anderen gemacht, und zwar in abfälliger Form.
   c. – I Das eigene Gefühl wird hinter einer Frage versteckt.
   d. – I Mit dem Hinweis auf Normen wird versucht, dem Sprecher ein schlechtes Gewissen zu machen.

2. a. – I Das eigene Gefühl wird nicht benannt, und der Angesprochene wird aufgefordert, sein Verhalten zu ändern.
   b. – D Das eigene Gefühl wird erkannt und mutig in die Beziehung eingegeben.
   c. – I Statt des eigenen Gefühls wird eine Eigenschaft des anderen beschrieben.
   d. – I Das eigene Gefühl wird hinter einer Frage versteckt.

3. a. – I Es wird kein Gefühl benannt, sondern eine Eigenschaft der eigenen Person.
   b. – I Der Sprecher drückt kein Gefühl aus, auch wenn er sagt: «Ich fühle ...» Er macht eine Aussage über einen Sachverhalt, nämlich darüber, daß er einen Fehler gemacht hat.
   c. – D Der Sprecher erkennt sein Gefühl und seine Einstellung zu sich selbst. Auf diese Weise kann er seine Gefühle zu bestimmten Dingen besser weiter untersuchen und zu einer Lösung kommen, als wenn er Tatsachen oder Eigenschaften konstatiert.

4. a. – I   Der Sprecher macht keine Aussage über sein Gefühl, sondern beschreibt eine Verhaltensweise des Partners. Wir erkennen das oft nicht
so schnell, wenn jemand am Anfang des Satzes äußert: «Ich fühle . . .»
   b. – D   Der Sprecher kleidet sein Gefühl der Empörung in Worte.
   c. – D   Auch hier spricht der Sprecher direkt von seinem Gefühl der Unterlegenheit. Er scheint aber seine Gefühle noch mehr erforscht zu haben
als in 4 b., denn oft liegt hinter einem Gefühl der Empörung oder des
Ärgers ein Gefühl des Verletztseins oder der Unterlegenheit.

5. a. – I   Der Sprecher macht anscheinend eine sachliche Feststellung; ist aber
der Tonfall ärgerlich, dann wirkt diese Feststellung wie ein Vorwurf.
   b. – I   Die Ankunft des anderen wird als erleichternd oder vorwurfsvoll
bewertet.
   c. – D   Gefühle werden klar benannt. Dennoch liegt im ‹erst› ein Vorwurf,
eine Norm nicht eingehalten zu haben.
   d. – I   Wie 5 a.

6. Widersprüchlicher Ausdruck von Gefühlen

Wer seine Gefühle kennt und akzeptiert, wird sie zwar nicht immer verbalisieren, das heißt in Worte fassen, aber zusammen mit einem ärgerlichen
Tonfall wird er selbst diesen Ärger erleben. Der Ärger ist ihm bewußt. Er
wäre in der Lage, falls es angebracht wäre, zu äußern: «Ich bin ärgerlich.»
   Da in unserer Gesellschaft bereits im Sozialisationsprozeß viele Gefühle tabuisiert und bestraft werden, kennen viele Menschen ihre eigenen
Gefühle nicht. Aus Angst oder Unsicherheit vermeiden sie, auf ihre Gefühle zu achten und sie wahrzunehmen, sie bleiben ihnen unbewußt. Da
aber auch diese unbewußten Gefühle sich im Verhalten zeigen, kann es
vorkommen, daß diese Person in ihrer Körpersprache (Gesichtsausdruck, Tonfall, Gestik) ein Gefühl ausdrückt, aber mit ihren Worten be-
streitet, dieses Gefühl zu besitzen. Oder sie sagt sogar, daß sie genau das
Gegenteil fühlt.
   Solche Diskrepanzen in der Kommunikation können die Sozialpartner
sehr verwirren, und in der Tat hat man in Familien von schizophrenen
Jugendlichen sehr häufig solch widersprüchliche Kommunikation der Eltern beobachtet. Ein gutes Beispiel ist die Mutter, die ihre Abneigung
gegen das Kind nicht erkennt und ihm nun durch Körpersignale: «Geh
weg» oder: «Ich mag Dich nicht» vermittelt, aber mit Worten sagt: «Willst
du deine Mama nicht mal liebhaben?» Was soll das Kind tun? Gleichgültig, auf welche Signale es reagiert, seine Reaktion wird ‹falsch› sein. Entfernt es sich von der Mutter, äußert sie, daß sie enttäuscht über seine
Lieblosigkeit ist; umarmt es sie, wird sie ihm nonverbal vermitteln, daß
sie das nicht mag. Wenn diese Mutter ihre Abneigung erkennen würde,
könnte sie darüber mit jemandem sprechen, und ihre Gefühle könnten
sich ändern. Solange sie ihr unbewußt bleiben, solange sie sich diese Ge-

fühle nicht erlaubt, werden ihre widersprüchlichen Signale ihr Kind verwirren. Es weiß nicht mehr, woran es ist, und kann auch später bei anderen Menschen nicht mehr glauben, daß sie meinen, was sie sagen.

Ein anderes Beispiel:
Eine Ehefrau hat in ihrer Jugend gelernt, daß ihr Ärger den Eltern unerwünscht war. Jedesmal, wenn sie Anzeichen von Ärger zeigte, wurde ihr von den Eltern gesagt, daß sich so etwas für ein wohlerzogenes Kind nicht gehöre. So lernte sie, ihre Ärgeräußerungen zu unterdrücken, und irgendwann bekam sie von sich selbst den Eindruck, sie sei den Ärger völlig los. Sie nahm den Ärger nicht mehr wahr und meinte, sie wäre jemand, der eben nie Ärger empfinden würde. Doch in ihrem Verhalten und in ihren nonverbalen Reaktionen kam der Ärger heraus. Aber das war nur anderen Menschen sichtbar, nicht ihr selbst.

Wenn ihr Mann spürte, daß sie ärgerlich war, und sie daraufhin ansprach, versicherte sie immer wieder, daß er sich das nur einbilde. Wenn sie gemeinsam vor dem Fernseher saßen und ihr Mann äußerte, daß er auf dem anderen Programm gern die Sportschau sehen würde, sagte sie, daß ihr das nichts ausmache. Schüttelte dann aber kaum merklich den Kopf, zuckte ein wenig mit den Mundwinkeln und verließ den Raum.

Der Ehemann sah keine Möglichkeit, diesen Konflikt mit ihr auszutragen. Als er sie auf diese Situation ansprach, antwortete sie sehr distanziert, sie habe sowieso in der Küche zu tun gehabt. Der Ehemann bekam das Gefühl, sich irgendwie falsch verhalten zu haben. Zu einem offenen Gespräch zwischen beiden Partnern kam es jedoch nie, da die Ehefrau sich nicht zu ihrem Ärger bekennen konnte. Sie hatte eine Form entwickelt, ihre Wünsche und Bedürfnisse in der Beziehung zu ihrem Mann so zu äußern, daß sie ihm ein schlechtes Gewissen machte, wenn irgend etwas geschah, was ihr nicht gefiel. Und sie brauchte dabei keine Verantwortung für ihre Gefühle zu übernehmen.

Dieses Beispiel zeigt, daß es nicht möglich ist, emotionale Reaktionen zu unterdrücken. Man kann sich nicht ‹zwingen›, etwas zu mögen, was einem nun mal nicht gefällt. Man kann allenfalls dieses Mißfallen maskieren, vor sich selbst und vor anderen zu verbergen versuchen. An die Stelle der freien Äußerung der eigenen Empfindungen treten in diesem Beispiel kleinste nonverbale Äußerungen, die das Verhalten und das Erleben des Partners beeinflussen.

Eine andere, aber ähnliche Form ist das Ausagieren von Gefühlen, ohne sie zu erkennen. Wir machen unseren Gefühlen, Bedürfnissen und Befürchtungen durch Handlungen Luft, ohne daß wir von diesen Gefühlen wissen. Wir beeinflussen dann die Umwelt, ohne zu den eigenen Gefühlen stehen zu müssen und ohne zu erkennen, welche Empfindungen wir haben. Anstatt unsere Gefühlslage zu erklären, haben wir dann ganz andere Begründungen für unser Verhalten parat, die meist sehr ‹sachlich› und ‹objektiv› sind. Beispielsweise sagt ein Vater, der sein Kind schlägt, er sei überhaupt nicht ärgerlich auf das Kind, sondern er tue das nur, weil dies für das Kind gut ist. Das ist natürlich unsinnig, wenn Sie sehen, wie

69

engagiert und mit welch ärgerlichem Gesicht er das Kind verprügelt. Oder nehmen wir noch einmal das Beispiel unserer Ehefrau, die nicht wollte, daß ihr Mann zum Angeln geht. Kurz bevor ihr Mann wegfahren will, bekommt sie Migräne. Sie gibt das nicht nur vor, sondern fühlt sich wirklich schlecht. Aber sie erreicht mit diesem Verhalten, daß ihr Mann nicht zum Angeln fahren kann. Er paßt sich ihrer Gefühlslage an, ohne daß sie sich offen zu ihren Gefühlen bekennen muß.

Fassen wir die Beispiele noch einmal zusammen. In allen Fällen wurde ein Teil der eigenen Gefühle nicht erkannt und ausgesprochen, und es wurde verhindert, daß eine unterschiedliche Bedürfnis- und Gefühlslage offen zutage trat. Der offene Konflikt, der auftreten würde, wenn Menschen erfahren, daß sie mit unterschiedlichen Empfindungen auf eine Situation reagieren, wurde vermieden. Gleichzeitig wurde jedoch die Möglichkeit verhindert, eine für beide Seiten befriedigende Lösung zu finden. Das Resultat war Streit um Äußerlichkeiten, Gefühle, sich nicht zu verstehen, und die einseitige Bedürfnisbefriedigung auf Kosten der anderen.

Versuchen Sie in Ihren Beziehungen häufiger Ihre Gefühle direkt auszudrücken. Das wird oft dazu führen, daß unterschiedliche Gefühle und Bedürfnisse stärker sichtbar werden. Doch ist das gleichzeitig die Voraussetzung für das gemeinsame Suchen nach für beide Seiten befriedigenden Änderungen in einer Beziehung (siehe Kapitel «Konfliktgespräch»).

IV. Feed-back

1. Ohne Feed-back ist soziales Lernen nicht möglich

Von jemandem zu erfahren, welche Wirkung die eigene Person und unser Verhalten auf ihn hat, nennen wir Feed-back bekommen. Und das ist ein Vorgang, den Sie in Ihrem Alltag ständig erleben. Andere Menschen teilen Ihnen mit, daß sie

- Ihre Äußerungen nicht verstanden haben («Wie meinst du das?»);
- nicht einverstanden sind mit dem, was Sie tun («Hör bloß auf damit!»);
- Ihr Verhalten positiv bewerten («Das hast du gut gemacht!»).

Aus diesen Informationen können Sie ersehen, inwieweit die Auswirkung Ihres Verhaltens Ihren Absichten entspricht. Feed-back kann also für Sie ein Kontrollinstrument im sozialen Bereich sein. Sie prüfen, ob etwas auch ‹so ankommt›, wie Sie es beabsichtigt haben.

Wenn Sie also im Umgang mit einem Freund erleben, daß Ihre Vorträge ihn langweilen, so können Sie sich entscheiden, ob Sie dieses Verhalten aufgeben oder ändern wollen. Sie können ferner nachfragen und gemeinsam herausfinden, woran es liegt, daß Sie mit Ihrem Gesprächsbeitrag eine solche unliebsame Wirkung erzielten. Haben Sie sich zu oft wiederholt? Interessiert Ihren Freund das Thema nicht? Beschäftigt er sich gerade mit einem anderen brennenden Problem?

Feed-back gibt Ihnen die Möglichkeit, in einer Beziehung ‹Störungen› herauszufinden, die durch Ihr Verhalten ausgelöst werden. Sie bekommen dadurch Informationen, die für die Entwicklung der Beziehung und für die Entwicklung Ihrer Persönlichkeit wichtig und hilfreich sein können.

Stellen Sie sich vor, Sie erleben es häufiger, daß Menschen sich von Ihnen abwenden und desinteressiert scheinen, wenn Sie zu reden beginnen. Stellen Sie sich weiter vor, daß der Grund dafür Ihre ständigen Wiederholungen sind. Nur ein offenes Feed-back kann Ihnen solche Information geben. Wenn Ihnen keiner die Wirkung Ihres Verhaltens auf sich mitteilt, beziehen Sie die Reaktionen der anderen vielleicht auf Ihr Aussehen, Ihre mangelnden Kenntnisse, oder sie interpretieren diese Reaktionen nur als «die anderen mögen mich nicht». Sie haben ohne offenes, konkretes Feed-back keine Möglichkeit, Ihre sozialen Erfahrungen realitätsgerecht zu verarbeiten.

Feed-back hilft uns, uns selbst und die Umwelt realistisch wahrzunehmen. Ob das Feed-back hilfreich ist oder schadet, hängt aber von der sprachlichen Form ab, von der Art und Weise, wie wir es ausdrücken.

Im Umgang mit anderen Menschen erfolgt das Feed-back meist in einer indirekten Form. Sozialpartner sagen nicht: «Das, was du tust, macht mich ärgerlich», sondern sie werden ärgerlich und verhalten sich so, wie ärgerliche Menschen sich verhalten (indirekter Ausdruck von Gefühlen durch das Verhalten). Uns bleibt es nun überlassen, ihre indirekte Mitteilung zu übersetzen und herauszufinden, daß sie ärgerlich fühlen, warum sie ärgerlich sind und ob und wie wir diesen Ärger vermeiden können. Die Mißverständnisse in einem solchen Prozeß der Kommunikation sind vielfältig.

● Wir interpretieren ihr Gefühl falsch. Sie sind vielleicht nicht ärgerlich, sondern traurig oder verletzt.
● Wir beziehen die Reaktionen der anderen auf unser Verhalten, obwohl das in keinem Zusammenhang mit ihren Gefühlen steht. Ein anderer Mensch ist vielleicht gar nicht ärgerlich unseretwegen, sondern wegen eines Erlebnisses mit seinem Chef bei der Arbeit.
● Wir beziehen die Reaktionen der anderen auf bestimmte unserer Verhaltensweisen, die diese Reaktionen gar nicht ausgelöst haben. Ein anderer Mensch ist nicht deswegen ärgerlich, weil wir Behauptungen

aufstellen, die er für unvernünftig hält (unsere Interpretation), sondern vielleicht, weil wir so viel reden und ihn nicht zu Wort kommen lassen.

Als überzeichnetes Beispiel können wir uns einen Ehemann vorstellen, der recht unangenehm aus dem Mund riecht, dies aber selbst nicht bemerkt. Bei jedem Versuch, seine Frau zu küssen, wendet sie sich mit einem angeekelten Gesichtsausdruck ab, erklärt aber ihre Gefühle und ihr Verhalten nicht weiter. Der arme Mann fängt nun an zu grübeln: «Liebt sie mich nicht mehr?», «Bin ich kein guter Liebhaber mehr?», «Hat sie vielleicht einen anderen?», «Sollte ich vielleicht das Rasierwasser wechseln?» Solange die Frau vielleicht aus Angst, ihren Mann zu verletzen, nicht wagt, ihm ein offenes Feed-back zu geben, und bei ihren indirekten Reaktionen bleibt, wird der Mann auf seine eigenen Erklärungsversuche angewiesen sein, und die können oft falsch sein.

Da ein indirektes Feed-back oft zu Mißverständnissen führen kann, ist es wichtig zu lernen, das Feed-back in einer hilfreichen direkten Form zu geben, indem wir es in Worten ausdrücken. Nur so können Mitteilungen gemacht werden, die soziales Lernen möglich machen.

In einer Gruppe redet ein Gruppenmitglied zum Beispiel immer sehr weitschweifig und viel. Da es die anderen Gruppenmitglieder nicht verletzen wollen, teilt ihm keiner die Wirkung dieses Verhaltens mit. Der ‹Vielredner› lernt also weder sein eigenes Verhalten besser kennen noch kann er dessen Wirkung auf die anderen einschätzen noch wird ihm die Möglichkeit zu einer Veränderung eröffnet. Die Gruppenmitglieder drücken ihren Ärger aus, indem sie nervös auf ihren Stühlen wippen, gähnen, Seitengespräche führen oder den Raum verlassen, wenn der ‹Vielredner› am Zug ist. Er denkt: «Sie scheinen an mir nicht interessiert zu sein. Sie lehnen mich ab. Wahrscheinlich verstehen sie auch nicht, was ich meine, ich muß verständlicher reden» – und er redet noch mehr, um noch verständlicher zu wirken.

Vielleicht scheint Ihnen das Beispiel sehr künstlich, und Sie denken: «Ein normaler Mensch merkt doch von selbst, wie er auf andere wirkt.» Sicherlich gibt es Menschen, die sehr sensitiv und mit großem Geschick auch aus den indirekten Reaktionen der anderen das Richtige herauslesen. Aber im allgemeinen ist der Bereich unserer ‹blinden Flecken› größer als wir denken, und andere helfen uns nicht, diesen Bereich zu verkleinern, wenn sie mit ihren Wahrnehmungen und Gefühlen, die mit unserem Verhalten zusammenhängen, zurückhalten.

Durch offenes Feed-back wird anderen geholfen, den Bereich ihrer ‹blinden Flecke› zu verkleinern, und uns, indem wir die Bereiche unseres inneren Erlebens sichtbar machen können. Positives Feed-back («Mir gefällt an dir») legt den Bereich der Gefühle der Zuneigung und Freude offen und macht den Bereich der gegenseitigen Übereinstimmungen transparent. Negatives Feed-back («Mir mißfällt an dir») deckt den Bereich der ‹Störungen›, der Mißverständnisse und der unterschiedlichen Sichtweisen auf und macht sie damit einer gemeinsamen Bearbeitung und Veränderung zugänglich. Feed-back schafft ein Klima der Offenheit in Beziehungen und fördert Verbundenheit und Vertrauen in einer zwischenmenschlichen Beziehung.

Löst das Verhalten eines Sozialpartners angenehme oder unangenehme Gefühle in Ihnen aus, teilen Sie ihm diese Gefühle mit. Fressen Sie unangenehme Gefühle nicht in sich hinein, oder beklagen Sie sich nicht bei dritten. Sprechen Sie mit Ihrem Sozialpartner darüber und versuchen Sie, Ihr Problem mit ihm zu klären (siehe Kapitel «Günstige Formen von Feed-back»).

Sind Sie sich unsicher über die Auswirkungen Ihres Verhaltens bei einem Sozialpartner, fragen Sie ihn danach. Es ist besser, aktiv um ein Feed-back zu bitten, als zu warten, bis der andere ungebeten den Mut dazu hat. Sie würden oft vergeblich warten.

---

2. Destruktives Feed-back

Wenn wir bei einem anderen Menschen Ärger auslösen, kann dieser mit Äußerungen reagieren, wie beispielsweise: «Das ist doch Blödsinn, was du sagst», «Du spinnst ja!» oder: «Du bist ganz schön dumm!» Mit solchen Äußerungen drückt er gleichzeitig seinen Ärger aus und zielt auf eine Veränderung unseres Verhaltens. Bei diesem Versuch, unser Verhalten zu ändern, bleiben aber wesentliche Tatsachen verborgen, und auf diese Art wird man andere Menschen eher einengen, als daß man ihnen die Möglichkeit zur Entwicklung bietet.

Stellen wir uns noch einmal vor, der ärgerliche Sozialpartner reagiert mit der Äußerung: «Das ist ja Blödsinn!»

Immer wenn wir bestimmte Themen anschneiden, verurteilt er uns und das, was wir sagen. Nach einigen solchen Erfahrungen wird sich unser Verhalten verändern: Wir werden versuchen, dieses Thema zu vermeiden. Wir bekommen ein schlechtes Gewissen, weil wir ständig ‹solchen Blödsinn reden›. Wir übernehmen das Urteil, das unser Sozialpartner über uns gefällt hat. Resultat ist,
– daß sich unser Selbstwertgefühl verringert und
– daß wir eine Hemmung aufbauen.

Aber auch eine gegenteilige Reaktion ist denkbar. Wir können uns gegen eine solche Verurteilung wehren. Wir bestreiten, daß unsere Äußerungen blödsinnig sind. Wir klagen unsererseits an und beschuldigen unseren Partner als Ignoranten, der nicht verstehen kann, was wir sagen.

Durch ein solches Verhalten schützen wir uns davor, ein derartiges Urteil zu übernehmen. Gleichzeitig vermeiden wir, unserer eigenen Person gegenüber eine negative Einstellung aufzubauen. Es kommt zu einem Streit, der meist schnell auf andere Bereiche übergreift und mit gegenseitigen Vorwürfen endet. Ergebnis ist:

● Der Ärger wird verstärkt, obwohl es nicht unser Bedürfnis ist. Er entspringt dem Bedürfnis, sich gegen die Herabsetzung durch den anderen zu schützen und unser Selbstwertgefühl zu erhalten.

● Im gegenseitigen Streit wird versucht, den Partner zu beleidigen und zu verletzen. Dabei werden häufig völlig unhaltbare und unrichtige Behauptungen aufgestellt, die unserem Ärger entspringen. Diese bald gegenseitigen Anschuldigungen, Vorwürfe und Beleidigungen erzielen bei beiden Partnern ihre Wirkung, und unsere Zweifel an der eigenen Person werden verstärkt.

● Die Beziehung zu dem Partner wird erschüttert, und Vertrauen und Verbundenheit werden auch für die Zukunft erschwert.

Wir sehen an diesem Beispiel, daß das Feed-back (in diesem Fall der indirekt geäußerte Ärger) im täglichen Leben oft zu Erlebnissen führt, die im Sozialkontakt die Persönlichkeiten der Beteiligten und die Beziehungen zwischen ihnen erschüttern. Die Summe solcher Erlebnisse, die im Umgang mit anderen häufiger sind, als man erwarten sollte, führt dazu, daß wir lernen, den ‹Mund zu halten›.

Wir teilen die Wirkung anderer auf uns ihnen nicht mehr mit – besonders wenn ihr Verhalten bei uns ‹negative› Gefühle auslöst. Oder wir deuten unsere Gefühle und Meinungen nur versteckt an und behalten uns damit ständig vor, uns von dem unterschwelligen Inhalt unserer Aussagen zu distanzieren.

Wir können beispielsweise versuchen, unseren Ärger in ironischen Bemerkungen loszuwerden («Du glaubst ja wohl selbst nicht, was du sagst»), und das gibt uns die Möglichkeit zu behaupten, wir wollten den anderen gar nicht angreifen, sondern hätten unseren Satz ganz anders gemeint.

Oder wir stellen Scheinfragen, die unseren Ärger indirekt ausdrücken («Willst du diese Geschichte jetzt schon wieder erzählen?»). Auch hier bleibt uns die Möglichkeit zu behaupten, wir hätten ja nur gefragt.

Eine andere Möglichkeit, mit seinen Mitteilungen unangreifbar zu werden, ist es, ihnen von vornherein eine starke Bedeutung und Überzeugungskraft beizumessen. Wenn wir zum Beispiel sagen: «Du bist ...», dann machen wir nur eine Aussage über den Partner und lassen unsere Person und unsere Gefühle aus dem Spiel. Da der angesprochene Partner nun mit seiner Verteidigung beschäftigt sein wird, können wir selbst ziemlich sicher sein, daß er unsere eigene Person und unsere Gefühle nicht in Frage stellen wird. Hätten wir gesagt: «Mich ärgert es, wenn du ...», dann hätten wir den Ärger auch mit zu unserem eigenen Problem gemacht – und das ist unbequem.

Oder wir sagen: «Man tut das nicht», und das erscheint uns gewichtiger als: «Ich mag das nicht!» Wir tun also, als säßen wir, und mit uns die ganze Menschheit (man), über den anderen zu Gericht. Sein Verhalten wird für schlecht befunden. Unser Urteil gaukelt dem anderen vor, es wäre nicht nur *unser* Urteil, sondern wir urteilten in Übereinstimmung mit einer großen Gemeinschaft und ihren Normen. All diese Äußerungen können von dem Partner nur so verstanden werden, daß sein Verhalten objektiv falsch sein muß. Er selbst lernt sich zu sehen in der Art: «Mein Verhalten ist schlecht», oder wenn seine ganze Person verurteilt wird: «Ich bin schlecht!» Durch solche Erfahrungen entwickelt er eine negative Einstellung zu sich selbst, oder er wird aus seiner Verteidigungshaltung seinerseits zum Angriff übergehen, so daß es zu einem unproduktiven Streit kommt.

Schauen wir noch einmal unser Beispiel an: Eine Person sagt etwas oder verhält sich in einer bestimmten Weise, und dies löst bei der anderen Person Ärger aus. Beide Personen sind also an diesem Prozeß beteiligt, und es handelt sich um eine Erscheinung in der Beziehung zwischen eben diesen beiden Menschen und nicht um die Eigenschaft nur einer Person.

«Ich ärgere mich, wenn du das sagst!»

Hier wird deutlich, daß sich dieses Geschehen zwischen zwei Menschen abspielt, und auf diese Weise wird das Problem geteilt. Es kann für den Sprecher ein Problem sein, daß er sich zu schnell ärgert, und er möchte das ändern; es kann aber auch für den Angesprochenen ein Problem sein, daß er mit seinem Verhalten Ärger auslöst, und er möchte dieses Verhalten ändern. Der Angesprochene hat die Möglichkeit, diese soziale Erfahrung so zu erleben, wie sie stattgefunden hat: nämlich als Erlebnis zwischen zwei Menschen. Er erlebt eine solche Äußerung nicht als sein ‹Vergehen›.

Wenn wir Feed-back so betrachten und unsere negativen Gefühle, die durch das Verhalten eines anderen in uns ausgelöst werden, auch als ‹unsere› Gefühle wahrnehmen, dann wird hinter unserem Feed-back die Haltung stehen: «Ich habe ein Problem mit dir, ich möchte es dir gerne mitteilen und wünsche mir, daß wir dann gemeinsam überlegen, ob wir irgend etwas an dieser Situation ändern können.» Wenn wir unsere Gefühle direkt ausdrücken, dann wird der andere sich nicht in Verteidigungshaltung fühlen und bereit sein, uns zuzuhören. Auf diese Weise kann sich die Beziehung zwischen uns und dem anderen verbessern.

Richtig ausgedrücktes Feed-back bei ‹Störungen› läßt immer offen, in welche Richtung die Veränderung zielt. Der Feed-back-Geber kann beispielsweise lernen, das Verhalten, das ihn stört, stärker zu akzeptieren. Das geschieht häufig schon durch das Aussprechen des eigenen Ärgers.

Oder derjenige, der das Feed-back erhält, kann sein Verhalten ändern. Aber er kann von sich aus diesen Entschluß fassen und selbst bestimmen, auf welche Weise er sich verändern möchte.

Der *indirekte* Ausdruck der Gefühle, die durch das Verhalten eines anderen in uns ausgelöst werden, ist destruktives Feed-back – besonders bei Ärger und Störungen. Drücken Sie Ihre Gefühle *direkt* aus. Dann können beide Partner frei auf den anderen reagieren und selbst entscheiden, ob und wie sie sich verändern.

---

3. Günstige Formen von Feed-back

Wenn Sie im Sozialkontakt Feed-back geben, ist es wichtig, daß Sie auf die Form achten, in der Sie es tun. Vermeiden Sie, andere mehr als nötig zu verletzen. Es ist schmerzlich genug zu erfahren, daß die Wirkung der eigenen Person und das eigene Verhalten manchmal anders sind, als man sich vorgestellt hat. Dennoch – diese Informationen sind hilfreich. Eine Erhöhung dieses Schmerzes ist aber vermeidbar. Vermeiden Sie, Ihren Sozialpartner in eine unterlegene Position zu manövrieren. Er sollte bemerken können, daß Sie ein Problem mit ihm haben und daß es Ihnen wichtig ist, dieses Problem gemeinsam mit ihm zu lösen. Es ist keine angemessene Lösung von Problemen möglich, wenn Sie anklagen, befehlen, Urteile fällen, verurteilen, sich in Beschimpfungen ergehen oder den anderen ins Unrecht setzen. Hier nun sind einige Regeln, die Sie beim Feedback beachten sollten. Es wird nicht immer möglich sein, alle die hier aufgeführten Regeln zu beachten. Dennoch sollten diese Orientierungspunkte sein, an denen Sie sich ausrichten können. Die Einhaltung dieser Regeln gewährleistet, daß Ihre Mitteilung von Ihren Sozialpartnern aufgenommen und verstanden werden kann. Gleichzeitig bauen Sie damit eine Beziehung auf, die es gestattet, diese ausgetauschten Informationen gemeinsam zu verarbeiten.

1. *Gib Feed-back, wenn der andere es auch hören kann.*

Achten Sie darauf, ob Ihr Partner sich in einer Situation befindet, in der er auch ruhig zuhören und die Information verarbeiten kann, oder ob er so stark innerlich mit anderen Dingen beschäftigt ist, daß er Ihre Information nicht ungestört aufnehmen kann. Wenn Ihr Partner nicht in einer aufnahmebereiten Situation ist, Sie selbst aber von Ihren Gefühlen platzen, dann machen Sie diesen kurz als Ihren Gefühlen (direkt) Luft und erklären Sie, daß ein ausführlicheres Feed-back zu einer ruhigeren Stunde folgt.

2. Feed-back soll so ausführlich und konkret wie möglich sein.

Feed-back ist keine Information, die man dem anderen ‹vor die Füße knallt›, um sich dann aus dem Staub zu machen, oder die man schnell einmal am Telefon andeutet, um dann den Hörer aufzulegen. Feed-back ist der Anfang eines Dialogs zwischen zwei Menschen, in dem so ausführlich wie möglich die eigene Wahrnehmung, die eigenen Vermutungen und Gefühle mitgeteilt werden können.

3. Teilen Sie Ihre Wahrnehmungen als Wahrnehmungen, Ihre Vermutungen als Vermutungen und Ihre Gefühle als Ihre Gefühle mit.

In diesem und den vorangegangenen Kapiteln haben wir oft darauf hingewiesen, wie gefährlich es werden kann, wenn wir uns der realen Qualität unseres Erlebens nicht bewußt sind und beispielsweise unsere eigenen Gefühle als Eigenschaften anderer wahrnehmen und sie indirekt ausdrücken.

4. Feed-back soll den anderen nicht analysieren.

Machen Sie klar, daß *Sie* es sind, den beispielsweise etwas stört. Wenn Sie Aussagen über das Verhalten des anderen und seine Motive machen, wird nicht mehr deutlich, daß *Sie* ein Problem mit ihm haben. Eine gemeinsame Überlegung, warum etwas geschehen ist, wird nützlicher sein. Außerdem kann Ihr Partner besser herausbekommen, welche Motive hinter seinem Verhalten stehen, als Sie es können. Versuchen Sie nicht, die Rolle des ‹Mini-Psychoanalytikers› bei anderen einzunehmen!

5. Feed-back soll auch gerade positive Gefühle und Wahrnehmungen umfassen.

Feed-back soll nicht nur dann erfolgen, wenn etwas schiefgegangen ist. Es hat noch nie jemand daran gelitten, daß er zu häufig gelobt wurde – eher daran, daß er zuwenig erfahren hat, daß er positive Gefühle in anderen auslöst.

6. Feed-back soll umkehrbar sein.

Was X zu Y sagt, muß auch Y zu X sagen können. Ein Schüler könnte kaum zu seinem Lehrer sagen: «Halt doch mal deinen Mund!», während sich der Lehrer so äußern kann. Die Forderung der Reversibilität ist meist dort verletzt, wo es Rangunterschiede gibt und ein Partner sich wichtiger fühlt als der andere. Die Kommunikation in manchen Familien bestünde bald nur noch aus Befehlen und Aufforderungen, wenn Kinder mit ihren Eltern ebenso sprechen würden, wie diese es mit ihnen tun, wenn ein Kind also beispielsweise zu seinem Vater sagte: «Sitz doch mal gerade!»

7. Feed-back soll die Informationskapazität des anderen berücksichtigen.

Denken Sie daran, daß ein Mensch nur ein bestimmtes Quantum an Information in einer gewissen Zeitspanne aufnehmen kann. Ein ‹Zuviel› an Information ist unnötige Kraftvergeudung.

8. *Feed-back sollte sich auf begrenztes konkretes Verhalten beziehen.*

Stempeln Sie Ihren Sozialpartner nicht mit Eigenschaften ab, und geben Sie nicht Feed-back über seine ganze Person. Sie haben nur begrenztes Verhalten wahrnehmen können, und das sollte in Ihrer Äußerung deutlich werden.

Kritik wird so vom Feed-back-Empfänger besser zu verarbeiten sein, wenn er merkt, daß nicht seine ganze Person unangenehm wirkt, sondern nur eine bestimmte Verhaltensweise.

Das Verhalten, das Sie gesehen haben, sollte aber so genau und konkret wie möglich *nicht-wertend* beschrieben werden. Auf diese Weise kann der andere begreifen, auf welche seiner Verhaltensweisen sich Ihr Feed-back bezieht.

9. *Feed-back sollte möglichst unmittelbar erfolgen.*

Ein Mensch kann besser lernen, wenn die Rückmeldung auf sein Verhalten unmittelbar und sofort erfolgt. Außerdem ist dann die Gefahr geringer, daß der Feed-back-Geber zu einem späteren Zeitpunkt einen ganzen ‹Sack› öffnet, in dem sich sein aufgestauter Ärger gesammelt hat.

10. *Die Aufnahme von Feed-back ist dann am günstigsten, wenn der Partner es sich wünscht.*

Wenn der Partner selbst um Feed-back bittet, sind von vornherein beide Gesprächspartner gleichermaßen am Gespräch interessiert, und die Gefahr von unangemessenem Feed-back und dessen Abwehr verringert sich. Wenn der Partner nicht von selbst um Feed-back bittet, dann können Sie ihn zunächst fragen, ob er Ihr Feed-back hören möchte. Meistens wird er neugierig sein und darum bitten, daß Sie ihm mitteilen, was Ihnen wichtig ist.

11. *Sie sollten Feed-back nur annehmen, wenn Sie dazu auch in der Lage sind.*

Der Erfolg von Feed-back hängt auch von der Haltung ab, die der Feed-back-Empfänger dieser Mitteilung entgegenbringt. Wenn Sie ein Feed-back zu einem Zeitpunkt nicht hören wollen, weil Sie glauben, nicht angemessen darauf eingehen zu können, so sollten Sie dies deutlich sagen. Geben Sie aber Ihrem Partner die Gelegenheit, sein Gefühl kurz loszuwerden, und schlagen Sie einen späteren Zeitpunkt für ein intensives Feed-back-Gespräch vor.

12. *Wenn Sie Feed-back annehmen – hören Sie zunächst nur ruhig zu.*

Wenn Sie sofort eine Gegenantwort parat haben, bekommt der Feed-back-Geber nicht das Gefühl, daß Sie ihm zugehört und ihn verstanden haben. Die Verarbeitung von Feed-back ist ein schwieriger Prozeß, den Sie nicht sofort leisten können. Schieben Sie das Nachdenken erst einmal auf und hören Sie dem Feed-back-Geber intensiv zu. Fragen Sie nach, um Unverstandenes zu klären. Versuchen Sie nicht, sofort etwas ‹klarzustellen› oder sich zu rechtfertigen.

13. *Feed-back-Geben bedeutet, Information zu geben, und nicht, den anderen zu verändern.*

Feed-back ist ein Prozeß, durch den Veränderungen in einem starken Maße ausgelöst werden können. Aber die Veränderung muß von beiden Partnern gemeinsam überlegt werden, wobei die Richtung der Veränderung nicht vorbestimmt ist. Vielleicht ändern sich die Gefühle des Feed-back-Gebers, und er lernt, Verhalten zu akzeptieren, das ihn vorher störte. Oder es ändert sich das Verhalten des Feed-back-Empfängers. Die Verantwortung aber für die Veränderung kann jeder der Partner nur für sich selbst übernehmen. Wenn Sie Feed-back nur mit der Hoffnung geben, daß der andere sein Verhalten ändert, werden Sie produktive Veränderungen eher behindern.

4. Feed-back als Lernprozeß

Die im vorigen Abschnitt angeführten Regeln sollen als Orientierungspunkte verstanden werden, um zu lernen, positive Erfahrungen mit Feedback zu erzielen. Dieser Lernprozeß kann jedoch nur durch Praxis im Umgang mit anderen Menschen erfolgen. Dabei werden Sie durch die Erfahrungen, die Sie beim Feed-back-Geben und -Empfangen machen werden, am besten prüfen können, ob Ihre Form, Feed-back zu geben, Ihnen und Ihren Partnern zu positiven Erfahrungen verhilft. Sie können in der Praxis prüfen, ob Sie sich so ausdrücken können, daß Sie Ihre Erlebnisweise und Eindrücke einer anderen Person offen mitteilen und dabei diesen häufig verborgenen Bereich der Interaktion sich selbst und Ihren Sozialpartnern bewußt machen.

Zu Beginn ist es jedoch wichtig für Sie, daß Sie zu einer Bereitschaft finden, mit diesem neuen Verhalten zu experimentieren. Die günstigste Voraussetzung hierfür ist die Gemeinschaft mit anderen Menschen, die, ebenso wie Sie, ihre sozialen Fähigkeiten verbessern wollen. Dies kann der Fall sein in Ihrer Partnerschaft, in Ihrer Familie oder aber in einer Gruppe, die sich eigens zu dem Zweck zusammengefunden hat, Interaktionsprobleme der einzelnen zu erfahren und zu bearbeiten.

Mit dem Feed-back lernen Sie, Informationen zu äußern, die Sie bisher häufig verborgen gehalten haben oder in indirekter Form mitgeteilt haben. Ein solches Verhalten erfordert das Vertrauen, daß Ihre Bereitschaft zur Offenheit nicht zu Ihrem Nachteil benutzt werden wird.

Wir wollen hier die Stufen einer möglichen Feed-back-Entwicklung in der Praxis verdeutlichen, wobei jeder Übergang von einer Stufe zur nächsten einen Zuwachs an Information über Ihre eigene Person bedeutet.

1. *Scheinbar objektive Aussagen*

Vielleicht beginnen Sie mit «Du bist . . .» oder einer vergleichbaren Formulierung. Ihre Aussage beschreibt das Verhalten oder die Person in einer Weise, als ob Ihre

Wahrnehmung oder Einstellung und Ihr Wertsystem keine Rolle spielten. Sie bringen also diese Wahrnehmung und Einstellung nicht direkt in die Beziehung ein, entgehen damit der Kritik anderer und machen sich unangreifbar.

«Du bist ein Dauerredner!»

2. *Die Stufe der Subjektivität*

Hier machen Sie deutlich, daß Sie sich eine Meinung über den anderen gebildet haben. Sie beziehen sich jedoch noch auf Wertkategorien, die gesellschaftlich meist akzeptiert sind. Sie benutzen damit noch eine Form, bei der Sie wenig Mitteilungen über sich selbst geben.

«Ich finde, daß du zuviel redest!»

3. *Die Stufe der Gegenwart (Hier und Jetzt)*

Sie teilen Ihrem Partner mit, daß Sie sich auf ihn in dieser Situation beziehen. Sie beziehen sich nicht auf vergangene Verhaltensweisen, sondern auf momentanes Geschehen. Damit wird das Verhalten Ihres Partners noch konkreter beschrieben.

«Ich habe das eben so empfunden, als ob du mir ziemlich häufig das Wort abgeschnitten und selbst weitergeredet hättest!»

4. *Die Stufe der eigenen Gefühle*

Sie benennen in Ihrem Feed-back Ihre Gefühle, die Ihr Partner in Ihnen auslöst. Sie bekennen sich zu diesen Gefühlen und zeigen die Bereitschaft, diese inneren Vorgänge mitzuteilen.

«Ich habe das eben so empfunden, als ob du mir ziemlich häufig das Wort abgeschnitten und selbst weitergeredet hättest. Das hat mich ziemlich durcheinandergebracht, und ich habe mich geärgert.»

5. *Die Stufe der Bitte um Veränderung*

Zusätzlich zu den Informationen der anderen Stufen geben Sie Aufschluß über die Wirkung, die das Verhalten des anderen auf Ihre Beziehungsvorstellungen hat und wünschen eine Veränderung.

«Ich habe das eben so empfunden, als ob du mir ziemlich häufig das Wort abgeschnitten und selbst weitergeredet hättest. Ich weiß nicht, aber irgendwie verspüre ich dann ziemlichen Ärger, und außerdem bringt mich das durcheinander. Mir macht dann ein Gespräch mit dir keinen Spaß mehr, und ich wünsche mir, daß wir irgendeine Lösung finden, damit ich mich etwas wohler fühle. Aber ich weiß nicht, wie es dir geht und was du denkst.»

Die letzte Formulierung ist zwar lang, aber in ihr wird eine ‹Störung› in einer Beziehung so ausgedrückt, daß keiner der Gesprächspartner in Verteidigungshaltung gerät. Das Ergebnis wird die Bereitschaft sein, das Feed-back anzuhören, die eigenen Gedanken zu äußern und gemeinsam nach einer Lösung zu suchen (siehe Kapitel «Konfliktgespräch»).

V. Selbstkommunikation

Jeder Mensch denkt ab und zu über sich selbst und seine Beziehungen zu anderen Menschen nach. Dieses Nachdenken wollen wir hier auffassen als leises oder lautes ‹Sprechen mit sich selbst›, und wir nennen es Selbstkommunikation.

Die Art und Weise, in der ein Mensch mit sich selbst spricht, macht deutlich, welche Einstellung er sich selbst gegenüber hat. Sie ist ein Ausdruck seines Selbstwertgefühls, von dem es abhängt, ob jemand mit seiner Person sehr kritisch oder eher wohlwollend umgeht. Ein Mensch, der sich im großen und ganzen akzeptiert, wird zwar zeitweilig auch unzufrieden und ärgerlich mit sich selbst sein, aber er wird sich nicht so behandeln, daß er den Respekt vor der eigenen Person und das Vertrauen zu sich selbst völlig verliert. Auf der anderen Seite neigt ein Mensch, der sich selbst ablehnt, dazu, recht anklagend und selbstzerstörerisch mit sich umzugehen. Das Resultat spiegelt sich meist in sich häufenden depressiven und zerknirschten Stimmungen wider. Die ständigen Anklagen und die Kritik lähmen über längere Zeit seine Spontaneität und schränken seine Verhaltensfreiheit ein, auch wenn ‹nur› er selbst es ist, der mit der eigenen Person hadert.

Man kann sagen, daß ein Mensch eine ähnliche Einstellung zu sich entwickelt wie die, die andere Menschen im täglichen Umgang seiner Person gegenüber eingenommen haben. Diese Einstellungen spiegeln sich in ihm wider als sein Selbstwertgefühl. Wenn zum Beispiel Eltern, Geschwister und Lehrer in der Jugend fordernd, drohend, anklagend und unfreundlich mit einem Kind gesprochen haben, dann ist die Wahrscheinlichkeit groß, daß dieses Kind später auf die gleiche Weise mit sich selbst sprechen wird.

Wird die soziale Umwelt akzeptierend und offen gestaltet, so daß sie soziales Lernen und Entwicklung fördert, dann ändert sich auch die Einstellung zur eigenen Person, und die Selbstkommunikation verbessert sich. Auf der anderen Seite können wir durch die Verbesserung unserer Selbstkommunikation die Einstellung zu uns selbst verbessern und unsere Probleme und Konflikte angemessener lösen.

In diesem Kapitel wollen wir Ihnen deswegen zeigen, wie die Art Ihrer Selbstkommunikation Ihrer Entwicklung schaden und wie sie ihr nützen kann. Durch verbesserte Selbstkommunikation können Sie Ihre Probleme, Schwierigkeiten und Konflikte mit der eigenen Person und mit der sozialen Umwelt angemessener bearbeiten und lösen.

1. Warum Probleme nicht einfach übergangen werden sollten

Es wird im Leben eines Menschen immer wieder Zeitpunkte geben, zu denen er ein ‹Problem› hat. Als ‹Problem› verstehen wir hier, daß ein Mensch Gedanken und Gefühle hat, unter denen er leidet, die ihn unzufrieden machen. Jemand hat vielleicht ein Problem mit sich selbst, wenn seine Wünsche nicht mit seinen Idealen übereinstimmen. Er kann verschiedene Bereiche seiner Person nicht in Einklang bringen. Konkret kann dies bedeuten, daß er bei der Erziehung seiner Kinder sich immer wieder so verhält, wie er es eigentlich nicht möchte.

Wenn Menschen diese Probleme ernst nehmen und nicht ‹unter den Tisch› wischen, werden sie nach einer Lösung des Problems suchen. Dabei weiß wohl jeder aus eigener Erfahrung, wie mühevoll und langwierig solch ein Problemlösungsweg sein kann, und mit welchen schmerzlichen Gefühlen er oft verbunden ist.

Besonders wenn jemand durch das Feed-back eines anderen neue Informationen über sich erhält, kann dies sehr verunsichernd auf ihn wirken und ihm ein Problem bewußt machen, das er bisher nicht in dem Maße beachtet hat und das für ihn somit unlösbar war.

Probleme, die nicht gelöst worden sind, haben es an sich, Gedanken, Gefühle und Verhalten bewußt oder unbewußt zu beeinflussen. Oft geschieht dies in einer Weise, die Unzufriedenheit und manchmal Verzweiflung auslöst, ohne daß für den Betroffenen erkennbar wird, wodurch er selbst zu solchen Erlebnissen beiträgt. Es ist daher gefährlich, dieses schmerzliche Nachdenken über sich selbst zu vermeiden und Probleme mit Gewalt zu verdrängen oder beiseite zu schieben. Beiseite geschobene Probleme drängen immer wieder an die Oberfläche und können unseren Sozialkontakt störend beeinflussen.

Selbst Ereignisse, die Jahre zurückliegen und damals zu einem Problem für uns wurden, können sehr viel später störend in unser ‹Hier und Jetzt› eingreifen, wenn sie damals nicht verarbeitet wurden.

Nehmen wir zum Beispiel einen Mann, dem in seiner Schulzeit vermittelt wurde, daß er nichts taugt, nichts kann und nichts wert ist. Dieser Mann hatte damals die Gefühle, verletzt, traurig, allein und minderwertig zu sein, beiseite geschoben und hatte sich mit diesen Gefühlen nicht weiter auseinandergesetzt. Diese Gefühle tun aber noch heute ihre Wirkung: Sie zeigen sich beispielsweise in einem überhöhten Bedürfnis nach Anerkennung. Dieser Mann ist ständig auf der Suche nach Erlebnissen, die ihn davon überzeugen sollen, daß er etwas besonders gut macht und als Person ‹wertvoll› ist. Aber er mag noch soviel leisten, sein altes Gefühl «Ich fühle mich verletzt und minderwertig» wird dadurch kaum verschwinden. Erst wenn er sich mit diesen Gefühlen auseinandersetzt, sie empfindet und sich mit ihnen beschäftigt, werden sie sich auflösen können. Dann kann er befreit werden von seinem Zwang, sich selbst die Unrichtigkeit seines untergründigen Gefühls «Ich bin minderwertig» zu beweisen.

Oder nehmen wir eine Frau, die sich in ihrer Jugend gegenüber ihren Geschwistern benachteiligt fühlte. Sie empfand, immer zu kurz zu kommen, als letzte dran zu sein und auch am wenigsten von der Liebe der Eltern zu erhalten. Heute wird sie vielleicht eine hervorragende Gesellschafterin sein, die sich und anderen immer wieder zeigt, wie beliebt sie ist. Sie vermeidet die alten unangenehmen Gefühle, indem sie sich in den Vordergrund stellt und die Rolle der zentralen Figur spielt. Aber sie wird dieses Verhalten zeigen *müssen*, und sobald das nicht möglich sein wird, wird ihre alte Befürchtung «benachteiligt zu werden» in ihr aufsteigen und sie verzweifeln lassen. Sie wird diesen Drang, im Vordergrund zu sein, erst dann überwinden können, wenn sie sich mit ihren Gefühlen «Ich bin die letzte» oder «Ich bekomme weniger Liebe» auseinandersetzt.

Nicht viele Probleme in unserem Leben sind von so grundsätzlicher Natur, häufig ergeben sie sich aus unseren kleinen alltäglichen Sorgen und Mißgeschicken – aber auf jeden Fall tun wir gut daran, so mit ihnen umzugehen, daß sie nicht an anderer Stelle störend in unser Leben eingreifen.

Wenn Sie ein Problem haben, wäre es zur Bearbeitung ihres Problems eine gute Möglichkeit, einen Sozialpartner zu finden, der Zeit und Lust hat, mit Ihnen ein hilfreiches Gespräch zu führen – so, wie es in dem Kapitel «Das partnerzentrierte Gespräch» beschrieben wird. Das Gespräch mit einem verständnisvollen Zuhörer, der uns zu einem freien Ausdruck unserer Gefühle und Gedanken ermuntert, ist eine gute Methode, um mit unseren Problemen zurechtzukommen.

Haben wir aber ein Problem, das nicht nur uns selbst betrifft, sondern aus der Beziehung zu einem anderen Sozialpartner entstanden ist, dann wäre es angemessener, diesen Partner um ein Konfliktgespräch zu bitten, so wie es im Kapitel «Das Konfliktgespräch» beschrieben wird.

Ist es aber nicht möglich, einen Partner für ein hilfreiches Gespräch zu finden oder Ihre Schwierigkeiten mit einem anderen Menschen mit diesem selbst zu besprechen, dann kann dieses Kapitel über Selbstkommunikation Ihnen helfen, diese Probleme allein zu bearbeiten.

2. Probleme bestehen aus einem Tatsachenteil und einem Gefühlsteil

Die meisten Probleme können auf folgende Art formuliert werden: «Ich leide darunter, daß mein Vater mich schlägt», «Mich stört, daß mein Nachbar so laut das Radio spielt», «Ich komme nicht zurecht damit, daß meine Klasse nicht so gut lernt wie die Parallelklasse» oder «Ich bin unzufrieden mit mir, weil ich nicht energisch war».

Probleme setzen sich also zusammen aus einem Tatsachenteil (Mein Vater schlägt mich) und aus einem oder mehreren Gefühlen, die durch die Tatsachen bei uns ausgelöst werden (Ich leide). Daß das Radio eines

Nachbarn laut spielt, ist an sich noch kein Problem. Erst wenn ein anderer Mensch sich gestört fühlt, dann wird es für diesen zu einem Problem.

Häufig werden bei Problemen die eigenen Empfindungen und Gefühle nur sehr oberflächlich geklärt und die Lösung eines Problems vorschnell in der Änderung der Tatsachen gesucht. Eine solche Veränderung führt oft nur zu unbefriedigenden Lösungen, da unsere Gefühle und Erlebnisse andere Ursachen haben können, als es bei oberflächlicher Betrachtung scheint.

Selbstverständlich kann eine Problemlösung oft am Ende durch eine Änderung in der Umwelt herbeigeführt werden, aber wir würden nur die Hälfte des Problems betrachten, wenn wir zunächst nicht auch darüber nachdenken, was die Tatsachen in uns bewirken, welche Gefühle sie in uns auslösen. Stört uns das laute Radio des Nachbarn, weil wir sehr gereizt sind, oder weil wir das Gefühl haben, der Nachbar nimmt zu wenig Rücksicht auf unsere Bedürfnisse? Drückt sich in unserem Ärger über den Nachbarn eventuell eine Unzufriedenheit mit unserer eigenen Person aus – wir sitzen vielleicht an einer Arbeit, die uns nicht so schnell von der Hand geht?

Es gibt keine vom Menschen unabhängige ‹objektive Probleme›, sondern Menschen *erleben* Situationen problematisch. In einer Ehe ärgert sich die Ehefrau über das häufige ‹aus dem Haus Gehen› ihres Mannes, und sie hat ein Problem damit. In einer anderen Ehe ist es anders – die Ehefrau ärgert sich nicht darüber, und sie hat kein Problem damit. Ein Kind wird sehr ängstlich, wenn die Eltern einmal abends aus dem Haus gehen, sein Bruder bleibt ganz ruhig und fühlt sich sogar wohl allein.

Häufig erlauben sich Menschen nicht, ein Problem zu haben, weil die gleiche Sache für andere Menschen kein Problem darstellt. Sie meinen, wenn ein Sachverhalt bei ihnen andere Gefühle auslöst als bei anderen, dann hätten sie kein Recht auf diese Gefühle. Lassen Sie sich durch diese Meinung nicht beirren. Sie sind nicht Ihr Nachbar, Ihr Ehegatte, Ihr Kollege oder irgendein anderer Mensch. Sie haben ein Recht auf Ihre Gefühle und damit auf Ihre Probleme.

Auch wenn die eigene Persönlichkeit zum Entstehen von Problemen beiträgt, bedeutet dies nicht, daß Menschen versuchen sollten, diese Probleme zu übergehen, weil sie ja keine ‹eigentlichen› Probleme sind, sondern ‹nur› durch die eigenen Bedürfnisse und Empfindungen entstehen. Solche Probleme für unwichtig nehmen, bedeutet, die eigenen Gefühle und die eigene Person unwichtig zu nehmen.

Wenn Sie mit sich selbst oder mit anderen sprechen, versuchen Sie der Tatsache, daß Probleme aus einem Sachverhalt und einem Gefühlsteil bestehen, gerecht zu werden, indem Sie vor jede Beschreibung eines Sachverhaltes Ihr Gefühl setzen, das durch den Sachverhalt in Ihnen hervorgerufen wird. Machen Sie sich klar, daß *Sie* es sind, der ein Problem hat, wenn Sie sich über das Verhalten Ihres Mannes ärgern, wenn Sie der Lärm ihrer Kinder stört und wenn Sie an Ihrem Nachbarn verzweifeln.

Beispiel
1. «Mein Mann kommt immer so spät nach Haus, und das wird die Ehe noch einmal zerstören.» Die Frau spricht nicht von ihrem Gefühl und gibt die Lösung des Problems gleich vor – der Sachverhalt muß sich ändern, das heißt ihr Mann muß sich ändern.
2. «Ich ärgere mich über meinen Mann, wenn er oft so spät nach Haus kommt.» Diese Frau hat auch ihr Gefühl erkannt, und Veränderung ist nun in zwei Richtungen möglich: Ihr Mann kann sich ändern, aber auch ihr Ärger.

Bevor Sie zu einer Lösung eines Problems kommen, ist es günstig, wenn sie möglichst eingehend klären, wie Sie einen Sachverhalt erleben. Das ist nicht möglich, wenn Sie nicht auch ‹direkt› mit sich selbst sprechen, das heißt Ihre Gefühle wahrnehmen, berücksichtigen und direkt ausdrücken. In der Psychotherapieforschung ist es eine der wichtigsten Erkenntnisse, daß diese Verhaltensweise, die wir ‹Selbstexploration› nennen, die produktive Lösung von Problemen im starken Maße fördert.

Dies ist zwar nicht einfach zu erlernen, aber wenn Sie damit experimentieren, werden Sie schnell bemerken, wie viele neue Lösungsmöglichkeiten Ihnen einfallen werden, an die Sie vorher gar nicht denken konnten, als Sie *nur* über die Sachverhalte nachdachten. Es wird Ihnen mit dieser Methode eher gelingen, Ihre Wahrnehmung des Problems umzustrukturieren, das heißt dieselben Dinge von verschiedenen Standpunkten zu sehen und auszuleuchten. Sie können dadurch zu neuen, kreativen Sichtweisen und Lösungsmöglichkeiten kommen.

Fallen Sie jedoch auch nicht in das andere Extrem, indem Sie nur Ihre Gefühle verantwortlich machen. Wichtig ist es, ein Gleichgewicht zu erhalten zwischen Ihrem Anspruch oder Ihrem Bedürfnis und dem, was ihm im Wege steht. Eine solche Einstellung läßt zunächst noch völlig offen, wie eine mögliche Lösung aussehen kann.

Wir wollen Ihnen an dem Beispiel unserer beiden Ehefrauen demonstrieren, wie verschieden Selbstgespräche verlaufen können. Im ersten Beispiel denkt die Ehefrau nur über die Sachverhalte nach, während sie im zweiten Beispiel auch ihre eigenen Gefühle berücksichtigt.

1. «Mein Mann ist viel zu oft weg. Das ist ja nicht mein Problem, aber so etwas gehört sich nicht! Wir sind schließlich zehn Jahre verheiratet, und da hätte er sich nun doch etwas ändern können. Ich weiß nicht, wieso andere Männer sich da so viel anpassungsfähiger und kooperativer verhalten. Auf jeden Fall weiß ich, daß es noch einen Knall in unserer Ehe geben wird, wenn er sich nicht ändert.»

Hier bricht sie ab, weil keine neuen Gedanken kommen. Sie hat das Gefühl, daß sie alles Wichtige gesagt hat.

2. «Ich bin ärgerlich, daß mein Mann so oft weg ist. Es macht mich ärgerlich, wenn ich dann allein zu Haus herumsitze und er sich amüsiert. Warum macht mich das eigentlich ärgerlich – soll er sich doch vergnügen. Nein – soll er nicht. Ich beneide ihn und fühle mich benachteiligt, weil er soviel erlebt und ich den ganzen Tag nur den tristen Haushalt habe. Ich würde ja auch gern einmal weggehen, aber dann schimpft er wieder über das ungemachte Essen und den unsauberen Haushalt ... Ich fühle mich irgendwie ungerecht behandelt. Halt! Warum lasse ich mich denn so behandeln, warum lasse ich ihn nicht einmal schimpfen und tue mehr Dinge, die mir Spaß machen? Eigentlich muß ich sagen, daß ich auch ganz schön zufrieden bin, wenn er mit schlechtem Gewissen nach Haus kommt ...»
(Das Selbstgespräch könnte noch lange weitergehen.)

Im zweiten Beispiel berücksichtigt die Frau auch ihre Gefühle. Und jedesmal, wenn sie eins ausspricht und empfindet, macht sie das frei für neue Gedanken und Überlegungen, so daß sie immer weiter in sich hineinhorchen kann und dem Kern des Problems und den Lösungsmöglichkeiten näherkommt. Wenn diese Frau immer mit sich selbst so spricht, das heißt immer dieses Maß an Selbstexploration praktiziert, dann wird sie mit den meisten Problemen recht gut zurechtkommen.

Versuchen Sie beim Problemlösen bei jeder Schilderung einer Tatsache oder eines äußeren Sachverhalts innezuhalten, und beschreiben Sie die Gefühle, die diese Sachverhalte in Ihnen auslösen. Versuchen sie ebenso, ‹indirekte› Gefühlsäußerungen in ‹direkte› zu übersetzen. Auf diesem Weg der Selbstexploration werden Sie schneller zu einer befriedigenden Problemlösung kommen.

---

3. Struktur- und Prozeßdenken

Wir wollen in diesem Abschnitt die Wahrnehmung der eigenen Person noch einmal genauer untersuchen.

Jeder Mensch hat zwei Bilder von sich: ein Realbild und ein Idealbild. Sein Realbild ist das, was er wirklich an sich wahrnimmt; sein Idealbild ist das, was er zu sein sich wünscht. Bei einigen Menschen fallen Ideal- und Realbild zusammen, und bei anderen sind sie sehr unterschiedlich.

Wenn Sie einmal Lust haben zu prüfen, wie Ihr Real- und Idealbild aussieht, dann können Sie folgendes Polaritätsprofil zu Hilfe nehmen. Kreuzen Sie zunächst an, wie Sie glauben, daß Sie wirklich sind (Realbild). Eine 1 hieße zum Beispiel, daß Sie sich sehr zurückgezogen sehen, 7 hieße, daß Sie sich sehr gesellig sehen. 4 hieße, daß Sie sich in der Mitte zwischen zurückgezogen und gesellig einschätzen würden. Haben Sie bei allen Gegensatzpaaren eine Zahl angekreuzt, dann machen Sie bitte Kreise um die Zahlen, die Ihrem Idealbild entsprechen.

zurückgezogen	1 2 3 4 5 6 7	gesellig
heiter	1 2 3 4 5 6 7	traurig
weich	1 2 3 4 5 6 7	hart
verschwommen	1 2 3 4 5 6 7	klar
stark	1 2 3 4 5 6 7	schwach
passiv	1 2 3 4 5 6 7	aktiv
verspielt	1 2 3 4 5 6 7	ernst
hilfsbereit	1 2 3 4 5 6 7	egoistisch
triebhaft	1 2 3 4 5 6 7	gehemmt
kühl	1 2 3 4 5 6 7	gefühlvoll
redselig	1 2 3 4 5 6 7	verschwiegen
friedlich	1 2 3 4 5 6 7	aggressiv

Wenn das Realbild und das Idealbild eines Menschen sehr auseinanderklaffen, dann kann das daran liegen, daß dieser Mensch sich selbst zu schlecht beurteilt, oder auch daran, daß er übergroße Erwartungen und Forderungen an sich stellt. Auf jeden Fall wird sich eine große Kluft zwischen Real- und Idealbild in Konflikten innerhalb der Person darstellen, die ihm das Leben schwermachen können.

Für die Veränderung des Selbstbildes einer Person ist es hinderlich, sich selbst in Form von ‹Eigenschaften› zu beschreiben. Eigenschaften sind Abstraktionen von verschiedenen Verhaltensweisen, die wir gegenüber verschiedenen Menschen in sehr unterschiedlichen Situationen zeigen. Diese Abstraktion der einzelnen Erlebnisse in Form von Eigenschaften wird diesen unterschiedlichen Erlebnissen der eigenen Person nicht sehr gerecht. Sie sind zu global, zu fest und zu starr. Auch hier wäre es klüger, von den eigenen Gefühlen zu sprechen, die in verschiedenen Situationen auftreten. Wenn Sie zum Beispiel sagen: «Ich bin sehr zurückgezogen und möchte so gern gesellig sein», dann klingt das relativ fest und bestimmt und bedeutet auch, daß Sie eine ganze Eigenschaft ändern müßten, um mehr Ihrem Idealbild zu entsprechen.

Wenn Sie aber sagen: «Wenn so viele Menschen zusammensitzen, dann fühle ich mich irgendwie überflüssig und ziehe mich dann häufig zurück – und das ärgert mich!», dann sprechen Sie über konkrete Verhaltensweisen und Gefühle. Sie können dann schneller erkennen, ob dieses Verhalten nur in einigen Situationen auftritt und in anderen nicht oder ob Ihre Gefühle stärker sind bei ganz bestimmten Menschen. Sie können Ihre Gefühle noch tiefer erforschen – und auf diesem Weg können Sie schneller zu Überlegungen kommen, auf welche Weise Sie sich verändern können, als wenn Sie sich als ein Gerüst von Eigenschaften wahrnehmen.

Das gilt ebenso für Sie wie für die Beschreibung anderer.

Menschen als feste und starre Strukturen wahrzunehmen, heißt, sie in Schablonen und Kategorien pressen, die ihnen nicht gerecht werden und eine Veränderung oder Weiterentwicklung behindern oder unmöglich machen.

Beginnen Sie bei sich selbst und versuchen Sie zu erfahren, daß ihr subjektives Erleben Ihrer eigenen Person und anderer ein fließender Prozeß ist, der stets neuartig und verändert abläuft. Sie erleben sich dann als jemanden, der in verschiedenen Situationen unterschiedliche Wahrnehmungen und Gefühle hat, die unterschiedliche Bedeutung für die eigene Person haben können, und Sie sind somit jederzeit offen für neue Erfahrungen und Veränderungen.

Wenn Sie über sich selbst nachdenken, dann werden Sie eher zu Lösungen und Veränderungsmöglichkeiten gelangen, wenn Sie von ganz konkreten Gefühlen und Verhaltensweisen in konkreten Situationen sprechen, als wenn Sie feste Eigenschaften an sich feststellen.

---

4. Selbstbestrafung behindert die Lösung von persönlichen Problemen

In unserer Gesellschaft wird die Strafe häufig eingesetzt, um das Verhalten anderer zu ändern. Deswegen glauben viele Menschen, daß Strafe eine nützliche Methode zur Verhaltensänderung ist – oder sie glauben, daß leider nicht ohne sie auszukommen ist. Wie Sie aber schon aus dem Kapitel «Soziale Angst» wissen, ändert Strafe kein Verhalten, sondern unterdrückt es nur und macht es einer wirklichen Änderung unzugänglich. Außerdem produzieren Strafen Gefühle von Angst und Spannung. Alle diese Wirkungen finden sich auch bei der ‹Selbstbestrafung›.

Vielleicht haben Sie schon einmal an sich selbst festgestellt, daß sich nichts änderte und Sie ganz zerknirscht und niedergeschlagen waren, wenn Sie sich selbst beispielsweise mit dem Satz anklagten: «Was bin ich bloß für ein unausstehlicher Mensch, daß ich nicht gemerkt habe, daß ich X verletzt habe!» Untersuchungen zeigen, daß Menschen, die mit ihren Problemen nicht allein fertig werden, sich sehr viel häufiger mit Worten selbst bestrafen als andere. Wer den Weg der Selbstanklage und Selbstbestrafung geht, steht in Gefahr, immer mürrischer und depressiver zu werden, und schafft sich damit weitere Veranlassung, sich erneut anzuklagen.

Doch wie können Sie eine solche Selbstanklage vermeiden, wenn Sie sehr ärgerlich und wütend auf sich sind? Drücken Sie dann einfach Ihren Ärger und Ihre Wut aus, indem Sie sich ganz klarmachen: «Ich bin verdammt ärgerlich auf mich» oder «Ich bin wirklich wütend auf mich». Wie Sie wissen, ist eine Anklage ein ‹indirekter› Ausdruck eines Gefühls, der Ihnen ‹hilft›, das eigene Gefühl zu verschleiern. Wenn Sie dieses Gefühl von Ärger kennen, aussprechen und empfinden, dann ist das Ausmaß von

Selbstanklage geringer. Genau wie beim direkten Feed-back einem anderen Menschen gegenüber, so gilt es auch für die Selbstkommunikation. Wenn Sie sagen: «Ich ärgere mich», dann ist die Richtung der Veränderung noch nicht vorgezeichnet. Es ist noch offen, ob Sie Ihr Verhalten verändern oder ob Sie sich Gedanken machen sollten, warum Sie sich eigentlich über einen Mißerfolg oder dergleichen in so starkem Maße erregen.

Das Aussprechen der eigenen Gefühle des Ärgers hilft uns, uns von diesem Gefühl zu distanzieren und unsere Situation neutraler zu betrachten. Wir können dann stärker unsere Vernunft zu einer realistischen Lösung des Problems einsetzen.

Es ist erstaunlich, wie viele Menschen sich für ihre Eigenschaften und Mißerfolge bestrafen, jedoch nicht auf die Idee kommen, sich für etwas, was ihnen an sich selbst gefällt, auch zu belohnen und sich darüber zu freuen. Häufig liegt das daran, daß sie sehr hohe Forderungen an sich stellen, wenn sie sich verändern wollen. Deswegen sind kleine Veränderungen, die für andere bereits ein Fortschritt sein könnten, für sie ein Mißerfolg, weil sie eher darauf sehen, was sie noch nicht geschafft haben. Besser ist es, sich den Weg zu einem Ziel in kleine Schritte aufzuteilen und sich für jeden gemeisterten kleinen Schritt zu belohnen. Das Ziel wird schneller erreicht, und es besteht weniger Gefahr, an der eigenen Fähigkeit zur Veränderung zu verzweifeln.

Wenn Sie auf einen Berg steigen wollen, dann können Sie sich nach jeder erklommenen Bergwand ärgern, daß Sie immer noch nicht den Berggipfel erreicht haben. Sie können sich aber auch nach jeden hundert Metern freuen, daß Sie schon wieder einen Schritt näher an Ihrem Ziel sind. Wenn Sie den ersten Weg gehen, dann wird Ihnen das Bergsteigen zur Last und zur Pflicht, und Sie müssen sich dauernd ‹am Riemen reißen›. Gehen Sie aber den zweiten Weg, dann können Sie sich so oft über Ihre erreichten Zwischenschritte freuen, daß Ihnen das Besteigen des Berges insgesamt Freude bereitet.

Selbstbestrafung ändert Ihr Verhalten nicht, sondern macht Sie depressiv. Wenn Sie ärgerlich auf sich sind, dann benutzen Sie statt des anklagenden Ausdrucks lieber den direkten Ausdruck Ihres Ärgers. Auf diesem Wege werden Sie mehr über sich erfahren, und Veränderungen werden Ihnen leichter fallen.

5. Zwei Gedanken, die sich logisch widersprechen, schließen sich im Seelenleben nicht aus

Ein großer Teil individueller Probleme besteht aus Konflikten innerhalb einer Person. Diese Konflikte zwischen zwei Seiten, zwischen verschiedenen Gedanken und Gefühlen innerhalb einer Person, nennen wir intrapersonelle Konflikte. Im Gegensatz dazu stehen die interpersonellen Konflikte, die zwischen verschiedenen Menschen auftreten. Wie wir in diesem und im nächsten Kapitel zeigen werden, kann die Kommunikation zwischen zwei verschiedenen Seiten innerhalb einer Person destruktiv sein wie zwischen verschiedenen Sozialpartnern und dadurch die Konfliktbewältigung verhindern.

Damit eine Lösung eines Konfliktes erarbeitet werden kann, ist es nötig, daß beide Seiten in einen Dialog treten und miteinander sprechen. Das geschieht zum Beispiel, wenn wir einen Satz äußern in folgender Form: «Einerseits möchte ich ja gern auf die Party, auf der anderen Seite möchte ich aber meine Hausarbeit fertigbekommen.» In einem solchen Satz wird anerkannt, daß in der eigenen Person zur Zeit verschiedene Bedürfnisse vorhanden sind, und die betreffende Person kann jetzt abwägen, welche Vor- und Nachteile welche Verhaltensweise mit sich bringt und ob eventuell Kompromisse möglich sind, so daß der Konflikt sich auflöst.

Viele Menschen gelangen aber erst gar nicht zu dem ersten Schritt, nämlich sich widersprechende Gefühle oder Neigungen an sich wahrzunehmen, um sie nebeneinanderstellen zu können. Diese Menschen sind der Meinung, daß es unvernünftig wäre, sich widersprechende Gefühle oder Gedanken nebeneinander zu haben, und so können die beiden Seiten nicht in einen Dialog eintreten. Sie wissen nichts von der Existenz der anderen Seite, oder wenn sie sich logisch widersprechende Gefühle erleben, empfinden sie diese als sich gegenseitig ausschließend.

Diese Haltung, mit den eigenen Konflikten umzugehen, wollen wir die ‹Entweder-Oder-Haltung› nennen: «Entweder bin ich ein glücklicher Mensch, *oder* ich bin ein unglücklicher Mensch – beides zusammen geht nicht.» «Entweder bin ich kaltherzig, weil mein Mann mir das häufig vorhält, oder ich bin warmherzig, den Eindruck habe ich oft selbst – beides zusammen geht nicht.»

Aber vergessen wir nicht – beide Seiten sind eine Zusammenfassung verschiedenster Erfahrungen mit verschiedenen Menschen in verschiedenen Situationen, und wenn beide Seiten ihre Meinung konkretisieren und ihre Gefühle explorieren, dann lösen sich anfängliche Widersprüche oft als ‹Scheinwidersprüche› auf. Aber zunächst ist es wichtig, daß beide Seiten ernstgenommen werden, damit sie in einen fruchtbaren Dialog eintreten können. Diese Haltung, bei der wir beide Seiten akzeptieren und annehmen, wollen wir die ‹Und-Haltung› nennen: «Irgendwie bin ich glücklich, *und* ich bin oft traurig.» Wir werden dann bald die Wahrheit herausbekommen: «In manchen Situationen fühle ich mich traurig und in anderen Situationen glücklich.» Durch einen Dialog zwischen zwei verschiedenen Gedanken über unsere Person können wir vom ‹Strukturdenken› («Ich bin ein ...») zum ‹Prozeßdenken› gelangen («In einer bestimmten Situation fühle ich ...»), und dann lösen sich die anfänglichen Widersprüche auf. Dann erfahren wir, daß wir ein Mensch sind, der manchmal fähig zu Glücksgefühlen und ein anderes Mal fähig zu traurigen Gefühlen ist. Aber um diese Einsicht für einen Konflikt zu gewinnen, müssen wir zunächst die beiden uns widersprechend erscheinenden Seiten ernst nehmen und sie in einen Dialog eintreten lassen.

Ein guter Weg, um herauszubekommen, ob man selbst vielleicht nur eine Seite eines Konflikts wahrnimmt und die andere Seite negiert, ist folgender: Prüfen Sie beim Nachdenken über sich selbst öfter, ob nicht auch das Gegenteil richtig sein kann von dem, was Sie im Augenblick denken. Sie können das prüfen, indem Sie laut das Gegenteil aussprechen. Entweder erleben Sie dabei gefühlsmäßig: «Ja – tatsächlich, das stimmt auch», oder Sie erleben: «Nein, das Gegenteil stimmt doch nicht!» Diese Gefühle, die Sie beim lauten Aussprechen des Gegenteils erhalten, sind sehr überzeugend, und Sie können mehr Vertrauen zu ihnen haben, als wenn Sie nur überlegen, ob wohl auch das Gegenteil richtig sein könnte.

Als Beispiel wollen wir ein Ehepaar in einer Partnertherapie beschreiben. Der Ehemann hatte in dem Gespräch öfter seine Frau bemitleidet, weil sie ja so unselbständig sei. Durch seine Haltung, in der er ausdrückte, wie besorgt er war, daß sie nicht zu ihrem Recht käme, bewirkte er aber, daß sie sich im Gespräch noch mehr zurückhielt. Da, wo sie eigentlich hätte sprechen können und wollen, antwortete er für sie, wobei er sich als sehr fürsorglich empfand. Als er zu seiner Frau sagte: «Ich möchte wirklich nichts mehr, als daß du selbständiger und selbstbewußter wirst», vermittelte ihm der Therapeut, daß er diesen Satz vollkommen akzeptiere. Er erklärte ihm dann die Möglichkeit von ambivalenten Gefühlen und bat ihn, doch einmal auszuprobieren, ob nicht auch das Gegenteil stimmen könne. Der Ehemann sprach laut und bewußt den Satz aus: «Ich möchte wirklich nicht, daß du selbständiger und selbstbewußter wirst!», und es wurde ihm schlagartig klar, daß auch an dieser Seite etwas dran war. Er war nun fähig, seinen Konflikt vollständig zu erkennen und zu formulieren: «Auf der einen Seite bringt es mir gar keinen Spaß, mit dir zu leben, wenn du so unselbständig bist; ich möchte einen ebenbürtigen Partner haben und kein Kind. Auf der anderen Seite weiß ich aber auch, daß es mir sehr schmeichelt und ich mich sehr erhoben und stark fühle, wenn ich dir helfen kann, und das führt dazu, daß ich es gar nicht so schön finde, wenn du einmal selbständig wirst.» Dem Paar wurden jetzt alle Diskrepanzen im Verhalten des Mannes sichtbar, und sie konnten an die Lösung dieses Konfliktes gehen.

> Wenn Sie das Gegenteil eines Ihrer Gedanken oder Gefühle laut aussprechen, wird Ihnen deutlich werden, ob auch dieses Gegenteil zutrifft. Achten Sie dabei auf Ihre Gefühle.

6. ‹Die Entweder-Oder-Haltung› führt zu destruktiver Kommunikation zwischen den Konfliktseiten

Wenn ein Mensch beide Seiten eines Konfliktes zwar wahrnimmt, aber das Gefühl behält, daß nur eine Seite recht haben kann und die andere unrecht haben muß, dann hält er an der ‹Entweder-Oder-Haltung› fest. Und nun kommt es meist zu destruktiver und defensiver Kommunikation zwischen den beiden Seiten. Es kommt nicht zu einem echten Gespräch, sondern zu einem Scheindialog, der in einem ‹Krieg› zwischen den beiden Seiten enden kann. Und ebenso wie eine solche Art des Gesprächs nicht förderlich für die Regelung von Konflikten zwischen zwei Menschen ist, so ist sie auch nicht förderlich für die Lösung eines Konfliktes innerhalb einer Person. Subjektiv erleben wir das so, als ob jeder Gedanke, den wir haben, durch den nächsten Gedanken zunichte gemacht wird. Wir haben bei jedem Gedanken das Gefühl, daß wir uns etwas vormachen.

Wenn wir bei unserem Bild der zwei Seiten bleiben, die sich bekämpfen, dann sieht es folgendermaßen aus: Jede Seite versucht der anderen mit ihren Argumenten zu zeigen, daß jene unrecht hat und gar kein Recht hätte zu existieren. Keine der beiden Seiten hat so Gelegenheit, sich tiefer und ernsthafter zu ergründen und darzustellen. Jede Seite versucht die andere zu überzeugen. Die Kommunikation wird defensiv zwischen den beiden Seiten eines Konflikts innerhalb einer Person. Vielleicht haben Sie die Folgen solcher defensiven Selbstkommunikation schon einmal selbst erlebt. Ihre Gedanken werden beim Nachdenken über ein schwieriges Problem immer schneller, flüchtiger und zielloser. Kaum ein Gedanken kann zu Ende gedacht werden, weil er durch einen neuen «Ja, aber ...»-Satz gestört wird. Dies kann dann zu dem Gefühl führen, daß kein Gedanke einen Sinn hat, weil er sofort widerlegt wird. Das Nachdenken wird quälend und fruchtlos. Die Gedanken scheinen sich im Kreis zu drehen, sie führen nicht weiter.

Diese intrapersonelle Kommunikation ist ebenso fruchtlos wie ein derartiges Gespräch zwischen zwei verschiedenen Menschen es wäre, weil
beide Seiten in Verteidigungshaltung sind und sich ständig rechtfertigen müssen,
sie dadurch ihre ganze Kraft für das Auffinden neuer Argumente benötigen und der anderen Seite nicht mehr zuhören können, beide Seiten sich unverstanden und nicht akzeptiert fühlen, so daß beide Seiten sich nicht verständigen und verändern können.

Vielleicht wird Ihnen unser Bild von zwei Seiten in einer Person, die miteinander reden, etwas schwierig vorstellbar sein. Die praktische Bedeutung dieses Bildes können Sie in der «Übung auf zwei Stühlen» erleben (siehe Kapitel «Das Rollenspiel auf zwei Stühlen»).

Sie können destruktive intrapersonelle Kommunikation in einem hohen Maße entschärfen, indem Sie für jedes ‹Entweder-Oder› und für jedes ‹Aber ...› ein ‹Und› setzen, wenn Sie über sich selbst nachdenken.

---

7. Lautes Sprechen fördert die Problemlösung

In Experimenten hat sich gezeigt, daß Problemlösungsaufgaben schneller gelöst werden, wenn dabei die eigenen Gedanken laut ausgesprochen werden. Dies trifft nicht nur für das Lösen von logischen oder mathematischen Aufgaben zu, sondern auch für das Lösen persönlicher Probleme.

Viele Menschen sprechen unwillkürlich laut, wenn sie bei einer ganz kniffligen Aufgabe nicht weiterwissen und sehen dann schneller den Lösungsweg oder Fehler bei der Lösungsstrategie. Trotzdem kommen sich die meisten Menschen beim Versuch, die eigenen Probleme zu lösen, albern und dumm vor, wenn sie ihre Gedanken laut aussprechen.

Die Art, wie wir an unsere Probleme herangehen, ob wir sie laut aussprechen, aufschreiben oder nur denken, kann die Bewältigung eines Problems beeinflussen. Versuchen Sie einmal mit den verschiedenen Möglichkeiten, sich mit Ihren Problemen zu beschäftigen, zu experimentieren und neues Verhalten auszuprobieren.

Viele Leute machen die Erfahrung, daß sie beim
leisen Denken ihren eigenen Gedanken gar nicht so schnell folgen können – die Gedanken sind oft recht flüchtig und können nicht richtig festgehalten und ‹gepackt› werden, oft weiß man gar nicht mehr, was man im vorhergehenden Satz gesagt hat – daß aber beim
lauten Denken der Gedankenverlauf viel klarer und strukturierter wird. Man muß mehr zu den geäußerten Gedanken Stellung nehmen, da sie in Wortlauten festgehalten werden, und kann sich deswegen auch häufiger korrigieren. Oft wird uns die Wichtigkeit eines Gedankens erst richtig bewußt, wenn wir ihn laut aussprechen und hören. Beim
Aufschreiben der Gedanken können zwar einige Gedanken ganz präzise festgehalten werden, der Schreibprozeß nimmt aber so viel Zeit in Anspruch, daß viele neue Gedanken dazwischenkommen, die wiederum nicht festgehalten werden können.

> Wenn Sie sich allein an ein Problem machen, um es zu lösen, scheuen Sie sich nicht, dabei laut zu sprechen. Ihr Gedankengang wird dadurch klarer und strukturierter werden, und Sie können Ihre Gedanken besser auf ihre Richtigkeit hin prüfen.

Versuchen Sie einmal, eine dreiviertel Stunde lang nur laut zu denken und dieses Gespräch auf Tonband aufzunehmen. Versuchen Sie dabei, alle Gefühle, die Sie im ‹Hier-und-Jetzt› haben, wahrzunehmen und laut zu beschreiben, und versuchen Sie innere Dialoge im Spiel deutlicher zu machen, wie es in der «Übung auf zwei Stühlen» (siehe Seite 95 ff.) beschrieben wird. Versuchen Sie dabei Ihre Gedanken und Gefühle immer weiter zu erforschen. Auf diese Weise können Sie sich immer besser kennenlernen und sich selbst erfahren.

8. Wie Sie Lösungsmöglichkeiten für Konflikte mit Ihren Sozialpartnern auch allein erarbeiten können

Bei manchen Problemen handelt es sich nicht um einen Konflikt zwischen zwei Seiten Ihrer eigenen Person, sondern um Konflikte zwischen Ihnen und irgendeinem Sozialpartner. Der beste Weg zur Behandlung eines solchen Problems ist das direkte Gespräch mit diesem Partner (‹Konfliktgespräch›). Oftmals ist ein solches Gespräch nicht oder nicht sofort möglich, oder Sie entschließen sich, die Hintergründe für Ihre Schwierigkeiten mit diesem Partner erst einmal allein herauszufinden.

Sie sind also auf sich allein gestellt, wenn Sie Hintergründe und Lösungsmöglichkeiten für diesen Konflikt finden wollen. Dafür ist es jedoch nötig, daß Sie Ihre Gedanken ordnen und Ihre Gefühle klären. Ebenso müssen Sie herausbekommen, was Ihr Sozialpartner denkt und fühlt. Sie müssen sich ganz in ihn hineinfühlen können und seine Position verstehen, um angemessen darauf reagieren zu können.

Es fällt vielen Menschen schwer, sich einmal in die Rolle eines anderen hineinzuversetzen. Oft unterschieben wir dem anderen Motive und Absichten, die einfach nicht richtig sind und die wir auch nicht geprüft haben. Im direkten Gespräch mit einem anderen Menschen sind wir oft so damit beschäftigt, unsere eigene Position zu klären, zu verstehen und zu rechtfertigen, daß es sehr schwer ist, uns auch noch in den anderen hineinzuversetzen.

Auf der anderen Seite ist es erstaunlich, wie gut Menschen Informationen über einen anderen gespeichert haben und über seine inneren Vorgänge Bescheid wissen. Dieses Wissen bleibt allerdings häufig unbewußt, wird nicht wahrgenommen und vergrößert im alltäglichen Umgang mit dem anderen nicht unser Verständnis für seine Motive und Gefühle.

Dieses Potential an Wissen über den anderen können wir für uns nutzbar machen, wenn wir uns ganz ungestört allein einmal in seine Rolle hineinversetzen, das heißt im Rollenspiel die Situation des anderen nachvollziehen. Durch ein solches Rollenspiel werden uns sehr viele Kenntnisse über den anderen bewußt, die wir im normalen Selbstgespräch und im Nachdenken über den anderen kaum wahrnehmen würden. Wir lernen durch das Spielen seine Gefühle, Gedanken und Motive besser kennen, lernen gleichzeitig, unsere Argumente durch seine Augen zu sehen, und lernen dadurch, besser mit ihm umzugehen.

Praktisch können Sie dieses Rollenspiel in der «Übung auf zwei Stühlen» durchspielen, das in dem nächsten Kapitel beschrieben wird. Wichtig ist dabei, daß Sie sich beim Spiel ganz in die Rolle des Sozialpartners hineinversetzen. Vergegenwärtigen Sie sich noch einmal kurz seine Umwelt, seine Erlebniswelt, in der auch Sie vorkommen. Versuchen Sie auch seine Körperhaltung und seine Sprache nachzuahmen. Sie können dann in der Übung einen Dialog spielen, in dem Sie einmal sich selbst spielen und einmal ihren Sozialpartner.

9. Das Rollenspiel auf zwei Stühlen

Mit dieser Übung wollen wir Ihnen eine Technik zeigen, mit der Sie sehr effektiv eigene Probleme und Konflikte bearbeiten und lösen können. Sie können in diesem Spiel intrapersonelle Konflikte wie auch Konflikte mit Ihren Sozialpartnern einer Klärung näherbringen. Das Grundprinzip der Übung ist, daß die beiden Konfliktseiten in einen Dialog eintreten. Dabei übernehmen Sie abwechselnd die Rolle einer Konfliktseite und sprechen laut mit der anderen Seite des zu bearbeitenden Konflikts. Sie spielen also nacheinander immer beide Gesprächspartner und wechseln die Rollen dabei so häufig, wie Sie möchten.

Vielleicht finden Sie solch ein Arrangement belustigend oder das Spiel selbst kindlich. Wenn Sie sich jedoch entschließen, die Übung einmal durchzuführen, werden Sie überrascht sein, welche intensive Erfahrung durch das Spielen anderer Sozialpartner oder nur einer Seite der eigenen Person bewirkt werden kann. Durch das laute Sprechen und das Ersetzen der indirekten Rede beim Nachdenken durch das direkte Ansprechen eines fiktiven Gegenübers sind Gefühle erlebbar und Einsichten erreichbar, die bei einer normalen ‹Selbstreflexion› kaum in dieser Weise möglich sind.

1. *Arrangement*

Stellen Sie zwei Stühle einander gegenüber. Teilen Sie dem einen Stuhl die eine Seite des Konfliktes zu und dem anderen Stuhl die andere Seite. Beispiel: Sie wollen einen intrapersonellen Konflikt lösen in der Art: «Auf der einen Seite möchte ich meinen Kindern gegenüber offener werden, auf der anderen Seite will ich es nicht, weil ich befürchte, daß sie mich dann nicht mehr respektieren.» Die beiden Seiten, die sich im Konflikt gegenüberstehen, sind also zwei Teile der Person:

1. der Teil, der offener gegenüber den Kindern werden möchte,
2. der Teil, der sich den Respekt der Kinder erhalten möchte.

Beide Seiten dieses Konfliktes werden in der Übung miteinander sprechen. Sobald Sie sich auf den einen Stuhl setzen, ‹spielen› Sie also die Person, die sich wünscht, offener zu den Kindern zu sein. Auf dem anderen Stuhl sprechen Sie als die Person, die Angst hat, den Respekt der Kinder zu verlieren.

Wollen Sie ein Problem mit einem Sozialpartner bearbeiten, dann setzen Sie auf den einen Stuhl sich selbst und auf dem anderen Stuhl spielen Sie Ihren Sozialpartner.

2. Begrüßungszeremonie

Jetzt setzen Sie sich auf einen der beiden Stühle und stellen sich der anderen Seite vor. Danach wechseln Sie den Stuhl, und nun stellen Sie sich als jene Seite der ersten vor. Die Begrüßungszeremonie ist wichtig, und Sie sollten ruhig wörtlich unseren Satz übernehmen. Die Gefahr einer destruktiven Kommunikation zwischen den beiden Stühlen wird dadurch geringer. Außerdem fällt es manchen Menschen schwer, in das Rollenspiel hineinzukommen. Sie fangen erst dann an zu sprechen, wenn ihnen etwas einfällt, und das kann oft lange dauern. Im Rollenspiel verfahren wir umgekehrt: Erst handeln oder sprechen wir und achten dabei auf unsere Gefühle und Gedanken, die dabei auftreten. Wir reden also einfach drauflos und hören uns dabei neugierig zu. Es ist dann oft erstaunlich, welche neuen Dinge wir von uns erfahren.

Begrüßungszeremonie: «Ich bin ..., und du bist ...

Ich will in diesem Gespräch mich selbst ernst nehmen, ebenso wie ich dich ernst nehmen will. Ich will dir alles sagen, was ich fühle und denke, was ich befürchte und was ich erwarte. Außerdem will ich dir ehrlich sagen, was ich von dir denke und will dir zuhören und berücksichtigen, was du sagst.»

3. Dialog – Anfangsphase: Beziehungen klären

Für den Beginn des Dialogs ist es wichtig, daß beide Seiten einander sagen, wie sie die andere Seite empfinden, welche Gefühle sie ihr gegenüber haben und wie wohl oder unwohl sie sich jetzt im Gespräch fühlen. Wichtig ist zum Beispiel, ob eine Seite sich von der anderen beherrscht oder ihr unterlegen fühlt. Wird das nicht erkannt, kann eine Seite während des Dialogs leicht in Verteidigungshaltung geraten.

Beim Dialog soll jede Seite solange sprechen, bis sie nicht mehr weiter weiß oder das Gefühl hat, jetzt müßte die andere Seite unbedingt sprechen. Ist das der Fall, dann wechseln Sie den Stuhl und sprechen als andere Seite weiter. Dieser Wechsel kann so oft wiederholt werden, wie Sie es möchten.

Regel: Sprechen Sie auf einem Stuhl nur in der jeweiligen Rolle. Wechseln Sie die Rolle, so wechseln Sie auch Ihren Stuhl.

4. Dialog – Konfliktgespräch

Wenn Sie die Beziehung der beiden Seiten untereinander abgeklärt haben, dann sprechen Sie miteinander über Ihren Konflikt. Sprechen Sie über Ihre Wünsche, Hoffnungen, über Ihren Ärger über die andere Seite und über alles, was Ihnen wichtig ist. Die Plätze können Sie wieder so oft wechseln, wie Sie möchten. Beenden Sie das Spiel nicht zu früh. Seien Sie zäh und geben Sie nicht zu schnell auf. Sie sollten den Dialog möglichst solange führen, bis sich beide Seiten auf eine Lösung geeinigt haben.

5. *Wenn der Dialog stockt, spielen Sie den ‹Spielleiter›*

Wenn der Dialog nicht recht weitergeht und beide Seiten nicht mehr wissen, was sie einander sagen sollen – dann distanzieren Sie sich für einige Zeit, setzen sich auf einen dritten Stuhl oder stellen sich vor die beiden Stühle und analysieren Sie die Situation als Spielleiter. Ihre Aufgabe kann dabei sein:

● Zusammenfassen des Gespräches und Formulierung des jetzigen Diskussionsstandes.

● Zusammenfassen des Kommunikationsverhaltens beider Seiten. Hat eine Seite die andere in Verteidigungshaltung gebracht oder eingeschüchtert? Wurde angemessen Feed-back gegeben und wurden die Gefühle direkt ausgedrückt? Haben Sie als Spielleiter das Gefühl, daß die Empfindungen einer Seite nicht ganz zum Ausdruck gekommen sind, dann fassen Sie diese noch einmal in Ihre eigenen Worte.

● Überlegen, ob jetzt vielleicht ein Dialog zwischen zwei anderen Rollen nützlich sein könnte, ob zum Beispiel ein Sozialpartner oder eine andere Seite der eigenen Person gehört werden sollte.
Haben Sie auf diese Weise als Spielleiter Ihre Aufgabe getan, dann kann der Dialog entweder mit den alten oder mit den neuen Rollen weitergehen.

Um diese Übung anschaulicher zu machen, wollen wir ihren Ablauf an einem Beispiel demonstrieren. Denken Sie aber daran, daß jeder Dialog anders aussehen wird und Sie jedesmal ganz andere Erfahrungen machen werden. Lassen Sie also das Beispiel Ihre Phantasie nicht einengen, sondern experimentieren Sie selbst mit dieser Übung. Sie benötigen dafür nur einen Konflikt, den Wunsch ihn zu bearbeiten, zwei Stühle und Zeit und Ruhe. Sie können auf diese Weise wichtige Teile Ihrer eigenen Person und Ihrer sozialen Umwelt verdichtet und konzentriert erfahren.

Beispiel

Ein Mann hatte seiner Frau versprochen, in dieser Woche abends mit ihr und den Kindern ins Kino zu gehen. Im Büro jedoch empfand er dieses Versprechen als sehr lästig, weil es ihn von der Erledigung wichtiger geschäftlicher Angelegenheiten abhielt, und er entschied den Konflikt zugunsten der Arbeit. Das Ergebnis war ein dicker Ehekrach am nächsten Tag, wobei ihm seine Frau vorwarf, daß er nur an seiner Arbeit hänge und in der letzten Zeit sowieso nie etwas mit der Familie unternehmen würde. Der Ehemann empfand diesen Vorwurf als ungerecht, da er sogar sehr stark das Bedürfnis verspürte, mit der Familie zusammen zu sein. Er wurde unsicher, ob es wirklich nur an der Menge der Arbeit lag, daß er nie dazu kam. Er nahm sich am Wochenende vor, diesen Konflikt einmal mit der «Übung auf zwei Stühlen» zu bearbeiten.

Stuhl 1

«Ich bin der Gregor, der sich mehr um seine Familie kümmern will. Ich will mehr ausspannen und mich nicht von der Arbeit auffressen lassen. Du bist der Gregor, der lieber seine Arbeit vorzieht. Ich will in diesem Gespräch mich selbst ernst nehmen, ebenso will ich dich ernst nehmen. Ich will dir alles sagen, was ich fühle und denke, was ich befürchte und was ich erwarte. Außerdem will ich dir ehrlich sagen, was ich von dir denke, und will dir zuhören und berücksichtigen, was du sagst.»

Stuhl 2

«Ich bin der Gregor, der sich von Vergnügungen nicht in der Arbeit stören lassen will. Ich muß mich mehr auf den Beruf konzentrieren, und das ist mir wichtig. Ich will in diesem Gespräch mich selbst ernst nehmen, ebenso wie ich dich ernst nehmen will. Ich will dir alles sagen, was ich fühle und denke, was ich befürchte und was ich erwarte. Außerdem will ich dir ehrlich sagen, was ich von dir denke, und will dir zuhören und berücksichtigen, was du sagst.

Ich will gleich einmal anfangen. Ich muß sagen, sympathisch finde ich dich nicht gerade. Ich finde dich sogar ziemlich kindlich und naiv, wenn ich so sehe, wie du dich vergnügen möchtest und einfach nicht siehst, daß die ganze Familie überhaupt nicht existieren könnte, wenn ich nicht wäre.»

«Jetzt fängst du schon wieder mit deinen ernsthaften Vorträgen an. Glaubst du denn wirklich, daß du das ganze Leben bist? Weißt du, wenn ich dich so muffelig an deinem Schreibtisch sehe, dann habe ich richtig das Gefühl, daß du tot bist – daß du am Leben vorbeilebst.«

Beim Wechseln des Stuhles als Spielleiter: «Ich habe den Eindruck, die beiden sind sehr ärgerlich aufeinander.»

«Und ob ich sauer auf dich bin. Ich merke irgendwie, daß du mich verachtest und mich auslachst. Ich möchte wenigstens, daß du respektierst, daß ich auch wichtig bin. Es ist ja gar nicht so, daß ich dich vollkommen ablehne, ich freue mich sogar oft, dich zu sehen. Aber es macht mich einfach wütend, wenn du mich in meiner Existenz bedrohst und mich zum Beispiel immer wieder bei der Arbeit störst, indem du mir erzählst, daß ich doch jetzt lieber mich entspannen sollte als zu arbeiten.»

«Mein Lieber, das gleiche trifft übrigens auch für mich zu. So ungestört kann ich mich doch gar nicht mal mit der Familie beschäftigen. Dauernd funkst du dazwischen und machst mir ein schlechtes Gewissen und versuchst, mich zu überreden, dich wieder ans Steuer zu lassen. Und dazu habe ich wirklich keine Lust mehr. Wenn ich dran bin, dann lasse mich gefälligst auch mal zufrieden. Ich kann ja nicht mal in Ruhe Abendbrot essen, ohne daß du mir erzählst, daß du jetzt eigentlich wieder dran wärst und arbeiten müßtest. Und dann werde ich natürlich wütend auf dich. Ich würde dich ja gern in Frieden lassen, wenn du mich mehr in Frieden ließest.»

Beim Wechseln: «Aha, das Problem scheint nur zu sein, daß die beiden sich dauernd gegenseitig stören. Na, wollen mal sehen.»

«Das finde ich einen guten Vorschlag. Wenn du mich bei meiner Arbeit eher zufriedenlassen würdest, dann könnte ich auch mehr schaffen und könnte dir dann mehr Recht einräumen. Das wäre wahrscheinlich für uns beide und für die Familie besser.»

«Der Vorschlag ist gut. Ich werde mein mitleidiges Lächeln über dich einstellen und werde dich nicht mehr stören, wenn du dran bist. Aber nur, wenn du mir versprichst, auch mir mein Recht zuzugestehen.»

«Ich will das versuchen. Aber jetzt kommen mir Einwände. Weißt du, warum ich dir eigentlich so dazwischenfunke? Ich habe einfach Angst, daß du mich vollkommen vergißt, wenn ich dich nicht kontrolliere. Irgendwie bist du im Grunde genommen der Stärkere, und ich vermute, daß du auf ganzer Linie gewinnst, wenn ich nicht mehr so aufpasse. Du weißt, wie schwer es für mich nach jedem Urlaub ist, mal wieder ans Ruder zu kommen. Auf der anderen Seite brauche ich dich auch, um überhaupt die Kraft zum Arbeiten zu haben. Mir würde es wirklich leichter fallen, wenn ich daran glauben könnte, daß du mich nicht hindern willst.»

«Du, ich würde mich gar nicht wohl fühlen, wenn du nicht mehr da wärest. Ich glaube, ich hätte gar keine Lust, mich nur zu vergnügen und auszuspannen, wenn ich nicht wüßte, daß du auch wieder arbeiten wirst. Außerdem hätte ich gar nicht die finanziellen Möglichkeiten dazu. Irgendwie bin ich ja abhängig von dir. Du kannst wirklich beruhigt sein, daß ich dich nicht mehr so stören und hindern werde, aber du mußt mir etwas mehr Zeit einräumen.» (usw.)

Bis hierher haben die beiden Seiten erst einmal ihre Beziehung geklärt, und der Mann ist zu der neuen Erkenntnis gekommen, daß ein kooperatives Miteinander der beiden Seiten günstiger ist, als wenn beide Seiten sich permanent behindern. Im Lauf des weiteren Dialogs können neue Schwierigkeiten zwischen den beiden Seiten wahrgenommen und bearbeitet werden, und die beiden Seiten können zu konkreten Abmachungen für die nächste Zeit kommen, die sie erst einmal ausprobieren können. Im Lauf des Dialogs wird sich das Gefühl der Konflikthaftigkeit wahrscheinlich verringern, und die beiden Seiten werden einen tragfähigen Kompromiß schließen können.

Bei dieser Übung wird ein innerer Dialog ‹sichtbar› gemacht und stärker erlebt. Durch die wörtliche Rede und das Spiel im ‹Hier und Jetzt› wird das Erleben intensiver. Dabei können die verschiedensten Konflikte gespielt werden: eigenes Realbild gegen eigenes Idealbild, die eigene ‹starke› Seite gegen die eigene ‹schwache›, ein Konflikt mit dem Kindheitsvater usw.

10. Meditation – eine Übung, um zu lernen, sich selbst nichtwertend zuzuhören

Viele Probleme können realistischer und angemessener gelöst werden, wenn dem betreffenden Menschen alle Informationen zur Verfügung stehen und alle diese Informationen realistisch verarbeitet werden können.

Dies ist häufig nicht der Fall. Alte Informationen werden nicht als frühere Erfahrungen verwertet, sondern so, als ob es Informationen aus der aktuellen Situation wären. Zusätzlich werden viele Informationen gar nicht oder verzerrt wahrgenommen, die zur Problemlösung wichtig wären. Der Grund für diese nicht-optimale Ausnützung von vorhandenen Informationen sind häufig die eigenen Wertungen, Konzepte und Ideale, die die vorurteilsfreie Betrachtung und Wahrnehmung dessen, was ist, verhindern. Ideale und Konzepte der eigenen Person können eine positive Funktion besitzen. Sie werden aber dann gefährlich, wenn das, was ist, verzerrt wahrgenommen wird, weil es diesen eigenen Idealen und Konzepten widersprechen würde.

Ein Weg, um mit unseren eigenen Gedanken, Gefühlen und organischen Prozessen wie auch mit der Umwelt realistischer in Konflikt zu treten, ist der, daß wir versuchen, ohne Wertungen und Urteile darauf zu hören, was in uns vorgeht. Sobald wir unsere eigenen Gedanken und Gefühle schon bei ihrem Entstehen bewerten, wird das zu deren Unterdrükkung und zu deren verzerrter Wahrnehmung führen. Sobald wir unsere Gedanken und Gefühle aber zunächst nicht-wertend wahrnehmen, können wir immer mehr das wahrnehmen und erforschen, was in uns ist, und wir werden diese vollständigen Informationen dann zum Handeln einsetzen können.

Das nicht-wertende Zuhören in einer entspannten und akzeptierenden Atmosphäre führt über längere Zeit zu einer stärkeren Selbstakzeptierung der eigenen Person und zu größerem Selbstwertgefühl. Eben das geschieht zum Beispiel in der ‹klientenzentrierten› Gesprächstherapie (siehe Kapitel «Das partnerzentrierte Gespräch»), bei der der Therapeut sich nicht-wertend und akzeptierend in den Klienten einfühlt.

Ähnliche Effekte können erreicht werden, wenn man lernt, sich selbst in einem entspannten Zustand nicht-wertend zuzuhören und den inneren Prozessen zu lauschen, so wie es in verschiedenen Techniken asiatischer Meditationen geschieht. Bei diesem nicht-wertenden Lauschen verringert sich die Angst vor eigenen verdrängten und nicht wahrnehmbaren Gedanken, so daß uns diese Informationen bewußt und zugänglich werden. Denn in einem körperlich tief entspannten Zustand können wir uns selbst mit sonst angstbesetzten Gedanken und Gefühlen konfrontieren, ohne daß die Angst gleichzeitig mit auftritt. Damit geschieht eine Entkoppelung der Gedanken von der Angst. In der lerntheoretischen Fachsprache würde man das eine ‹Desensitivierung von frei fluktuierender Angst› nennen.

Wir wollen Ihnen hier eine sehr leichte und effektive Meditationsübung zeigen, bei der Sie wenig Anstrengung und Konzentration benötigen und bei der positive Effekte für die intrapersonelle Kommunikation relativ rasch erreichbar sind. Bei dieser Technik wird als Hilfe mit einem Wort als Konzentrationsgegenstand gearbeitet. Diese Technik der Mantra-Meditation ist in den letzten Jahren besonders durch die Bewegung der ‹Transzendentalen Meditation› bekannt geworden. Ihre positiven Wirkungen sind in neuerer Zeit wissenschaftlich untersucht worden. Im Gegensatz zu den Lehrern und Anhängern dieser östlichen Form der Meditation geht es den Autoren hier jedoch nicht darum, eine umfassende Einheit von Lebensphilosophie und daraus abgeleiteten Techniken zu vermitteln. Ein solcher Versuch würde die Möglichkeiten dieses Buches übersteigen. Es geht hier vielmehr darum, eine aus den dort verwendeten Techniken abgeleitete Methode darzustellen, die den hier beschriebenen Zielen nützlich ist und vom einzelnen angewendet werden kann. Die sich daraus ergebenden Unterschiede sind somit durch die Verschiedenheit der Ziele bestimmt.

1. *Suchen Sie sich ein Mantra*

Zur Meditation benötigen Sie ein Wort, das die Entspannung erleichtern soll. Bei längerer Übung mit diesem Mantra geschieht eine Koppelung des Ruhezustandes mit diesem Wort, so daß das ‹innere Denken› dieses Wortes den entspannten Zustand begünstigt. Dieses Wort sollte möglichst ein- oder zweisilbig sein, einen weichen, harmonischen Klang haben und nicht der Alltagssprache entnommen sein (d. h. keine sinnvolle Bedeutung haben). Einige Beispiele: Eina, Eim, Om, Lima, Luma.

2. *Entspannen Sie Ihre Muskeln (ca. 5 Minuten)*

Setzen Sie sich auf einen Stuhl, so daß Sie bequem sitzen. Der Rücken soll dabei gerade aufgerichtet sein, und zwischen Ober- und Unterschenkel sollte ein Winkel von 90 Grad bestehen. Schließen Sie dann die Augen und konzentrieren Sie sich auf die Innenflächen Ihrer Nasenlöcher, lenken Sie Ihre Aufmerksamkeit auf die Flächen, an denen der Atem vorbeiströmt. Konzentrieren Sie sich dann nacheinander auf Ihre Muskeln und versuchen Sie, alle Spannung aus den Muskeln zu lassen. Gehen Sie dabei in folgender Reihenfolge vor: Stirn, Augen, Wangen, Mund, Hals, Schultern, Arme, Hände, Bauch, Gesäß und Beine.

Es ist nicht nötig, daß Ihr Körper in diesen 5 Minuten vollständig entspannt wird, Sie sollten sich aber nicht aufgeregt fühlen. Wenn Sie die Meditationsübung regelmäßig ausführen, können Sie nach einiger Zeit mit der Muskelentspannung aufhören und sich nur noch kurz vor der Meditation ca. 2 Minuten mit geschlossenen Augen ruhig hinsetzen. Zunächst ist es aber günstig, kurz vor jeder Meditation die Muskeln zu entspannen.

3. *Die eigentliche Meditationsübung (20 Minuten)*

Bleiben Sie 20 Minuten mit geschlossenen Augen auf dem Stuhl sitzen und sagen Sie sich die ganze Zeit innerlich Ihr Mantra. Wenn Sie also für sich das Mantra EINA gewählt hätten, würden Sie 20 Minuten lang EINAEINAEINAEINA-EINAEINAEINA ... vor sich hinsagen. Der Rhythmus soll zunächst zügig und schnell sein. Durch die Konzentration und die Fixierung auf das Mantra (wobei wir unseren Körper ganz vergessen) geraten wir langsam in immer tiefere Entspannung. Wir können das Mantra bildlich als eine gerade Linie über die Zeit darstellen, auf die wir uns konzentrieren:

Wenn wir uns nun die ganze Zeit auf das Mantra mit Anstrengung konzentrieren würden, würde der therapeutische Effekt, nämlich die Desensitivierung frei fluktuierender angstbesetzter Gedanken nicht eintreten. Deswegen ist es wichtig, daß wir Gedanken, die uns freischwebend einfallen, zulassen und nicht wegdrängen. Häufig drängen sich diese Gedanken oder Bilder uns auf, so daß wir vom Mantra abgelenkt werden. Wir nehmen diese Gedanken zunächst also als ‹Störungen› wahr.

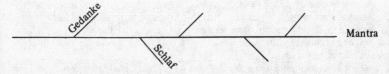

Diese ‹Störungen› sind Prozesse, die therapeutisch höchst wichtig sind und die parallel zur Desensitivierung verdrängten Materials einhergehen. Es ist deshalb wichtig, daß wir diese Störungen zulassen, sie akzeptieren, sie nicht werten, uns nicht durch sie beeindrucken lassen und sie annehmen. Wenn wir bemerken, daß wir bei einem Gedanken oder bei einem Bild statt beim Mantra sind, so nehmen wir nur Notiz davon. Wir nehmen nur wahr, aber werten nicht. Verboten sind also: Analysieren, Interpretieren, Erklären.

Ebenso wie Gedanken kann unsere eigene Müdigkeit uns vom Mantra ablenken. Wenn wir Gedanken oder Müdigkeit bemerken, so nehmen wir kurz Notiz davon und gehen dann zurück zum Mantra. Wenn die Bilder nicht so schön sind, daß wir unbedingt dabei verbleiben wollen, oder das Schlafbedürfnis zu groß ist, dann ziehen wir das Mantra vor.

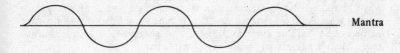

Im ganzen versuchen wir uns also auf das Mantra zu konzentrieren, halten es aber nicht fest, sondern lassen es frei ‹weiterlaufen›, wir nehmen Störungen (Gedanken, Bilder, Schlaf) akzeptierend an, wenn sie auftreten, und ziehen dann wieder das Mantra vor. Eigentlich ist der Begriff ‹Konzentration› nicht richtig. Wir sagen uns zunächst innerlich das Mantra und lassen es dann von selbst weiterlaufen. Wir kontrollieren und manipulieren die Schnelligkeit und den Rhythmus des Mantras nicht, sondern wir ‹lassen geschehen›. Das ist die beste Gewähr dafür, daß auf natürliche Weise eine Desensitivierung geschieht. Wir überlassen es also vollständig unserem Organismus, welche Inhalte als Störungen auftreten, und versuchen, nicht einzugreifen. Verboten sind also: Kontrolle, Manipulation, Steuerung.

Wenn uns beispielsweise der Gedanke einfällt: «Ich werde ja gar nicht entspannt, die Meditation ist heute nicht richtig», so nehmen wir auch nur kurz Notiz von diesem Gedanken, analysieren ihn nicht und bewerten ihn nicht, sondern ziehen dann das Mantra vor. Meditation bedeutet also nicht mehr als sich hinsetzen, das Mantra aufnehmen und geschehen lassen. Alles was dann geschieht, ist richtig so, wie es geschieht. Es ist dann gleichgültig, ob wir schöne Gedanken oder schlechte Gedanken haben, ob wir entspannt oder gespannt sind, ob uns Geräusche stören oder ob wir ganz ‹weg› sind – all das, was geschieht, ist in der Meditation richtig so, wie es geschieht. Ebenso verhalten wir uns, wenn wir uns kratzen oder die Lage verändern müssen. Zunächst nehmen wir Notiz von dem Bedürfnis, uns zu kratzen oder uns umzusetzen. Und wenn dann das Bedürfnis immer noch besteht, kratzen wir uns eben oder verlagern unseren Sitz.

Es gibt also keine ‹guten› oder ‹schlechten› Meditationen, da immer das, was im Augenblick bei der Meditation geschieht, angenommen wird und nicht-wertend wahrgenommen wird. Wenn wir in einer Meditation sehr unruhig sind und beunruhigende Gedanken haben, dann vertrauen wir darauf, daß das für uns einen Sinn hat, und versuchen nicht, diese Gedanken zu unterdrücken oder die Meditation als schlecht zu bewerten.

Eine Frau schimpfte beispielsweise über ihre ‹schlechten› Meditationen, weil sie immer wieder an ‹wirklich alberne und unsinnige Gedanken› denken mußte. Als sie befragt wurde, was das denn für Gedanken wären, erzählte sie, daß sie sich in der Meditation immer vorstellte, daß sie ihre Nachbarin schlug. Das waren reale aggressive Impulse dieser Frau, die sie aber verdrängt hatte, da sie ihrem Selbstbild nicht entsprachen.

Auf der anderen Seite sollten wir aber die in der Meditation auftretenden Gedanken auch nicht hinterher interpretieren oder analysieren. Häufig werden die relevanten Inhalte wie im Traum verschlüsselt, oder die Gedanken sind zufällige Parallelerscheinungen zu auftretenden Lösungen von Muskelverkrampfungen.

4. Die Zeit

Bei den ersten Meditationen ist es günstig, sich eine Eieruhr oder einen Wecker auf 30 Minuten zu stellen, damit man nicht einschläft. Versuchen Sie bei Beginn der Meditation auf die Uhr zu schauen und sich vorzunehmen, nach 20 Minuten aufzuwachen (zum Beispiel: «Jetzt ist es 7 Uhr 40, und ich will Punkt 8 Uhr wieder aufwachen.»). Nach ca. einer Woche werden Sie genau nach 20 Minuten aufwachen – Sie haben Ihre innere biologische Uhr trainiert.

5. Das Aufwachen

Wenn die 20 Minuten vorüber sind, sollten Sie das Mantra nicht mehr innerlich denken, aber mit geschlossenen Augen noch ca. 2 Minuten sitzen bleiben und ganz langsam blinzelnd zu sich kommen. Häufig ist man tiefer entspannt, als man es subjektiv zunächst glaubt, und das plötzliche Aufreißen der Augen wäre ein Schock für den Organismus. Ebenso wäre jede Störung während der Meditation, wie zum Beispiel Klingeln des Telefons oder plötzlicher Besuch, ein Schock, der recht ungünstig für Sie wäre. Nach der Meditation sind einige Menschen für kurze Zeit übersensibilisiert, so daß man direkt anschließend an die Meditation etwas behutsam mit sich umgehen sollte.

6. Die regelmäßige Ausübung

Um positive Effekte zu erzielen, sollte über längere Zeit (mehrere Monate) regelmäßig morgens und abends meditiert werden. Die besten Zeiten sind morgens und abends vor dem Essen, also mit nüchternem Magen. Häufig sind schon nach einigen Tagen Auswirkungen der Meditation zu spüren, und wir empfehlen jedem, zunächst einmal drei Tage mit dieser Selbstkommunikationsübung zu experimentieren, um dann zu entscheiden, ob diese Technik weiterbenutzt oder aufgegeben werden soll. Bei regelmäßiger Ausübung ist es wichtig, gerade während der Tage, an denen man sich gereizt und überspannt fühlt, weiterzumeditieren. An diesen Tagen arbeiten Sie innerlich höchstwahrscheinlich an Konflikten, die teilweise noch mit Angst besetzt sind.

7. Unangenehme Nebenwirkungen

Therapie, Veränderung und Selbstentfaltung gehen selten ohne Schmerz ab, und so ist es auch bei der Meditationsübung möglich, daß unangenehme Nebenerscheinungen zeitweilig auftreten. Dies wird immer dann der Fall sein, wenn bei der Meditation besonders heftig verdrängte Konflikte gelöst werden, und negative Begleiterscheinungen zeigen meist an, daß sich therapeutisch etwas tut. Häufig wird beobachtet: Übersensibilität für Geräusche in der ersten Zeit, die aber nach ca. einer Woche verschwindet. Übersensibilität für Alkohol und Tabletten. Schmerzen an alten Operationsnarben oder Wiederauftreten von Schmerzen alter Krankheiten; Kopfschmerzen und ein beneheltes Gefühl im Kopf.

8. Die Auswirkung massierter Meditation

Zweimal 20 Minuten Meditation am Tag genügen vollkommen, um über einige Monate positive Veränderungen hervorzurufen. Bei massierter Meditation, beispielsweise zehnmal am Tag 20 Minuten, kann soviel Material aus dem Unterbewußtsein zum Vorschein kommen, daß die Erfahrungen häufig schmerzhaft und mit starken Gefühlen erlebt werden. Die Meditation wirkt dann stark bewußtseinserweiternd und kann zu Halluzinationen und Wirklichkeitsverzerrungen führen, wenn das zum Vorschein kommende Material (häufig aus frühester Jugend) die Kräfte des Meditierenden überschreitet. Massierte Sitzungen sollten deshalb nicht gemacht werden, wenn nicht die Möglichkeit besteht, mit einem Therapeuten oder einem anderen Helfer über die Erfahrungen zu sprechen.

9. Die Auswirkung bei längerer Ausübung der Meditation

Die Ausübung über etwa ein Jahr führt zur Verminderung bzw. völligen Beseitigung der Abhängigkeit von Alkohol, Zigaretten und weichen wie harten Drogen (z. B. H. Benson und R. K. Wallace: *Decreased Drug Abuse with Transcendental Meditation – A Study of 1862 Subjects,* Proceedings of the International Symposion on Drug Abuse, Philadelphia 1971, preprint). Bei der Meditation selbst treten starke physiologische Veränderungen auf, die – entgegengesetzt zu den physiologischen Begleiterscheinungen – Kampf- oder Fluchtreaktionen sind, welche für viele neurotische und vegetative Störungen verantwortlich gemacht werden (z. B.: R. K. Wallace: *Physiological Effects of Transcendental Meditation, in: Science* 167, 1970).

Durch die Meditation erhöht sich das Einfühlungsvermögen (*Zen Meditation and the Development of Empathy in Counselors,* in: T. Barger u. a. [Hg.]: *Biofeedback und Self-Control,* 1970).

Die Reaktionszeit verringert sich, und die Differenzierungsleistung der Sinnesorgane erhöht sich (D. Kolb, C. Burnkam: *Transcendental Meditation and Reaction Time,* University of Texas, Austin 1972).

Es entsteht eine allgemeine psychische Stabilisierung und eine Verbesserung der sozialen Beziehungen (E. Boese, K. Berger, D. Hines: *In Search of a Fourth State of Consciousness: Psychological and Physiological Correlates of Meditation,* Department of Behavioral Science, M. S. Hershey Medical Center, Hershey, Pa. 1972).

Das Persönlichkeitsprofil länger Meditierender ergab nach dem Freiburger Persönlichkeitsinventar (FPI) unter anderem eine Abnahme depressiver Zustände, geringere Nervosität, erhöhte Gesellikeit und eine Zunahme der Aktionsbereitschaft (T. Fehr, U. Nerstheimer, S. Törber: *Untersuchung von 49 praktizierenden der Transzendentalen Meditation mit dem Freiburger Persönlichkeitsinventar,* 1972, unveröffentlicht).

Untersuchungen mit dem Personal Orientation Inventory (POI nach Shostram) ergaben mehr Spontaneität, größere Frustrationstoleranz und höhere Selbstachtung (S. Nidich u. a.: *A Study of the Influence of TM on a Measure of Self-Actualization,* Vorabdruck 1971).

Durch die Meditation verbessert sich die Gedächtnisleistung (A. Abrams: *Paired Associate Learning and Recall – a Pilot Study Comparing Transcendental Meditators with Non-Meditators,* University of California, Berkeley).

Über Meditation als zusätzliche Technik zur Therapie berichtet M. K. Bowers: *Observations of TM,* Kurzbericht 1972, bisher unveröffentlicht.

VI. Das partnerzentrierte Gespräch

1. Die verschiedenen Formen, jemandem zu helfen

Meist ergeben sich in Gesprächen mit Bekannten, Freunden oder unter Ehepaaren Situationen, in denen wir von Erlebnissen und Gefühlen bewegt werden und das Bedürfnis haben, darüber zu sprechen.

Ein Mann kommt nach Haus und hat Ärger im Büro gehabt. Seine Frau sollte ihm die Möglichkeit geben, von diesem Ärger zu erzählen. Ein Kind hat im Kontakt mit anderen Kindern Erlebnisse gehabt, die in ihm unangenehme Gefühle wachgerufen haben. Ein solches Kind sollte die Möglichkeit haben, mit einem Elternteil über sein Problem zu reden. Ein Schüler hat eine Unterredung mit seinem Lehrer; der Lehrer entdeckt, daß sein Schüler ein Problem hat. Auch er sollte durch sein Verhalten die Voraussetzung für ein hilfreiches Gespräch schaffen können.

Solche und ähnliche Situationen ergeben sich nicht nur in den hier erwähnten Sozialbezügen. Überall da, wo Menschen die Bereitschaft mitbringen, über andere als nur konventionelle Themen zu reden, und wo einer der Gesprächspartner ein Problem hat, das ihn sehr beschäftigt, sollten die Sozialpartner über die Fähigkeit verfügen, ein offenes Gespräch möglich zu machen, indem sie durch ihre Reaktion angemessen auf den Sozialpartner eingehen.

Die Form der Hilfe, die in einem offenen, klärenden Gespräch geleistet wird, beruht darauf, daß Sie es einem anderen Menschen ermöglichen, sich auszusprechen. Sie geben ihm damit die Möglichkeit, seine Erlebnisse und Gefühle näher kennenzulernen und anzunehmen. An den Sachverhalten, die für den Gesprächspartner zum Problem geworden sind, können Sie durch ein solches Gespräch nichts ändern. Dennoch wird Ihr Partner durch eine offene Aussprache fähig werden, das Problem zu bewältigen. Er wird durch Ihre Einstellung des Akzeptierens eher in die Lage versetzt, sich als Person mit seinen individuellen Empfindungen anzunehmen und mit ihnen fertigzuwerden. Das hilfreiche Gespräch wird eine Beziehung der Verbundenheit und Nähe, des Vertrauens und der Zuneigung zwischen den Gesprächspartnern wachsen lassen. Insofern ist der ‹Helfer› nicht nur gebender, sondern auch empfangender Teil einer solchen Beziehung. Doch in dieser Form des Helfens wird das, was er aus dieser Begegnung für sich und seine Person mitnimmt, nicht auf Kosten des anderen gehen. Beide Partner erleben also gleichermaßen eine angenehme zwischenmenschliche Begegnung. Häufig ist das Ergebnis solch eines Gesprächs zwar die aktive Veränderung der Sachverhalte, die für den Gesprächspartner zum Problem geworden sind. Aber solche Veränderungen kann er häufig erst durch die Hilfe der Aussprache verwirklichen.

Wir wollen hier kurz einige Verhaltensweisen und Einstellungen darstellen, die im offenen Gespräch unbedingt vermieden werden sollten. Besonders schwierig auszumerzen sind sie deshalb, weil sie eigentlich vom Helfer ‹gutgemeint› sind. Aus diesem Grunde wird nur sehr schwer deutlich, daß sie für den Partner unangenehme Folgen nach sich ziehen können.

1. *Durch Hilfe abhängig machen*

Besonders zwischen Eltern und Kindern, aber auch zwischen Ehepartnern, dient Hilfe dem Helfer oft dazu, einen anderen Menschen an sich zu binden. Menschen, die recht häufig oder immer das Gefühl haben, sie müßten anderen helfen, befriedigen eher ihre eigenen zwischenmenschlichen Bedürfnisse durch diese Hilfe, als daß sie die Situation eines anderen verbessern. Erst wenn sie helfen, haben sie das Gefühl, ein sinnvolles Leben zu führen und von anderen gebraucht zu werden. Oft drängen sie ihre Hilfe auf, ohne sich viel darum zu kümmern, ob der andere sie braucht oder nicht. Sie haben die Tendenz, andere Menschen eher lebensuntüchtig zu machen, da diese von ihnen und ihrer Hilfe abhängig werden und ihre Unfähigkeit, die eigenen Probleme zu lösen, nur noch wächst.

2. Der ‹Starke› hilft dem ‹Schwachen›

Wenn jemand einem anderen Menschen hilft, so kann ihm die Situation deshalb angenehm sein, weil er sich im Vergleich mit diesem Menschen stark und überlegen fühlt. Dieses Gefühl wird sich dem anderen vermitteln und ihm die Vorstellung geben, er selbst wäre schwach und unfähig, sein Leben zu meistern. Für den Helfer in einer solchen Beziehung ist es meist wichtig, dem anderen Bewunderung darüber zu entlocken, wie er selbst mit Sicherheit und Umsicht an dessen Probleme herangeht. Verhaltensweisen, die eine solche Einstellung ausdrücken, wären beispielsweise das Trösten (der Helfer sagt dem Partner: «Das ist doch alles nicht so schlimm, wir werden es schon machen»), oder das Ratschläge-geben («Macht doch mal . . .»).

3. Die Probleme der anderen zu den eigenen machen

Wenn Menschen in Problemen stecken, erscheint es oft so, als fänden sie keinen Ausweg und wären nicht in der Lage, ihr Problem zu ertragen oder zu meistern. Wenn ein Mensch sich mit einem aktuellen Problem einem anderen dann anvertraut, spürt jener häufig das Bedürfnis, einen problemlosen, harmonischen Zustand wiederherzustellen. Oft fehlt ihm die Stärke zu ertragen, daß der andere unter seinen Problemen leidet. Einfacher, als zunächst zuzuhören und zu akzeptieren, daß der andere traurige, schmerzliche oder verzweifelte Gefühle hat, kann es ihm daher erscheinen, selbst aktiv zu werden und zu versuchen, das Problem für den anderen zu lösen.

Wir wollen hierfür ein Beispiel geben:

Ein Kind kommt zu seiner Mutter und weint. Auf die Frage der Mutter, was denn los sei, antwortet es, daß ein anderes Kind es geschlagen habe. Die Mutter bietet ihrem Kind nicht Gelegenheit, seine Gefühle des Zornes und der Demütigung zu äußern und dadurch frei für problembewußtes Handeln zu werden, sondern sie wird selbst aktiv. Sie nimmt das Kind an der Hand, kehrt mit ihm an den Ort des Geschehens zurück, um dem anderen Kind hier ‹ordentlich die Meinung zu sagen› und ihm Schläge anzudrohen. Ihr Kind wird darüber wahrscheinlich Genugtuung verspüren. Es wird jedoch in Zukunft mehr als vorher darauf angewiesen sein, Menschen zu finden, die seine Probleme lösen.

4. Die Hilfe zur Selbsthilfe

Die beste Hilfe für einen anderen Menschen ist es, ihn zu befähigen, sich selbst helfen zu können. Bei dieser Art von Hilfe stehen wir dem anderen bei und unterstützen ihn, wenn er versucht, sein Problem selbst zu lösen. Wir ermuntern ihn, alle seine Gefühle und Gedanken zu äußern, die er mit dem Problem verbindet. Diese werden ihm häufig nicht so klar und deutlich, wenn er sie nicht einem anderen anvertrauen kann und allein über das Problem nachdenken muß. Wir ermuntern ihn, selbständig Lösungsmöglichkeiten zu erwägen, bieten vielleicht selbst unsere Vorstellungen darüber an, überlassen aber dem Gesprächspartner die Entscheidung, welche Lösung für ihn und seine Situation die richtige ist. Wir drängen ihn auch nicht zu einer Entscheidung, sondern warten, bis für ihn der Zeitpunkt gekommen ist, sich selbst durch aktive Maßnahmen zu helfen. Wir vertrauen also darauf, daß der Gesprächspartner selbst spüren wird, wann für ihn die Zeit gekommen ist, Veränderungen vorzunehmen, und vermitteln ihm dieses Vertrauen in seine Fähigkeiten.

2. Einstellungen, die ein hilfreiches Gespräch fördern

1. Die Bereitschaft, auf den anderen einzugehen

Die Grundvoraussetzung für ein hilfreiches Gespräch ist die Bereitschaft des Zuhörers, sein eigenes Mitteilungsbedürfnis zurückzustellen. Um hilfreich für den anderen sein zu können, muß er Äußerungen oft zurückhalten zugunsten einer aufnehmenden und zuhörenden Haltung. Damit ist nicht gemeint, daß er gar nichts sagen sollte. Seine Gedanken sollten sich jedoch auf seinen Partner einstellen. Schwierig ist dies dort, wo durch die Schilderung eines Problems eigene ähnliche Erlebnisse ins Gedächtnis gerufen werden. Hier finden sich in Gesprächen oft Situationen, in denen aneinander vorbeigeredet wird. Die Gespräche laufen dann etwa so ab:

Ehefrau: «Ich komme überhaupt nicht mehr aus dem Haus.»
Freundin: «Das kenn ich. Wie lange war ich nicht mehr im Kino.»
Ehefrau: «Ich möchte endlich mal wieder in die Stadt gehen, aber dann muß ich das Kind in den Kindergarten bringen, Essen kochen und den Haushalt besorgen.»
Freundin: «Na, da habe ich Gott sei Dank keine Probleme. Ich habe meinem Mann gleich zu Beginn unserer Ehe gesagt ...»

In einem solchen Gespräch gibt es eigentlich keine Zuhörer. Jede der beiden ist darauf bedacht, von sich zu erzählen. Keine zeigt die Bereitschaft, auf die andere einzugehen. Die Ehefrau, die das Gespräch beginnt, scheint mit ihrem Problem wirklich beschäftigt zu sein. Sie spürt eine Unzufriedenheit mit der häuslichen Situation, die es ihr unmöglich macht, ein bestimmtes Bedürfnis zu befriedigen. Ein tiefergehendes Gespräch ist aber nicht mehr möglich, da die Freundin jede Äußerung benutzt, um eigene Berichte aus dem Leben zu geben. Sie ist nicht bereit, sich auf die Ehefrau und ihre Probleme einzustellen.

2. *Die Bereitschaft, die Empfindungen des anderen zu verstehen*

Menschen, die über ihre Probleme berichten, verbringen oft viel Zeit mit der Schilderung von Umständen und Sachverhalten, die zu ihrem Problem geführt haben. Förderlich für ein hilfreiches Gespräch wirkt sich aus, wenn der Gesprächspartner das Bemühen zeigt, die Erlebnisse und Gefühle zu verstehen, die hinter einer solchen sachlichen Darstellung stehen. Im Gespräch mit einem unzufriedenen Ehemann geht es also weniger um die Darstellung der eigenen Gedanken über die Ehe ganz allgemein, sondern um die Unzufriedenheit des Gesprächspartners. Man sollte also weniger den Ausführungen über die Vor- und Nachteile des Heiratens folgen, sondern die konkreten Erlebnisse und Empfindungen herauszuhören versuchen, die den Ehemann ärgerlich gemacht haben und ihn bewegen.

Beispiel

Ehemann (Spricht nicht über seinen eigenen Ärger, sondern scheinbar sachlich über das Problem ‹Ehe›.):
«Also, ich würde nicht noch mal heiraten. Man gibt ja seine Freiheit völlig auf. Die Ehe bringt nichts als Verpflichtungen und Sorgen. Da hat es ein Junggeselle doch besser. Im Grunde haben nur Frauen Vorteile von der Ehe.»

Der Gesprächspartner, ein Freund des Mannes, könnte in dieser Situation mit seiner Meinung zum Problem ‹Ehe› antworten. Es ergäbe sich entweder ein gemeinsames Schimpfen über die Ehe, oder eine eventuell auftretende Meinungsverschiedenheit würde zu einem Streitgespräch zwischen beiden führen. Anders sähe es aus, wenn der Freund erkennen würde, daß der Ehemann eigentlich über die Ehe auf einer abstrakten Ebene schimpft, weil ihn ganz konkrete Erlebnisse in seiner Ehe bedrücken: Er hat einen Streit mit seiner Ehefrau gehabt und ist ärgerlich und unzufrieden mit seiner Beziehung. Wenn der Freund also bereit wäre, die Empfindungen, die hinter den Äußerungen des Ehemannes stehen, zu erkennen und anzusprechen, könnte ein Gespräch etwa so aussehen:

Ehemann: «Ich würde nicht noch einmal heiraten. Man gibt ja seine Freiheit völlig auf.»
Freund: «Du fühlst dich ziemlich eingeschränkt?»
Ehemann: «Ja, ich finde, die Ehe bringt mir nur Sorgen und Verpflichtungen.»
Freund: «Du hast das Gefühl, daß sie dir nur Probleme schafft und keine angenehmen Seiten bietet, ist das so?»

Ehemann: «Nein, nicht direkt. Aber in letzter Zeit ärgere ich mich fast nur noch über meine Frau. Als ich beispielsweise heute morgen am Frühstückstisch saß ...»

In diesem Gespräch hat der Freund sich bemüht, die Gefühle, die hinter den Äußerungen des Ehemannes standen, anzusprechen. Ein solches Verhalten schafft ein Gesprächsklima, in dem der Ehemann sich mit seinen Gefühlen auseinandersetzen kann. Im Verlaufe des Gesprächs verläßt er seine allgemeinen Äußerungen über die Ehe und wird konkreter. Er erhält so Gelegenheit, seinen Ärger und seine Unzufriedenheit auszusprechen und zu klären.

3. *Die Bereitschaft, die Empfindungen des anderen zu akzeptieren*

Dies bedeutet, daß unsere Reaktionen dem Sprecher das Gefühl vermitteln sollten, daß wir bereit sind, ihn als Person mit seinen Problemen und seinen Empfindungen ernst zu nehmen. Der Gesprächspartner im vorigen Beispiel versuchte, die Gefühle des Ehemannes in seinen Äußerungen zu beschreiben. Er tat dies mehr in einer fragenden Form und gab seinem Partner so die Möglichkeit, darzustellen, welche Empfindungen dieser tatsächlich hat. Verhängnisvoll für ein solches Gespräch wäre der Versuch, den Sprecher für seine Gefühle und Empfindungen zu verurteilen und zu bestrafen. Wenn die Grundeinstellung des zuhörenden Gesprächspartners der Überzeugung entspringt, daß die tatsächlichen Gefühle eines Menschen oft von theoretischen Normen und Wertvorstellungen abweichen, die als gut oder richtig gelten, wird er weniger leicht in die Lage kommen, andere wegen ihrer Erlebnisweise zu verurteilen. Die Überzeugung, daß es wichtig für einen Menschen ist, die Beschaffenheit seiner Gefühle und seiner Erlebnisweise kennenzulernen und sie zu akzeptieren, wird eher zu hilfreichen Reaktionen führen. Eine solche Überzeugung vermindert die Gefahr, in ein hilfreiches Gespräch eigene Werturteile einzubringen, die dem anderen weder helfen noch seine Gefühle verändern, sondern lediglich dessen Bereitschaft hemmen, zu diesen seinen Gefühlen zu stehen und sie zu äußern.

Beispiel

Junge (über seine Schwester): «Wenn Gerda mir den Ball immer wegnimmt, dann hau ich ihr eine runter.»
Vater: «Paß ja auf, so etwas will ich nicht noch einmal hören.»

Durch eine solche Äußerung geht der Vater nicht auf die Empfindung seines Sohnes ein, sondern vermittelt ihm, daß es nicht erlaubt ist, Wut zu empfinden, und schon gar nicht, eine solche Wut zu äußern. Eine akzeptierende Reaktion des Vaters könnte beispielsweise sein:
«Du bist ganz schön wütend auf Gerda, nicht wahr?»

Der Vater zeigt seinem Sohn damit nicht, daß er sein angekündigtes Verhalten billigt, sondern vermittelt ihm lediglich, daß er bereit ist, auf dessen Gefühle einzugehen, und daß er sie ernst nimmt. Er zeigt sich gesprächsbereit und wird in seinem Sohn das Vertrauen und die Bereitschaft fördern, häufiger über die eigenen Empfindungen zu reden. Das Gespräch könnte dann folgendermaßen verlaufen:

Junge: «Wenn Gerda mir den Ball immer wegnimmt, dann hau ich ihr eine runter.»

Vater: «Du bist wütend auf Gerda, weil sie den Ball einfach genommen hat?»

Junge: «Ja, genau. Ich muß sie immer erst fragen, wenn ich den Ball haben will, und sie ist so viel stärker und nimmt ihn immer weg, wenn ich gerade damit spiele.»

Vater: «Du hast das Gefühl, daß du dich nicht gegen sie durchsetzen kannst und immer der Verlierer beim Kampf um den Ball bist?»

Junge: «Ja. Und das Dumme ist, daß sie ihn ja auch immer nach der Schule haben will, wo ich gerade Zeit zum Spielen habe.»

Vater: «Das scheint ja wirklich ein Problem zu sein. Ihr beide braucht den Ball zur selben Zeit, und deswegen gibt es dann regelmäßig Streit. Was könnten wir da unternehmen?»

Junge: «Ich glaube, es hilft nichts, wir müssen eben noch einen Ball kaufen. Da wir diesen ja zusammen bekommen haben, werde ich Gerda fragen, ob sie die Hälfte für einen neuen Ball zugibt. Ich glaube, das wäre auch in ihrem Interesse, und wir vermeiden die dauernden Streitereien.»

4. *Geduld*

Wenn jemand einem anderen helfen will, sein Problem besser zu verstehen und zu lösen, dann muß er die Bereitschaft zur Geduld haben. Manche Menschen werden ungeduldig und unruhig, wenn der Gesprächspartner nicht sofort sein Problem löst. Man selbst würde vielleicht solch ein Problem sehr leicht meistern können, und nun erwartet man dies ebenso vom anderen. Wir müssen aber bedenken, daß dies dem anderen nicht möglich ist, weil er eben noch nicht alle seine Gedanken, Gefühle und Widerstände gegen eine Lösung des Problems hat klären können und deswegen die Zeit für ihn noch nicht ‹reif› ist. Der Junge im obigen Beispiel hätte sich wahrscheinlich über eine längere Zeit mit seiner Wut beschäftigen müssen, wenn dieses Gefühl von seinem Vater nicht akzeptiert worden wäre. Er hätte seine Kraft dazu benutzen müssen, um sein Gefühl zu rechtfertigen, und hätte an eine aktive Lösung des Problems nicht denken können. Dies ist erst möglich, wenn alle Gefühle ausgedrückt und akzeptiert werden, die mit dem Problem zusammenhängen. Und das kann manchmal längere Zeit dauern und ist auch häufig nicht in einem einzigen Gespräch möglich.

3. Fördernde und hemmende Reaktionen

Mit welchen konkreten Verhaltensweisen können Sie einem Gesprächspartner helfen, sein Problem zu klären und eventuell eine Lösung zu finden? Und durch welche Verhaltensweisen kann Ihr Gesprächspartner gehemmt werden, seine Gefühle und Gedanken auszudrücken, um sie in einen neuen Zusammenhang stellen zu können?

Diese Verhaltensweisen, die als Anwendung der in den vorangegangenen Kapiteln dargestellten Einstellungen aufzufassen sind, sollen hier noch einmal zusammenfassend dargestellt werden.

1. *Fördernde Reaktionsweisen*

sind alle Reaktionen, die dem Gesprächspartner vermitteln,

- daß seine Gefühle und Gedanken verstanden, akzeptiert und nichtwertend gehört und aufgenommen werden;
- daß man aktiv engagiert und beteiligt am Gespräch ist;
- daß man sich selbst offen mit seinen eigenen Gedanken und Gefühlen in das Gespräch einbringt.

Solche fördernden Reaktionsweisen sind zum Beispiel:

Aktives aufmerksames und akzeptierendes Zuhören. Gemeint ist hier kein passives Schweigen, sondern ein engagiertes Zuhören (siehe Stufe I des partnerzentrierten Gesprächs).

Paraphrasieren. Sie wiederholen den Inhalt der Aussage Ihres Gesprächspartners noch einmal in Ihren Worten, um sicherzugehen, ob Sie ihn auch richtig verstanden haben (siehe Stufe II des partnerzentrierten Gesprächs).

Verbalisierung der gefühlsmäßigen Erlebnisinhalte. Sie teilen Ihrem Gesprächspartner mit, welche Gefühle Sie aus seiner Äußerung herausgehört haben. Sie paraphrasieren also den gefühlsmäßigen Inhalt seiner Aussage und nicht die Darstellung äußerer Sachverhalte (siehe Stufe III des partnerzentrierten Gesprächs).

Wahrnehmungsüberprüfung. Sie sagen Ihrem Gesprächspartner, wie Sie sein Verhalten hier und jetzt wahrnehmen, und fragen, ob Ihre darauf beruhenden Vermutungen zutreffen. Beispiel: «Ich habe den Eindruck, daß du jetzt aufgeregt bist, stimmt das?»

Informationssuche. Gemeint sind hier Fragen, die sich genau auf das beziehen, was Ihr Gesprächspartner geäußert hat. Fragen, die neue Themenbereiche anschneiden, würden den Gesprächspartner in seinem Gedankenfluß hemmen.

Mitteilung der eigenen Gefühle. Sie äußern, wie Sie selbst dem besprochenen Problem gegenüber fühlen. Sie machen damit transparent, wie Sie darüber denken und fühlen. Der Versuch aber, den Gesprächspartner zu überzeugen, daß er diese Gedanken und Gefühle übernehmen sollte, wird ihn in seinem Gefühlsausdruck hemmen. Hilfreich kann auch die Mitteilung der eigenen Gefühle dem Gesprächspartner gegenüber sein (Feed-back).

2. Hindernde Reaktionsweisen

sind alle Reaktionsweisen, die
- dem Gesprächspartner seine Gefühle ‹nehmen›, das heißt, ihm vermitteln, daß er diese Gefühle gar nicht haben und äußern dürfte;
- dem Gesprächspartner Gefühle der Unterlegenheit und Bedeutungslosigkeit vermitteln;
- dem Gesprächspartner vermitteln, daß man ihm nicht zutraut, daß er mit Hilfe unserer partnerzentrierten Reaktionen allein eine Lösung für sein Problem finden wird.

Solche Reaktionsweisen sind zum Beispiel:

Wechsel des Themas ohne Erklärung. Damit vermitteln Sie Ihrem Gesprächspartner, daß Sie an seinen Äußerungen nicht interessiert sind.

Beenden des Blickkontaktes. Gemeint ist hier die optische Beschäftigung mit anderen Menschen oder Dingen und nicht das Wegschauen, damit Ihr Gesprächspartner sich beim Nachdenken besser konzentrieren kann.

Interpretationen. Wenn Sie Ihren Gesprächspartner belehren, welche Motive hinter seinem Handeln stehen («Das tust du, weil ...»), dann spielen Sie sich damit zu einem ‹Guru› auf, der schon weiß, was mit dem anderen los ist.

Ratschläge und Überredung. Ihr Gesprächspartner will zunächst verstanden werden und nicht mit Rezepten überschüttet werden. Alle Befehle und Aufforderungen («Sei doch mal ...», «tu doch mal ...») bringen ihn dazu, seine Gefühle dem Problem gegenüber nicht mehr zu äußern, und vermitteln ihm ein Gefühl der Unterlegenheit und des Versagens. Außerdem entmündigen Sie Ihren Gesprächspartner mit diesen Verhaltensweisen und schwingen sich zu seinem Vormund auf. Hilfreich kann es aber sein, wenn Sie im Verlauf des Gesprächs äußern, wie Sie selbst solch ein Problem einmal gelöst haben oder lösen würden, und es dem Gesprächspartner überlassen, zu entscheiden, ob Ihre Lösungen für seine Situation nützlich sind.

Verneinung der Gefühle. Hemmend wirken sich Äußerungen aus, wie beispielsweise: «Du hast gar keinen Grund, diese Gefühle zu haben!», «Du solltest aber anders fühlen und denken!» oder auch das gutgemeinte: «Du brauchst gar keine Angst zu haben!» Ihr Gesprächspartner wird das Gefühl erhalten, daß er keine Berechtigung zu seinen Gefühlen hat. Er wird seine Gefühle dann unterdrücken oder Scheingründe suchen, damit diese Gefühle eine ‹Berechtigung› erhalten. Er muß dann seine Zeit und Kraft dafür einsetzen, seine Gefühle zu rechtfertigen, anstatt diese Kraft für die Klärung und Lösung des Problems einzusetzen.

Emotionale Verpflichtungen. Äußerungen wie: «Wie kannst du nur so schlecht über ... denken, wo er doch immer so nett zu dir war?» erzeugen beim Gesprächspartner Scham- und Minderwertigkeitsgefühle, und er wird vor Ihnen nicht mehr offen äußern mögen, was er denkt und fühlt.

Die Benutzung der offenen Äußerungen als Kampfmittel. Wenn Sie die Information, die Ihnen Ihr Gesprächspartner in einem offenen Gespräch anvertraut, später gegen ihn verwenden (z. B.: «Aber damals hast du mir doch gesagt ...», «Wie kannst du jetzt nur ...»), dann erschüttern Sie das Vertrauen Ihres Gesprächspartners, und er wird sich vor Ihnen nicht mehr offen äußern können.

4. Übungen zur Unterscheidung von fördernden und hemmenden Reaktionen

Versuchen Sie bitte, zu den folgenden Äußerungen Antworten zu finden, die den Gesprächspartner fördern oder hemmen, um sich für die unterschiedlichen Reaktionsweisen zu sensibilisieren.

Ein Beispiel
Ein Gruppenmitglied sagt zu den anderen der Gruppe:
«Ich habe in dieser Gruppe oft das Gefühl, als ob eine Wand zwischen mir und den anderen Gruppenmitgliedern besteht.»

Fördernde Antworten
– «Das ist mir auch schon aufgefallen, daß wir nie so richtig zueinander-finden.» (Mitteilung der eigenen Gefühle und Gedanken)
– «Geht dir das auch bei mir so?» (Informationssuche)
– «Wie du das sagst, klingt das so, als ob du darüber sehr traurig bist. Stimmt das?» (Wahrnehmungsüberprüfung)
– «Du hast oft das Gefühl von Distanz zu den anderen Gruppenmitgliedern?» (Verbalisierung der gefühlsmäßigen Erlebnisinhalte)

Hindernde Antworten
– «Du bist wahrscheinlich introviert und gehemmt, und nur deswegen hast du diese Gefühle.» (Interpretation)
– «Sei doch mal etwas zugänglicher.» (Ratschlag, Aufforderung)
– «Ich habe doch immer versucht, mit dir zu reden, und die anderen auch. So etwas kannst du nun wirklich nicht behaupten.» (emotionale Verpflichtung)
– «Du widersprichst dir. Letztes mal hast du gesagt, daß du zu X ein ganz gutes Verhältnis hast.» (Kampfmittel)
– «Du brauchst diese Gefühle von Distanz wirklich nicht zu haben, weil wir hier doch alle so freundlich zueinander sind.» (Verneinung des Gefühls)

Übung

1. Eine Tochter sagt zu ihrer Mutter über ihren Freund: «Gerd hat immer noch nicht angerufen. Meinst du, daß er noch anruft?»

Gefühle der Tochter: _____

_____

_____

fördernde Äußerung: _____

_____

_____

blockierende Äußerung: _____

_____

_____

2. Frau zu ihrem Ehemann: «Ich finde, wir sollten nicht zu der Party gehen. Wir kennen die Leute ja gar nicht.»

Gefühle der Ehefrau: _____

_____

_____

fördernde Äußerung: _____

_____

_____

blockierende Äußerung: _____

_____

_____

3. Freund zu einem Bekannten: «Am ersten sind wieder 600 Mark fällig.
Ich weiß gar nicht, wo ich die hernehmen soll.»

Gefühle des Freundes: _____

_____

_____

fördernde Äußerung: _____

_____

_____

blockierende Äußerung: _____

_____

_____

4. Ein Arbeitskollege zum anderen: «Also mit dem will ich nichts mehr zu
tun haben, der hat mich nach Strich und Faden belogen.»

Gefühle des Sprechers: _____

_____

_____

fördernde Äußerung: _____

_____

_____

blockierende Äußerung: _____

_____

_____

5. Ein Kind zum Vater: «Paul hat auch so ein Auto bekommen.»

Gefühle des Kindes: _____

_____

_____

fördernde Äußerung: _____

_____

_____

blockierende Äußerung: _____

_____

_____

6. Ein Schüler zum Lehrer: «Die Unterrichtsmethoden von Frau A. stammen ja noch aus dem Mittelalter.»

Gefühle des Schülers: _____

_____

_____

fördernde Äußerung: _____

_____

_____

blockierende Äußerung: _____

_____

_____

5. Partnerzentrierte Reaktionen und deren Auswirkung

Die aufgeführten förderlichen und hilfreichen Einstellungen und Verhaltensweisen können wir «partnerzentriert» nennen, weil der ‹Helfer› sich ganz auf seinen Gesprächspartner konzentriert und mit seiner eigenen Sichtweise der Dinge zurückhält.

Diese Haltung entspricht der ‹klientenzentrierten› Haltung in der Gesprächspsychotherapie, in der der Klient die Hauptperson im Gespräch ist, nicht der Therapeut und nicht das Problem. Viele Menschen haben eine Vorstellung von Psychotherapie, nach der der Therapeut dem Klienten sagt, wie er sein Problem zu lösen hat. Diese Vorstellung ist falsch, auf diese Weise kann man einem Menschen nicht helfen, neue Einsichten in seine Person und in seine Situation zu gewinnen. In der klientenzentrierten Gesprächstherapie nimmt der Therapeut den Klienten mit all seinen Gefühlen und Gedanken an und hilft ihm, diese stärker auszudrücken und zu empfinden. Er versucht nicht, dem Klienten das Problem abzunehmen und für ihn zu lösen. Er würde damit dem Kienten vermitteln, daß er ihm nicht zutraut, mit Hilfe des Therpeuten selbst Einsicht in seine Probleme zu bekommen und diese selbständig zu lösen. Der Therapeut konzentriert sich ganz auf die Person des Klienten und nicht so sehr auf das Problem, das heißt, im Vordergrund stehen die Empfindungen, die das Problem im Klienten auslösen. Die Hauptaufgabe des Therapeuten ist es, den Klienten zu ermutigen, alle seine Gedanken und Gefühle frei auszudrücken, wobei der Therapeut sich mit seinen eigenen Wertvorstellungen und Wertungen über den Klienten und über das Problem zurückhält.

Wir sollten nicht versuchen, den ‹Therapeuten› eines anderen Menschen zu spielen, aber wir sollten versuchen, die ‹partnerzentrierte› Haltung zu erlernen, damit wir anderen auf effektive Weise helfen können, ihre Probleme selbst zu lösen, sich zu verändern, wenn sie es wollen, und ihre Fähigkeiten zu entfalten.

Überall dort, wo Menschen diese partnerzentrierte Haltung gelernt haben – zum Beispiel in der Beratung, im Gespräch mit Schülern und Kindern, in Partnerschaften und Gesprächsgruppen –, sind positive Änderungen im Verhalten der einzelnen und Verbesserungen der Beziehungen festzustellen. Es entwickelt sich ein verstehendes Klima, das dem einzelnen Mut macht, sich selbst und die anderen realistisch zu sehen.

Ziel des partnerzentrierten Gesprächs ist es also, dem anderen die Möglichkeit zu geben, all seine Gedanken und Gefühle frei auszudrücken. Wenn wir uns stark auf den Inhalt seines Problems konzentrieren, dann kann es sein, daß wir ihn von seinen Empfindungen ablenken. Das kann schon zu Beginn eines Gesprächs wichtig werden.

Nehmen wir einmal an, Ihr Kind kommt zu Ihnen und sagt: «Die anderen Kinder sind alle so gemein, dauernd ärgern die mich.» Wenn Sie jetzt nur Interesse an dem Inhalt äußern, indem Sie zum Beispiel fragen: «Wie heißen denn die Kinder, die dich ärgern?», «Warum ärgern die dich denn?» oder «Wie machen die das?», dann kann es sein, daß Sie dadurch das Gespräch in eine Richtung lenken, die für das Kind unwichtig ist.

119

Denn vorrangig ist, daß Ihr Kind traurig und ärgerlich ist. Im Moment verbindet es selbst diese Gefühle mit dem Verhalten der anderen Kinder; könnte es aber seine Empfindungen von Trauer und Ärger schon besser ausdrücken, dann wäre es möglich, daß es zu ganz neuen Einsichten gelangen würde. Vielleicht würde es herausbekommen, daß es traurig ist, weil es sich selbst beim Spielen als ungeschickt erlebt oder weil der beste Spielkamerad im Augenblick lieber mit einem anderen Kind spielt. Diese Einsichten besitzt das Kind im Augenblick noch nicht, und Sie hindern es daran, Einsichten zu erhalten, wenn Sie sich zu stark auf den Inhalt konzentrieren und durch Ihre Reaktionen das Gespräch in diese Richtung lenken.

Erst wenn wir dem Partner vermitteln, daß wir seine Gefühle verstehen und akzeptieren, dann helfen wir ihm, sie auch selbst anzunehmen, und das macht seine Gedanken frei für neue Einsichten.

Ihr Mann sagt zum Beispiel zu Ihnen: «Ich habe eine Stinkwut auf meinen Chef, das ist wirklich der letzte Stümper.» Falls Sie seine Gefühle nicht annehmen und akzeptieren, dann wird er seine Kraft dazu benutzen müssen, Sie zu überzeugen, wie recht er hat. Denn kein Mensch kann ertragen, daß seine Gefühle ‹falsch› oder ‹unwichtig› aufgenommen werden. Er wird viele Argumente suchen müssen, um zu beweisen, daß sein Chef ein Stümper ist. Wenn Sie ihm aber akzeptierend zuhören und ihn ermuntern, seine feindseligen Gefühle noch weiter auszudrücken, dann kann er seine Kraft dazu benutzen, auch andere, positivere Gefühle wahrzunehmen: Er kann zum Beispiel zu neuen Einsichten gelangen, und er kann seine Kraft für Überlegungen einsetzen, durch welche Maßnahmen er das Problem lösen kann. Das Gespräch könnte dann beispielsweise folgendermaßen verlaufen:

Er: «Ich habe eine Stinkwut auf meinen Chef, das ist wirklich der letzte Stümper.»
Sie: «Mmmh, mmmh.»
Er: «Na ja, das war aber auch eine Aufregung heute bei uns, weil wir einen Auftrag zwei Tage vor dem abgemachten Termin fertighaben mußten.»
Sie: «Das scheint bei euch ziemlich hektisch hergegangen zu sein.»
Er: «Hektisch ist gar kein Ausdruck, alle haben sich gegenseitig gereizt. Na ja, daß der Alte da nicht immer ruhig bleiben kann, ist ja auch ganz logisch. Auf jeden Fall hat mich der Tag ganz schön geschafft.»
Sie: «Ist es so, daß eigentlich nur viel Aufregung heute bei der Arbeit war und daß das mit dem Chef gar nichts zu tun hat?»
Er: «Nein, so ist es nun auch nicht. Denn diese Aufregung hat ja damit zu tun, daß er wirklich schlecht kalkuliert. Manchmal haben wir gar nichts zu tun, und ein anderes Mal ist es wie heute. So halte ich das nicht mehr lange aus.»
Sie: «Er könnte das anders regeln, ja? Und euch allen wäre damit geholfen?!»
Er: «Ja, das wäre zu machen. Ich weiß zwar nicht genau, warum er die Zeit so seltsam einteilt, aber die Kollegen leiden genauso darunter wie ich. Seltsam, wir haben noch nie darüber gesprochen, es blieb eigentlich nur beim Ärger und beim Stöhnen. Ich will mal unbedingt an einem der ‹ruhigen› Tage mit den Kollegen

und ihm selbst dieses Problem anschneiden. – Wann gibt es eigentlich Abendbrot?»

Dadurch, daß seine Gefühle des Ärgers akzeptiert wurden, konnte der
Ehemann den wahren Grund seines Ärgers wahrnehmen und neue Ver-
bindungen in seiner Erlebnisweise herstellen. Außerdem war das Problem für ihn weniger emotional und dadurch sachlicher wahrnehmbar
geworden, als er erst einmal seinem Ärger Luft gemacht hatte, und so
konnte er sich auf die Lösungsmöglichkeiten konzentrieren.

Wenn ein Mensch seine negativen Gefühle nicht akzeptiert, dann werden sie immer wieder die Gedanken dieser Person in Beschlag nehmen.
Werden aber diese Gefühle wie Angst, Ärger, Trauer usw. angenommen
und als zu der eigenen Person gehörig erlebt, dann können die Gedanken
freigesetzt werden und sich auch auf andere Gefühle und Aspekte der
eigenen Person richten. Als Beispiel dafür können zwei verschiedene Gesprächsverläufe dienen:

A: «Ich hasse mich richtig, ich mache auch alles falsch!»
B: «Aber hör mal, du bist doch ein solch prima Kerl!»
A: «Ach hör doch auf, du siehst doch, daß ich an dieser Stelle versagt habe!»
B: «Also ich finde das gar nicht. Was konntest du denn dafür?»
A: «Ich weiß doch genau, daß zum Beispiel du oder andere diese Sache mit links
gemeistert hätten, nur ich muß wieder dabei versagen.»

Der Sprecher ist am Schluß dieses Gesprächs gefühlsmäßig an der gleichen Stelle
wie am Anfang – außerdem fühlt er sich unverstanden, seine Unzufriedenheit mit
sich selbst wird ihm durch die Argumente des Gesprächspartners noch weniger
verständlich, und er versucht diese Unzufriedenheit zu rechtfertigen und zu
begründen.

Wird der Sprecher aber in seinem freien Ausdruck auch seiner negativen Gefühle ermuntert, dann kann das Gespräch wie folgt verlaufen:

A: «Ich hasse mich richtig, ich mache auch alles falsch!»
B: «Du bist verdammt unzufrieden mit dir, nicht wahr?»
A: «Was heißt unzufrieden, ich bin eben ärgerlich, daß ich hier versagt habe.»
B: «Ist es so, daß du das Gefühl hast, eine richtige Niete zu sein?»
A: «Nein, das kann ich nicht sagen. Eigentlich war ich nicht *so* schlecht, aber ich
hätte doch zu gern noch mehr geleistet!»
B: «Du glaubst, daß du, an deinen Fähigkeiten gemessen, es noch besser hättest
machen können?»
A: «Das weiß ich nicht genau, aber ich glaube, daß es besser geklappt hätte, wenn
ich nicht dauernd an einen möglichen Mißerfolg gedacht hätte. Ich war ja richtig
zittrig vor Angst, es nicht zu schaffen. Ich glaube, ich sollte beim nächstenmal
gar nicht daran denken, ob ich die Aufgabe gut oder schlecht mache. Denn so
schlecht klappte es bei diesem Mal ja auch nicht. Und durch meine Angst, zu
versagen, werde ich auch nicht leistungsfähiger.»

Der Sprecher hat seinen Ärger angenommen und ist damit frei geworden, die eigene Person weniger als ‹Versager› wahrzunehmen. Er ist dadurch nicht selbstgefälliger geworden, aber er bestraft sich nicht mehr und klagt sich nicht mehr an. Er sieht das Problem sachlicher, befreit sich von dem drückenden Gefühl des Versagens und kann Änderungen für die Zukunft überlegen.

‹Partnerzentriert› heißt auch, daß wir es dem Partner überlassen, eine neue Einsicht zu bekommen. Selbst wenn wir die Lösungsmöglichkeit schon ganz klar vor Augen haben, ist es besser, wenn der Partner selbst auf sie kommt. Erst dann, wenn er sie von sich aus äußert, kann er auch gefühlsmäßig zu ihr stehen – es ist seine Lösung.
Dafür noch einmal als Beispiel zwei Gesprächsverläufe:

A: «Weißt du, und mit diesem Kollegen habe ich dauernd unterschwellig Krach – und er denkt überhaupt nicht daran, sich zu ändern.»
B: «Du solltest vielleicht einmal mit ihm offen sprechen.»
A: «Wäre keine schlechte Idee. Aber daran ist überhaupt nicht zu denken – mit dem kann man einfach nicht sprechen.»

A: «Weißt du, und mit diesem Kollegen habe ich dauernd unterschwellig Krach – und er denkt überhaupt nicht daran, sich zu ändern.»
B: «Du spürst da unterschwellig Spannungen und weißt nicht, was du dagegen tun kannst?»
A: «Ja genau, aber der Typ ist wirklich halsstarrig.»
B: «Ist es so, daß du nicht daran glaubst, daß er diese Situation verändern will?»
A: «Ja. ... Aber ich müßte ihn mal fragen, vielleicht nützt ein offenes Gespräch doch etwas.»

Im ersten Gespräch war der Sprecher noch so mit seinem Ärger auf den Kollegen beschäftigt, daß ihm ein offenes Gespräch als Lösung unannehmbar schien. Im zweiten Gespräch hatte er seinen Ärger frei aussprechen können, hatte das Gefühl vermittelt bekommen, daß dieser verstanden worden war, und konnte dann nach einer Lösungsmöglichkeit suchen.

> Das hilfreiche Gespräch ist partnerzentriert. Das heißt, daß wir den Ratsuchenden ermuntern, all seine Gefühle und Gedanken frei auszudrücken, auch die negativsten. Im Gespräch ist der Ratsuchende der Führer, nicht wir – denn er weiß besser, welcher Gesprächsinhalt für ihn im Moment wichtig ist.

6. Das verständnisvolle Zuhören –
Stufe I des partnerzentrierten Gesprächs

Auch ohne die Gefühle zu verbalisieren, können Gesprächspartner dem anderen Verständnis und die Bereitschaft zeigen, auf ihn einzugehen. Gesten wie Kopfnicken, Ansehen und bestätigende Laute wie ‹Hm›, ‹Aha›, ‹Ja›, zeigen dem Gesprächspartner, daß Sie zuhören und sich mit ihm und seinen Äußerungen beschäftigen. Auch eine ablehnende Reaktion können Sie durch diese Art Signale – also ohne Worte – mitteilen. Sie schütteln den Kopf, ziehen die Stirn kraus und haben ein ‹Aber› auf der Zunge. Durch ein solches Verhalten zeigen Sie dem anderen, daß Sie mehr mit sich selbst und Ihren Gedanken beschäftigt sind und sich darauf konzentrieren, Ihre eigene Stellungnahme auszudrücken. Es ist Ihnen wichtiger, mitzuteilen, daß Sie anders denken, und zu überlegen, was sich gegen die Gedanken des Partners vorbringen ließe. Er wird bei Ihnen nicht die Bereitschaft spüren, ihm zuzuhören und ihn zu verstehen.

Signale, die Ihre Bereitschaft ausdrücken, zuzuhören und zu verstehen	Signale, die ein Nichtverstehen oder Andersdenken anzeigen
Kopfnicken zugewandter freundlicher Blick den Körper jemandem zuneigen Äußerungen wie ‹Ja›, ‹Hm›, ‹Genau›, ‹Aha› usw.	Kopfschütteln Blick abwenden sich zurücksetzen Arme verschränken Äußerungen wie ‹Nein›, ‹Aber›, ‹Ach was›

Es ist schwer, in so einer allgemeinen Tabelle auch Ihre Art mitzuerfassen, in der Sie Ihrem Gesprächspartner Einstellungen der Zustimmung oder der Ablehnung mitteilen. Sie soll vielmehr nur eine Vorstellung davon geben, wie durch derartige Signale ein Gesprächsklima beeinflußt wird. Versuchen Sie, herauszufinden, welche der beiden Arten von Signalen Sie in Gesprächen mit anderen häufiger zeigen. Ausgesprochen würden diese Mitteilungen etwa lauten:

Akzeptierung und Gesprächsbereitschaft
«Ich bemühe mich, dich zu verstehen.»
«Ich nehme dich und deine Gefühle ernst.»
«Ich möchte dich besser kennenlernen und eine Beziehung zu dir aufnehmen.»

Nichtverstehen und Andersdenken
«Ich verstehe dich nicht.»
«Ich finde nicht, daß es richtig ist, was du sagst.»
«Ich denke ganz anders.»
«Ich bin nicht interessiert, mehr von dir zu hören, ich will lieber meine eigene Meinung sagen.»

Sie können durch Ihre Art des Zuhörens das Gesprächsklima also so beeinflussen, daß Ihr Gesprächspartner in Ihnen jemanden findet, dem er sich anvertrauen kann. Ein solches Gespräch schafft in Ihrer Beziehung zu ihm die Möglichkeit, sich auszusprechen. Es gibt ihm die Gelegenheit, sich selbst klarer zu werden über die Gefühle und Empfindungen, die ihm ein Problem sind und ihn beschäftigen. Die Verarbeitung solcher unbewältigter Probleme im Gespräch mit einem anderen Menschen ist jedoch nur dann möglich, wenn der Sprecher das Gefühl vermittelt bekommt,
– ich werde verstanden;
– ich werde nicht bewertend, sondern akzeptierend angehört;
– mein Partner ist an meinen Gefühlen und Gedanken interessiert.

Diese Stufe I des partnerzentrierten Gesprächs werden Sie wahrscheinlich am leichtesten verwirklichen können, und Sie werden das akzeptierende Zuhören vielleicht am häufigsten anwenden können. Sie können dabei Ihrem Gesprächspartner noch mehr helfen, wenn Sie ihn ab und zu zum weiteren Ausdruck seiner Gefühle und Gedanken auffordern, zum Beispiel durch Sätze wie:
– «Magst du mir mehr darüber erzählen?»
– «Wollen wir an dem Punkt weitersprechen?»
– «Wenn du mir das erzählst, verstehe ich noch nicht genau, was du dabei eigentlich gefühlt hast. Ich möchte gerne wissen, was in dir vorgegangen ist, als . . .»
– «Das habe ich noch nicht vollständig verstanden. Kannst du mir noch mehr darüber erzählen, besonders, wie du dich gefühlt hast?»
– «Schieß mal los!»
– «Da bin ich neugierig.»
– «Ich würde gern mehr darüber hören.»
  Diese Form des partnerzentrierten Gesprächs ist nicht allzu schwer zu erlernen, und Sie können Ihrem Gesprächspartner sehr bei der Lösung seines Problems weiterhelfen, wenn Sie ihm akzeptierend zuhören und ihn öfter ermuntern, seine Gefühle zu beschreiben, wenn er äußere Sachverhalte schildert.

7. Das Paraphrasieren –
Stufe II des partnerzentrierten Gesprächs

Zusätzlich zum akzeptierenden Zuhören und zur Aufforderung, Gefühle zu schildern, wird das Gespräch gefördert, wenn Sie Äußerungen des Gesprächspartners in Ihren Worten noch einmal wiederholen. Sie prüfen dann, ob Sie ihn richtig verstanden haben, und der Gesprächspartner erhält die Möglichkeit, seine Gedanken und Gefühle noch deutlicher wahrzunehmen und auszudrücken. Außerdem bemerkt er, wie aktiv und engagiert Sie seinen Schilderungen folgen. Diese Wiederholungen der Äußerungen des anderen werden ‹Paraphrasieren› genannt. Sie sollten nicht die Äußerungen des anderen ‹nachplappern›, sondern ihren Inhalt mit eigenen Worten wiederholen. Im Gegensatz zur Stufe III besteht beim Paraphrasieren die Gefahr, daß wir den Gesprächspartner beeinflussen, mehr von äußeren Sachverhalten zu sprechen als von seinen Gefühlen und Empfindungen. Dies können wir vermeiden, indem wir ihn häufig mit Worten auffordern, seine Gefühle zu dem Sachverhalt zu äußern. («Ich habe noch nicht ganz verstanden, wie du dich dabei eigentlich gefühlt hast.»)

Aber Stufe III ist nicht leicht zu erlernen, und als Vorübung ist es besser, das Paraphrasieren zu üben. Häufig werden Sie die Gefühle hinter den Aussagen des Gesprächspartners auch einfach nicht wahrnehmen können, und dann werden Sie den ganzen Inhalt seiner Aussage in Ihren Worten wiederholen müssen. Wichtige Hinweise über die Art und Weise des Paraphrasierens können Sie noch in dem nächsten Kapitel über die III. Stufe des partnerzentrierten Gesprächs finden.

8. Das Verbalisieren emotionaler Erlebnisinhalte –
Stufe III des partnerzentrierten Gesprächs

Anders als beim Paraphrasieren wiederholen wir hier nicht den ganzen Inhalt der Aussage des Gesprächspartners, sondern hauptsächlich die Gefühle, die hinter diesen Aussagen stehen. Hat unser Gesprächspartner gesagt: «Ich bin sehr unglücklich darüber, daß ...», oder: «Ich ärgere mich, daß ...», dann hat er seine Gefühle schon direkt ausgedrückt, und es genügt, daß wir akzeptierend zuhören.

Wenn er aber seine Gefühle indirekt ausdrückt, dann helfen wir ihm, diese besser zu erkennen und wahrzunehmen, wenn wir seine indirekten Äußerungen in direkte übersetzen und ihm mitteilen.

Sagt er zum Beispiel mit wütender Stimme: «Wieso hat er eigentlich das Recht, mir mein Gehalt zu kürzen?», dann können Sie, ohne die genaueren Umstände und Sachverhalte zu kennen, doch heraushören, daß der Sprecher empört ist, sich ärgert oder sich ungerecht behandelt fühlt.

Wenn Sie ihm nun mitteilen, welches Gefühl Sie herausgehört haben, dann werden ihm die eigenen Empfindungen deutlicher, und das hilft ihm weiterzudenken. Sie könnten beispielsweise sagen: «Du scheinst empört zu sein, ist das so?» oder: «Du ärgerst dich, daß dir dein Gehalt nicht ausgezahlt wird, nicht wahr?» oder: «Mir scheint, du fühlst dich ungerecht behandelt, ja?»

Ein anderer Fall: Ein Schüler erzählt Ihnen mit strahlendem Gesicht: «Endlich habe ich die Aufgabe hinbekommen!» Wenn Sie dann sagen: «Du freust dich richtig darüber!» oder: «Das ist ein toller Erfolg für dich!», dann stärken Sie noch den gefühlsmäßigen Ausdruck des Schülers und die Bewußtheit des Erlebens einer Freude.

Aber manchmal kann das Übersetzen der indirekten Gefühlsäußerungen des Gesprächspartners in direkte Äußerungen, das heißt, das Verbalisieren seiner Gefühle, auch Angst auslösen. Dies wird häufig der Fall sein, wenn wir Gefühle mit Worten ausdrücken, die der Gesprächspartner vielleicht besitzt, aber überhaupt nicht ausgesprochen hat, weder direkt noch indirekt.

Ein Freund, der mit seiner Frau im Moment schwere Probleme hat, sagt Ihnen zum Beispiel: «Heute hat sie mich vielleicht wieder gepiesackt!» «Du empfindest die Beziehung zu deiner Frau als unbefriedigend?» wäre eine Verbalisierung von Gefühlen, die der Sprecher nicht geäußert hat, und vielleicht macht ihm dieser Gedanke solche angst, daß er irgendwann das Gespräch abbrechen wird. Es mag zwar richtig sein, daß die Beziehung unbefriedigend ist, und Sie vermuten dies, weil Sie bestimmte Vorinformationen besitzen. Dennoch verbalisieren Sie Gedanken, die der Sprecher von sich aus noch nicht angesprochen hat. Die richtige Anwort wäre hier: «Du scheinst sauer zu sein, ja?» oder: «Das hat dich fertiggemacht?»

Aber auch das Verbalisieren von Gefühlen, die der Sprecher indirekt ausgedrückt hat, kann ihm angst machen, und es kann ihm höchst unangenehm sein, mit seinen Gefühlen konfrontiert zu werden. So können Sie zum Beispiel sagen: «Du scheinst ärgerlich zu sein», wenn Ihnen jemand von seinem Ärger mit dem Chef erzählt. Der Sprecher wehrt aber energisch ab und sagt: «Wieso ärgerlich? Wie kommst du denn darauf? Ich habe doch nur gesagt, daß der Chef sich mal wieder unmöglich benommen hat!» Das Erkennen des eigenen Gefühls ist hier stark angstbesetzt, und es ist günstiger, zum akzeptierenden Zuhörer überzugehen.

Das Verbalisieren von Gefühlen ist nur dann hilfreich, wenn die Atmosphäre entspannt und akzeptierend ist. Erst dann können die eigenen Gefühle angenommen werden. Denn die Konfrontation mit den eigenen Gefühlen ist häufig mit Angst verbunden, und die verringert sich eben nur in einer entspannten, akzeptierenden Atmosphäre.

Reagiert Ihr Gesprächspartner häufig abwehrend auf Ihre Verbalisierungen, dann ist es günstiger, zur Stufe I oder II überzugehen, das heißt akzeptierend zuzuhören oder den Satz Ihres Gesprächspartners in Ihren Worten zu wiederholen, ohne die Gefühle zu direkt anzusprechen.

Und noch eins ist wichtig: Der Ton, in dem Sie die Gefühle des Partners verbalisieren, ist ebenso wichtig wie das, was Sie ihm mitteilen. Sie können zum Beispiel: «Das hat dich ärgerlich gemacht» auf zwei verschiedene Weisen sagen: Einmal klingt im Tonfall mit: «Ja, ja, ich weiß schon, welches Gefühl du hast, und das sage ich dir jetzt». Das sind dann Verbalisierungen, die wie aus der Pistole geschossen kommen und einen diagnostischen, beurteilenden Unterton haben. Sie können aber auch im Tonfall mitschwingen lassen: «Ich weiß es nicht genau, aber mir scheint, daß du ärgerlich bist, habe ich da eigentlich recht oder irre ich mich?» Diese Haltung vermitteln wir meistens, wenn wir die Stimme zum Schluß einer Verbalisierung etwas fragend anheben. Wir zeigen damit dem Gesprächspartner, daß wir offen dafür sind, zuzuhören, wenn er uns mitteilt, daß wir ihn falsch verstanden haben.

Wir wollen im folgenden einen Ausschnitt eines fiktiven Gesprächs darstellen, in dem der zuhörende Partner versucht, die Empfindungen, die sich hinter den Äußerungen des Sprechers verbergen, zu verbalisieren.

Gerda besucht ihre Freundin. Im Verlauf des Gesprächs zeigt es sich, daß irgend etwas sie bedrückt. Sie kommt auf ihre Situation zu sprechen:

Gerda: «Entschuldige, aber ich kann mich gar nicht richtig konzentrieren. Ich hatte vorhin Krach mit Andreas.»

Freundin: «Und das beschäftigt dich jetzt noch?!»

Gerda: «Ja, ich habe mich wirklich blöd benommen.»

Freundin: «Irgendwie bist du jetzt unzufrieden damit, wie du dich verhalten hast?»

Gerda: «Ja, ich habe ihm ganz schreckliche Sachen gesagt. Ich war richtig gemein.»

Freundin: «Dir tut es jetzt leid, daß du ihn verletzt hast?»

Gerda: «Ja, ich hätte nicht so weit gehen sollen.»

Freundin: «Nachträglich findest du es besser, wenn du dich mehr beherrscht hättest?»

Gerda: «Nein, eigentlich nicht. Ich fand es ganz gut, daß ich endlich mal all das sagen konnte, was mir die ganze Zeit schon auf der Zunge lag.»

Freundin: «Es hat dich erleichtert?!»

Gerda: «Ja, und wie! Vorher war's ja ganz schrecklich. Ich brauchte ihn ja nur zu sehen, und schon ging ich hoch. Über jede Kleinigkeit habe ich mich geärgert.»

Freundin: «Du fühlst dich jetzt eigentlich recht erleichtert und merkst, daß du ihn eigentlich doch ganz gern hast. Ist das so?»

Gerda: «Ja, es ist jetzt irgendwie anders. Mein Ärger ist plötzlich verschwunden. Merkwürdig nicht?»

Freundin: «Du wunderst dich, daß dein Gefühl für Andreas sich so plötzlich verändert hat?»

Gerda: «Ja, genau! ... (kurze Pause) Ich sollte ihn vielleicht anrufen.»

Freundin: «Du möchtest ihm gern sagen, wie es in dir aussieht?»

Gerda: «Ja, ich möchte sehen, wie es ihm geht, und ihm sagen, daß ich es nicht so bös gemeint habe.»

127

Freundin: «Du hast jetzt eigentlich den Wunsch, dich mit ihm wieder zu vertragen? Ja?»

Gerda (nachdenklich): «Ja, warum eigentlich nicht. Du, sei mir nicht bös, aber ich werde jetzt nach Hause gehen und ihn anrufen. Wir können ja heute abend noch mal telefonieren.»

Beachten Sie, daß die Freundin in diesem Gespräch sich ganz auf Gerda eingestellt hat und versucht, deren Gefühle zu verstehen. In ihren Äußerungen spricht sie aus, welches Gefühl sie aus Gerdas Äußerungen herausgehört hat. Sie versucht dies stets so zu tun, daß es Gerda überlassen blieb, dieses Gefühl als ihr eigenes zu akzeptieren oder richtigzustellen, wenn die Äußerung nicht das traf, was in ihr vorging. Eine solche Art des Gesprächs wie im letzten Beispiel wird Ihnen vielleicht merkwürdig vorkommen. Die Freundin scheint Ihnen wenig originell zu sein. In der Tat verzichtet sie darauf, Gerda mitzuteilen, daß sie ein solches Problem nicht hat. Sie sagt auch nicht, was sie tun würde, wenn sie es hätte. Und sie äußert sich nicht darüber, was ihre Freundin ihrer Meinung nach falsch gemacht oder verstanden hat und wie sie sich hätte besser verhalten können. Ihre Absicht ist es, in einem hilfreichen Gespräch Gerda die Möglichkeit zu geben, ihre Empfindungen darzustellen und zu klären.

9. Echtes oder unechtes Verhalten

Bei alldem, was wir bisher über eine hilfreiche Gesprächsführung gesagt haben, werden Sie wahrscheinlich den Eindruck haben, daß ein solches Gespräch nur zustande kommen kann, wenn Sie Ihr bisher gewohntes Verhalten unterdrücken und eher wie ein Schauspieler all das tun, was auf den vorangegangenen Seiten vorgeschlagen worden ist. Es wird Ihnen unmöglich erscheinen, aufrichtig und echt zu sein, und Ihr Gesprächspartner würde Ihrer Meinung nach sehr schnell von Ihrem ‹aufgesetzten› Verhalten abgeschreckt werden. Wie kann es Ihnen gelingen, Ihrem Partner als echte Person gegenüberzutreten, wenn Ihnen vorgeschrieben wird, was Sie fühlen und mitteilen sollen und welche Gedanken Sie äußern sollten und welche nicht?

Es wird Ihnen bestimmt nicht mit jedem Menschen und in jeder Situation möglich sein, eine Bereitschaft zu entwickeln, sich so ausnahmslos auf den anderen einzustellen. In Situationen, in denen dies unmöglich erscheint oder in denen Sie nicht das Interesse haben, mehr über die Gedanken und Gefühle des anderen zu erfahren, werden Sie unsere Empfehlungen tatsächlich nur mit viel Schauspielerei verwirklichen können. Ein solches Verhalten wäre also unecht oder gekünstelt. Denn Ihre Bereitschaft und Ihr Bedürfnis, die andere Person zu verstehen, sind in dieser Situation nicht groß genug, und andere Dinge sind für Sie wichtiger.

Sie sollten in einem solchen Fall nicht versuchen, sich zu zwingen, Ihrem Partner zu helfen. Im Gegenteil, Sie würden sich in die Gefahr begeben, das Vertrauen des Gesprächspartners zu verlieren, wenn dieser irgendwann bemerken würde, daß seine Offenheit, die er Ihnen entgegengebracht hat, bei Ihnen nicht auf echtes Verständnis stoßen konnte. Akzeptieren Sie es deswegen, wenn Sie sich einmal nicht auf Ihren Gesprächspartner einstellen können, und teilen Sie es ihm mit. Auf diese Weise vermeiden Sie Mißverständnisse, und Sie machen eine Störung Ihrerseits transparent, so daß sie behoben werden kann. Entweder ändert sich Ihre Gefühlslage allein durch die Äußerung, oder aber Sie schlagen Ihrem Gesprächspartner einen anderen Zeitpunkt vor.

Nur dann, wenn Sie das Bedürfnis haben, einem Menschen zu helfen und diesem Bedürfnis Ihre anderen Interessen unterordnen können, sollten Sie auch versuchen, das partnerzentrierte Verhalten zu zeigen. Dieses Bedürfnis, jemandem zu helfen, ist hier gemeint als Bereitschaft, sich auf den anderen einzustellen.

Auf der anderen Seite haben viele Menschen das Gefühl von Unechtheit, wenn sie neues Verhalten ausprobieren – und ebenso kann es Ihnen ergehen, wenn Sie nun versuchen, ein partnerzentriertes Gespräch zu führen und dabei Verhaltensweisen ausprobieren, die Ihnen ungewohnt scheinen, wie zum Beispiel das Verbalisieren emotionaler Erlebnisinhalte. Dieses Gefühl der Unechtheit verringert sich nach einiger Zeit der Übung, und das neue Verhalten wird in Ihr eigenes Verhaltensrepertoire integriert.

10. Eine Übung zur Unterscheidung von förderlichen und hindernden Reaktionen beim partnerzentrierten Gespräch

Versuchen Sie, in den Beispielen die förderlichen Reaktionen und die hindernden Reaktionen herauszufinden. Wenn Sie glauben, daß die Äußerung einem hilfreichen Gespräch nützt, so schreiben Sie ein + in das Kästchen vor dem Beispiel, anderenfalls notieren Sie ein −.

1. Gerade, wenn ich mich besonders freue, mit ihm zusammenzusein, dann geht alles wieder kaputt.
   - ☐ a. Das kann ja nun auch an dir liegen.
   - ☐ b. Das macht dich besonders traurig.
   - ☐ c. Du bist aber auch überempfindlich.
   - ☐ d. Wahrscheinlich freust du dich erst zu stark, und deswegen bist du enttäuscht.

2. Also manchmal glaube ich, ich komme nicht mehr dagegen an. Von
   morgens bis abends immer nur rumrennen.
   ☐ a. Tja, das Leben ist eines der schwersten.
   ☐ b. Abends machst du aber noch einen munteren Eindruck.
   ☐ c. Manchmal fühlst du dich überfordert.
   ☐ d. Mach es dir doch mal etwas bequemer.

3. Gestern lief es richtig prima. Ich bin nach Hause gekommen und habe
   mich gleich an die Arbeit gemacht. Es lief wie von selbst.
   ☐ a. Na siehst du, es geht doch, wenn du willst.
   ☐ b. Das muß ja unheimlich schön für dich gewesen sein.
   ☐ c. Du bist richtig erstaunt über dich?
   ☐ d. Das ist gestern so gut gegangen mit deiner Arbeit?
   ☐ e. Das liegt wahrscheinlich an deiner Einstellung zur Arbeit.

4. Ich werde ihn nie wieder um einen Gefallen bitten, denn ich habe es
   nicht nötig, immer wie ein Bettler anzukommen.
   ☐ a. Du magst ihn gar nicht mehr bitten, weil dich das demütigt?
   ☐ b. Das hast du auch wirklich nicht nötig.
   ☐ c. Da machst du genau das Falsche, und er wird noch weniger von
        sich aus dir mal einen Gefallen tun.
   ☐ d. Du fühlst dich abhängig, wenn du ihn für jeden Gefallen bitten
        mußt?
   ☐ e. Wenn du ihn um einen Gefallen bittest, dann ärgerst du dich,
        daß du das tun mußt?

5. Solche Aufgaben zu rechnen ist doch der letzte Mist. Ich brauche das
   doch nie in meinem Leben.
   ☐ a. Das wirst du noch sehen, daß dir das Rechnen sehr wohl nützen
        kann.
   ☐ b. Das wird dein Lehrer ja wohl besser beurteilen können.
        ☐ c. Du empfindest die Aufgaben als sinnlos für dich, ist das
             so?
   ☐ d. Du magst die Rechenaufgaben nicht, ja?
   ☐ e. Sie fallen dir wahrscheinlich nur zu schwer und deswegen magst
        du sie nicht.

Auflösung der Übungen

1. (−) a.	2. (−) a.	3. (−) a.	4. (+) a.	5. (−) a.
(+) b.	(−) b.	(+) b.	(−) b.	(−) b.
(−) c.	(+) c.	(+) c.	(−) c.	(+) c.
(−) d.	(−) d.	(+) d.	(+) d.	(+) d.
		(−) e.	(+) e.	(−) e.

VII. Das Konfliktgespräch

1. Warum für viele Menschen Konflikte etwas Unangenehmes sind

Generell können wir sagen, daß die meisten Menschen negative Erfahrungen mit Konflikten gemacht haben. Verschiedene Interessen wurden als etwas erlebt, was in einer guten Beziehung nicht vorkommen darf. Wenn es dann doch einmal zu einer offenen Auseinandersetzung darüber kam, dann erlebten die Beteiligten, daß Ärger, Wut und Mißverständnisse entstanden und daß durch solche Gespräche und Streitigkeiten die Spannungen nicht befriedigend gelöst werden konnten. Konflikte werden sehr oft als Störungen bewertet, die es zu vermeiden gilt. Ähnlich wie eine Krankheit wird ein Konflikt als unglückliche Fügung des Schicksals behandelt.

Eine solche Einstellung zwischenmenschlichen Konflikten gegenüber führt zu einer Beziehung, in der die Partner nicht mehr offen zueinander sein können und in der die Partner einen Teil ihrer Persönlichkeit unterdrücken müssen. Aus Angst vor Konflikten vermeiden Menschen, unterschiedliche Bedürfnisse zu haben. Solche unterschiedlichen Bedürfnisse und Wünsche werden als Bedrohung erlebt, weil sie allzuselten auf eine befriedigende Weise gelöst werden können. Häufig ist dann eine unterschiedliche Interessenlage verknüpft mit dem Gefühl: «Wenn ich etwas anderes möchte oder etwas anderes gutheiße als mein Partner, dann ist das ein Anzeichen dafür, daß ich ihm nicht verbunden bin.» Die Folge solchen Verhaltens ist, daß Menschen sich in Beziehungen nicht mehr so geben können, wie sie empfinden. Die eigenen Wünsche werden zunächst zurückgehalten, weil sie die Gegensätze deutlich machen würden. Die Unfähigkeit, mit Konfliktsituationen umzugehen, macht es uns unmöglich, anderen Menschen unsere eigenen Interessen mitzuteilen, wenn wir annehmen, daß diese Menschen andere Interessen haben.

Wenn in einer Beziehung individuelle Wünsche jedoch nicht geäußert werden, so kann sich diese Beziehung auch nicht so entwickeln, daß sie diesen Wünschen entspricht. Wenn aber eine Beziehung den Wünschen der Beteiligten nicht mehr entspricht, so verliert sie an Attraktivität, sie wird eher eine Belastung als eine Bereicherung. Die Meinung, daß «Menschen, die sich gut verstehen, ihre Wünsche und Bedürfnisse gegenseitig ahnen und sich von den Augen ablesen könnten», ist ein verhängnisvoller Irrtum. In einer solchen Beziehung müssen wir annehmen, daß beide Partner sich gegenseitig so eingeengt haben, daß sie nur noch den Teil ihrer Persönlichkeit realisieren, der die gleichen Wünsche, Bedürfnisse oder Vorlieben wie die des Partners aufweist. Aus dem Wunsch heraus, in immerwährender Harmonie zu leben, werden die Verschiedenartigkeiten zwischen zwei Menschen nicht mehr gesehen oder durch Anpassung egalisiert.

In einer partnerschaftlichen Beziehung aber können sich die Beteiligten zu ihren Zielen hin entwickeln, so daß die Partner sich nicht gegenseitig einengen, sondern sich in ihrer Entwicklung unterstützen und fördern. Zu solch einer Beziehung gehört aber, zu akzeptieren, daß der Partner ein einzigartiges Individuum ist, ein Mensch, der verschieden von uns ist. Kinder haben nicht die gleichen Wünsche und Interessen wie Lehrer und Eltern, ebenso unterscheiden sich Menschen in ihren Bedürfnissen in Partnerschaften, Wohngemeinschaften und Gruppen. Akzeptieren wir die Verschiedenheiten zwischen Menschen und damit die Existenz von Konflikten, dann werden wir Beziehungen haben, in denen ‹ganze› Menschen ihren Platz haben – Menschen, die keinen Teil ihrer Persönlichkeit verbergen müssen. Akzeptieren wir diese Verschiedenheit nicht, dann werden wir Beziehungen haben, in denen Menschen ‹ohne Streit und ohne Konflikte› als ‹halbe› Menschen zusammenleben, die ständig eine nicht zu stillende Sehnsucht mit sich herumtragen – eine Sehnsucht nach Befriedigung derjenigen Bedürfnisse, die sie aus Angst vor Konflikten vor sich selbst und anderen verbergen.

2. Wie wirkt sich die Angst vor Konflikten in Beziehungen aus?

Wenn Konflikte uns angst machen und wir sie als unangenehm erleben, dann kann sich das auf verschiedene Arten auswirken. Angst vor Konflikten heißt auch Angst vor den eigenen Gefühlen des Ärgers oder der Unzufriedenheit. So überdecken sich die negativen Auswirkungen des indirekten Ausdrucks von Gefühlen.

Zunächst kann die Angst vor Konflikten zu distanzierten Beziehungen führen. Da, wo wir ständig darauf achten, nicht die Harmonie zu stören, werden wir uns zwangsläufig stark kontrollieren müssen. Wir müssen darauf achten, daß wir keine Verhaltensweisen zeigen, die den Partner ärgern oder ihm unangenehm sein könnten. Außerdem müssen wir darauf achten, uns ja nicht unseren Ärger oder unser Mißfallen an dem anderen anmerken zu lassen. Wir spielen dann eine Rolle, sind nicht mehr wir selbst, und die Beziehung wird unecht, fassadenhaft und distanziert. Diese Distanziertheit spüren wir zunächst selten, denn sie ist der Preis für ein größeres Gefühl der Harmonie – und diese tritt zunächst stärker in den Vordergrund. Dies ist häufig dort der Fall, wo Menschen befürchten, daß ihre Beziehung Störungen und Konflikte nicht ertragen kann. George Bach, einer der bekanntesten Ehetherapeuten in Amerika, hat diese unterschwelligen Gefühle eines Jungverliebten einmal treffend beschrieben:

«Ich fühle mich angespannt und unbehaglich, weil ich verkrampft versuche herauszubekommen, wie du mich haben willst, um mich lieben zu können. Sobald ich herausgefunden habe, was du für liebenswert hältst, werde ich im Sechseck springen, um deiner Vorstellung von Liebenswürdigkeit zu entsprechen, nur aus Angst, du könntest aufhören, mich zu lieben. Ich wage es einfach nicht, dir mein wahres Ich zu zeigen, denn ich fühle mich dir gegenüber unzulänglich, weil ich tief im Innersten weiß, daß ich deinen Vorstellungen von dem, was liebenswert ist, nicht vollständig entspreche. Und genausowenig wage ich es, dich ganz genau anzuschauen, denn du könntest genauso nicht in meine Vorstellung von dem, was ich für liebenswert halte, passen!»

Dieses Zitat leitet über zu der zweiten Gefahr, die die Angst vor Konflikten nach sich zieht. Wir stellen uns vor, wie uns der Partner sehen oder haben möchte. Diese Vermutungen haben wir häufig nicht geprüft, weil die Prüfung einen Konflikt transparent machen könnte. Und so richten wir uns nach unseren Vermutungen über den Partner, die allzu häufig falsch sind. Stellen wir uns einen Dialog zwischen zwei solchen Partner vor:

A: «Wollen wir heute ins Kino gehen?»
(Denkt: *«Hoffentlich sagt sie nein, ich habe heute wirklich noch viel zu arbeiten. Aber ich mag ihr das nicht sagen, weil ich ihr nicht den Sonntag verderben will!»*)
B: «Ja, hast du Lust?»
(Denkt: *«Hoffentlich sagt er nein. Ich möchte am liebsten einen ganz ruhigen Tag haben und lesen und schlafen. Aber wenn er will, kann ich ihn doch nicht allein lassen.»*)
A: «Ja, natürlich, freust du dich?»
(Denkt: *«Verflucht, sie scheint ja darauf einzugehen. Ich muß ihr wohl den Gefallen tun. Laß dir nur nichts anmerken!»*)
B: «Ja, natürlich! Komm, laß uns gehen!»
(Denkt: *«Schade, wieder eine Gelegenheit zur Entspannung nicht genutzt. Aber laß dir nichts anmerken und tu so, als ob du dich besonders freust. Sonst gibt es noch Ärger.»*)

Wie wird es nun weitergehen? Die zweite Gefahr, die der Mißverständnisse und des nach ihnen ausgerichteten Handelns, zieht die dritte Schwierigkeit nach sich: Die Angst vor Konflikten läßt die Kommunikation zweideutig werden. Denn wenn wir nicht wagen, unsere eigenen Interessen in die Beziehung einzubringen, werden wir Ärger und Frustration verspüren. Und wenn wir nicht wagen, diese Gefühle in Worten auszudrücken, dann werden sie in unseren nonverbalen Signalen oder in unserem Handeln sichtbar, und unsere Worte sagen etwas anderes als unser Verhalten. So ist es bei unseren beiden Kinogängern auf dem Nachhauseweg:

133

A: «Wie fandst du den Film?»
   (Denkt: *Jetzt schnell nach Haus und arbeiten.*)
B: «Ach, ich mag nicht gleich darüber reden, wenn ich aus dem Kino komme.»
   (Denkt: *Nun laß mich doch endlich mit deinem blöden Film zufrieden.*)
A: «Wollen wir noch ein Bier trinken gehen?»
   (Denkt: *Sie hat anscheinend noch nicht genug. Scheint unzufrieden zu sein. Vielleicht heitert sie das noch auf.*)
B: «Bitte, laß uns nach Hause gehen, und laß mich bitte zufrieden. Ich brauche jetzt mal Ruhe und kann nicht mit dir reden.»
   (Denkt: *Jetzt platze ich aber gleich, wenn er jetzt noch Bier trinken will. Vielleicht war der Ton etwas hart, aber ich kann einfach nicht mehr.*)
A: Schweigt (und denkt: *«Das hat man nun davon, wenn man extra für sie den Nachmittag fürs Kino opfert. Ich hätte doch arbeiten sollen.»*)

Beide gehen schweigend nach Haus, und die Situation ist für sie ziemlich unerträglich. Ein offenes Gespräch könnte alle Mißverständnisse ausräumen. Aber nun wird die vierte Schwierigkeit sichtbar. Menschen, die Angst vor Konflikten und vor den eigenen ärgerlichen Gefühlen haben, werden es nur schwer über sich bringen, in einem ganz ruhigen und gelassenen Ton Feed-back zu geben. «Als du vorhin mit mir ins Kino gehen wolltest, habe ich mich eigentlich geärgert», ist ein Satz, in dem der Sprecher von seinen Gefühlen des Ärgers spricht, sie also direkt ausdrückt. Wenn ein Mensch sich aber diese Gefühle nicht zugesteht, sich nicht erlaubt, ein ‹ärgerlicher Mensch› zu sein, dann wird er eine Begründung oder eine Rechtfertigung für seinen Ärger suchen und zum anklagenden Ausdruck seines Ärgers neigen. Wenn er sagt: «Du hast mir den ganzen Sonntag verdorben, weil du unbedingt ins Kino wolltest», dann nimmt er seinen Ärger als Eigenschaft des Partners wahr und hat außerdem das Gefühl, einen guten Grund und eine Rechtfertigung für seine Empfindung zu haben. Der indirekte Ausdruck von Ärger, und besonders seine anklagende Form oder die «Du . . .»-Aussage sind ein schlechter Start für ein Konfliktgespräch. Zur Verdeutlichung wollen wir die beiden unterschiedlichen Anfänge eines Konfliktgesprächs zwischen den beiden Kinogängern ausführen:

Anfang: Direkter Ausdruck
B: «Als du vorhin mit mir ins Kino wolltest, habe ich mich eigentlich geärgert.»
A: «Du wolltest gar nicht ins Kino? Ist das so?»
B: «Ja genau. Ich hätte viel lieber gelesen oder geschlafen, aber ich wollte dich auch nicht enttäuschen.»
A: «Du wirst lachen, wenn ich dir sage, wie es mir ging. Ich bin eigentlich nur gegangen, weil ich dachte, daß du es wolltest. Ich hatte so viel zu arbeiten, daß ich auch lieber zu Haus geblieben wäre.»
B: «Da haben wir nun den ganzen Nachmittag also etwas getan, was wir beide nicht wollten, und jeder dachte, der andere wollte ins Kino gehen. Wir sind aber auch blöd!»

A: «Ja genau. Gut, daß wir jetzt darüber reden. Laß uns mal sehen, daß wir in Zukunft gleich ganz ehrlich sagen, was wir wollen, ja?»

Anfang: Indirekter Ausdruck

B: «Du hast mir den ganzen Sonntag verdorben, weil du unbedingt ins Kino wolltest.»

A: «Das wird ja immer schöner. Ich komme nie zu meiner Arbeit, weil du mich dauernd ablenkst. Mal willst du dies und mal willst du das – und dann bekomme ich noch die Schuld.» (Fühlt sich angegriffen, muß sich rechtfertigen und geht zum Gegenangriff über.)

B: «Natürlich hast du schuld. Du könntest ja auch mal Rücksicht auf mich nehmen und nicht nur an deine Interessen denken. Was ich will, ist dir ja vollkommen unwichtig.»

A: «Das hat man nun davon. Dauernd bemühe ich mich, dir deine Wünsche zu erfüllen. Und jetzt wirfst du mir vor, daß ich ein Egoist bin. Nein, dazu habe ich wirklich keine Lust mehr. Von nun ab werde ich gar keine Rücksicht mehr auf dich nehmen, wenn das der Dank ist!» (Geht wütend aus dem Raum.)

Natürlich sind diese beiden Gespräche extreme Gegensätze, aber vielleicht machen sie Ihnen deutlicher, wie die Angst vor den eigenen Gefühlen und Interessen zum indirekten Ausdruck dieser Gefühle neigt und damit ein Gespräch zu einem unproduktiven Streit werden läßt.

Die Angst vor Konflikten führt also zur Verschleierung von gegensätzlichen Interessen und damit zur Distanz, zu ungeprüften Vorstellungen über das, was der andere von einem erwartet, und zu widersprüchlicher Kommunikation. Kommt es dann doch einmal zum Gespräch über den Konfliktpunkt, dann wird der eigene Ärger häufig indirekt ausgedrückt, es entsteht meist ein unproduktiver Streit mit Vorwürfen und Rechtfertigungen.

Eine angemessene Form der Konfliktbewältigung führt zu einer Bereicherung der Beziehung. Sie ermöglicht eine bessere Befriedigung der Interessen aller Beteiligten. Konflikte, die angemessen bewältigt werden, tragen zu einer aktiven Gestaltung der Beziehung bei. Eine Beziehung ist dann nicht nur ‹die Beziehung›, wie sie durch Werte und Normenvorstellungen vorgeschrieben wird, sondern sie entwickelt sich so, wie es den individuellen Eigenarten der Partner entspricht. Bedürfnisse, die in Beziehungen auftreten, können sich ändern und das Aufeinanderabstimmen individueller Wünsche wird zur ständigen Aufgabe einer partnerschaftlichen Beziehung.

3. Der einseitig-direkte Beginn eines Konfliktgesprächs und seine negativen Auswirkungen

Aber auch wenn wir die Angst vor Konflikten und verschiedenen Interessen verlieren, ist das allein noch keine Garantie für angemessene Konfliktbewältigung. Viele Menschen sind noch in Familien aufgewachsen, in denen bei Konflikten die Eltern einseitig die Lösung für einen Konflikt vorschrieben und die Kinder sich nach diesen Anordnungen, Befehlen, Ratschlägen oder Bitten zu verhalten hatten. Anstatt sich selbst mit ihrem Ärger oder mit ihren Wünschen in die Beziehung einzubringen, versuchten die mächtigeren Sozialpartner vorzuschreiben, wie der Konflikt gelöst werden sollte.

Nach diesem Modell versuchen viele Menschen auch später in ihrem Leben, Konflikte zu lösen, und machen auf diese Weise die Erfahrung, daß Konflikte selten zu lösen sind. Denn die einseitige Methode führt auf die eine oder andere Weise immer zum Mißerfolg. Entweder wehrt sich der Sozialpartner sofort gegen die einseitige Direktive, oder er gibt erst einmal nach und rächt sich später. Beiden Partnern wird sich das Gefühl aufdrängen, daß bei der Lösung des Konfliktes immer nur einer gewinnen kann und der andere verliert. Das führt dazu, daß beide Partner sich anstrengen werden, zu gewinnen. Sie werden kämpfen und sich beschuldigen, und die Beziehung wird unerfreulich für beide. Das Bedürfnis, auf Kosten des anderen einen Konflikt zu lösen, wird meist sichtbar, wenn wir mit einer «Du . . .»-Aussage den Beginn des Konfliktgesprächs einleiten, anstatt von unseren eigenen Gefühlen und Bedürfnissen zu sprechen – zum Beispiel wenn wir einseitig sagen: «Du solltest einmal zum Friseur gehen!», anstatt angemessen Feed-back zu geben mit dem Satz: «Ich störe mich an deinen langen Haaren!»

Im ersten Satz wird dem Partner vorgeschrieben, durch welches Verhalten er auf die eigene Störung zu reagieren hat, wir vermitteln ihm von vornherein, daß der Fehler bei ihm liegt und er es ist, der sich ändern muß.

Im zweiten Satz sprechen wir freimütig von unseren Gefühlen, und es wird offengelassen, wer von beiden den ‹Fehler› besitzt und wer sich ändern soll: ob wir unseren Ärger über lange Haare abbauen sollten oder ob der andere sich die Haare kürzer schneiden lassen sollte. Auf jeden Fall kann dies nun in einem Gespräch besprochen werden. Und wenn wir annehmen, daß der Partner sich ändern will, dann wird er in dem gemeinsamen Gespräch diesen Änderungswunsch als seine Entscheidung formulieren können. Er kann auf seine Weise auf unsere Störung reagieren, um den Konflikt zu lösen. Es ist zwar so, daß die Wahrscheinlichkeit größer ist, daß man einen Menschen manipulieren kann, wenn man ihm die Lösung eines Konfliktes vorschreibt, auf der anderen Seite rächt sich diese Manipulation später immer. Einseitige Konfliktlösungen werden später vom ‹Verlierer› sabotiert. Diese Lösungen führen deswegen selten zur Verbesserung der Beziehung.

Partnerschaftliches Konfliktlösen heißt, daß beide Partner teilhaben am Erarbeiten der Konfliktlösung und beide Teile zu der Lösung stehen können. Die einseitige Vorgabe der Konfliktlösung hat entweder die augenblickliche Absage zur Folge oder die spätere Rache, wenn der Partner im Augenblick nachgibt. Ausgesprochen würden der einseitige und der partnerschaftliche *Beginn* eines Konfliktgesprächs ungefähr so lauten:

einseitig	*partnerschaftlich*
1. Mach mal bitte das Radio leiser!	Mich stört das Radio. Was können wir da machen?
2. Geht bitte nicht mit euren Schuhen durch die Küche! Zieht sie jetzt aus!	Ich habe es nicht gern, wenn ihr mit dreckigen Schuhen in die Küche geht. Was wollen wir tun?
3. Du mußt heute für mich einkaufen. Ich habe nämlich keine Zeit.	Ich schaffe es heute einfach nicht, einzukaufen. Was wollen wir machen?

Ein Nachteil bei der einseitigen Vorgabe der Konfliktlösung ist, daß der Partner nicht auf seine Weise auf unsere Wünsche reagieren kann. Wenn wir jemandem sagen: «Mach mal bitte das Radio leiser», dann kann er es nur entweder leise stellen oder gegen unseren Willen laut lassen, mehr Möglichkeiten verbleiben ihm nicht. Wenn ihm aber unsere Wünsche wichtig sind, dann kann er beim partnerschaftlichen Anfang des Gespräches («Mich stört das Radio. Was können wir da machen?») auf verschiedenste Weise reagieren. Vielleicht stellt er es leiser, vielleicht nimmt er einen Kopfhörer, oder vielleicht geht er in ein anderes Zimmer. Der partnerschaftliche Beginn («Mich stört ... Was können wir tun?») läßt beiden Konfliktpartnern mehr Freiheit für mögliche Reaktionen.

Durch die einseitige Vorgabe einer Konfliktlösung vermitteln Sie dem anderen, daß Sie nicht glauben, daß er von sich aus auf Ihre Störung eingehen würde und etwas zu deren Behebung tun würde. Eigentlich vermitteln Sie ihm, daß Sie ihn für ‹unsozial› halten und ihm nicht zutrauen, daß ihm Ihre Bedürfnisse wichtig sind. Entweder wird Ihr Partner dann nur unwillig auf Ihre Bedürfnisse reagieren (er kann es dann ja nur auf die von Ihnen vorgeschriebene Weise tun), oder er wird mit einem «Nein» reagieren, weil er sich wehrt, vorgeschrieben zu bekommen, wie er sich zu verhalten habe. Es entstünden dann ein ‹Scheinkonflikt› und ein Streit, obwohl eigentlich keine unterschiedlichen Interessen vorhanden sind.

1. *Scheinkonflikt-Lösung wird einseitig vorgegeben*

Sie (Denkt: *Kann er nicht mal rücksichtsvoll sein*): «Bitte stell den albernen Kasten leiser. Es ist 21 Uhr, und die Kinder müssen schlafen!»
Er (Ihm wird vermittelt, daß er ein Rabenvater ist, der nicht in der Lage ist, auf

seine Kinder Rücksicht zu nehmen): «Nun sei doch nicht so überempfindlich, so laut ist es nun nicht. Außerdem – wo soll ich denn Musik hören!»

Sie (*Das wollen wir doch einmal sehen, wer gewinnt*): «Daß dir deine Musik wichtiger ist als der Schlaf der Kinder, zeigt doch deine Einstellung zu ihnen. Sie interessieren dich doch überhaupt nicht!»

Er (*Das wollen wir doch mal sehen, wer gewinnt*): «Meinst du, daß sie sich durch deine übertriebene Bemutterung besser entwickeln? Du weißt doch ganz genau, wie unselbständig du den Ältesten gemacht hast.»

Obwohl in diesem Gespräch gar nicht klar wird, ob dem Ehemann wirklich soviel daran liegt, das Radio angeschaltet zu lassen, entwickelt sich das Gespräch kampfähnlich. Vielleicht waren die Interessenlagen der beiden Partner gar nicht unterschiedlich, aber durch die einseitige Vorgabe der Lösungsmöglichkeit machte die Frau ihren Mann zu einem Befehlsempfänger, und dagegen wehrte er sich.

2. *Scheinkonflikt-Lösung wird nicht vorgegeben, es wird nur mit der eigenen Störung angefangen*

Sie: «Du, für mich und die Kinder ist das Radio zu laut, weil sie gleich schlafen wollen. Was meinst du?»

Er: «Ach du, ich wollte eben nur etwas Ruhe haben und habe deswegen den Apparat eingestellt, damit ich hinter der Geräuschmauer mal ganz allein bin.»

Sie: «Dir geht es darum, nicht gestört zu werden?»

Er: «Ja genau, aber wenn die Kinder jetzt ins Bett gehen, kann ich mich ja auch gemütlich auf die Couch im Wohnzimmer legen. Und das Radio brauche ich sowieso nicht mehr. Okay?»

In diesem Gespräch wird der Mann von vornherein aufgefordert, sich an der Überlegung, wie man diese Situation bewältigen kann, zu beteiligen. Das macht es ihm möglich, von sich aus auf den Wunsch seiner Frau zu reagieren.

Mit der einseitigen Vorgabe von Konfliktlösungsmöglichkeiten verbauen wir unseren Sozialpartnern die Möglichkeit, sich für unsere Wünsche zu engagieren, und machen sie zu Befehlsempfängern. Durch «Du solltest-Aussagen» können wir auch da Konflikte produzieren, wo eigentlich gar keine unterschiedliche Interessenlage vorhanden ist und wo der Partner von sich aus bereit wäre, uns entgegenzukommen.

Überlegen Sie bitte einmal, wie oft Sie Ihren Partnern, Kindern, Kollegen usw. durch Befehle, Bitten, Empfehlungen usw. vermittelt haben mögen, daß Sie ihnen nicht zutrauen, von sich aus auf Ihre Bedürfnisse zu reagieren. Sind Ihre Partner wirklich so ‹unsozial›? Wollen Ihre Partner nicht auch Ihre Bedürfnisse wichtig nehmen und berücksichtigen, aber vielleicht in anderer Weise, als Sie es sich wünschen? Machen Sie es Ihren Partnern vielleicht unmöglich, auf ihre eigene Weise Ihren Bedürfnissen gerecht zu werden?

Mit Hilfe des folgenden Schemas können Sie über diese Fragen nachdenken und den partnerschaftlichen Beginn eines Konfliktgesprächs üben. Erinnern Sie sich dafür an einige Situationen der letzten Zeit, in denen Sie ein Konfliktgespräch direktiv-einseitig begannen.

Sozialpartner	Situation	Ich sagte:	Der Partner antwortete:
Beispiel: Mein Kind	Kind kommt ungewaschen und ungekämmt zum Frühstück	Geh sofort und kämm dich.	Jeden Morgen der gleiche Zirkus.

Der vorwurfsvolle Beginn eines Konfliktgesprächs oder die einseitige Vorgabe der Lösungsmöglichkeit vermittelt dem Partner ein schlechtes Gewissen oder vermittelt ihm, daß der Konflikt nur so zu lösen ist, wie wir es uns selbst vorstellen. Die Kommunikation wird dann meist defensiv, und bei echten Interessengegensätzen wird selten eine Lösung gefunden. Häufig führt dieser Beginn auch zu unangenehmen Streitigkeiten, obwohl die Interessenlage gleich ist. Durch den partnerschaftlichen Beginn können wir diese negativen Auswirkungen vermeiden. Außerdem werden kreative Problemlösungen dadurch wahrscheinlicher.

Mein Gefühl	Die gefühlsmäßige Reaktion des Partners auf meine Aufforderung	Partnerschaftlicher Beginn
Beispiel: gereizt und ärgerlich	ebenso gereizt und ärgerlich	Du, mich stört es morgens, wenn du so ungekämmt bist. Können wir da irgend etwas machen?

Der partnerschaftliche Beginn eines Konfliktgesprächs hat noch einen weiteren Vorteil. Mit dem Satz: «Mich stört ... Was können wir machen?» fordern Sie sich selbst und den Konfliktpartner dazu auf, Lösungsmöglichkeiten zu suchen. Die Erfahrung zeigt, daß es meist mehr Lösungsmöglichkeiten für einen Konflikt gibt, als wir es uns vorstellen. Im Gegensatz zur einseitigen Vorgabe der Konfliktlösung macht also der partnerschaftliche Beginn offen für neue kreative Lösungsmöglichkeiten.

4. Die Akzeptierung unterschiedlicher Bedürfnisse

Wie sollte sich nun ein Konfliktgespräch nach einem partnerschaftlichen Beginn weiterentwickeln? Zunächst sollten beide Partner vergessen, daß sie eine Lösung des Problems suchen wollen. Sie sollten sich zuerst bemühen, die Interessen und Bedürfnisse beider Konfliktpartner herauszuarbeiten.

Häufig kommt es bei Konflikten vor, daß beide Partner gar nicht hören und verstehen, was der andere eigentlich will und was ihn stört, weil sie viel zu sehr damit beschäftigt sind, die ‹objektiven Vorteile› der eigenen Lösungsmöglichkeiten darzustellen. Am Anfang eines Konfliktgesprächs ist es aber viel wichtiger, daß jeder die Seite des anderen nachvollziehen und verstehen kann – und zwar aus folgenden zwei Gründen: Die meisten Menschen sind bereit, ihre Interessen zu verändern und Kompromisse zu schließen. Wozu sie aber nicht bereit sind und was sie ärgerlich und wütend macht, ist der Versuch ihres Partners, ihnen einzureden, daß ihre eigenen Bedürfnisse nicht gerechtfertigt oder ‹falsch› sind. Kein Mensch kann es ertragen, daß seine Befürchtungen, Wünsche oder Störungen nicht einmal gehört und akzeptiert werden – denn auf seine Gefühle hat er ein unbedingtes Recht. Er erwartet nicht, daß wir seine Wünsche so erfüllen können, wie er sich das vorstellt. Aber er verlangt zu Recht, daß wir akzeptieren und verstehen, daß er diese Wünsche und Gefühle hat. Wenn wir aber dem Konfliktpartner vermitteln, daß seine Wünsche ‹falsch› sind und unsere ‹richtig und angemessen›, dann wird er seine ganze Kraft zu seiner Verteidigung und Rechtfertigung einsetzen. Ebenso verbrauchen wir unsere Kraft für die Suche ‹besserer› Argumente. Diese Kraft könnte besser genutzt werden, nämlich für die gemeinsame Suche von Lösungen. Das ist aber erst möglich, wenn beide Seiten das Gefühl haben, daß der Partner die eigenen Interessen und Bedürfnisse verstanden und akzeptiert hat.

Das Verstehen der anderen Seite ist aus einem weiteren Grund sehr wichtig: Auf der Ebene der vordergründig geäußerten Interessen und Störungen ist eine Konfliktlösung meist schwer zu finden. Haben nun beide Partner die Möglichkeit, weiter ihre Gefühle zu erforschen, dann werden häufig Hintergrundsbedürfnisse sichtbar, und auf dieser Ebene ist dann eine Lösung sehr viel leichter zu finden.

Wir wollen das an einem Eltern-Kind-Konflikt aufzeigen, bei dem in der Phase des Konfliktgesprächs der Vater – zur Klärung der Bedürfnisse – partnerzentriert reagiert.

Situation: Der Vater sitzt müde nach der Arbeit in seinem Arbeitszimmer. Zum wiederholten Mal kommt sein kleiner Sohn herein. Der Vater fühlt sich sehr gestört und gereizt und fährt den Jungen ärgerlich an. Dieser weint, und der Vater entschließt sich, ein Konfliktgespräch zu führen, weil sich diese Situation sehr oft wiederholt.

Vater: «Du, laß uns einmal ernsthaft reden. Es ist ja häufig so, daß ich abends wütend werde, wenn du in mein Arbeitszimmer kommst, und ich muß sagen, ich fühle mich dann ziemlich gestört. Ich brauche auch meine Ruhe. Aber nun erzähl du mal, wie es dir geht und wie du darüber denkst.»

Sohn: «Wir können so wenig zusammen spielen. Ich seh dich den ganzen Tag nicht und will auch mal bei dir sein.»

Vater: «Du willst also mehr mit mir zusammensein und mit mir reden?»

Sohn: «Ja, genau. Du wolltest mir auch noch beibringen, wie man einen Drachen baut.»

Vater: «Du, mir geht es ebenso. Ich will auch mehr mit dir unternehmen. Wenn ich dich richtig verstanden habe, dann geht es dir eigentlich mehr darum, daß wir häufiger abends etwas tun, und nicht darum, daß du gleich in mein Arbeitszimmer kommst, wenn ich zu Haus bin?»

Sohn: «Ja. Wann wir das tun, ist mir egal. Hauptsache, du kümmerst dich mal um mich.»

Vater: «Ich glaube, da können wir uns einigen. Mir geht es ja auch nur darum, daß ich nach der Arbeit erst einmal eine Stunde vollkommen entspannen kann. Und in dieser Stunde ärgere ich mich eben über Störungen.

Beide haben wir also das Interesse, daß wir gemeinsam etwas tun, und ich will zusätzlich, daß ich eine Stunde ungestört bleibe. Was meinst du, was wir da tun können?»

Sohn: «Wenn wir beide jeden Abend eine halbe Stunde spielen, dann werde ich dich nicht mehr während deiner Entspannungsstunde stören, ja?»

(Das Ende dieses Gespräches folgt im nächsten Kapitel.)

In diesem Beispiel war auf der zunächst sichtbaren Interessenebene eine Lösung schwer zu finden. Der Sohn wollte den Vater stören, der Vater wollte ungestört sein. Bei dem Gespräch über die dahinterliegenden Bedürfnisse wird aber deutlich, daß beide eigentlich dieselben Interessen haben und daß sie nur noch einen Weg finden müssen, diese in Handlung umzusetzen.

In dieser Phase des Konfliktgesprächs, bei der die Hintergrundsbedürfnisse geklärt und verstanden werden, ist die partnerzentrierte Reaktion besonders günstig. Auf diese Weise hilft jeder Partner dem anderen, seine Bedürfnisse zu klären und auszudrücken. Bei einem Konfliktgespräch mit einem Kind muß man häufig auf die partnerzentrierte Hilfe von der anderen Seite verzichten und sich besonders bemühen, dem Kind bei der Klärung seiner Gefühle durch partnerzentrierte Reaktionen zu helfen. Denn Kinder sind sich ihrer Interessen häufig nicht in dem Maße bewußt, wie wir es sind.

Mit Hilfe des folgenden Schemas können Sie einmal überlegen, welche Hintergrundsbedürfnisse auf beiden Seiten bei einem nicht allzulange zurückliegenden Konflikt vorhanden gewesen sein mögen. Überlegen Sie dabei, ob Sie selbst und Ihr Konfliktpartner im Gespräch dazu geholfen haben, diese Hintergrundsbedürfnisse zu klären.

Akzeptieren Sie bei Konflikten, daß Sie und Ihr Gesprächspartner verschiedene Bedürfnisse haben. Nehmen Sie Ihre eigenen Bedürfnisse wie die des Partners wichtig, und versuchen Sie zunächst nur zu verstehen, was jeder von Ihnen will. Partnerzentrierte Reaktionen helfen dabei.

Situation und Konflikt	Mein vordergründiges Interesse	Das vordergründige Interesse des Konfliktpartners

Die damalige Lösung	Meine Hintergrundsbedürfnisse	Die Hintergrundsbedürfnisse des Konfliktpartners

Situation und Konflikt	Mein vordergründiges Interesse	Das vordergründige Interesse des Konfliktpartners

Die damalige Lösung	Meine Hintergrundsbedürfnisse	Die Hintergrundsbedürfnisse des Konfliktpartners

5. Die partnerschaftliche Konfliktlösung

Aber was können Sie tun, wenn wirklich verschiedene Interessen auf beiden Seiten vorhanden sind? Auf jeden Fall wird es sich nachteilig auswirken, wenn sich ein Teil auf Kosten des anderen durchsetzt, wenn es also einen Gewinner und einen Verlierer gibt. Der Teil, der unterliegt, wird sich irgendwie später rächen und die Konfliktlösung sabotieren. Dies ist fast überall dort der Fall, wo Abmachungen getroffen werden, die später nicht eingehalten werden. Wenn Sie zum Beispiel zu Ihrem Kind sagen, daß es jeden Tag abwaschen soll, dann wird es das vielleicht einige Tage tun – aber irgendwann wird das Kind das Abwaschen ‹vergessen› oder es aufschieben usw. Sie werden sich ärgern, daß das Kind sein ‹Versprechen› nicht erfüllt hat, und werden es vermehrt ermahnen müssen. Diese Entwicklung setzt sich fort, bis die Beziehung infolge solcher ungelöster Konflikte sehr belastet und recht unerquicklich geworden ist.

Aber denken Sie daran, *Sie* haben dem Kind gesagt, daß es abwaschen soll. Es selbst war an der Entscheidung nicht beteiligt. Es war ihm nicht möglich, seine andere Interessenlage zu äußern, und Sie konnten dann nicht gemeinsam eine Lösung finden, zu der Sie beide hätten ‹Ja› sagen können.

Einige Beispiele, bei denen die Lösung des Konfliktes einseitig vorgegeben wurde:

1. Ein Lehrer entscheidet allein darüber, wohin die Klassenreise geht. Später schimpft er über die uninteressierten Jungen, die kein Interesse an *seinen* Sehenswürdigkeiten zeigen.

2. Ein Kind wirft seinen Eltern vor, daß sie autoritär seien, weil sie dem Kind das Taschengeld nicht erhöhen würden. Die Eltern geben unwillig nach, aus Angst, die ‹Liebe› des Kindes zu verlieren. Aber über längere Zeit kühlt sich das Verhältnis zwischen Eltern und Kind ab, und zwangsläufig wird die Zuneigung der Eltern dem Kind gegenüber geringer.

3. In unserem Beispiel aus dem Kapitel «Der Ausdruck von Gefühlen» will die Frau mit ihrem Mann nicht zum Angeln fahren, obwohl ihm das gar nicht recht ist. Sie wagte aber nicht, ihre Bedürfnisse einzubringen, und so überließ sie dem Mann die Entscheidung. Sie rächte sich dann aber mit einer Migräne, die dem Mann das Angeln unmöglich machte.

4. In einer Wohngemeinschaft macht ein Mitglied einen Plan, an welchen Wochentagen welches Gruppenmitglied mit der Reinigung der Küche an der Reihe ist. Die anderen Gruppenmitglieder sagen mürrisch ‹Ja› zu seinem Plan, melden aber nicht ihre unterschwelligen Einwände an. Eine Woche funktioniert diese Regelung, danach wird die Verrichtung der Arbeit immer unregelmäßiger, bis die Küche wieder so dreckig wie am Anfang aussieht.

In all diesen Fällen wird die Regelung eines Konfliktes mehr oder weniger von einer Partei vorgegeben – und diese Regelungen gehen über kurz oder lang schief. Wenn nicht alle Seiten im Konflikt alle ihre Bedürfnisse, Interessen und Einwände gegen mögliche Lösungen formulieren können, dann werden Konflikte nicht auf eine Art und Weise gelöst, die für alle Beteiligten befriedigend sein kann.

In der Kindererziehung bewirkt die einseitige Vorgabe von Konfliktlösungen, daß Kinder lernen, sich nach autoritären Direktiven zu richten bzw. diese zu umgehen. Sie können nicht lernen, gemeinsame Entscheidungen zu fällen und zu diesen zu stehen, und sie werden kaum lernen können, sich selbst bei der Durchführung dieser Entscheidung zu kontrollieren. Die einseitige Lösung von Konflikten durch die Eltern macht Kinder unselbständig und abhängig von Fremdkontrolle.

Wenn in Beziehungen einige Punkte immer wieder zu Konflikten und Streitigkeiten führen, dann ist anzunehmen, daß niemals Lösungen erarbeitet wurden, die von allen Beteiligten gleichermaßen akzeptiert werden konnten. Entweder hat dann ein Teil auf Kosten des anderen versucht, einen Vorschlag durchzudrücken – oder der andere Teil hat einfach ‹Ja› gesagt, obwohl er viele Einwände nicht ausgesprochen hatte.

Für eine partnerschaftliche Konfliktlösung ist es also wichtig, daß die Konfliktpartner sich immer wieder prüfen, ob nicht noch Einwände gegen die Lösung vorhanden sind. Wenn dies der Fall ist, wird die erarbeitete Lösung kaum handlungsrelevant werden. Es ist daher wichtig, nicht eher mit der Suche nach einer neuen Lösung aufzuhören, bis auch der Konfliktpartner alle seine Einwände geäußert hat und wir sicher sind, daß er die Lösung vertreten kann.

Besonders bei einem Konfliktgespräch mit ‹schwächeren› Partnern, wie zum Beispiel Kindern oder untergebenen Mitarbeitern, müssen wir ihnen helfen, eventuell vorhandene Einwände zu äußern, beispielsweise durch Sätze wie: «Ich könnte mir vorstellen, daß du mit dieser Lösung noch nicht ganz einverstanden bist, was meinst du?» oder: «Hast du das Gefühl, daß deine Interessen durch die Lösung auch genug berücksichtigt worden sind?»

Wir wollen das noch einmal an unserem Vater-Sohn-Konflikt verdeutlichen:

Sohn: «Wenn wir beide jeden Abend eine halbe Stunde spielen, dann werde ich dich nicht mehr während deiner Entspannungsstunde stören, ja?»

Vater: «Den Vorschlag finde ich gut. Aber so ganz wohl ist mir dabei noch nicht. Ich könnte mir vorstellen, daß ich einmal einen Abend gar keine Zeit habe und dann werde ich ein schlechtes Gewissen bekommen bei dieser Regelung. Das Spielen mit dir könnte dann zur Pflicht werden, und mir wäre lieber, wenn wir uns darauf einigen, daß ich versuchen will, so häufig wie möglich mit dir zu spielen, wenn du mir meine Ruhe gleich nach der Arbeit läßt. Unter so häufig wie möglich könnte ich mir im Durchschnitt so viermal die Woche vorstellen. Aber hast du nicht auch noch Einwände?»

Sohn: «Gut, das wäre mir recht. Ich hätte auch keine Lust, mit dir zusammenzusein, wenn ich weiß, daß du das als lästige Pflicht ansehen würdest. Aber ich habe auch noch einen Einwand. Es wird vielleicht einmal vorkommen, daß ich sehr dringend von dir etwas wissen will, und dann würde ich doch ganz gern in diesen Ausnahmefällen in dein Zimmer kommen.»

Vater: «Das wird nicht so schlimm sein, weil ich dann davon ausgehen kann, daß du dich bemühst, mich nicht mehr als notwendig zu stören. Einigen wir uns also darauf, daß ich mich bemühe, viel häufiger mit dir zu spielen, und du dich bemühst, mich in meiner Entspannungsstunde so wenig wie möglich zu stören. Ja? Bist du damit einverstanden?»

Sohn: «Okay!»

Beide Partner haben alle ihre Einwände geäußert und wahrscheinlich eine Lösung gefunden, die verwirklicht werden kann.

Solche Lösungen, die von den Kindern mit erarbeitet wurden und hinter denen sie stehen können, werden von ihnen oft erstaunlich genau (manchmal sogar pedantisch) eingehalten – im Gegensatz zu einseitigen Vorgaben der Konfliktlösung. Das gleiche trifft natürlich für Partnerschaften oder für Gruppen zu.

Nehmen Sie sich noch einmal Ihre Beispiele aus dem letzten Kapitel vor und versuchen Sie, schrittweise neue Konfliktlösungen zu finden.

1. Meine Hintergrundsbedürfnisse	2. Hintergrundsbedürfnisse des Konfliktpartners	3. Eine neue Konfliktlösung

4. Meine Einwände gegen diese Lösung	5. Einwände des Konfliktpartners gegen diese Lösung	6. Eine neue Konfliktlösung

---

Partnerschaftliche Konfliktlösung bedeutet gemeinsames Erarbeiten und Einigen auf eine Lösung, die die Konfliktpartner zufriedenstellt. Sobald ein Konfliktpartner gewinnt und die andere Seite verliert, wird die Konfliktlösung gar nicht oder nur kurzzeitig handlungsrelevant werden, und das schadet allen am Konflikt Beteiligten.

---

6. Das vollständige Konfliktgespräch

Wenn Sie versuchen wollen, in Ihren Beziehungen Konflikte so zu lösen, wie wir es vorgeschlagen haben, dann ist es zur Einübung zunächst günstig, wenn Sie sich an das folgende Gesprächsschema halten, wobei immer erst dann zur nächsten Gesprächsphase übergegangen werden soll, wenn die vorangegangene erledigt worden ist.

Wichtig ist es dabei auch, daß Sie immer nur einen Konfliktpunkt behandeln. Haben Sie für diesen Punkt eine Lösung gefunden, können Sie zu einem anderen übergehen. Das erweist sich als günstig, wenn Sie nach dem Gespräch das Gefühl haben, daß der behandelte Punkt nicht so wichtig war, weil hinter diesem Konflikt noch ein tieferer sichtbar wurde.

1. Anmeldung der Störung

Ein Partner oder beide äußern ihre Störung, und zwar indem sie ihre Gefühle direkt und ohne Vorwurf ausdrücken. Es soll dabei aufgefordert werden, gemeinsam über das Problem zu sprechen, und es soll deutlich gemacht werden, daß man für neue Lösungsmöglichkeiten offen ist.

2. Herausarbeitung der Hintergrundsbedürfnisse

Beide Partner versuchen, ihre Bedürfnisse zu erforschen und zu klären. Beide Partner sollen dabei akzeptieren, daß sie verschiedene Interessen haben, und versuchen, die Meinung des Konfliktpartners zu verstehen und nachzuvollziehen. Dabei ist es eine Hilfe, partnerzentriert zu reagieren, damit dem Konfliktpartner geholfen wird, alle seine Gefühle und Gedanken zu äußern. Eine gute Hilfe ist auch der Rollenwechsel. Dabei muß jeder zum Schluß dieser Gesprächsphase die Bedürfnisse des anderen in ‹Ich›-Form wiederholen. Das bewirkt, daß jeder Partner versucht, sich in den anderen hineinzuversetzen und den Konflikt einmal von dessen Sichtweise aus zu verstehen. Er soll nicht dessen Meinung übernehmen, sondern nur einmal mit dessen Augen sehen.

3. Umformulierung der Störungen in Wünsche

Beide Konfliktpartner formulieren ihre Störungen oder ihren Ärger in konkrete Wünsche an den anderen um.

4. Brainstorming für mögliche Lösungen

Beide Partner sammeln Vorschläge für mögliche Lösungen. Diese Vorschläge sollen nicht diskutiert, sondern nur gesammelt werden. Dabei können auch unsinnige und sehr phantasievolle Vorschläge gemacht werden. Beide Partner vermitteln in dieser Phase dem anderen, daß sie sich um eine Lösung bemühen. Außerdem wird die Atmosphäre durch Heiterkeit und Spaß entkrampft.

5. Einigung auf die beste Lösung

Beide Partner einigen sich auf eine Lösung, die sie beide akzeptieren können und die den Interessen beider Seiten optimal entspricht. Beide prüfen mögliche Einwände gegen die Lösung und suchen so lange, bis sie die Lösung gefunden haben, zu der beide unumschränkt ja sagen können.

7. Das Konfliktgespräch in Gruppen

Konflikte in Arbeits- und Wohngruppen sind ein alltägliches Vorkommnis. Wenn sich verschiedene Menschen mit unterschiedlichen Interessen in einer Gruppe zusammenschließen, dann muß es auch zwangsläufig zu Interessenkollisionen kommen. Kooperatives Verhalten bedeutet, diese Interessenunterschiede zu akzeptieren, die Bereitschaft zu besitzen, andere Interessen anzuhören und zu verstehen, und sich zu bemühen, Lösungen zu finden, mit denen alle Gruppenmitglieder einverstanden sein können. Aber auch in einer kooperativen Gruppe werden nicht alle Probleme durch solche Lösungen aus der Welt geschafft. Denn wie soll sich zum Beispiel eine Gruppe verhalten, in der ein Gruppenmitglied ganz andere Interessen besitzt als alle anderen Gruppenmitglieder? In solchen Fällen wird das einzelne Gruppenmitglied Abstriche an seinen Wünschen machen müssen, wenn die Mehrheit ganz anderer Meinung ist, oder es wird sich überlegen, ob es in dieser Gruppe seine Interessen genügend befriedigen kann. Es wird sich gegebenenfalls eine andere Gruppe suchen. Selbstverständlich ist auch der Fall denkbar, bei dem das einzelne Gruppenmitglied alle anderen überzeugt und sich durchsetzt. Wie die Lösungen für die verschiedenen Konflikte in Gruppen aussehen, ist eine Sache der Vernunft, des Taktes, der Abwägung der Konsequenzen von Entscheidungen und der Umstände.

Auf der anderen Seite kann man sagen, daß die Anzahl von möglichen Konfliktlösungen, die die Gruppenmitglieder zufriedenstellen, sehr viel größer ist, als das den Gruppenmitgliedern zunächst erscheint. Häufiger, als es tatsächlich geschieht, könnten Konflikte kooperativ gelöst werden – und der Grund, warum es nicht geschieht, ist die Art und Weise der Kommunikation. Zu häufig wird die Äußerung von fremden Interessen als Bedrohung der eigenen aufgefaßt, so daß im Gespräch jede Interessengruppe klarmachen will, daß sie ‹recht› hat und die andere Gruppe im ‹Unrecht› ist. Da kein Mensch das Gefühl mag, daß er unrecht hat und ‹falsch› denkt, kommt es dann zu Angriffen, Verteidigungen, Rechtfertigungen, Argumentationen, um die anderen zu überreden und zu überzeugen. Auf diese Weise verhärten sich die Fronten, und die Gruppenmitglieder lehnen sich ab, weil sie verschiedene Interessen haben.

Diese negativen Begleitumstände von Konfliktgesprächen können vermieden werden, wenn man sich noch einmal klarmacht, daß jeder Mensch ein Recht auf seine Gefühle, Wünsche, Abneigungen und Interessen hat und daß diese nicht ‹falsch› sein können. Ob andere Menschen die gewünschten Konsequenzen ziehen und das abstellen können, was den einzelnen stört, oder seine Wünsche erfüllen können – das ist eine ganz andere Sache.

Die meisten Menschen können es akzeptieren, wenn ihre Sozialpartner ihre Wünsche nicht auf die Weise erfüllen können, wie sie es sich wünschen. Sie können es ebenso akzeptieren, daß es ihnen durch die Umstände und durch die Interessen anderer Menschen nicht möglich ist, alles zu verwirklichen, was sie sich erträumen. Was die meisten Menschen aber nicht akzeptieren können, ist, daß man ihnen vermittelt, daß sie kein Recht auf ihre Wünsche haben oder daß sie ‹falsche› Wünsche haben. Dann fühlen sie sich berechtigterweise verletzt, unverstanden, sie versuchen den anderen zu erklären, wie ‹richtig› sie doch liegen und versteifen sich auf ihre Forderungen.

Wenn ein Gruppenmitglied mit seinem Ärger und mit seinen Wünschen erst einmal angehört wird und wenn diese verstanden und akzeptiert werden, dann ist es auch in der Lage, sich auf realistische Weise mit den Interessen der anderen Gruppenmitglieder auseinanderzusetzen. Wird aber zunächst nicht akzeptiert, daß es diese Wünsche hat, und wird versucht, sie ihm auszureden, dann ist das Gruppenmitglied so stark mit seinen Gefühlen beschäftigt, unterlegen zu sein, nicht verstanden zu werden, abgelehnt zu werden oder ‹falsch› zu denken, daß ihm die realistische Auseinandersetzung mit der Umwelt unmöglich ist.

Damit in einer Gruppe Konflikte angemessen gelöst werden können, muß also jedes Gruppenmitglied das Vertrauen in die Gruppe haben können, das in der folgenden Aussage formuliert wird: «Ich weiß, daß ich in dieser Gruppe alle meine Schwierigkeiten und Wünsche äußern kann. Ich weiß auch, daß die anderen versuchen werden, sie zu verstehen und zu akzeptieren. Ich vertraue auch darauf, daß sie sich bemühen, mit mir zusammen Lösungen zu finden, die uns allen gerecht werden. Ob das aber immer möglich sein wird, weiß ich nicht – aber ich weiß, daß meine Wünsche und meine Person wichtig genommen werden.»

Für das konkrete Konfliktgespräch bedeutet das, daß ebenso wie beim Konfliktgespräch zwischen Paaren zunächst Verschiedenheiten akzeptiert werden und Verständnis für die verschiedenen Interessen vermittelt wird, bis diese vollkommen transparent sind. Erst dann, wenn alle Gruppenmitglieder das Gefühl haben, daß die anderen verstehen, was sie eigentlich wollen, sollte an mögliche Lösungen gedacht werden. Da es in Gruppen häufig schwierig ist, zunächst einmal seine Störungen in die Gruppe einzubringen, ist es günstig, Konfliktstunden einzurichten, deren ausgesprochenes Ziel es ist, über all das zu sprechen, womit man unzufrieden ist, und in denen man seine eigenen Wünsche formulieren kann. Damit ist für diese Sitzungen die Norm vorgegeben, Konflikte aufzudecken und zu bearbeiten – und sie nicht als lästige Begleiterscheinungen aufzufassen, die besser zu verdrängen sind. Das wird auch ängstlichen Gruppenmitgliedern helfen, von ihren Störungen und Wünschen zu sprechen.

Eine Hilfe kann es sein, in einer Wohngruppe eine Wandtafel oder ein Stück Pappe für alle sichtbar aufzuhängen. Darauf kann zwischen den Sitzungen jedes Gruppenmitglied die Punkte angeben, die ihm für die nächste Konfliktsitzung wichtig sind. Zusätzlich ist es zur Klärung der eigenen Bedürfnisse günstig, zunächst einmal mit ihrem Gruppenmitglied ein partnerzentriertes Gespräch zu führen, in dem man seine eigenen Bedürfnisse klären kann.

Das Schema für das konkrete Konfliktgespräch sieht folgendermaßen aus:

1. Anmeldungen der Störungen

Ein Gruppenmitglied spricht davon, was es in der Gruppe stört. Es soll dabei seine
Gefühle direkt ausdrücken und den anderen Gruppenmitgliedern keinen Vorwurf
und kein schlechtes Gewissen für seine Störung machen.

2. Summierung der verschiedenen Meinungen zu dem Punkt

Die anderen Gruppenmitglieder stellen nun ihre Meinungen dar. Dabei sollen alle
diese verschiedenen Einstellungen zu dem Konfliktpunkt additiv nebeneinandergestellt werden, das heißt mit der Haltung: «Du bist der Meinung, *und* ich bin
dieser Meinung.» Die Gruppenmitglieder sollten darauf achten, daß sie nicht das
Spiel spielen: «Meine Meinung ist besser als deine.»

3. Herausarbeiten der Hintergrundsbedürfnisse

Das Gruppenmitglied, das zunächst seine Störung geäußert hat, erhält die Gelegenheit, seine Bedürfnisse weiter zu klären und alle seine Gefühle zu äußern, die
mit dem Punkt zusammenhängen. Auch die anderen Gruppenmitglieder sollten
ihre Hintergrundsbedürfnisse klären können. Wichtig ist dabei, daß zunächst nicht
an Lösungen gedacht wird und es in dieser Phase nur darum geht, erst einmal zu
hören und zu verstehen, was denn die verschiedenen Motive und Interessen sind.
Dabei ist es das beste, wenn alle Gruppenmitglieder partnerzentriert reagieren,
wenn ein Gruppenmitglied sich exploriert. Falls einige Gruppenmitglieder immer
wieder ihre eigene Meinung darstellen, ohne richtig gehört und verstanden zu haben, was ihr Vorredner meint, dann kann die Gruppe die Regeln des «Kontrollierten Dialogs» einführen (siehe «Partnerprogramm», Sitzung 1).

4. Formulierung von Wünschen

Alle Gruppenmitglieder formulieren ihre Störungen und ihren Ärger in Wünsche
um. Diese Wünsche müssen ganz konkret sein, so daß die anderen auch Stellung
dazu nehmen können. Auf den Wunsch: «Ich wünsche mir, daß du netter zu mir
wirst», kann man zum Beispiel schwerer reagieren als auf den Wunsch: «Ich wünsche mir, daß du nicht mehr ironisch lachst, wenn ich von meinen Eltern erzähle.»

5. Brainstorming über mögliche Lösungen

Alle Gruppenmitglieder nehmen an einem Brainstorming teil, bei dem alle möglichen Lösungsmöglichkeiten aneinandergereiht werden, ohne daß sie auf ihre
Praktizierbarkeit untersucht werden. Es soll also kein Vorschlag kritisiert werden,
und es sollen so viele Vorschläge wie möglich aufgezählt werden. Diese können
lustig sein oder unsinnig; dadurch wird die Phantasie angeregt. Die Gruppe erlebt,
daß es auch bei unterschiedlichen Interessen lustig und entspannt zugehen kann –
und auf diese Weise können kreative Lösungen gefunden werden.

6. Bemühung, eine Lösung zu finden, die alle zufriedenstellt

Die Gruppe bemüht sich, sich auf eine Lösung zu einigen, die alle oder die meisten
Gruppenmitglieder befriedigt. Die Wahrscheinlichkeit für ‹gute› Lösungen ist jetzt
recht groß, da die Gruppenmitglieder sich verstanden fühlen und im Laufe des

Konfliktgesprächs gemerkt haben, daß die anderen ihre Interessen wichtig nehmen und darüber nachdenken. Sie sind deswegen auch selbst bereit, sich auf Kompromisse zu einigen – zumal jetzt die sachlichen Gesichtspunkte realistischer aufgenommen werden können.

8. Kommunikationsfallen und Selbstverteidigung beim Konfliktgespräch

Obwohl wir die Verhaltensweisen, die die Kommunikation während eines Konfliktgesprächs negativ beeinflussen, in diesem Kapitel schon genannt haben, wollen wir sie hier noch einmal aufzählen. Falls Sie in einem Gespräch eine solche ‹Kommunikationsfalle› bemerken, schlagen wir Ihnen folgende zwei Maßnahmen zur ‹Selbstverteidigung› vor:

1. *Die Bitte um eine Beruhigungspause*

Falls Sie den Eindruck haben, daß das Gespräch aufgeregt wird und ein Partner dem anderen nicht mehr zuhört, oder wenn Sie sich selbst in der Verteidigung fühlen, äußern Sie diese Gefühle und bitten Sie zunächst um eine kleine Pause von ein oder zwei Minuten. Bevor Sie über das Thema oder über Ihre Gefühle beim Gespräch weitersprechen, sollen beide Partner in dieser Pause die Augen schließen, tief ein- und ausatmen und über folgende Punkte nachdenken: «Wie habe ich mich eben gefühlt? Wie mag mein Konfliktpartner sich gefühlt haben? Über welches Thema haben wir eigentlich gesprochen?»

2. *Die Bitte um die Umformulierung eines Vorwurfs in einen Wunsch*

Falls Ihr Gesprächspartner Ihnen Vorwürfe macht oder Sie anklagt, hilft es dem Gespräch nicht weiter, wenn Sie ihm wiederum Vorwürfe dafür machen, daß er in der anklagenden Form spricht. Hier ist eine gute Hilfe, Ihren Konfliktpartner zum direkten Wunsch zu ermuntern, zum Beispiel durch: «Sag mal, was du willst.» Jeder Ärger und jede Störung läßt sich in einen Wunsch umformulieren, und dann wird die Kommunikation wieder klarer, akzeptierender und vernünftiger. Sie helfen mit dieser Aufforderung Ihrem Partner, die unreife Form des ‹Meckerns› in die reifere Form des Wünschens und Wollens umzuwandeln, ohne ihn dafür zu bestrafen, daß er die Form des Vorwurfs benutzt hat. Außerdem helfen Sie sich selbst, indem Sie die Störung des anderen als Wunsch seiner Person und nicht als ‹Fehler› Ihrer eigenen Person erkennen lernen.

Kommunikationsfallen
1. Ein Partner formuliert seine Störung als ‹Fehler› des anderen.
   Zum Beispiel:

2. Ein Partner spricht seine Bedürfnisse nicht vollständig aus.
   Zum Beispiel:

_____

_____

_____

_____

3. Ein Partner nimmt Kampfhaltung ein.
   Zum Beispiel:

_____

_____

_____

_____

4. Ein Partner bezieht Verteidigungshaltung.
   Zum Beispiel:

_____

_____

_____

_____

5. Ein Partner drückt Gefühle indirekt aus.
   Zum Beispiel:

   _____

   _____

   _____

   _____

6. Ein Partner praktiziert taktisches Verhalten.
   Zum Beispiel:

   _____

   _____

   _____

   _____

7. Ein Partner versteckt sich hinter Sachzwängen.
   Zum Beispiel:

   _____

   _____

   _____

   _____

8. Ein Partner gibt seine Machtposition nicht auf.
   Zum Beispiel:

   _____

   _____

   _____

   _____

9. Ein Partner sieht im anderen den Schuldigen.
   Zum Beispiel:

   _____

   _____

   _____

   _____

10. Die besonders verletzlichen Seiten (‹Achillesferse›) des anderen wer-
    den angesprochen.
    Zum Beispiel:

    _____

    _____

    _____

    _____

11. Die Vergangenheit wird zur Rechtfertigung des eigenen Standpunktes benutzt («alte Hüte»).
Zum Beispiel:

_____

_____

_____

_____

12. Ein Partner gibt widerwillig nach und formuliert nicht alle seine inneren Einwände gegen die Lösung.
Zum Beispiel:

_____

_____

_____

Da es während eines engagierten Konfliktgesprächs nicht immer einfach ist, zu erkennen, wie eigentlich kommuniziert wird, kann folgende Regel eine Hilfe sein:

Sobald das Wort ‹aber› häufiger im Gespräch vorkommt, ist die Kommunikation defensiv, und es sollte eine Gesprächspause eingelegt werden. Danach sollten sich die Partner bemühen, jedes ‹Aber› durch ein ‹Und› zu ersetzen.

Wenn Sie sagen: «Du hast die Meinung, *aber* ich habe diese Meinung», vermitteln Sie dem Partner, daß sich beide Meinungen ausschließen und wahrscheinlich eine falsch ist. Wenn Sie aber sagen: «Du hast die Meinung, *und* ich denke folgendermaßen», stellen Sie beide Meinungen gleichberechtigt nebeneinander und deuten die Möglichkeit einer Synthese an.

VIII. Verhaltensänderung

Durch Feed-back von einem Sozialpartner, durch ein partnerzentriertes Gespräch, durch ein Konfliktgespräch oder durch eigene Beschäftigung mit individuellen Problemen entwickeln Menschen häufig den Wunsch, ihr Verhalten zu verändern. Es kann sein, daß sie neue Verhaltensweisen erlernen wollen oder störende Verhaltensweisen durch andere ersetzen möchten. Das Lernen von neuem Verhalten ist ein Prozeß, der nach bestimmten Regeln und Gesetzmäßigkeiten abläuft. Oft machen Menschen bei dem Versuch, ihr Verhalten zu verändern, die Erfahrung, daß sich ihre Zielvorstellungen nur zum Teil oder gar nicht verwirklichen lassen. Aus diesem Grunde werden wir in diesem Kapitel die wichtigsten Gesetzmäßigkeiten der Verhaltensänderung darstellen. Förderlich für einen sozialen Lernprozeß wirkt sich ein Klima der Akzeptierung und Offenheit aus. Es schafft das nötige Vertrauen und die Bereitschaft, neues Verhalten auszuprobieren und zu üben.

Oft wird jedoch in einer Beziehung durch die gewohnte Interaktion eine Verhaltensänderung verhindert. In diesem Falle ist die Kenntnis der Regeln wichtig, die ein Verhaltenslernen steuern. Es können dann die Bedingungen erkannt werden, die der Veränderung im Wege stehen. Erst so wird es möglich zu erkennen, in welcher Weise das Verhalten von Sozialpartnern sich gegenseitig bedingt und verfestigt, so daß es oft nicht gelingt, eine Verhaltensänderung zu erreichen.

Allgemein können wir sagen, daß Verhalten abhängig ist von den Konsequenzen, die es hervorruft. Diese können innere Reaktionen sein («Das habe ich gut gemacht»), wie auch Reaktionen der Sozialpartner. Sind diese Konsequenzen angenehm, so wird ein Verhalten häufiger realisiert. Sind sie unangenehm, so werden die Verhaltensweisen seltener ausgeführt. Die Reaktion eines Sozialpartners kann als Konsequenz unseres Verhaltens aufgefaßt werden, die uns beeinflußt, gewisses Verhalten häufiger auszuführen bzw. seltener zu realisieren. Die Kenntnis der Lerngesetze soll Ihnen helfen, zu analysieren, warum eine erwünschte Veränderung nicht eintritt. Sie sollen die Lerngesetze nicht dazu verwenden, sich und andere bewußt mit Hilfe dieser Gesetze zu verändern. Wenn die Hemmfaktoren für eine Veränderung erkannt worden sind, dann ist der nächste Schritt ein intra- oder interpersonelles Konfliktgespräch, bei dem die veränderungswillige Seite mit der veränderungshemmenden Seite in einen Dialog tritt. Denn auch die häufig unbewußten Widerstände gegen Veränderung müssen erkannt, ernstgenommen und durchdacht werden. Dann erst ist eine Veränderung möglich, die den eigenen Möglichkeiten wie auch den momentanen Fähigkeiten gerecht wird.

Die Gesetzmäßigkeiten des Verhaltenslernens wurden zunächst in Tierexperimenten entdeckt. Die Ergebnisse sind hier vereinfacht dargestellt. Sie sind nur erweitert auf den Menschen in seinen sozialen Bezie-

hungen übertragbar. Wir haben die Gesetzmäßigkeiten zunächst an tier-
experimentellen Beispielen dargestellt, um sie verständlicher zu machen.

1. Belohnung steigert die Häufigkeit von Verhaltensweisen

Die Häufigkeit einer Verhaltensweise wird erhöht, wenn ihr angenehme
Konsequenzen folgen. Wird ein Mensch für ein Verhalten belohnt, so
wird er dieses Verhalten auch in der Zukunft häufiger zeigen. Wir wollen
am Beispiel eines Tierexperimentes demonstrieren, wie Belohnungen allmählich zum Erlernen einer Verhaltensweise führen.

Eine Ratte befindet sich in einem Käfig, in dem ein Futternapf und ein Hebel
angebracht sind. Wird der Hebel niedergedrückt, so rollt eine Futterkugel in den
Napf. Nachdem die Versuchsratte dieses Prinzip entdeckt hat, indem sie zufällig
durch das Niederdrücken des Hebels eine Belohnung erhalten hat, wird sie immer
häufiger den Hebel betätigen, um sich das Futter zu beschaffen. Die Ratte lernt
also, daß das Verhalten ‹Hebel-Niederdrücken› eine für sie angenehme Konsequenz hat. Die Futterkugel ist für sie die Belohnung oder die Bekräftigung für ihr
Verhalten.

Belohnungen sind also in der Lernpsychologie all diejenigen Dinge, die in
einem Individuum angenehme Zustände hervorrufen. Ob und in wie starkem Maße Belohnungen wirksam sind, hängt ab von der Motivation und
Bedürfnislage desjenigen, der die Belohnung erfährt. Wäre unsere Ratte
zum Beispiel hungrig und würde für jeden Hebeldruck statt Futter Wasser
erhalten, dann würde sie für ihr Verhalten keine Belohnung erhalten und
wahrscheinlich bald davon ablassen, den Hebel zu drücken. Für eine dur-
stige Ratte dagegen wäre das Wasser sehr wohl eine Bekräftigung, die
zum Erlernen des Verhaltens führen würde.

Bekräftigend wirkt also all das, was für ein Individuum angenehm und
erfreulich ist. Dies kann sowohl das Auftreten von angenehmen Zuständen wie auch das Ende unangenehmer Zustände sein. Bekräftigung ist
um so wirksamer, je schneller sie auf eine Verhaltensweise folgt. Bekäme
die Versuchsratte ihr Futter immer erst einige Minuten, nachdem sie den
Hebel gedrückt hat, so würde diese zeitliche Verzögerung den Lernprozeß verlangsamen oder gar nicht mehr stattfinden lassen. Über die Wirkung verschiedener Arten von Bekräftigungen im Verhaltenslernen sind
unzählige Experimente auch an Menschen durchgeführt worden, die weitere zahlreiche Gesetzmäßigkeiten aufgedeckt haben. Für uns soll es jedoch zunächst genügen zu wissen, *daß Bekräftigungen Verhaltensweisen
festigen, daß diese Bekräftigungen der Motivation des Individuums entsprechen müssen und daß sie um so wirksamer sind, je schneller sie nach
der realisierten Verhaltensweise eintreten.*

Im Sozialkontakt wirken unsere Verhaltensweisen auf andere oft bekräftigend, ohne daß wir dies bewußt wahrnehmen. Zeichen von Zuneigung und Wohlwollen, wie beispielsweise ein freundliches Lächeln, ein zustimmendes ‹Hmhm› oder ein Kopfnicken können das Verhalten anderer belohnen. In einem Experiment hatten Versuchspersonen einem unbekannten Gesprächspartner eine Reihe von Wörtern zu sagen, die ihnen einfielen. Der Partner belohnte sie durch ein Kopfnicken und ein zustimmendes ‹Hm› immer dann, wenn sie ein Wort in der Mehrzahl nannten. Im Verlaufe des zehnminütigen Gesprächs neigten die Versuchspersonen gegen Ende immer stärker dazu, Wörter in der Mehrzahl zu nennen. Am Ende des Experimentes wurden sie nach ihren Eindrücken gefragt. Es stellte sich heraus, daß ihnen weder bewußt war, wie sich ihr Verhalten verändert hatte, noch ihnen die Reaktionen des Gesprächspartners aufgefallen waren. Im Sozialkontakt können Verhaltensweisen durch solches oder ähnliches Bekräftigungsverhalten der Partner aufrechterhalten werden, obwohl es eigentlich ihren Wünschen und Interessen nicht entspricht. Wir wollen dies an einem Beispiel klarmachen:

Eine Frau hat sich angewöhnt, ihren Mann immer dann um eine Erhöhung des Haushaltsgeldes zu bitten oder mit anderen Forderungen an ihn heranzutreten, wenn er gerade mit ganz anderen Dingen sehr beschäftigt war und wenig Zeit hatte, sich auf sie einzustellen. Er gab ihrem Drängen schnell nach und bewilligte die Mehrausgaben, um seine Ruhe zu haben. In anderen Situationen jedoch kam es häufig zu Streitigkeiten und Vorwürfen über zu hohe Geldausgaben. In einem Konfliktgespräch wurden sich beide einig darüber, daß sie bereit waren, gemeinsam über finanzielle Angelegenheiten zu entscheiden. Trotz dieser Übereinstimmung fiel es beiden schwer, ihr Verhalten zu verändern. Das Verhaltensmuster hatte sich durch die Belohnung stark verfestigt und war schwer aufzugeben. Belohnend für die Frau war, daß sie ihre Forderung durchsetzte. Doch auch der Mann war durch sein Nachgeben indirekt belohnt worden, nämlich dadurch, daß er seine Ruhe erhielt und lange Auseinandersetzungen vermeiden konnte, die er zu diesem Zeitpunkt nicht wünschte. Diese sofortigen bekräftigenden Konsequenzen ihres Verhaltens waren für die Verfestigung des Verhaltens beider Partner viel wirksamer als die Erfahrungen des Streits und der Auseinandersetzung, die meist einige Tage später folgten.

In diesem Fall wäre es also wichtig, daß die Eheleute durchschauten, wie die unmittelbaren Konsequenzen ihres Verhaltens eine Veränderung behindern. Dies herauszufinden wäre eine wichtige Aufgabe, um danach Veränderungen ihres Verhaltens in einem Konfliktgespräch zu besprechen.

2. Wenn Verhaltensweisen nicht mehr bekräftigt werden, verringert sich ihre Häufigkeit

Wir haben im vorigen Kapitel beschrieben, wie durch Belohnungen Verhaltensweisen erworben oder verfestigt werden. Wenn einer gelernten Verhaltensweise keine Belohnungen mehr folgen, dann verringert sich die Häufigkeit ihres Auftretens. Diesen Prozeß nennen wir die ‹Löschung› einer Verhaltensweise. Aus der täglichen Erfahrung wissen wir, daß oft versucht wird, Verhaltensweisen dadurch zu verändern, daß wir andere Menschen für ein Verhalten bestrafen, das uns nicht paßt. Eine solche Bestrafung im sozialen Kontakt kann durch eine Vielzahl von Reaktionen erfolgen, die die Verhaltensweisen der Sozialpartner ausdrükken, aber nicht wirklich verändern. (Wir werden darauf im nächsten Unterkapitel eingehender zu sprechen kommen.) Im Gegensatz zur Bestrafung führt die Löschung zu einem Abbau der Verhaltensweise. Die Erfahrung, daß die ursprüngliche Verhaltensweise nicht mehr wie bisher zu angenehmen Zuständen führt, also nicht mehr belohnt wird, führt zu einem allmählichen Abbau dieses Verhaltens.

Wenn zum Beispiel die Versuchsratte in dem oben beschriebenen Experiment kein Futter mehr erhält, wenn sie den Hebel drückt, dann wird diese Handlung für sie sinnlos, und sie wird sie bald aufgeben. Das erfolglose Hebeldrücken wird allmählich seltener, da sie die Erfahrung macht, daß ihr das nichts mehr einbringt. Wäre das Verhalten der Ratte bestraft worden, etwa dadurch, daß sie bei Berühren des Hebels einen elektrischen Schlag erhalten hätte, so hätte sie diese Erfahrung der Sinnlosigkeit ihres Verhaltens nicht machen können. Ihr Verhalten wäre nur unterdrückt worden, und es wäre wahrscheinlich, daß sie zu einem späteren Zeitpunkt erneut versuchen würde, sich durch das Hebeldrücken Futter zu verschaffen. In dem Moment, wo der Strafreiz nicht mehr vorhanden wäre, würde sie erneut zu ihrem alten Verhalten zurückkehren.

Beim Löschungsvorgang hingegen wird die Verhaltensweise so verlernt, daß auch für die Zukunft die Verhaltensweise nicht häufiger ausgeführt wird, als es dem Zufall entspricht.

Der Löschungsvorgang, der eintritt, wenn eine Verhaltensweise nicht mehr zu den angenehmen Folgen führt, wird beschleunigt, wenn gleichzeitig alternatives Verhalten bekräftigt wird. Die Ratte wird das erfolglose Hebeldrücken eher aufgeben, wenn sie gleichzeitig lernt, das Futter durch das Drücken eines anderen Knopfes in dem Käfig zu erhalten. Indem diese alternative Verhaltensweise verstärkt wird, beschleunigt sich der Abbau der alten Verhaltensweise.

Wir wollen diesen Prozeß an einem Beispiel aus dem zwischenmenschlichen Bereich deutlich machen.

Eine Mutter beklagt sich darüber, daß ihr vierjähriger Sohn oft zu Wutausbrüchen neigt. Ihr Verhältnis zu ihm ist dadurch sehr gestört. Er hat die Angewohnheit, laut zu schreien und auf den Boden zu trampeln, wenn er seine Wünsche nicht erfüllt bekommt. Die Mutter kann ihn in solchen Situationen durch keine Maßnahme beruhigen. Eine Analyse des Verhaltens zeigt, daß der Junge kaum gelernt hat, seine Wünsche anders zu äußern als durch Wutausbrüche. Worte oder Gesten, die einen Wunsch anzeigen, sind sehr selten, und wenn sie auftreten, so werden sie von der Mutter häufig übersehen. Sie reagiert also nicht auf diese ‹milderen› Wunschäußerungen. Nur wenn der Junge zu schreien beginnt, erhält er das, was er möchte. Er erhält für seine Wutanfälle eine Bekräftigung. Wie kann die Mutter sich in dieser Situation verhalten? Die Wutanfälle ihres Sohnes werden wahrscheinlich seltener werden, wenn sie ihm hilft, seine Wünsche auf andere Art, etwa mit Worten, auszudrücken. Wenn sie gleichzeitig seine Wutanfälle unbeachtet läßt und dieses Verhalten nicht mehr dadurch bekräftigt, daß sie auf seine durch den Wutanfall geäußerten Wünsche eingeht, so wird der Junge dieses Verhalten allmählich verlernen und eine alternative Verhaltensweise aufbauen (Aussprechen von Wünschen).

Um in Ihren sozialen Beziehungen Verhalten abzubauen, das allen Beteiligten unerwünscht erscheint, achten Sie darauf, ob dieses Verhalten belohnt wird oder ob es durch Nichtbeachtung gelöscht wird. Sorgen Sie dafür, daß die Löschung eines solchen unerwünschten Verhaltens dadurch erleichtert wird, daß eine alternative Verhaltensweise durch Bekräftigung aufgebaut wird.

3. Bestrafung blockiert ein Umlernen

Wir haben uns schon an anderer Stelle Gedanken über die Wirkung gemacht, die bestrafendes Verhalten im sozialen Kontakt für die Beziehung der beteiligten Menschen besitzt. Wir wollen hier noch einmal darstellen, welche Wirkung die Bestrafung für die Veränderung von sozialen Verhaltensweisen nach sich zieht. Anders als bei der Löschung, die zu einem Verlernen von Verhalten führt, löst eine Bestrafung keine Änderung, sondern eine Unterdrückung von Verhaltensweisen aus. Zwar tritt bestraftes Verhalten nicht mehr auf, solange der Strafreiz vorhanden ist, doch das Verhalten wird nicht allmählich abgebaut, sondern nur blockiert. Es ist damit einer Veränderung durch die Konsequenzen (zum Beispiel Löschung durch Nicht-Belohnung) nicht mehr zugänglich. Im sozialen Alltag erleben wir es häufig, daß Menschen versuchen, Verhaltensweisen von anderen zu unterbinden. Besonders in der Erziehung erfolgt dies meist durch bestrafendes Verhalten der Eltern oder Lehrer usw.

Es wäre zu wünschen, daß die in der Erziehungssituation auftretenden Probleme nicht durch Mittel der Machtanwendung zu lösen versucht werden, da sie die Beziehung zwischen dem Erzieher und dem Kind verschlechtern und ein soziales Lernen beider Seiten verhindern.

Wie sieht eine solche Bestrafung von Verhalten im Alltag aus? Von einer Bestrafung einer Verhaltensweise sprechen wir immer dann, wenn als Folge einer Verhaltensweise negative oder unliebsame Zustände eintreten. Wenn Eltern ihre Kinder wegen eines bestimmten Verhaltens schlagen, so bestrafen sie dieses Verhalten und unterbinden damit sein Auftreten. Doch ein Strafreiz ist nicht nur die Anwendung von körperlicher Gewalt. Auch andere Reaktionen, die im Kind Angst, Schmerz, das Gefühl von Einsamkeit oder von Minderwertigkeit hervorrufen, sind Strafreize, die zur Unterdrückung kindlicher Verhaltensweisen führen. Das Kind verliert damit die Möglichkeit, angemesseneres und reiferes Verhalten zu erlernen, und entwickelt statt dessen Vermeidungsverhalten, das es vor unangenehmen Erlebnissen schützt.

Ein Kind beispielsweise, das seinen Eltern gegenüber äußert, daß es ungern in die Schule geht, und die Erfahrung macht, daß seine Eltern auf diese Äußerung mit Vorwürfen, Drohungen oder schärferen Strafen reagieren, wird dadurch nicht lernen, die Schule angenehmer zu erleben. Es wird lernen, diese unliebsamen Reaktionen der Eltern zu vermeiden, indem es ihnen seine Schulangst verheimlicht oder diese zum Schluß selbst nicht mehr wahrnimmt. Die Konfliktsituation des Kindes wird noch vergrößert, da es seine Probleme niemandem mehr anzuvertrauen wagt. Den Eltern in diesem Beispiel kann es so erscheinen, als hätte sich das Problem des Kindes durch ihr Verhalten gebessert. Erst wenn sie später vom Lehrer des Kindes erfahren müssen, daß ihr Kind mittlerweile stärkere Arbeits- und Konzentrationsstörungen hat oder im Unterricht durch ständiges Stören seinem Unwillen Luft macht, werden sie sich überrascht fragen, wie es zu einer solchen Entwicklung hat kommen können. Hier wäre ein partnerzentriertes Gespräch angemessen gewesen, in dem das Kind seine Angst hätte ausdrücken können. Es hätte seine Angstgefühle geklärt und mit Hilfe der Eltern Lösungsmöglichkeiten erarbeitet.

Die negativen Folgen bestrafenden Verhaltens sind jedoch nicht nur in Eltern-Kind-Beziehungen anzutreffen. Auch in anderen Beziehungen wird immer wieder versucht, das Verhalten der Sozialpartner an die eigenen Bedürfnisse anzupassen, indem durch bestrafende Reaktionen versucht wird, dieses Verhalten zu unterbinden.

Um ein partnerschaftliches Lernen in Ihren sozialen Beziehungen nicht zu verhindern, prüfen Sie in bestimmten zeitlichen Abständen immer wieder, ob durch bestrafendes Verhalten Konflikte unterdrückt werden und damit einer gemeinsamen Problemlösung (etwa in einem Konfliktgespräch) nicht mehr zugänglich sind.

---

4. Durch die Beobachtung eines Modells werden Verhaltensweisen übernommen

Besonders in früher Kindheit, aber auch später, erlernen Menschen Sozialverhalten dadurch, daß sie das nachahmen, was sie an anderen beobachten. Bewußt oder unbewußt übernehmen sie das Verhalten von Vorbildern, mit denen sie sich identifizieren können. Die kindlichen Spiele sind hierfür ein gutes Beispiel. Kinder spielen Mutter und Kind, Mann und Frau, Doktor und Patient und verhalten sich dabei so, wie sie es bei den Erwachsenen beobachtet haben. In solchen Spielen finden sich häufig der aggressive Ehestreit, das Anschreien der Kinder, die Unterdrückung eines Partners und andere Verhaltensweisen wieder, die die Kinder an ihren Eltern beobachtet haben. Dieses zunächst noch spielhafte Verhalten wird allmählich eingeübt und in das feste Verhaltensrepertoire übernommen. Die Eltern sind also Modellpersonen, von denen die Kinder durch Beobachtung Verhaltensweisen übernehmen. Auch die Modelle der weiteren Umwelt, wie zum Beispiel Nachbarn, Lehrer, Film- oder Fernsehhelden können soziales Verhalten beeinflussen. Sie zeigen, wie in einer bestimmten Situation so agiert werden kann, daß es für den Handelnden angenehme Folgen bewirkt. So wird beispielsweise die aggressive Form der Konfliktbewältigung durch Gewaltanwendung in Kriminaloder Westernfilmen von Kindern häufig übernommen, da diese Verhaltensweisen dort dem ‹Helden› zur erfolgreichen Durchsetzung seiner Interessen verhelfen.

Erreichen Sie in Ihrer Sozialbeziehung ein Verhaltensziel nicht, obwohl es allen Beteiligten wünschenswert erscheint, dann überlegen Sie, ob in dieser Beziehung oder in der weiteren Umwelt genügend Modelle für ein solches gewünschtes Verhalten vorhanden sind. Versuchen Sie herauszufinden, ob durch das Erleben eines Modellverhaltens, das Ihrem Verhaltensziel widerspricht, das Erlernen des von Ihnen gewünschten Verhaltens erschwert wird.

---

5. Die Anwendung der Lerngesetze wird schädlich, wenn Bedürfnisse übergangen werden

Wir haben uns bisher mit allgemeinen Gesetzmäßigkeiten der Verhaltensänderung beschäftigt, ohne daß wir darauf eingegangen sind, welche Verhaltensziele dabei angestrebt wurden. Wie sollten die Zielvorstellungen für das eigene Verhalten erarbeitet werden? Beispielsweise durch ein partnerzentriertes Gespräch, durch ein Konfliktgespräch oder durch die «Übung auf zwei Stühlen». Die Verhaltensziele muß also jeder Mensch selbst erstellen können, und die Verantwortung dafür muß bei ihm bleiben. Experimentelles soziales Lernen führt nur dann zu einem befriedigenden Ergebnis, wenn die Beziehung zwischen den Sozialpartnern frei von Unterdrückung und Zwang ist. Nur in gleichberechtigten partnerschaftlichen Beziehungen, in denen keiner dem anderen Befehle erteilt oder ihm vorschreibt, wie er zu sein hat, ist es möglich, soziales Verhalten zu erlernen, das zu einer gleichgewichtigen, optimalen Bedürfnisbefriedigung führt. Es ist daher wichtig, daß jeder Sozialpartner selbst bestimmt, welches Verhalten er ändern und durch welches Verhalten er dieses ersetzen will. Das Ergebnis eines Konfliktgesprächs beispielsweise muß von allen Beteiligten partnerschaftlich erarbeitet sein, so daß die Konfliktpartner gleichermaßen einverstanden sind mit der gefundenen Lösung. Versucht jemand, einen anderen Menschen gegen dessen Interessen zu verändern, so kann er nur dann ‹Erfolg› haben, wenn er zu Macht und Zwang greift. Solange keine Macht angewendet wird, können die Gesetzmäßigkeiten der Verhaltensmodifikation nicht gegen die eigenen Interessen und Bedürfnisse von Menschen eingesetzt werden, wenn sich diese ihrer Interessen bewußt sind. Das einseitige Anpassen eines anderen Menschen an die eigenen Bedürfnisse führt zu einer seelischen Verstümmelung des anderen, wenn es diesem nicht gelingt, sich mit seinen Interessen zu behaupten. Oder es führt zum Bruch der Beziehung bei selbstbewußten und selbständigen Menschen, die nicht bereit sind, sich den Bedürfnissen eines anderen Menschen zu unterwerfen.

Stellen wir uns eine Mutter vor, der es mißfällt, daß ihr achtzehnjähriger Sohn bei den Mahlzeiten nicht ‹gerade und ordentlich› am Tisch sitzt. In einem Konfliktgespräch müßte die Mutter ihren Ärger einbringen und darüber nachdenken, weshalb sie durch dieses Verhalten so gestört wird. Um zu vermeiden, ihre Gefühle hinterfragen und eventuell verändern zu müssen, wählt sie einen anderen Weg. Sie hat ein Buch über Verhaltensänderung gelesen und versucht durch Belohnung ihre Interessen durchzusetzen. Immer wenn ihr Sohn in lässiger Haltung am Tisch sitzt, wendet sie demonstrativ ihren Blick von ihm ab und spricht mit ihrem Mann. Sitzt er jedoch gerade, so wie es ihren Vorstellungen entspricht, versucht sie ihn durch ebenso demonstrative Zuwendung zu belohnen. Durch Äußerungen wie «Ich freue mich richtig, daß du jetzt gerade sitzt», versucht sie, eine alternative Verhaltensweise zu festigen. Die Mutter wird enttäuscht sein über das Ergebnis ihrer Bemühungen, wenn sie bemerkt, daß die Gesichter ihrer Familienmitglieder immer länger und verwunderter werden und der Sohn vielleicht, ärgerlich über dieses merkwürdige Verhalten seiner Mutter, lieber in der Küche ißt.

Ein Konfliktgespräch zwischen Mutter und Sohn hätte in diesem Fall eine Lösung wahrscheinlicher gemacht. So hätte sie beispielsweise mit den Worten beginnen können: «Es ärgert mich, daß du beim Essen oft so lässig am Tisch sitzt. Ich möchte mit dir darüber sprechen und versuchen, dieses Problem auf eine Art zu lösen, mit der wir beide einverstanden sein können.» Ein solches Gespräch hätte ergeben können, daß das eigentliche Problem darin besteht, daß sich der Sohn in seiner Unabhängigkeit eingeschränkt fühlt. Ihm ist nicht so wichtig, lässig am Tisch zu sitzen. Es geht ihm vielmehr darum, sich selbst und seinen Eltern zu zeigen, daß er ein Mensch ist, der sich nicht einfach durch Vorschriften anderer regulieren lassen will. Könnte dieses Bedürfnis in einem Gespräch deutlich gemacht werden, so ergäbe sich wahrscheinlich leichter eine Lösung für die Konfliktsituation bei den Mahlzeiten. Mutter und Sohn könnten gemeinsam überlegen, inwieweit Verhaltensänderungen auf *beiden* Seiten möglich wären.

Verhaltensmodifikation wird dann gefährlich, wenn gegen die Bedürfnisse eines anderen versucht wird, dessen Verhalten zu verändern. Dies muß nicht immer bewußt geschehen, sondern kann auch daran liegen, daß die Bedürfnisse des anderen nur schwer erkannt werden können. Da, wo Verhaltensmodifikation systematisch eingesetzt wird, wie beispielsweise in der verhaltenstherapeutischen Praxis, beim programmierten Lernen oder in einer Trainingsgruppe, dient das Ziel der Verhaltensänderung stets dem Lernenden. Therapeuten, Lernmaschinen und andere Gruppenmitglieder sind nur Helfer, die es ihm möglich machen, sein Ziel zu erreichen.

Verhaltensziele sollten immer so erstellt werden, daß die Bedürfnisse eines Menschen optimal berücksichtigt werden. Dies ist nur bei einem Verhaltensziel der Fall, das er selbst erarbeitet hat. Ein solches Verhaltensziel läßt sich durch ein hilfreiches Gespräch oder ein Konfliktgespräch gemeinsam mit anderen Menschen finden. Die Gesetzmäßigkeiten der Verhaltensänderung sollen nur dazu dienen, die auf diesem Wege gefundenen Verhaltensziele erfolgreicher zu verwirklichen.

---

6. Entwicklungshemmendes Verhalten

Stellen Sie sich vor, Sie hätten mit einem Sozialpartner ein Konfliktgespräch geführt und gemeinsam einen Weg gefunden, durch den die Bedürfnisse beider Partner besser befriedigt werden könnten als bisher. Ihr Verhalten zueinander ist jedoch so, daß es dieses bessere Verhalten verhindert und einen Umlernprozeß erschwert, zum Beispiel bekräftigen Sie sich gegenseitig für dieses unbefriedigende Verhalten, das Sie ablegen wollen. Solche Diskrepanzen zwischen Ihrem Verhalten und der Regelung, die Sie in einem Konfliktgespräch mit Ihrem Partner erarbeitet haben, können daraus resultieren, daß sich entweder durch lange Gewöhnung Verhaltensabläufe sehr stark verfestigt haben, oder aber daraus, daß Sie in einem Konfliktgespräch nicht alle Ihre Gefühle erkannt haben und einer Lösung zugestimmt haben, zu der Sie im tiefsten Inneren nicht stehen können.

In einer Ehe klagt beispielsweise die Frau darüber, daß sie jetzt, wo die Kinder aus dem Haus gegangen sind, nicht mehr Nur-Hausfrau sein möchte. Sie fühlt sich unausgefüllt und möchte noch einmal einen neuen Beruf anfangen. In einem Gespräch mit ihrem Mann äußert sie dieses Bedürfnis. Ihr Mann scheint diesen Wunsch seiner Frau zu befürworten. Er macht keine Einwände und zeigt sich darüber hinaus bereit, ihr zu helfen. Die einzige Schwierigkeit, die sie sieht, ist, daß sie sich an ihre Hausfrauenrolle im Lauf der Zeit zu stark gewöhnt hat. Es zeigt sich in der nächsten Zeit, daß das Verhalten der Frau sich nicht verändert. Beide Ehepartner setzen sich noch einmal zusammen, um zu prüfen, wo der Grund dafür liegen könnte. Eine eingehendere Analyse zeigt, daß der Mann sie für ihr Hausfrauenverhalten sehr bekräftigt. Immer wenn sie gutes Essen kocht oder die Wohung besonders sauber gemacht hat, reagiert er besonders liebevoll. Er lobt sie, und beide verbringen meist einen angenehmen Abend. Er bringt zwar Zeitungsanzeigen mit Stellenangeboten mit nach Hause und kauft ihr modernere Küchengeräte, um sie zu entlasten, auf der anderen Seite verfinstert sich aber sein Gesicht oder er reagiert griesgrämig und mit Abwendung, wenn sie von ihren Berufshoffnungen und -plänen erzählt. Dieses Verhalten ist ihm nicht bewußt, und oft wird es nur andeutungsweise sichtbar. Erst bei einer Analyse ihres Verhaltens wird es beiden klar, daß der Mann das Hausfrauenverhalten seiner Frau durch seine Reaktionen verstärkt und das Bestreben nach mehr Unabhängigkeit durch Nichtbeachtung oder unangenehme Reaktionen behindert.

Werden in einer Analyse des Verhaltens der Interaktionspartner derartige entwicklungshemmende Verhaltensweisen deutlich, dann gibt es die Möglichkeit, eine neue Regelung zu finden. Folgende drei Methoden können sich als sinnvoll erweisen, und sie sollten nacheinander ausprobiert werden.

1. *Die Bitte um konsequentes Verhalten*

Sie bitten den Sozialpartner, zu der im Gespräch gefundenen Regelung auch in seinem Verhalten zu stehen. Meist muß ausdrücklich deutlich gemacht werden, welches Verhalten bekräftigt und welches Verhalten durch Nichtbeachtung gelöscht werden soll. Wenn Ihr Partner bereit ist, Ihnen zu helfen, so bitten Sie ihn, durch seine Reaktion Ihnen bei der Realisierung Ihrer Wünsche zu helfen. Eine solche Aufforderung hat meist dann Erfolg, wenn Ihr Sozialpartner die von Ihnen angestrebte Verhaltensänderung im Grund bejaht und sich nur aus Gewohnheit oder Unwissenheit so verhalten hat, daß er das Erreichen Ihres Zieles behindert.

2. *Ein neues Konfliktgespräch*

Hat auch diese Aufforderung keinen Erfolg, dann bitten Sie Ihren Sozialpartner zu einem neuen Konfliktgespräch. Es ist anzunehmen, daß der Partner beim ersten Gespräch nicht all seine Gefühle erkannt hat und im Innersten zu diesem Versprechen nicht stehen kann. In unserem Beispiel wäre es denkbar, daß der Mann zwar aufrichtig möchte, daß seine Frau selbständiger wird, er zur gleichen Zeit jedoch Angst hat, daß sie zu oft außer Haus sein wird, ihn weniger als Hilfe benötigen wird und daß die Harmonie in der Ehe leiden wird. Es ist wichtig, daß der Mann in einem neuen Konfliktgespräch diese Widerstände gegen eine Veränderung erkennt und ausdrückt. Danach kann versucht werden, eine neue Lösung zu finden, mit der beide Partner einverstanden sein können.

3. Der unabhängige Weg

Es kann auch vorkommen, daß sich während des neuen Konfliktgesprächs herausstellt, daß beide Partner so gegensätzliche Bedürfnisse besitzen, daß keine Lösungsmöglichkeit gefunden werden kann, die für beide akzeptabel ist. Der Partner, der eine Veränderung seines Verhaltens wünscht, sollte prüfen, wie wichtig ihm diese Veränderung ist. Meint er, daß sie ein für ihn notwendiger Schritt zur Entfaltung seiner Persönlichkeit ist, von dem er nicht abgehen kann, auch nicht, wenn es den anderen stört, so muß er diese Änderung ohne Hilfe des Partners erreichen. Er wird seine Interessen unabhängig von den Wünschen des Partners durchsetzen müssen, und seine persönliche Entfaltung geht einher mit einem vorübergehenden Verlust an Harmonie. Das Gefühl von Verbundenheit und Übereinstimmung wird in diesem Fall eine Zeitlang geringer, wenn die Entfaltung und Entwicklung der Persönlichkeit des einen Partners auf den Widerstand des anderen Partners stößt. Dieser Weg wird immer dann gegangen werden müssen, wenn ein Mensch versucht, seiner Entwicklung zuliebe sich von einengenden und ihn erdrückenden Beziehungsformen zu emanzipieren (Emanzipation Jugendlicher von den Eltern, Emanzipation der Ehepartner voneinander usw.). Eine Hilfe in einem solchen Fall kann es sein, sich öfter mit anderen Menschen zu besprechen, die bei der Entwicklung einer bestimmten Verhaltensweise hilfreich sein können und die ein Interesse daran haben, daß wir uns auf unsere Weise entfalten. Das wichtigste jedoch ist das Vertrauen, daß man selbst seinen eigenen Weg gehen wird und daß der Sozialpartner (Ehepartner, Eltern oder Kinder) später umlernen werden und unseren Weg akzeptieren werden. Doch auch sie brauchen für eine solche Veränderung ihrer Gefühle Zeit, und wir sollten akzeptieren, daß sie im Augenblick bei der Entfaltung unserer Persönlichkeit nicht helfen können oder wollen. Wir sollten dabei die Haltung haben: «Ich verstehe, daß du meinen Weg nicht gutheißt. Ich sehe, daß du mir nicht dabei helfen kannst, aber ich muß mich dennoch so verhalten, wie ich es entschieden habe.» Durch eine solche Haltung wird der hemmende Sozialpartner (und er hemmt ja nicht aus böser Absicht) sich mit seinen Bedürfnissen verstanden fühlen, obwohl wir sie nicht befriedigen. Auf diese Weise hat er es einfacher, die Situation zu lösen, die jetzt für ihn unbefriedigend wird. Unser Verständnis für seine Gefühle erleichtert ihm das Umlernen.

Wenn Sie, vielleicht angeregt durch ein Feed-back, ein Verhalten ablegen oder ändern wollen, kann es vorkommen, daß diese Verhaltensänderung in der Praxis sehr schwerfällt. Analysieren Sie dann mit Ihren Sozialpartnern Ihre Verhaltensketten. Versuchen Sie herauszufinden, wodurch eine Veränderung gefördert oder gehemmt wird. Schwierigkeiten lassen sich oft durch die Bitte um Konsequenz oder durch ein neues Konfliktgespräch überwinden.
Wenn beides nicht hilft, können Sie die Veränderung nur auf dem unabhängigen Weg erreichen.

---

7. Die Analyse einengender Verhaltensketten

Die systematische Anwendung der Gesetze der Verhaltensänderung zur Manipulation eines anderen Menschen lehnen wir ab. In der therapeutischen Situation können diese Gesetze zwar positiv und effektiv eingesetzt werden, aber im alltäglichen Sozialkontakt ist die Situation anders. Anders als ein neutraler Therapeut, hat jeder Mensch seine Vorstellung, wohin sich ein anderer Mensch verändern sollte. Seine eigenen Bedürfnisse treiben ihn dazu, den Sozialpartner in eine gewisse Richtung zu verändern, und dann wird der systematische Einsatz der Lernprinzipien zur Manipulation eines anderen Menschen. Die daraus resultierenden Veränderungen werden häufig den Bedürfnissen des anderen, seine Möglichkeiten und seinen momentanen Fähigkeiten nicht gerecht, und an Stelle einer organischen Veränderung tritt eher eine Verbildung des Sozialpartners. Die angemessene Methode bei einem Veränderungswunsch an einen anderen ist das Konfliktgespräch.

Äußerst nützlich können die Gesetze der Verhaltensänderung aber bei der Analyse des eigenen Verhaltens angewendet werden. Wenn wir erkennen, daß einige unserer Verhaltensweisen durch Bekräftigungen aufrechterhalten werden, dann wird uns deutlicher, warum wir uns so verhalten, wie wir es tun. Falls wir diese Verhaltensweisen ablegen oder verändern wollen, können wir die Bekräftigungen verändern, oder wir können versuchen, von ihnen unabhängig zu werden.

In diesem Kapitel wollen wir Ihnen einige typische Verhaltensketten zeigen, die unsere eigene Funktionsfähigkeit behindern oder uns in unseren Beziehungen einengen. Das Gemeinsame an diesen Verhaltensketten ist, daß sie über längere Zeit unbefriedigend werden und Leidensdruck bereiten. Im Augenblick folgt diesen Verhaltensweisen aber eine Bekräftigung, so daß diese unbefriedigenden Verhaltensweisen schwer aufgegeben werden können, wenn der Betreffende sich nicht von den sofortigen Bekräftigungen unabhängig macht. Einengende Verhaltensketten zu durchbrechen, bedeutet also, auf sofortige Bekräftigungen zu verzichten, um langfristig seine eigenen Bedürfnisse besser befriedigen zu können.

Unsere Beispiele werden vielleicht nicht genau auf Ihre Situation zutreffen. Aber sie können für Sie eine Anregung sein, Ihr eigenes Verhalten zu analysieren. Die vorgeschlagenen Änderungen sind als Zielvorstellungen für ein Konfliktgespräch mit dem betreffenden Sozialpartner zu verstehen.

Verhaltenskette 1: «Ich muß ja autoritär sein.»
Situation: Ein Lehrer leidet darunter, daß er zur Disziplinierung der Klasse immer wieder zu autoritären Verhaltensweisen zurückkehren muß. Partnerschaftlichere Methoden führen seiner Meinung nach nicht zum Erfolg.
Analyse: Jeder autoritären Verhaltensweise des Lehrers folgt augenblicklich eine

Bekräftigung (Die Klasse wird ruhig). Langfristig leidet der Lehrer, weil er immer wieder zu diesen Disziplinierungsmaßnahmen greifen muß – er wird abhängig von diesem Verhalten, und eine Änderung im Schülerverhalten kann nicht auftreten.
Änderung: Um seine langfristigen Ziele eines partnerschaftlichen Unterrichtes zu erreichen, wird der Lehrer von den momentanen Bekräftigungen unabhängig werden müssen, damit die Schüler in ihrem Verhaltensbereich umlernen können. Ein Konfliktgespräch mit den Schülern kann helfen.

Verhaltenskette 1a: «Er ist ja immer so autoritär.»

Situation: Wie in Beispiel 1. Die Schüler leiden unter den langfristigen Auswirkungen des autoritären Verhaltens ihres Lehrers. Verglichen mit den Parallelklassen empfinden sie sich als ‹kindlich› und ‹pennälerhaft›.
Analyse: Die Schüler bekräftigen den Lehrer für sein autoritäres Verhalten, indem sie auf seine Disziplinierungsmaßnahmen mit Ruhe reagieren.
Änderung: Die Schüler bekräftigen den Lehrer nicht mehr für sein autoritäres Verhalten und schlagen zum Beispiel in einem Konfliktgespräch andere Verhaltensweisen auf seiten des Lehrers vor.

Verhaltenskette 2: «Ich muß immer soviel reden.»

Situation: Ein Gruppenmitglied leidet darunter, daß es in einer Gruppe nach einiger Zeit von den anderen abgelehnt wird, weil es dominant wirkt und zuviel Redezeit in Anspruch nimmt.
Analyse: Wenn die Gruppe schweigt und unser dominantes Gruppenmitglied einen Vorschlag macht, atmen die anderen erleichtert auf und geben ihm damit eine Bekräftigung. Auf der anderen Seite bekräftigt dieses Gruppenmitglied die Gruppe in ihrer passiven Erwartungshaltung, indem es ihren unausgesprochenen Wunsch nach Aktivität seinerseits durch sein Verhalten bestätigt.
Änderung: Das dominante Gruppenmitglied und auch die anderen Gruppenmitglieder müssen für eine gewisse Zeit auf die momentanen Bekräftigungen verzichten, bis nach einer Phase des Umlernens alternative Verhaltensweisen entstanden sind.

Verhaltenskette 3: «Ich muß eben alles selbst in die Hand nehmen.»

Situation: Ein Vorgesetzter beschwert sich, daß er alles selbst erledigen muß und daß seine Mitarbeiter nicht zu einer selbständigen Arbeit fähig sind.
Analyse: Seit langer Zeit erledigt der Vorgesetzte Dinge allein, wenn seine Mitarbeiter einen Fehler gemacht haben oder ihre Unfähigkeit in einigen Dingen andeuten. Die Mitarbeiter erhalten dadurch eine Bekräftigung (Es wird ihnen eine mühsame Sache abgenommen) und der Vorgesetzte wird ebenso bekräftigt (Er spart ein längeres Konfliktgespräch oder eine ausführlichere Anleitung oder Erklärung. Außerdem genießt er das Gefühl, der einzige ‹fähige› Mann zu sein). Über längere Zeit leiden aber der Vorgesetzte unter seiner Arbeitslast und die Mitarbeiter unter ihrer Unselbständigkeit.
Änderung: Um ein längerfristig befriedigendes Arbeitsverhältnis zu bekommen, müssen Vorgesetzter wie Mitarbeiter auf die momentane Bekräftigung verzichten. Die Mitarbeiter werden zu selbständiger Arbeit angeleitet, wobei zunächst Zeitverluste einzukalkulieren wären.

Verhaltenskette 4: «Wie soll sie bloß erwachsen werden?»

Situation: Eine Mutter macht sich Sorgen, daß ihre Tochter es nie lernen wird, allein mit ihrem Geld zurechtzukommen.

Analyse: Jedesmal, wenn die Tochter ihre Ausgaben nicht richtig eingeteilt hat, bittet sie ihre Mutter um einen Zuschuß. Die Mutter schimpft dann sehr und beklagt sich über die Unzuverlässigkeit der Tochter, gibt ihr ‹aber das letzte Mal› den Zuschuß. Die Tochter erhält also für ihr Verhalten eine Bekräftigung, und auch für die Mutter muß diese Verhaltenskette kurzfristig befriedigend sein – sonst würde sie sich anders verhalten. Vielleicht genießt sie das Gefühl der Überlegenheit, wenn ihre Tochter nicht mit dem Geld zurechtkommt. Oder sie erleichtert jedesmal ihr unterschwelliges schlechtes Gewissen, daß sie die Tochter früher zu hart angefaßt hat.

Änderung: Die Mutter bleibt konsequent und zeigt dabei Verständnis für den Wunsch der Tochter, ohne ihn zu erfüllen.

Verhaltenskette 5: «Sie lassen mich nicht erwachsen werden.»

Situation: Ein junger Mann klagt darüber, daß er sich immer so verhalten muß, wie seine Eltern es haben wollen, und daß er sich nie so verhalten kann, wie er es will.

Analyse: Die Eltern teilen dem Sohn häufig mit, was sie von ihm erwarten, damit er ein ‹guter› Sohn ist. Der Sohn reagiert darauf, indem er mürrisch diesen Erwartungen zu entsprechen versucht. Die Eltern erhalten von ihm immer wieder Bekräftigungen für ihre Bitten und Ermahnungen. Da er Angst hat, sich einmal anders zu verhalten, als sie es sich wünschen, ist das Nachgeben für den Sohn kurzfristig befriedigend, es verringert nämlich seine Angst.

Änderung: Der junge Mann verzichtet auf die momentane Bekräftigung durch die Angstverringerung und verhält sich konsequent so, wie er es für richtig hält. Er geht dabei schrittweise vor (siehe Kapitel «Soziale Angst»), so daß auch seine Eltern sich langsam an die Veränderung gewöhnen können. Da der Verlust der ‹alten› Bekräftigungen für die Eltern schmerzlich ist, vermittelt er ihnen, daß sie seine Zuneigung nicht verlieren, wenn er selbständiger wird. Zum Beispiel verhält er sich dann besonders freundlich und fröhlich, wenn er seinen eigenen Interessen nachgegangen ist, die die Eltern nicht befürworten (zum Beispiel, wenn er spät nach Hause kommt).

Verhaltenskette 6: «Er ist ja so furchtbar eifersüchtig.»

Situation: Eine Frau beklagt sich, daß sie sich in ihrer Ehe unfrei und eingeengt fühlt, weil ihr Mann ungewöhnlich eifersüchtig ist, obwohl er das selbst bedauert.

Analyse: Die Frau spricht ihrem Mann gegenüber häufig von ihren Wünschen, einmal allein auszugehen. Sie tut es aber in einer Art und Weise, daß er das Gefühl erhält «Wenn das geschieht, liebt sie mich nicht mehr». Wenn der Mann nun schimpft, droht oder sie anfleht, verzichtet sie auf ihr Vorhaben und bleibt zu Haus. Er erhält dadurch eine Bekräftigung für sein eifersüchtiges Verhalten, und für sie entspannt sich die vorwurfsvolle Atmosphäre, wenn sie ihm nachgibt – und das ist ihre Bekräftigung.

Änderung: Beide verzichten auf ihre momentanen Bekräftigungen, und die Frau geht aus dem Haus, wenn sie es möchte. Sie zeigt dabei Verständnis für seine Gefühle, bleibt aber konsequent. Bei ihrer Rückkehr ist sie besonders freundlich zu ihm. Sie wird dabei ihre Angst vor der Unzufriedenheit ihres Mannes verlieren und dessen Angst, ihre Zuneigung zu verlieren, verringert sich. Denn jedesmal macht er die neue Erfahrung, daß seine Befürchtungen nicht eintreten, wenn seine Frau einmal allein ausgeht.

Vielleicht haben Ihnen diese Beispiele helfen können, klarer zu erkennen, warum Sie und Ihre Sozialpartner sich so verhalten, wie sie es tun. In vielen Fällen, wo ein Mensch in einer persönlichen Beziehung unter dem Verhalten eines anderen leidet, können wir davon ausgehen, daß dieser Mensch selbst das Verhalten des anderen momentan bekräftigt und damit eine Änderung verhindert.

Auch dort, wo ein Mensch unter seinem eigenen Verhalten leidet und es ändern will, wird er momentan eine kurzfristige Befriedigung aus dem Verhalten zeigen, wenn ihm die Änderung nicht gelingt.

Die Mutter aus dem Beispiel 4 leidet langfristig tatsächlich unter der Unselbständigkeit der Tochter, aber im Augenblick zieht sie Befriedigung aus deren Bitte um mehr Geld. Überall dort, wo Änderungen nicht eintreten, sollte man sich prüfen, ob nicht doch eine gewisse Befriedigung aus dem bestehenden Verhalten gezogen wird. Diese Widerstände gegen eine Veränderung sind häufig nicht bewußt. Deshalb ist es eine Hilfe, auf die eigenen Körpergefühle zu achten und die eigenen Gefühle aufmerksam zu betrachten, wenn wir uns auf die von uns unerwünschte Weise verhalten. Wir sollten uns dann sofort die Frage stellen: «Ziehe ich irgendeine Befriedigung aus diesem Verhalten?»

Wenn wir diese eigenen Widerstände gegen eine Veränderung erkannt haben, müssen wir sie zunächst akzeptieren und ernst nehmen. Wir können uns nicht gegen unsere eigenen Bedürfnisse verändern – und wenn das doch gelingt (zum Beispiel durch Zwang oder Selbstdisziplin), dann hält diese Verhaltensänderung meist nur für eine gewisse Zeit an.

Wir sollten den Widerstand gegen Veränderung genauso ernst nehmen wie den Wunsch nach Veränderung. Der beste Weg wäre hier, diesen intrapsychischen Konflikt durchzuarbeiten (zum Beispiel durch die «Übung auf zwei Stühlen») und die veränderungswillige Seite mit der veränderungsunwilligen in einen Dialog eintreten zu lassen. Dann kann eine Lösung gefunden werden, die beide Seiten befriedigt. Häufig wird das eine kleinere Änderung sein, als sie die veränderungswillige Seite zunächst beabsichtigte. Es ist wichtig, daß keine unserer Seiten übergangen wird oder unberücksichtigt bleibt. Denn diese Seite wird sich dann irgendwann melden und eine Veränderung torpedieren. Ebenso wie bei Konflikten zwischen verschiedenen Menschen werden auch hier nur Lösungen handlungsrelevant und in konkrete Praxis umgesetzt werden können, wenn unsere veränderungswillige Seite («Ich will nicht mehr dominant sein») und unsere veränderungsunwillige Seite («Ich brauche diese Befriedigung, die ich fühle, wenn ich dominant bin») beide zu einem Veränderungsvorsatz ja sagen können. Eine solche organische Veränderung eines Menschen wird dann als Prozeß in vielen kleinen Schritten ablaufen. Vielleicht sollte man das eher eine ‹bewußte Entwicklung› nennen als eine Veränderung, weil mit diesem Wort zu häufig ein abrupter Umschwung verbunden wird.

> Wenn es Ihnen nicht gelingt, die von Ihnen gewünschte Verhaltensänderung in die Praxis umzusetzen, dann untersuchen Sie, ob Sie zwar langfristig unter diesem Verhalten leiden, aber im Augenblick seines Auftretens eine Befriedigung aus dem Verhalten ziehen. Nehmen Sie dann Ihre veränderungsunwillige Seite ebenso ernst wie Ihre veränderungswillige und lassen Sie die beiden Seiten in einen Dialog eintreten, damit Sie Veränderungswünsche erarbeiten, die beide Seiten befriedigen. Auf diesem Weg werden nacheinander viele kleine Veränderungen möglich sein.

3
Ein Programm zur Verbesserung der Kommunikation in Paarbeziehungen

In diesem Teil finden Sie ein Programm von zehn Sitzungen, das Sie gemeinsam mit Ihrem Partner durchführen können. Dem eigentlichen Trainingsprogramm vorangestellt sind wichtige Hinweise und Anmerkungen, die Sie unbedingt gelesen haben sollten, bevor Sie sich entschließen, die eigentlichen Trainingssitzungen durchzuführen (Teil A). Weiterhin ist es nötig, vor der Durchführung Teil 2 des Buches gelesen zu haben. Für einzelne Sitzungen ist es wichtig, Unterabschnitte in Teil 2 nochmals intensiv zu lesen.

Überblick über die einzelnen Sitzungen (Teil B):
1. Sitzung: Einführung
2. Sitzung: Selbstdarstellung
3. Sitzung: Unsere Partnerschaft
4. Sitzung: Das partnerzentrierte Gespräch
5. Sitzung: Feed-back und Vermutungen
6. Sitzung: Autonomie
7. Sitzung: Wünsche
8. Sitzung: Umgang mit Aggressionen
9. Sitzung: Das Konfliktgespräch
10. Sitzung: Rückblick und Weiterarbeit

Im Teil C folgen Vorschläge für die Weiterarbeit von Paaren mit Kindern.

A. Allgemeines zur Durchführung des Partnerprogramms

1. Einleitung

Dieses Partnerprogramm soll Ihnen die Möglichkeit bieten, all das auszuprobieren und einzuüben, was Sie in den vorangegangenen Kapiteln gelesen haben. Sie können mit unseren Ratschlägen und Übungsvorschlägen zur Verbesserung Ihrer Kommunikation konkrete Erfahrungen machen. Hier können Sie zunächst in der Übungssituation das Gelesene in konkrete Praxis umsetzen und erlernen – denn eine sofortige Übertragung in den täglichen Alltag ohne vorangegangene Übung ist schwer oder nur teilweise möglich. Die wichtigsten Ziele des Partnerprogramms sind:
1. Einübung der sozialen Fertigkeiten, die soziales Lernen verbessern,

wie zum Beispiel angemessene Gefühle ausdrücken, Feed-back geben, Konflikte partnerschaftlich lösen, angstfreier werden usw. Diese sozialen Fertigkeiten sind nicht nur wichtig für eine Verbesserung Ihrer Beziehung zu Ihrem Partner, mit dem Sie gemeinsam dieses Programm durchführen, sondern Sie werden auch Ihre Beziehungen zu anderen Sozialpartnern (z. B. Kindern, Bekannten usw.) bewußter und offener gestalten helfen.

2. Neue Erfahrungen mit der eigenen Person und mit dem eigenen Verhalten machen. Das Programm bietet die Möglichkeit, deutlicher zu erkennen, wie Sie sich Ihrem Partner gegenüber verhalten, die eigene Person realistischer wahrnehmen zu lernen und Möglichkeiten zu weiterer Entwicklung und weiterem Wachstum der Persönlichkeit zu entdecken.

3. Der Aufbau eines Kommunikationssystems in der Partnerschaft, das es erlaubt, Störfaktoren und Probleme in der Beziehung immer wieder wahrzunehmen und einer Änderung zugänglich zu machen, so daß beide Partner sich ihrer Bedürfnisse in der Beziehung bewußter werden und lernen, sie besser zu befriedigen.

Das Programm zielt *nicht* darauf ab, die in einer Partnerschaft bestehenden Probleme aus der Welt zu schaffen, sondern darauf, Sie zu befähigen, diese Probleme zu erkennen und mit diesen Problemen umgehen zu können. Hierfür ein Beispiel:

Ein Paar, das nicht über die verschiedenen Vorstellungen und Wünsche in der Sexualität redet, kann sich in einer seltsamen Art problemlos vorkommen. Dadurch, daß die Mißverständnisse und die Unzufriedenheit nicht ausgesprochen werden, werden sie auch nicht als Problem beider Partner bewußt. Man scheint eine harmonische Beziehung zu haben, aber ‹irgend etwas stimmt nicht›. Meist wird der andere Partner für bestimmte Mängel verantwortlich gemacht, die aber oft gar nicht oder nur im Streit ausgesprochen werden. Resultat einer solchen Beziehung, in der es die Partner nicht gelernt haben, die Bedürfnisse und Wünsche offen zu äußern und die dabei notwendigerweise aufgedeckten Verschiedenheiten und entstehenden Probleme zu meistern, ist dann die Einsicht, daß der andere eben nicht der Partner ist, der den eigenen Bedürfnissen entspricht. So wechselt man die Partner in der Hoffnung, daß andere Menschen den Sehnsüchten und Wünschen besser entsprechen. Doch die Chance, mit einem anderen Partner wirklich eine befriedigende Beziehung aufzubauen, ist für jemanden, der es nicht lernt, seine Bedürfnisse und Wünsche zu erkennen und auszusprechen, sehr gering.

Das Resultat des Programms wird es sein, daß einige Probleme, die bisher unerkannt oder verborgen waren, den Partnern bewußt werden. Dies ist sicherlich kein angenehmes Erlebnis. Die Chance besteht jedoch, daß diese bewußtgewordenen Probleme behandelt und bearbeitet werden können. Damit wird die Wahrscheinlichkeit vermindert, daß sie unerkannt unter der Oberfläche wirken und eines Tages scheinbar schicksalhaft hervortreten in einer Trennung, die unerklärlich erscheint oder als psychisches Leiden, dessen Herkunft rätselhaft bleibt.

2. Für welche Paare ist dieses Programm gedacht?

Grundsätzlich können alle Paare dieses Programm durchführen (Ehepaare, Verlobte, Freundespaare und andere Dyaden [Zweierbeziehungen]), die eine dauerhafte Beziehung eingehen wollen. In einigen Beziehungen, in denen die Kommunikation zwischen den Partnern gestört ist, scheint nur einer der beiden an der Beziehung zu leiden, während der andere mit der Beziehung zufrieden ist. In solchen Partnerschaften werden die Probleme häufig nicht als Beziehungsprobleme beider Partner erkannt, sondern einem Partner als ‹Schuld› oder als ‹Mangel› zugeschrieben. In solchen Fällen werden nur selten beide Partner zur Teilnahme am Programm bereit sein. Es wird mit Hilfe des Programms jedoch nicht möglich sein, daß ein Partner den anderen gegen dessen Willen verändert, wenn dieser nicht eine grundsätzliche Bereitschaft mitbringt, sein Verhalten zu hinterfragen und gegebenenfalls zu verändern. Es ist also nicht angezeigt, in einem solchen Fall den Partner entgegen seinem Wunsch zu einer Teilnahme am Programm zu überreden. Partner, die einseitig unter ihrer Beziehung leiden, sollen eher einen Eheberater oder Therapeuten aufsuchen.

Bei einigen Beziehungen kann es jedoch vorkommen, daß beide Partner sich zur Durchführung durchringen, während des Programms aber bemerken, daß die Beziehung schon so gestört ist, daß ihnen das Programm allein nicht mehr weiterhilft. Dann sollten diese Paare unbedingt gemeinsam einen Eheberater oder einen Kommunikationstherapeuten aufsuchen, um dort wirksamere Hilfe zu erhalten. Für diese Paare wird die Durchführung des Programms also zu einem Test für die Befriedigung beider Partner in der Beziehung, und je eher sie bemerken, daß sie die Hilfe eines professionellen Beraters benötigen, desto besser ist es für sie. Denn wenn bestimmte Kommunikationsgewohnheiten und die unbefriedigende Beziehungsstruktur über längere Zeit andauern, dann wird eine Änderung der Beziehung und ein Umlernen der Partner mit der Zeit immer schwerer und schmerzlicher.

Eine große Hilfe wird das Programm für alle Paare sein, die den Wunsch haben, Ihre Beziehung zu erhalten, jedoch ihre Partnerschaft noch offener und bewußter gestalten möchten, so daß beide Partner sich in ihrer Beziehung noch stärker entwickeln können.

Eine ebenso große Hilfe wird das Programm für diejenigen Paare sein, die sich noch unschlüssig sind, ob eine gemeinsame dauerhafte Beziehung für beide das richtige ist, und die sich mit Hilfe dieses Programms prüfen wollen.

Wenn ein Partner oder beide in therapeutischer Behandlung sind oder an einer Eheberatung teilnehmen, dann sollte der Therapeut gefragt werden, für wie günstig er die Teilnahme an diesem Programm im Hinblick auf die Beziehung hält.

3. Die notwendigen Einstellungen für die Durchführung des Programms

Dieses Programm wird nur dann Erfolg haben können, wenn beide Partner bemüht sind, ihr eigenes Verhalten zu überprüfen und eventuell zu ändern. Notwendig ist das Vertrauen, daß die eigenen offenen Äußerungen nicht später gegen einen selbst verwandt werden. Beide Partner sollten den Willen haben, den anderen zu verstehen und ihm bei seinen Problemen zu helfen.

Bevor Sie sich zur Durchführung des Programms entschließen, beantworten Sie bitte folgende Fragen, die Ihnen helfen sollen, sich über Ihre Motivation klarer zu werden.

	Ja	Nein
1. Ich möchte ernsthaft versuchen, meine Gefühle meinem Partner gegenüber noch besser zu verstehen.	☐	☐
2. Ich möchte ernsthaft versuchen, die Gefühle meines Partners mir gegenüber noch besser zu verstehen.	☐	☐
3. Ich möchte meinen Partner näher und intensiver kennenlernen.	☐	☐
4. Ich will versuchen, mich meinem Partner auch in den Gebieten zu öffnen, in denen es mir bisher nicht möglich war.	☐	☐
5. Ich möchte meinem Partner helfen, damit er seine Probleme besser lösen kann.	☐	☐
6. Ich will Konflikte, die im Augenblick vielleicht unterschwellig in unserer Partnerschaft vorhanden sind, deutlicher sehen und ansprechen lernen.	☐	☐
7. Ich will lernen, die auftretenden Konflikte in unserer Partnerschaft auf partnerschaftliche Weise zu lösen, so daß es keinen Gewinner und keinen Verlierer gibt.	☐	☐
8. Ich bin bereit, mit meinem Verhalten zu experimentieren und mich dabei kleinen Unsicherheiten auszusetzen.	☐	☐

4. Praktische Hinweise

Die zehn Sitzungen dauern jeweils etwa drei Stunden. Wir halten es für das günstigste, diese Sitzungen in wöchentlichen Abständen durchzuführen. Es ist aber auch möglich, daß ein Paar an einem verlängerten Wochenende oder im Urlaub dieses Programm hintereinanderweg durcharbeitet. Das wird vielleicht nötig sein, wenn die Durchführung des Programms durch die Beaufsichtigung von kleinen Kindern behindert wird.

Paare, die sich noch unsicher sind, ob die Durchführung des Programms für ihre Partnerschaft wichtig ist, sollten erst einmal die 1. Einführungssitzung durcharbeiten – und danach entscheiden, ob sie weitermachen wollen. Sie haben dann bereits konkrete Erfahrungen gemacht, die die Entscheidung erleichtern.

Die Reihenfolge der Sitzungen sowie die Reihenfolge und die Zeiten für die verschiedenen Übungen sollten möglichst nicht verändert werden, wenn dazu keine wichtigen Gründe Anlaß geben. Beide Partner sollten gemeinsam einen regelmäßigen Termin für die Sitzungen besprechen, bei dem sie beide nicht allzu müde sind und nach der Sitzung nicht sofort zu einer anderen Verabredung müssen. Die Sitzungen sollten so arrangiert werden, daß das Paar während der Zeit nicht gestört werden kann.

5. Partnerprogramm oder Partnergruppe?

Wenn für Paare die Möglichkeit besteht, mit anderen Paaren gemeinsam das Selbsterfahrungsprogramm durchzuführen und hinterher als Rollenspielgruppe an Partnerproblemen weiterzuarbeiten, dann halten wir diese Möglichkeit für besser als die Durchführung des Partnerprogramms zu zweit. Auch in der Rollenspielgruppe ist es möglich, mit diesem Programm zusätzlich zu arbeiten, wobei die Kontrolle und die Hilfe durch die anderen Paare sehr hilfreich sein kann (siehe Kapitel «Die Rollenspielgruppe»). In einer Paarbeziehung ist es manchmal schwierig, eine angemessene Übungshaltung zu entwickeln, da ständig die Gefahr besteht, daß die Partner in eingeschliffene Kommunikationsgewohnheiten zurückfallen, die der Stabilisierung der bisherigen Beziehungsstruktur dienen und ein Um- oder Neulernen erschweren. Dieser Tatsache versucht dieses Programm zwar durch die starke Strukturierung durch Übungen, Tonband und Datenerhebungsbögen Rechnung zu tragen. In einer Gruppe erscheinen die Lernchancen für Paare aber vorwiegend deshalb günstiger, weil den Partnern das Geben von Feed-back von anderen Gruppenmitgliedern teilweise abgenommen wird, deren Wahrnehmung neutraler und weniger tendenziös ist. Ein solches Feed-back wird meist eher gehört und angenommen als das Feed-back des Partners. Für Paare, die allein dieses Programm durchführen, ist es für einen guten Lernerfolg daher besonders wichtig, die Befürchtung abzubauen, daß der Partner das Feed-back ‹nur› dazu benutzt, seine Veränderungswünsche aufzudrängen, um damit seinen eigenen Freiheitsraum auf Kosten der Bedürfnisse des anderen zu erweitern.

6. Funktion von Übungen, Tonband und Fragebögen

Die einzelnen Sitzungen werden strukturiert durch verschiedene Übungen und Spiele. Der ‹Sinn› und Zweck dieser Übungen ist nicht immer vorher zu erkennen, und auch langes Nachdenken und Sprechen über die Übung ändert nichts daran, daß jede Durchführung einer Übung ein Risiko in sich trägt, da Sie nie genau voraussagen können, was für Sie dabei herauskommt.

Es ist für das Gelingen des Programms deshalb wichtig, daß Sie sich bewußt sind, daß nur durch das Experimentieren mit neuem Verhalten neue Erfahrungen gemacht werden. Dadurch kommen neue Einsichten, und Ihr Verhalten kann sich verändern. Riskieren Sie deshalb ruhig das kleine Angstniveau, das Sie eventuell vor einer Übung bekommen, und vermeiden Sie Diskussionen *vor* einer Übung über den ‹Sinn› dieser Übung. Diesen können Sie nur durch konkrete Erfahrung für sich herausbekommen.

Sinnvoll sind aber alle Übungen nur, wenn nach der Durchführung die Erfahrungen besprochen und reflektiert werden. Auch wenn sich beide Partner in einer Übung nicht wohl gefühlt haben oder nichts Neues in ihr gelernt haben, dann ist diese Erfahrung wichtig, und es sollte darüber gesprochen werden: «Wie kommt es, daß ich mich bei dieser Aufgabe so und so verhalten habe?», «Ist das Zufall – oder sehe ich Parallelen zu meinem sonstigen Verhalten?»

Diese Übungen sind experimentelle und künstliche Situationen, in denen Sie auf besonders deutliche Weise Erfahrungen machen können, wie es im Alltag kaum möglich ist.

Die Übungen selbst sind zeitlich sehr vorstrukturiert, und wir halten es für wichtig, die angegebenen Zeiten einzuhalten. Je verfahrener die Kommunikation zwischen Paaren ist, desto größer ist die Gefahr, daß die Partner vom Thema abschweifen, in Streit geraten und sich gegenseitig Vorwürfe machen. Sie können sich in solchen Fällen damit helfen, daß Sie sich, besonders in den ersten Sitzungen, strikt an die Zeiten halten. Denn Sie sollen ja in diesen Übungen die Erfahrung machen, daß Sie in ruhiger und gelassener Weise über Dinge sprechen können, die Sie sonst nur im Streit und im Ärger vorbringen, in Situationen also, in denen dann kaum noch eine Lösungsmöglichkeit gefunden werden kann.

Wichtig zur Kontrolle der Kommunikation ist das Tonband. Bei bestimmten Übungen sollten Sie Ihr Gespräch auf Tonband aufnehmen und sich hinterher diese Tonaufzeichnung anhören. Auf diese Weise erhalten Sie objektives Feed-back über Ihr Kommunikationsverhalten und lernen Ihre Art kennen, mit Ihrem Partner zu sprechen. Viele Menschen sind recht überrascht, wenn sie einmal auf dem Tonband ihre Sätze und besonders ihren Tonfall hören (indirekter Ausdruck von Gefühlen). Der Lernerfolg durch das Feed-back vom Tonband ist sehr groß. Außerdem fühlen sich die meisten Partner durch dieses Feed-back weniger angegriffen und geraten weniger leicht in Verteidigungshaltung als durch das Feed-back des anderen.

Ein anderes ‹Instrument› zur Strukturierung der Sitzung sind die kurzen Fragebögen, die Sie vor bestimmten Diskussionen ausfüllen. Sie helfen, die Diskussion zu versachlichen, und verhindern, daß das Gespräch vom Thema abschweift oder wichtige Gedanken, Gefühle und Meinungen nicht ausgesprochen werden. Zweck dieser Fragebögen ist es also nicht allein, sie auszufüllen und die Werte dem Partner mitzuteilen. Ihr hauptsächlicher Sinn ist es vielmehr, eine Diskussion über diese angekreuzten Werte anzuregen, so daß sie im Gespräch näher erläutert und relativiert werden. In der Diskussion wird sich auch häufig ergeben, daß sich die ursprüngliche Meinung über die verschiedenen Fragen verändert. Durch die Beantwortung und Mitteilung dieser Fragen wird die nachfolgende Diskussion aber intensiver und umfassender.

7. Die Kommunikationsregeln

Für die Gespräche während der Sitzungen sollten Sie versuchen, sich an die folgenden Regeln zu halten. Versuchen Sie, diese Regeln zunächst zu übernehmen und einzuüben. Machen Sie mit ihnen Ihre Erfahrungen, und besprechen Sie zum Schluß des Programms, wie nützlich Sie es finden, diese Kommunikationsregeln in Ihren Alltag zu übernehmen.

Diese Regeln werden Sie kaum gleich zu Anfang beherrschen können – denn das ist im Grunde genommen erst ein Lernziel dieses Programms. Aber versuchen Sie, so gut Sie es können, auf die Regeln zu achten.

1. *Äußere deine Interessen*

Sei dir bewußt, daß du und dein Partner verschiedene Menschen sind, die zum Teil gleiche und zum Teil unterschiedliche Interessen haben. Akzeptiere diese Verschiedenheit und mache weder dir noch deinem Partner Vorwürfe, wenn sich eure Interessen unterscheiden. Äußere frei deine Interessen, aber erwarte nicht, daß dein Partner sie stets so erfüllen sollte, wie du es dir vorstellst. Vertraue hingegen darauf, daß ihr gemeinsam Lösungen für eure Konflikte finden werdet, die deinen wie seinen Interessen gerecht werden.

2. Experimentiere mit dir

Versuche öfter, neues Verhalten auszuprobieren, und prüfe dich, welches Verhalten du aus Angst nicht vor deinem Partner zeigen magst. Überlege, ob diese Angst aus ‹alten› Erfahrungen mit deinen Eltern oder früheren Partnern resultiert, und versuche, immer wieder zu testen, ob deine Angst realistisch ist. Riskiere dabei das kleine aufgeregte Kribbeln, das ein guter Anzeiger dafür ist, daß du neues Verhalten ausprobierst, das du sonst aus Angst vermieden hast!

3. Störungen haben Vorrang

Falls du dich in einem Gespräch ängstlich, verärgert, peinlich berührt, verletzt oder traurig fühlst, dann unterbrich die inhaltliche Diskussion und teile deinem Partner zunächst mit, wie du dich fühlst. Auf diese Weise vermeidest du, deine Gefühle auf der inhaltlichen Ebene indirekt auszudrücken, und du kannst überlegen, wie diese Gefühle entstanden sind und wie du sie beheben kannst. Ist diese Störung behoben, dann wird das Gespräch wieder aufgenommen.

4. Bitte bei defensiver Kommunikation um eine Pause

Wenn du den Eindruck hast, daß du oder dein Partner sich in Verteidigungshaltung befinden oder sich aggressiv anklagen, dann bitte um eine kleine Gesprächspause zur Beruhigung. Schließe in dieser Pause deine Augen, atme tief ein und aus, konzentriere dich auf deine Körpergefühle und denke nach über den Inhalt des vorangegangenen Gesprächs, über deine Gefühle und über die vermuteten Gefühle deines Partners.

5. Eigene Meinungen statt Fragen

Wenn du eine Frage stellst – sage, warum du sie stellst. Fragen sind oft eine Methode, sich und seine eigene Meinung nicht zu zeigen. Außerdem können Fragen oft inquisitorisch wirken und deinen Partner in die Enge treiben. Äußerst du aber deine Meinung, hat dein Partner es viel leichter, dir zu widersprechen oder sich deiner Meinung anzuschließen.

6. ‹Ich› statt ‹man› oder ‹wir›

Sprich nicht per ‹man› oder ‹wir›, weil du dich hinter diesen Sätzen zu gut verstecken kannst und die Verantwortung nicht für das zu tragen brauchst, was du sagst. Zeige dich als Person und sprich per ‹ich›. Außerdem sprichst du in ‹man›- oder ‹wir›-Sätzen für deinen Partner mit, und du weißt gar nicht, ob der das wünscht.

7. Keine Vorwürfe

Vermeide, deinen Partner anzuklagen, ihm Vorwürfe zu machen oder auf andere Weise ein schlechtes Gewissen zu erzeugen. Wenn du anders denkst als er, dann lasse ihm seine Meinung und sage dazu, was du meinst. Wenn du ärgerlich bist, dann sprich von deinem Ärger direkt und drücke ihn nicht indirekt als Anklage aus. Wenn du dir von deinem Partner eine Änderung wünschst, dann drücke das als Wunsch und nicht als Vorwurf aus.

8. Keine ‹alten Hüte›

Wenn du ärgerlich auf deinen Partner bist oder dir von ihm eine Veränderung wünschst, dann bleibe in der Gegenwart oder äußere deinen Wunsch für die Zukunft. Wenn du ‹alte Hüte› ausgräbst, verhinderst du, daß ihr beide am Thema bleibt und eine Lösung für die Zukunft suchen könnt. Dein Partner wird dir dann nämlich bald zeigen, daß du unrecht hast und er sich damals ganz anders verhalten hat, und bald sprecht ihr nur noch über das ‹damals› und vermeidet damit, eine Änderung für die Zukunft zu besprechen.

9. Versuche, partnerzentriert zu reagieren, bevor du deine eigene Meinung sagst

Wenn du den Eindruck hast, daß das Gespräch aufgeregt und schnell wird und ihr beide nicht mehr ganz versteht, was der andere meint – dann versuche zunächst zu wiederholen, was dein Partner gesagt hat, und teile dann erst deine Meinung mit. Auf diese Weise mußt du dich mehr konzentrieren, bewußter zuhören und kannst immer wieder prüfen, ob du deinen Partner auch richtig verstanden hast.

10. Gib Feed-back, wenn du das Bedürfnis hast

Löst das Verhalten deines Partners angenehme oder unangenehme Gefühle bei dir aus, teile es ihm sofort mit, und nicht später einem Dritten.

Wenn du Feed-back gibst, sprich nicht in einer bewertenden und normativen Weise. Vermeide Interpretationen und Spekulationen über den anderen. Sprich nicht in «Du bist . . .»- oder in «Du fühlst . . .»-Form, wobei im Tonfall mitschwingt: «. . . und das weiß ich genau!»

Sprich zunächst einfach von den Gefühlen, die durch das Verhalten deines Partners bei dir ausgelöst werden. Danach kannst du versuchen, das Verhalten des anderen so genau und konkret wie möglich zu beschreiben, damit er begreifen kann, welches Verhalten deine Gefühle ausgelöst hat. Laß dabei offen, wer der ‹Schuldige› an deinen Gefühlen ist. Du benötigst dabei keine objektiven Tatsachen oder Beweise – deine subjektiven Gefühle genügen, denn auf diese hast du ein unbedingtes Recht.

Versuche vor deinem Feed-back die Einwilligung deines Partners einzuholen. Das Feed-back wird nur dann hilfreich sein, wenn er die Bereitschaft hat, dir zuzuhören.

11. Wenn du Feed-back erhältst, hör ruhig zu

Wenn du Feed-back erhältst, versuche nicht gleich, dich zu verteidigen oder die Sache ‹klarzustellen›. Denk daran, daß dir dein Partner keine objektiven Tatsachen mitteilen kann, sondern seine subjektiven Gefühle und Wahrnehmungen. Freu dich zunächst, daß dein Partner dir *sein* Problem erzählt, das er mit dir hat. Diese Haltung wird dir helfen, ruhig zuzuhören und zu prüfen, ob du auch richtig verstanden hast, was er meint. Teile ihm zunächst mit, welches Gefühl sein Feed-back in dir ausgelöst hast, dann erst gehe auf den Inhalt ein.

Viel Büchermachens ist kein Ende ...

... heißt es in Kapitel 12, Vers 12 im Buche des Predigers, des Sohns Davids, des Königs zu Jerusalem. Und er war nie zu Frankfurt auf der Buchmesse.

Wenn jegliche Bildung doch allein von der Menge des Angebots abhinge! Dann wäre wohl auch die Vermögensbildung kein Problem mehr.

Pfandbrief und Kommunalobligation

Meistgekaufte deutsche Wertpapiere - hoher Zinsertrag - schon ab 100 DM bei allen Banken und Sparkassen

Verbriefte  Sicherheit

B. Die Sitzungen

1. SITZUNG:
Einführung (180 Minuten)

In dieser Sitzung können Sie sich über Ihre Erwartungen und über Ihre Befürchtungen unterhalten, die Sie beide mit dem Partnerprogramm verbinden. Außerdem können Sie mit Hilfe unserer Kommunikationsregeln prüfen, wie es mit der Kommunikation in Ihrer Beziehung steht.

Weiterhin können Sie sich im Paraphrasieren üben, das Sie von der 2. Sitzung an jedesmal im Einleitungsgespräch praktizieren werden. Ebenso lernen Sie den Fragebogen zum Abschlußgespräch kennen, dessen Form für alle Sitzungen gleichbleiben wird.

Sie können also in dieser Einführungssitzung einen ersten Eindruck erhalten von den möglichen Erfahrungen im Partnerprogramm, und Sie lernen einige ‹Instrumente› des Programms kennen. Paare, die sich noch unsicher sind, ob sie das ganze Programm durchführen wollen, oder die sich noch nicht schlüssig sind, ob dieses Programm ihnen weiterhelfen kann oder für ihre Beziehung wichtig ist, sollten erst einmal diese Einführungssitzung ‹ausprobieren› – danach ist es für sie leichter zu entscheiden, ob eine Durchführung des ganzen Programms für sie wünschenswert ist.

Da diese Sitzung sehr lang ist (3 Stunden), ist es besonders wichtig, daß Sie sich vor dieser Sitzung ausgeruht fühlen, Lust zur gemeinsamen Arbeit haben und nicht unter Zeitdruck stehen. Versuchen Sie für die drei Stunden möglichst ungestört sein zu können.

1. Präambel für das Programm   (10 Min.)
2. Erwartungen und Befürchtungen   (10 Min.)
3. Partnerdiskussion   (30 Min.)
4. Wie sprechen wir miteinander   (40 Min.)
5. Selbst-Feed-back   (10 Min.)
6. Kontrollierter Dialog   (40 Min.)
7. Abschlußgespräch   (30 Min.)

1. Präambel für das Programm (10 Min.)
Beide Partner lesen zunächst für sich die ‹Präambel› durch und denken über sie nach (ca. 5 Min.). Dann liest jeder Partner dem anderen den Text laut und langsam vor (5 Min.).

Ziel dieser Übung ist, sich mit Hilfe des Textes noch einmal die Haltung und Einstellung ins Gedächtnis zu rufen, die für das Gelingen des Programms wichtig ist. Manche Partner empfinden es als peinlich, den Text zweimal laut vorzulesen, und empfinden diese Situation als künstlich. Diese ‹Anfangshemmungen› treten bei

P1 (P = Partnerprogramm, 1 = Sitzung 1)

jedem Rollenspiel auf, und da in diesem Programm für verschiedene Übungen immer wieder das Rollenspiel benutzt wird, ist diese Übung schon eine kleine Überwindung der Hemmungen vor dem Spiel. Außerdem wird es Ihnen leichter fallen, diese notwendige Haltung zu realisieren, wenn Sie den Text einmal laut und langsam vorgelesen haben.

PRÄAMBEL FÜR DAS PROGRAMM

Ich möchte mit dir dieses Partnertraining durchführen. Ich weiß, daß ich dabei auch in Situationen kommen werde, die in mir Widerstand und Angst auslösen können. Ich werde in einem solchen Fall mit dir darüber sprechen. Dies wird mir oft Schwierigkeiten bereiten, und ich wünsche mir von dir, daß du Geduld und Verständnis für mich und meine Probleme aufbringst und mir Gelegenheit gibst, über meine Unsicherheit und Angst zu sprechen. Ich selbst will mich dir gegenüber ebenso verhalten, falls du die Situation als schwierig erlebst.

In diesem Programm werden wir beide neue Erfahrungen machen, und ich freue mich darauf, daß wir mehr voneinander erfahren werden. Und zur gleichen Zeit weiß ich, daß es nicht immer ganz leicht sein wird, mehr von mir und von dir zu erfahren. Wenn du an mir etwas feststellst, was dich freut oder ärgert oder andere Gefühle in dir auslöst, teile mir dies bitte mit – vielleicht wird uns dann manchmal ein Problem bewußt, das wir vorher nicht wahrgenommen haben. Gerade in solchen Situationen hilft es mir, wenn du mir zu verstehen gibst, daß du bereit bist, mit mir gemeinsam zu überlegen, wie wir ein solches Problem lösen können. Deine Mitteilung wird mir helfen, mich und dich besser kennenzulernen. Bedenke jedoch, daß es mir schwerfällt, von dir zu hören, daß ich mich falsch verhalte oder Fehler mache. Viel mehr interessiert bin ich daran, zu hören, welche Bedeutung mein Verhalten für dich hat und welche Gefühle ich mit diesem Verhalten in dir auslöse. Denke daran, daß wir durch dieses Training in einen längeren Lernprozeß eintreten, und versuche bitte nicht, mich zu überfordern. Lobe mich bitte auch für kleine Fortschritte und erkenne es an, wenn ich an mir selbst Schwächen erkenne und sie dir gegenüber eingestehe. Dasselbe will ich bei dir tun.

2. Erwartungen und Befürchtungen (10 Min.)

Beide Partner schreiben jeder für sich im folgenden Schema ihre Erwartungen und Befürchtungen auf, die sie mit der Durchführung des Programms verbinden. Das sollte nur stichwortartig geschehen – unter Punkt 3 wird Gelegenheit sein, diese Stichworte weiter auszuführen und zu erklären.

Ich erwarte von der Durchführung dieses Programms	Ich befürchte, daß bei der Durchführung dieses Programms . . . . .
für mich:	ich selbst:
für meinen Partner:	mein Partner:
für unsere Beziehung:	unsere Beziehung:

3. Partnerdiskussion (30 Min., Tonband)

Die Partner teilen sich ihre aufgezeichneten Erwartungen und Befürchtungen mit und sprechen über alles, was ihnen im Zusammenhang damit wichtig ist. Denken Sie dabei an die Regel «Störungen haben Vorrang» – aber sprechen Sie so, wie Sie es normalerweise miteinander tun, und versuchen Sie nicht, besonders ‹vorbildlich› zu kommunizieren. Das Gespräch wird auf Tonband aufgezeichnet.

P1

Für manche Paare mag es zunächst schwierig sein, bei laufendem Tonband zu sprechen. Versuchen Sie, es zu vergessen – nach einiger Zeit werden Sie sich daran gewöhnt haben.

4. Wie sprechen wir miteinander (40 Min.)

Die Partner hören gemeinsam das Tonband vollständig ab. Dabei soll jeder *nur für sich* mit Hilfe des folgenden Schemas eine Strichliste führen. Zählen Sie, wie häufig Sie die folgenden Reaktionen zeigen. Es geht bei dieser Diagnostik Ihrer Kommunikation nicht darum, zu zeigen, wie ‹gut› oder ‹schlecht› Sie kommunizieren, noch darum, ‹besser› zu sein als der Partner. Kommunikation ist immer eine zweiseitige Angelegenheit, und das Verhalten eines Partners hängt auch immer ab von dem Verhalten des anderen. Sie können bei dieser Übung nur einmal deutlicher sehen, wie Sie kommunizieren. Eine Verbesserung der Kommunikation ist ja erst das Lernziel dieses Programms.

Wie häufig habe ich realisiert:

1. *«Man»*

_____

2. *«Wir»*, obwohl nicht geprüft worden ist, ob der Partner genauso denkt.

_____

3. *Fragen,* die nicht der Informationssuche dienen, sondern ein indirekter Ausdruck eines Gefühls sind.

_____

4. *Vorwürfe und Anklagen*

_____

5. *«Alte Hüte»:* Alte Streitpunkte oder Fehler des Partners neu ‹aufwärmen› und als Kampfmittel verwenden.

_____

6. *«Du bist»* (Gemeint ist hier, daß Sie versuchen, Ihrem Partner einzureden, er wäre so, wie Sie ihn sehen. Sie sperren sich dagegen, seine Sichtweise zu verstehen, und beharren darauf, daß Ihr ‹Bild› von Ihm ‹wahr› ist.)

7. Wie oft waren Sie im Gespräch so ärgerlich, unkonzentriert, in Verteidigungshaltung oder erregt, daß Sie am Gespräch eigentlich nicht mehr angemessen hätten teilnehmen können – und haben *keine Störung* oder nicht den Wunsch nach einer kurzen Gesprächspause geäußert?

8. Wie häufig habe ich den Partner *mißverstanden*?

Wenn Sie das Tonband abgehört haben, zählen Sie bitte Ihre Striche für jede Kategorie zusammen und überdenken Sie, jeder für sich:
1. Wie repräsentativ war dieses Gespräch für unsere normale Kommunikation?
2. Wie kommuniziere ich sonst in ‹schwierigen Situationen›?

5. Selbst-Feed-back (10 Min.)

Jeder Partner hat 5 Minuten Zeit, um sich selbst laut Feed-back für seine Kommunikation zu geben. Er soll klären, was ihm an seinem eigenen Kommunikationsverhalten gefällt und mißfällt und was ihn an seinem Gesprächsverhalten überrascht hat. Er soll auch Parallelen oder Unterschiede zu seiner sonstigen Kommunikation ziehen. Der andere Partner soll nur zuhören und auch nach dem Selbst-Feed-back des anderen möglichst keine Zusätze machen.

Für viele Partner ist es zunächst schwer, keinen Kommentar zu dem Selbst-Feedback des anderen zu geben. Dies ist aber wichtig, damit das Abhören eines Tonbandes nicht mit gegenseitigen Vorwürfen über ‹Fehlverhalten› endet. Durch solche Vorwürfe erschweren Sie Ihrem Partner eher eine Veränderung und ein Lernen. Er wird sich verteidigen und sich vor neuen Erkenntnissen verschließen. Auch wenn ein Partner zu Beginn solcher Gespräche nicht soviel über sein Kommunikationsverhalten gesehen hat, wie vielleicht Sie selbst, wird er es mit der Zeit und zunehmender Übung lernen, sein Verhalten bewußter wahrzunehmen. Hierzu ist jedoch das Vertrauen nötig, daß seine ‹Fehler›, die er sich selbst und seinem Partner eingesteht, nicht zu seinem Nachteil verwendet werden. Dies wäre zum Beispiel der Fall, wenn der andere Partner ihm dies in einem Streit zum Vorwurf machen würde: «Du hast ja selbst gesagt, daß du nicht richtig zuhörst!»

P1

6. Kontrollierter Dialog (40 Min., Tonband)

In dieser Übung soll geübt werden, vor dem Aussprechen jedes eigenen Gedankens den vorangegangenen Satz des Partners zu paraphrasieren. Wer es kann, kann auch statt der Paraphrase (Stufe 2 des partnerzentrierten Gesprächs) den gefühlsmäßigen Inhalt des vorangegangenen Satzes des Partners verbalisieren (Stufe 3 des partnerzentrierten Gesprächs), das wird aber erst Lernziel der 4. Sitzung.

Anders aber als beim partnerzentrierten Gespräch, bei dem sich ein Partner für einige Zeit ganz auf den anderen einstellt, kann beim kontrollierten Dialog das Gespräch hin- und herpendeln und ein normales ‹Zwiegespräch› sein – nur daß die vorangegangene Äußerung des Partners noch einmal in eigenen Worten wiederholt wird, bevor man selbst Stellung nimmt.

Ablauf

Der jeweilige Zuhörer soll, bevor er auf den Gesprächsbeitrag des Partners antwortet oder seine eigene Meinung darstellt, in seinen Worten versuchen, zu wiederholen, was sein Partner gesagt hat. Er versichert sich gleichzeitig, ob er ihn richtig und vollständig verstanden hat, und gibt dem Sprecher die Möglichkeit, zu ergänzen oder richtigzustellen. Erst wenn der Sprecher glaubt, richtig verstanden worden zu sein, kann der Zuhörer nun seinerseits seine Ansicht oder Meinung zu dem Gesprächsthema vorbringen. Auch sein Beitrag wird wiederholt von seinem Partner, bevor dieser antwortet. Das Gespräch verläuft also abwechselnd und ist ständig durchsetzt mit Wiederholungen der Beiträge des anderen.

Um diese Regel einhalten zu können, ist es wichtig, daß die einzelnen Gesprächsbeiträge nicht allzu lang werden, da der Zuhörer überlange Äußerungen nicht entsprechend wiederholen kann. Ein schnellerer Wechsel zwischen Sprecher- und Zuhörerrolle erhöht die Aufmerksamkeit bei beiden Partnern, und auf diese Weise wird vermieden, daß ein Partner in eine passive Rolle gedrängt wird, die es ihm unmöglich macht, seinen Standpunkt darzustellen. Ein Beispiel:

A: «Also, wenn ich das alles lese, dann glaube ich, daß wir beide zunächst einmal einige Zeit brauchen werden, um uns in den Ablauf einfinden zu können.»

B: «Du meinst also, daß wir uns erst mal an das Programm gewöhnen müssen!? (Tonfall offen-fragend!)

(A: «Hmhm»)

Ich bin genau derselben Meinung. Besonders sehe ich die Gefahr, daß mir alles viel zu langsam geht und ich das Gefühl bekomme, das Ganze geht nicht voran.»

A: «Habe ich dich richtig verstanden, daß du die Gefahr siehst, daß du zu ungeduldig bist und zu leicht enttäuscht wirst!?

(B: «Hmhm»)

Ich könnte mir vorstellen, daß dabei aber hilft, wenn wir uns von vornherein sagen, daß wir sehr viel Geduld haben müssen.»

B: «Du meinst, daß wir uns nicht zuviel vornehmen sollten?!

(A: «Nein, ich glaube, wir müssen damit rechnen, daß wir viel Zeit brauchen werden.»)

Du meinst, wir sollten nicht gleich eine völlige Umkrempelung unserer Persönlichkeiten und unserer Beziehung versprechen?!

(A: «Hmhm»)

Ich . . .» usw. usw.

Dieses Gespräch wird Ihnen vielleicht fremd und unwirklich erscheinen. In der Tat ist es ungewöhnlich, so mit jemandem zu sprechen. Doch ist es unbedingt erforderlich, daß Sie sich zu Beginn des Programms an die Regel halten, jeden Gesprächsbeitrag zu wiederholen (rückzumelden). Nur so können Sie die Erfahrung machen, die nötig ist, um später Ihre individuelle Art des ‹verstehenden Sprechens› zu finden. Vielleicht wird es später nur noch nötig sein, längere Gesprächsphasen hin und wieder zu wiederholen oder nur noch bei mißverständlichen Gedanken zu prüfen, ob Sie richtig verstanden haben. Diese Regel und die Erfahrung, die Sie in diesem Gespräch machen, ist eine Vorbedingung für die richtige Durchführung der Einleitungsgespräche der nächsten Sitzungen. Auch für das partnerzentrierte Gespräch ist diese Übung eine wichtige Vorübung.

Wir sind nicht der Meinung, daß diese Gesprächsform in Ihrem Alltag so strikt angewendet werden kann. Aber wenn Sie über die zehn Sitzungen jedesmal im kontrollierten Dialog auf ‹überschießende› und extreme Weise üben, den anderen erst einmal zu verstehen, bevor Sie selbst sprechen, dann wird sich diese verstehende Haltung von selbst auf Ihren Alltag übertragen. Dann werden Sie eine verstehende Gesprächshaltung auf *Ihre* Art und Weise verwirklichen, ohne daß Sie dabei unrecht oder gekünstelt wirken.

Da dieser kontrollierte Dialog den meisten Menschen zunächst sehr schwerfällt, sollen Sie ihn in dieser Übung nur für kurze Zeitabschnitte üben, und zwar zweimal – damit Sie durch das Feed-back vom Tonband gleich einen Lernerfolg feststellen können:

1. Kontrollierter Dialog I   (ca. 7 Min., Tonband)
2. Abhören des Tonbandes I   (ca. 7 Min., Tonband)
3. Selbst-Feed-back   (ca. 6 Min.)
4. Kontrollierter Dialog II   (7 Min., Tonband)
5. Abhören des Tonbandes II   (7 Min., Tonband)
6. Selbst-Feed-back und Selbstbekräftigung
   von Verbesserungen   (6 Min.)

7. Abschlußgespräch (30 Min.)

A: Beide Partner füllen jeder für sich den Abschlußfragebogen aus.

B: Beide Partner teilen sich gegenseitig ihre Antworten und ihre markierten Werte mit. Außerdem können sie prüfen, ob ihre Vermutungen über die Werte des Partners zutreffend sind. Dieser Austausch von Daten soll nur als Anregung dazu dienen, sich über die Erfahrungen mit dieser Sitzung zu unterhalten. Erfahrungsgemäß stimuliert ein vorher ausgefüllter Fragebogen die Diskussion – diese ist natürlich Hauptziel, obwohl die markierten Werte für Sie interessant werden können, wenn Sie in der 11. Sitzung noch einmal die Entwicklung in den Sitzungen betrachten wollen. Achten Sie bei der Diskussion auf die «Ich»-Regel!

P 1

Abschlußfragebogen

1. Was hat mir in der heutigen Sitzung am besten gefallen:

_____

_____

2. Was hat mir in der heutigen Sitzung wenig gefallen:

_____

_____

3. Was habe ich in der heutigen Sitzung gelernt:

_____

_____

	stimmt genau					stimmt überhaupt nicht
4. Ich habe mich sehr wohl gefühlt.	1 2 3 4 5 6 7
5. Ich habe sehr viel Neues über mich erfahren.	1 2 3 4 5 6 7
6. Ich habe sehr viel Neues über dich erfahren.	1 2 3 4 5 6 7
7. Ich bin vollkommen zufrieden mit meiner Aktivität in dieser Sitzung.	1 2 3 4 5 6 7

□ (Quadrat) = Meine Werte.
✗ (Kreuz) = Deine Werte, wie ich sie vermute.
Bitte markieren Sie außer für sich selbst mit den angegebenen Zeichen auch die Zahlen, von denen Sie vermuten, daß Ihr Partner sie für sich selbst mit einem Quadrat markiert hat.

2. SITZUNG:
Selbstdarstellung (170 Minuten)

In dieser Sitzung erhalten Sie Gelegenheit, sich selbst und Ihren Partner besser kennenzulernen. Vielleicht sind Sie selbst in Ihrer Partnerschaft so offen, daß es kaum Bereiche gibt, über die Sie nicht gemeinsam sprechen. In Partnerbeziehungen kommt es aber häufig vor, daß die Partner gewisse Teile ihrer Person voreinander verbergen und über bestimmte Erfahrungen und Einstellungen nicht sprechen mögen, weil sie nicht wissen, wie der Partner das aufnehmen würde.

Wenn die Partner sich gegenseitig für das offene Äußern eigener Empfindungen öfter bestraft haben, dann wird es Geduld erfordern, in der Beziehung die gegenseitige größere Offenheit zu erreichen, und beide Partner müssen besonders verständnisvoll aufeinander eingehen.

Beruht die Angst, frei von sich zu erzählen, aber auf früheren Erfahrungen mit anderen Menschen (z. B. Eltern, Lehrer, Freunde, frühere Partner usw.) und nicht auf Erfahrungen in dieser Beziehung, dann werden die Partner überraschende positive Erfahrungen machen, wenn sie ihre Befürchtungen Schritt für Schritt abbauen und ‹neues Verhalten› wagen. Sie können erfahren, wie angenehm es ist, einen anderen Menschen in seiner Besonderheit (Gleichartigkeit wie auch Verschiedenheit) zu erleben und kennenzulernen.

Außerdem werden Sie in der heutigen Sitzung vertraut mit einer Entspannungstechnik, mit deren Hilfe Sie die Wirkung der Regel kennenlernen können: «Wenn die Kommunikation destruktiv wird, bitte um eine kleine Gesprächspause zur Beruhigung.» Sie erfahren, wie sich die Kommunikation verändert, wenn sich beide Partner entspannen.

1. Einleitungsgespräch   (40 Min.)
2. Versenkungsübung   (20 Min.)
3. Entspannter Dialog   (30 Min.)
4. Selbstdarstellung – Bild   (30 Min.)
5. Selbstdarstellung – Fragebogen   (30 Min.)
6. Abschlußgespräch   (30 Min.)

1. Einleitungsgespräch (40 Min., Tonband)
In diesem Einleitungsgespräch sollen sich die Partner gegenseitig mitteilen, wie sie sich im Augenblick fühlen, was sie am Tag oder in der vergangenen Woche gefreut und geärgert hat, und darstellen, auf welche Weise diese Erlebnisse die jetzige Stimmung beeinflussen. Die Partner sollen also keinen Erlebnisbericht geben, sondern stets den Bezug zu der jetzigen Situation und zu ihrer jetzigen Motivation zur Sitzung herstellen.

Dieses Einleitungsgespräch soll in der Form des kontrollierten Dialoges durchgeführt werden, wie es in der 1. Sitzung geübt worden ist. Hal-

P2

ten Sie sich unbedingt an die Regeln! Lernziele dieses Einleitungsgesprächs, das auch in den nächsten Sitzungen immer zu Anfang steht, sind also:

1. Aussprechen von Gefühlen, die die Durchführung der Sitzung verhindern könnten, wenn sie nicht transparent gemacht werden.
2. Einübung des kontrollierten Dialogs.

A: Kontrollierter Dialog (15 Min.). Beide Partner sprechen in der Form des kontrollierten Dialogs über ihre Gefühle und Erlebnisse in der letzten Zeit. Dieses Gespräch wird auf Tonband aufgenommen.

B: Fragebogen (5 Min.) zum Einleitungsgespräch. Beide Partner füllen, jeder für sich, den Fragebogen aus und lesen sich darauf ihre Werte vor, ohne darüber zu diskutieren. Das soll erst nach dem Abhören des Tonbandes geschehen.

C: Abhören des Tonbandes (15 Min.). Beide Partner hören das Tonband ab. Sie können das ganze Gespräch noch einmal anhören oder aber sich die wichtigsten Abschnitte heraussuchen, die Sie dann eingehender besprechen können.

D: Selbst-Feed-back (5 Min.). Beide Partner äußern ihre Wahrnehmung über ihr eigenes Kommunikationsverhalten und sollen sich für eigene Verbesserungen auch selbst loben. Der Partner hört zunächst nur zu.

2. Versenkungsübung (20 Min.)

In dieser Übung lernen Sie eine Technik kennen, mit der Sie in einen tief entspannten Zustand gelangen können. Diese Entspannungs- oder Versenkungsübung soll Ihnen helfen, sich auf die Situation zu konzentrieren und Ihre Wahrnehmungs- und Erlebnisfähigkeit im darauffolgenden Gespräch zu vertiefen. Diese Versenkungsübung ähnelt gewissen Meditationstechniken, die ohne Konzentration auf den Körper eine tiefe Muskelentspannung hervorrufen – aber probieren Sie es einmal aus und lassen Sie sich nicht durch die Einfachheit der Durchführung täuschen.

Fragebogen zum Einleitungsgespräch

	stimmt genau	stimmt überhaupt nicht
1. Ich habe mich bei diesem Gespräch sehr wohl gefühlt.		1 2 3 4 5 6 7
2. Ich habe das Gefühl, daß ich immer vollkommen verstanden habe, was du gesagt hast.		1 2 3 4 5 6 7
3. Ich habe mich von dir immer sehr verstanden und akzeptiert gefühlt.		1 2 3 4 5 6 7
4. Mir sind deine Gedanken sehr viel klarer geworden, wenn ich sie noch einmal mit meinen Worten wiederholt habe.		1 2 3 4 5 6 7
5. Mir sind meine Gedanken sehr viel klarer geworden, wenn du sie noch einmal mit deinen Worten wiederholt hast.		1 2 3 4 5 6 7
6. Ich habe den Eindruck, daß ich oft so reagiert habe, daß ich dich im Ausdruck deiner Gedanken und Gefühle gestoppt habe.		1 2 3 4 5 6 7

Anweisung (Siehe auch S. 100 f)

Stellen Sie sich vor der Übung einen Wecker oder eine Eieruhr auf 25 Minuten ein und nehmen Sie sich fest vor, nach 20 Minuten aus der Versenkung wieder zu «erwachen». Sagen Sie sich innerlich: «Jetzt ist es 20 Uhr und ich will um 20 Uhr 20 wieder erwachen.» Vielleicht klappt das gleich beim erstenmal, wenn nicht – dann wird Ihre Eieruhr ja nach 25 Minuten klingeln. Diese Übung darf nicht durch Telefon, Besuch usw. gestört werden.

1. Setzen Sie sich bequem auf einen Stuhl, so daß Ihr Rücken so angelehnt werden kann, daß er gerade aufgerichtet ist und Ober- und Unterschenkel einen rechten Winkel bilden, ohne daß die Füße in der Luft über dem Fußboden baumeln.
2. Schließen Sie die Augen, vergegenwärtigen Sie sich noch einmal die Zeit und versuchen Sie, ganz ruhig zu werden und an nichts zu denken (ca. 1–2 Min.).
3. Sagen Sie sich darauf innerlich immer wieder nacheinander die Wörter «Ich bin, Ich bin, Ich bin, Ich bin, Ich bin, Ich bin ...» Sie sollen dabei weder Lippen noch Kehlkopfmuskeln bewegen, sondern die Wörter «Ich bin» nur immer wieder denken. Dabei sollen Sie nicht an den Sinn von «Ich bin» denken, sondern diese

Worte als sinnlose Silben auffassen, die Sie einfach immer wiederholen. Dies soll die ganzen 20 Minuten lang geschehen.

Die Einstellung für die Versenkung: «Alles, was während der Versenkung geschieht, geschieht eben. Ich will mich nicht krampfhaft konzentrieren, sondern ich lasse mit mir geschehen. Ob mein Körper sich entspannt, ob mein Atem schnell geht oder ob ich durch störende Gedanken abgelenkt werde, ist nicht wichtig – alles was jetzt geschieht ist gut so, wie es geschieht.»

Während der Versenkung wird es wahrscheinlich geschehen, daß Sie plötzlich bemerken, daß Sie nicht mehr die Wörter «Ich bin» wiederholen, sondern anderen Gedanken oder auch optischen Erscheinungen nachhängen. Wenn Sie dies bemerken, nehmen Sie kurz Notiz von diesen Gedanken und Bildern und beginnen wieder, sich die Wörter «Ich bin» zu sagen. Ablenkende Gedanken und Bilder sind also keine Störungen, sondern sie werden ‹angenommen›. Allmählich werden aber wieder die Worte «Ich bin» vorgezogen. Versuchen Sie nicht, sich gegen diese Gedanken und Bilder zu wehren – und wenn sie für Sie noch so ‹unsinnig› oder ‹dumm› sind. Je tiefer Sie entspannt sind, desto mehr Material wird Ihnen auch in den Sinn kommen, das Ihnen sonst nicht bewußt wird. Sie sollen aber diese Gedanken nicht untersuchen oder analysieren, meist sind sie sowieso verschlüsselt, so daß sie nicht ganz zu verstehen sind. Diese Gedanken sind für Sie auch nicht wichtig, wir können sie als parallele Prozesse auffassen, die die Entkrampfung und das Lösen von Spannungen in den Muskeln begleiten und mit alten Erfahrungen zusammenhängen, die Ihnen angst oder andere unangenehme Gefühle gemacht haben.

3. Entspannter Dialog (30 Min., Tonband)

Beide Partner sprechen 20 Minuten lang über ihre Erfahrungen in der Versenkungsübung und danach über das Thema «Wie offen bin ich in unserer Beziehung». Das Gespräch wird auf Tonband aufgenommen. Versuchen Sie, die körperliche Entspannung, in die Sie durch die Versenkungsübung gelangt sind, während des Gesprächs zu erhalten und achten Sie immer wieder auf die Spannung Ihrer Muskeln.

In den restlichen 10 Minuten hören die Partner ausschnittsweise das Tonband ab, unter dem Aspekt: «Was ist an unserer Kommunikation anders, wenn wir entspannt sind?»

Diese Erfahrung soll zu einer Reflexion führen über die Regel: «Wenn die Kommunikation destruktiv wird, bitte um eine kleine Gesprächspause zur Beruhigung», und über die Möglichkeit, diese Regel in Ihrem gemeinsamen Alltag anzuwenden.

4. Selbstdarstellung – Bild (30 Min.)

Für 10 Minuten malt jeder Partner für sich ein Bild, für das er sich eines der folgenden Themen aussucht. Dieses Bild sollte spontan und ohne allzuviel Überlegung angefangen werden. Viele Gedanken kommen erst, wenn Sie schon beim Zeichnen sind. Das Bild soll natürlich auch kein Kunstwerk werden, sondern Ihnen eine Hilfe sein, sich über bestimmte Dinge noch klarer zu werden.

Die Themen:

1. Eine Situation aus meiner Kindheitsfamilie.
2. Meine Lebenslinie.
3. Ich: Gestern – heute – morgen.

Nach 10 Minuten zeigen die Partner sich gegenseitig ihre Bilder, erklären sich gegenseitig die Bedeutungen und versuchen, sich gegenseitig klarzumachen, was sie in dem Bild ausdrücken. Während dieses zwanzigminütigen Partnergesprächs beachten Sie bitte besonders die Regel: «Wenn du eine Frage stellst, dann sag, warum du sie stellst.» Gerade bei der Selbstdarstellung der Partner können Fragen inquisitorisch wirken und den anderen in die Ecke drängen.

5. Selbstdarstellung – Fragebogen (30 Min.)

A: (10 Min.) Beide Partner füllen für sich den folgenden Fragebogen zur Selbstdarstellung aus. Halten Sie sich dabei nicht allzulange bei den einzelnen Fragen auf, der Fragebogen ist kein Meßinstrument, sondern nur eine Anregung zur nachfolgenden Diskussion.

B: (20 Min.) Beide Partner lesen sich gegenseitig ihre Antworten vor, stellen Fragen zu den verschiedenen Punkten und sprechen ausführlicher über Fragen, die ihnen wichtig sind. In diesem Gespräch haben Sie die Möglichkeit, mehr von Ihrem Partner zu erfahren und von sich selbst Gedanken einzubringen, zu deren Äußerung Sie vorher noch nicht gekommen waren. Denken Sie aber auch hier an die Regel: «Wenn du eine Frage stellst, dann sag, warum du sie stellst.»

Fragebogen zur Selbstdarstellung

	stimmt genau	stimmt zum Teil	stimmt weniger	stimmt überhaupt nicht
1. Ich akzeptiere meine Schwächen nicht.	1	2	3	4
2. Ich habe keine Angst davor, Fehler zu begehen.	1	2	3	4
3. Ich beurteile mich nicht danach, wieviel ich leiste.	1	2	3	4
4. Ich halte nichts davon, anderen zu sagen, was ich fühle.	1	2	3	4
5. Ich kann so leben, wie ich möchte.	1	2	3	4
6. Kinder sollten einsehen, daß sie nicht dieselben Rechte und Privilegien besitzen wie Erwachsene.	1	2	3	4

7. Ich kann mich bei anderen
durchsetzen.   1   2   3   4

8. Es macht mir nichts aus,
nicht das zu tun, was andere
von mir erwarten.   1   2   3   4

9. Ich habe mich von moralischen
Grundsätzen gelöst, die mir früher
beigebracht wurden.   1   2   3   4

10. Ich kann mich darauf verlassen,
daß ich eine Situation richtig
einschätze.   1   2   3   4

11. Ich habe Angst, daß ich mich
unangemessen verhalten könnte.   1   2   3   4

12. Ich fühle mich durch meine
Pflichten und Verpflichtungen
anderen gegenüber gebunden.   1   2   3   4

13. Ich brauche nicht immer nach
den Regeln und Maßstäben
der Gesellschaft zu leben.   1   2   3   4

14. Ich brauche gute Gründe, um
meine Gefühle zu rechtfertigen.   1   2   3   4

15. Ich halte es oft für notwendig,
meine früheren Handlungen zu
verteidigen.   1   2   3   4

16. Ich mag jeden, den ich kenne.   1   2   3   4

17. Ich habe Angst, auf diejenigen
böse zu sein, die ich gern habe.   1   2   3   4

18. Es ist eine grundlegende
Pflicht für mich, meine eigenen
Bedürfnisse zu kennen.   1   2   3   4

19. Ich muß Kummer um jeden
Preis vermeiden.   1   2   3   4

20. Ich nehme Kritik nicht gern
an, weil ich nicht glaube, daß sie
mir hilft, mich als Mensch zu
entwickeln.   1   2   3   4

Die Fragen entstammen dem «Personal Orientation Inventory» von Shostrom

6. Abschlußgespräch (30 Min.)

Wie in der ersten Sitzung füllen beide Partner den Abschlußfragebogen
aus, teilen sich danach die Werte mit und sprechen über ihre Erfahrungen
in der heutigen Sitzung.

Abschlußfragebogen

1. Was hat mir in der heutigen Sitzung am besten gefallen:

_____

_____

_____

2. Was hat mir in der heutigen Sitzung wenig gefallen:

_____

_____

_____

3. Was habe ich in der heutigen Sitzung gelernt:

_____

_____

_____

	stimmt genau					stimmt überhaupt nicht
4. Ich habe mich sehr wohl gefühlt.	1	2	3	4	5	6	7
5. Ich habe sehr viel Neues über mich erfahren.	1	2	3	4	5	6	7
6. Ich habe sehr viel Neues über dich erfahren.	1	2	3	4	5	6	7
7. Ich bin vollkommen zufrieden mit meiner Aktivität in dieser Sitzung.	1	2	3	4	5	6	7

□ (Quadrat) = Meine Werte.
× (Kreuz) = Deine Werte, wie ich sie vermute.
Bitte markieren Sie außer für sich selbst mit den angegebenen Zeichen auch die Zahlen, von denen Sie vermuten, daß Ihr Partner sie für sich selbst mit einem Quadrat markiert hat.

P2

3. SITZUNG:
Vorstellungen von Partnerschaft (160 Minuten)

In dieser Sitzung können Sie über Besonderheiten Ihrer gemeinsamen
Beziehung nachdenken. Viele Verhaltensweisen werden in Partnerschaften gewohnheitsmäßig und ritualisiert ausgeführt – man hat sich daran
gewöhnt, und beide Partner haben sich aufeinander eingespielt. Das ist
gut so, weil Beziehungen kaum möglich sind, wenn nicht eine bestimmte
Wahrscheinlichkeit besteht, die Reaktionen des Partners auf das eigene
Verhalten vorherzusagen. Auf der anderen Seite können diese Gewohn-
heiten beide Partner einengen und blind machen für andere und neue
Beziehungsformen, die möglich sind. Da viele Verhaltensgewohnheiten
in Partnerschaften durch die Normen der Gesellschaft entstehen, durch
die Erfahrung in der eigenen Kindheitsfamilie und durch die Modelle in
Massenmedien, geht es hier auch darum, zu überlegen, ob Ihre Partner-
schaft auch Ihren eigenen Bedürfnissen entspricht oder ob sie zum großen
Teil ‹fremdbestimmt› ist.

Vielleicht werden Sie in dieser Sitzung bemerken, daß es sehr selten ist,
daß zwei Menschen dieselbe Vorstellung von einer Beziehung haben – die
reale Beziehung wird unterschiedlich gesehen, und beide Partner haben
verschiedene Vorstellungen von ihrer ‹Idealbeziehung›. Es ist wichtig,
diese Verschiedenartigkeit der Bedürfnisse zweier Menschen zu sehen
und zu akzeptieren, dann kann eine Partnerschaft auch so gestaltet werden, daß beide Partner ihre Bedürfnisse in ihr befriedigen können. Auch
unser Konfliktmodell geht ja davon aus, daß es normal ist, daß zwei Menschen verschiedene Interessen haben – daß es aber möglich ist, Lösungen
zu finden, die beiden Interessenlagen gerecht werden.

1. Einleitungsgespräch	(40 Min.)
2. Erfundene Partnerschaften	(40 Min.)
3. Diagnostik der Partnerschaft	(40 Min.)
4. Übereinstimmungen – Verschiedenheiten	(30 Min.)
5. Abschlußgespräch	(30 Min.)

1. Einleitungsgespräch (40 Min., Tonband)
In diesem Gespräch sollen Sie, wie in der 2. Sitzung beschrieben, den
kontrollierten Dialog üben und Störungen bearbeiten, die die Durchführung der Sitzung behindern könnten. Schauen Sie sich vor dem Gespräch
noch einmal die Regeln für den kontrollierten Dialog an und vergegenwärtigen Sie sich die Erfahrung mit dieser Gesprächsform in der letzten
Sitzung, damit Sie Ihren Lernfortschritt beurteilen können.

Inhaltlich sollten Sie zunächst darüber sprechen, wie es Ihnen und Ihrem Partner geht. Versuchen Sie, herauszubekommen, was ihn beschäftigt hat in der letzten Zeit oder am heutigen Tag. Weiterhin können Sie

über die letzte Sitzung sprechen, welche Erinnerung Sie daran haben oder was Sie von der heutigen Sitzung erwarten oder befürchten.

Zeitplan für Einleitungsgespräch:

A: Kontrollierter Dialog (15 Min., Tonband).

B: Ausfüllen des Fragebogens zum Einleitungsgespräch und gegenseitiges Vorlesen der Werte ohne Diskussion (5 Min.)

C: Abhören der Tonbandaufzeichnung (15 Min.)

D: Selbst-Feed-back und Diskussion (5 Min.).

Fragebogen zum Einleitungsgespräch

	stimmt genau	stimmt überhaupt nicht
1. Ich habe mich bei diesem Gespräch sehr unwohl gefühlt.	1 2 3 4	5 6 7
2. Ich habe das Gefühl, daß ich immer vollkommen verstanden habe, was du gesagt hast.	1 2 3 4	5 6 7
3. Ich habe mich von dir immer sehr verstanden und akzeptiert gefühlt.	1 2 3 4	5 6 7
4. Mir sind deine Gedanken sehr viel klarer geworden, wenn ich sie noch einmal mit meinen Worten wiederholt habe.	1 2 3 4	5 6 7
5. Mir sind meine Gedanken sehr viel klarer geworden, wenn du sie noch einmal mit deinen Worten wiederholt hast.	1 2 3 4	5 6 7
6. Ich habe den Eindruck, daß ich oft so reagiert habe, daß ich dich im Ausdruck deiner Gedanken und Gefühle gestoppt habe.	1 2 3 4	5 6 7

---

2. Erfundene Partnerschaften (40 Minuten)

In dieser Übung sollen Sie für 30 Minuten Ihrer Phantasie freien Lauf lassen. Wenden Sie Ihren Blick ab von Ihrer eigenen Partnerschaft, und malen Sie sich viele verschiedene Formen möglicher Partnerschaften aus. Wie beim Schreiben eines Theaterstücks sollen Sie sich über die Einstellungen, Verhaltensweisen und Probleme verschiedener von Ihnen erfundener Partnerbeziehungen Gedanken machen. Wahrscheinlich werden Sie und Ihr Partner verschiedene Vorstellungen von möglichen Partnerschaften in diese Übung einbringen. Versuchen Sie jedoch, auch sehr ausgefallene Ideen als Anregung zu berücksichtigen.

Malen Sie sich gemeinsam nach den untenstehenden Regeln folgende Partnerschaften aus:

1. eine ‹romantische› Partnerschaft (5 Min.),
2. eine ‹verrückte› Partnerschaft (5 Min.),
3. eine ‹autoritäre› Partnerschaft (5 Min.),
4. eine ‹einseitige› Partnerschaft,
5. eine ‹offene› Partnerschaft.

Ablauf

Abwechselnd machen die Partner Aussagen über Verhalten, Einstellungen oder über Persönlichkeit der fiktiven Partner. Dabei ist es nicht wichtig, daß die aufeinanderfolgenden Aussagen immer zum gleichen Thema sind oder sich vielleicht widersprechen. Jede Äußerung soll ohne Diskussion akzeptiert werden, und die verschiedenen Äußerungen werden diskussionslos nebeneinandergestellt. Wenn Ihre Vorschläge ins Stocken geraten, dann überlegen Sie folgende Fragen:

– Wie sieht es mit den gemeinsamen Bekannten der fiktiven Partner aus?
– Wie ist ihr Verhältnis zur Sexualität?
– Welche gemeinsamen Aktivitäten unternehmen sie am Abend?
– Betrügt einer von ihnen den anderen?
– Wie erfolgreich sind sie im Beruf?
– Wie erziehen sie ihre Kinder, wenn sie welche haben?
– Welche Befriedigung ziehen beide aus der Partnerschaft?
– Worunter leiden sie besonders?

Ein Beispiel (Wie könnte eine ‹geschlossene› Partnerschaft aussehen?)

A: «Sie wohnen bestimmt in einer Neubausiedlung und kennen nicht einmal ihre Nachbarn.»

B: «Sie gehen sowieso selten weg und haben außer der weiteren Familie kaum Bekannte.»

A: «Außerdem ist das bei ihnen ziemlich langweilig. Sie beschäftigen sich immer nur mit sich selbst und sind mit ihren Meinungen ziemlich starr geworden.»

B: «Ich glaube eher, daß das für sie sehr schön ist, weil sie sich so intensiv kennen, daß sie gar keine anderen Bekannten mehr brauchen.»

A: «Ich glaube aber, daß er oft neidisch ist, wenn seine Arbeitskollegen von ihren Beziehungen sprechen.»

B: «Im Bett verstehen sie sich aber gut, beide haben sich ganz aufeinander eingestellt.»

A: «Sie werden wahrscheinlich ein gemeinsames Hobby haben, das sie jedes Wochenende gemeinsam ausüben und das ihnen eigentlich aus dem Hals hängt.»

In diesem Beispiel wird angedeutet, daß A und B die ‹geschlossene› Beziehung verschieden wahrnehmen und auch andere Gefühle mit ihr verbinden. Wichtig ist, daß die Partner sich bei diesem Spiel nicht allzulange bei einem Punkt aufhalten, sondern viele Bereiche dieser Beziehung ansprechen. Es soll keine Diskussion geben, wer mit seinen Aussagen die geschlossene Partnerschaft besser trifft oder wer recht hat, sondern es sollen die Aussagen einfach nebeneinandergestellt und gesammelt werden.

Nach dieser Beschäftigung mit ‹erfundenen Partnerschaften› sollen sich die Partner für 10 Minuten unterhalten über das Thema: «Was habe ich über mich und über dich erfahren während dieser Spiele.» Achten Sie dabei auf die Diskussionsregeln!

3. Diagnostik der Partnerschaft (40 Minuten)

A: (10 Min.) Beide Partner füllen jeder für sich den folgenden Diagnosebogen der Partnerschaft aus, wobei Sie die normalen Idealbilder von Partnerschaft mit Ihrem eigenen Idealbild und mit Ihrer Sichtweise Ihrer realen Partnerschaft vergleichen sollen.

Diagnosebogen der Partnerschaft		
In einer Idealpartnerschaft, wie viele Menschen sie sehen...	Ich nehme unsere Partnerschaft in dieser Beziehung folgendermaßen wahr:	Ich wünschte mir, daß es in unserer Partnerschaft folgendermaßen wäre:
1. herrscht ‹Harmonie›, d. h. die Partner verstehen sich meist oder immer. Verschiedenartigkeiten zwischen ihnen werden übergangen oder im Handumdrehen gelöst.		
2. kommen beide Partner gleichzeitig zum Orgasmus.		
3. lieben sich die Partner immer zu jedem Zeitpunkt.		
4. geben die Partner ihre eigene Persönlichkeit auf und gehen ganz in der Partnerschaft auf.		(Fortsetzung nächste Seite)

P3

Diagnosebogen der Partnerschaft

In einer Idealpartnerschaft, wie viele Menschen sie sehen ...	Ich nehme unserer Partnerschaft in dieser Beziehung folgendermaßen wahr:	Ich wünschte mir, daß es in unserer Partnerschaft folgendermaßen wäre:
5. könnte keiner der Partner ohne den anderen glücklich sein.		
6. treten Konflikte und Streitigkeiten selten oder nie auf.		
7. verstehen sich beide Partner in der Sexualität, ohne darüber sprechen zu müssen.		
8. gehen die Partner nur gemeinsam zu Parties oder Geselligkeiten.		
9. haben die Partner nur gemeinsame Bekannte.		
10. haben die Partner nur gemeinsame Interessen und Hobbies.		
11. sind beide Partner füreinander für alle möglichen Dinge, die Menschen zusammen tun können, die wichtigsten Sozialpartner.		

(Fortsetzung nächste Seite)

12. denken die Partner in der Kindererziehung immer gleich.		
13. zeigen die Partner es nie vor ihren Kindern, wenn sie verschieden denken.		
14. werden Probleme in der Partnerschaft nie gemeinsam mit Bekannten besprochen, weil fremde Menschen das nichts angeht.		
15. ‹gehört› ein Partner dem andern.		
16. sind verschiedene Interessen eine Bedrohung für die Partnerschaft.		
17. lesen sich beide Partner ihre Wünsche gegenseitig von den Augen ab.		
18. zeigen die Partner ihre Liebe dadurch, daß sie eifersüchtig sind.		
19. finden sich beide Partner immer gleich erotisch anziehend.		
20. hat ein Partner ein schlechtes Gewissen, wenn er etwas tut, was der andere nicht so gern sieht.		

P3

B: (20 Min.) Beide Partner lesen sich gegenseitig vor, was sie aufgeschrieben haben, und sprechen danach über die verschiedenen oder gleichen Wahrnehmungen ihrer Beziehung und über ihre Wunschvorstellungen. Bei diesem Gespräch sollen sie nicht versuchen, über die verschiedenen Wünsche (falls sie verschieden sind) zu diskutieren, den anderen für seine Verschiedenheit zu bestrafen oder ihm diese auszureden. Selbstverständlich muß auch über die verschiedenen Vorstellungen der ‹Idealbeziehung› gesprochen werden, und es müssen Lösungen gefunden werden, mit denen sich beide Partner einverstanden fühlen können. Das ist aber nicht in 20 Minuten möglich und muß Punkt für Punkt geschehen (siehe Kapitel «Konfliktgespräch») – und das wird in einer offenen Partnerschaft zu einer Aufgabe für jeden Tag dieser Beziehung. Sie können in dieser Sitzung unmöglich lernen, alle Ihre Verschiedenheiten, die sich in Ihren Wünschen für die Beziehung offenbaren, zu klären. Jetzt sollen sie erst einmal die Information aufnehmen, wie sich beide Partner die Beziehung wünschen und wie sie sie wahrnehmen. Die Diskussion sollte daher partnerzentriert sein und dazu genutzt werden, zu verstehen, was der andere eigentlich meint und sich wünscht.

4. Übereinstimmungen – Verschiedenheiten (30 Minuten)

In dieser Übung können Sie noch einmal ganz konkret prüfen, in welchen Bereichen Sie beide übereinstimmen und in welchen Bereichen der Partnerschaft Sie unterschiedliche Einstellungen oder Gefühle haben. Vielleicht werden Sie beide zunächst auch verschiedene Wahrnehmungen über Ihren ‹Bereich der Übereinstimmung› und über Ihren ‹Bereich der Verschiedenheiten› haben, und es ist wichtig, daß Sie diese Sichtweisen deutlich machen, so daß beide Partner erfahren, welche Dinge sie verschieden und welche sie übereinstimmend sehen oder beurteilen.

A: (10 Min.) Beide Partner füllen jeder für sich den Fragebogen zur Übereinstimmung und zur Verschiedenheit aus. Dabei sollen Sie so konkret wie möglich sein. Wenn Sie zum Beispiel in den Bereich der Übereinstimmung schreiben: «Die Art, wie wir unsere Kinder erziehen», dann ist die Aussage so allgemein formuliert, daß man ihr zunächst nur zustimmen und sie kaum überprüfen kann. Versuchen Sie lieber zu schreiben: «Beide halten wir es für richtig, daß die Kinder ohne Schläge erzogen werden», oder: «Beide lieben wir es, ohne viel Vorbereitungen am Wochenende einfach einmal fortzufahren.»

Fragebogen zur Übereinstimmung und zur Verschiedenheit

Ich glaube, daß wir beide in folgenden Dingen übereinstimmen: (Alles, was Ihnen einfällt)	Ich glaube, daß wir beide in in den folgenden Dingen verschieden denken: (Alles, was Ihnen einfällt)

B: (20 Min.) Beide Partner lesen sich gegenseitig vor, was sie aufgeschrieben haben. Prüfen Sie, ob Ihre Vermutungen über die Verschiedenheit oder Übereinstimmung zutreffend sind. Vielleicht denken Sie bei einigen Dingen, daß Sie beide verschieden denken, obwohl das nicht der Fall ist, und ebenso können Sie vermuten, daß Sie in anderen Bereichen übereinstimmen, obwohl Sie in Wirklichkeit verschieden denken. Auch in dieser Diskussion sollten Sie vorrangig Informationen suchen und prüfen, ob Sie auch verstehen, was Ihr Partner sagt. In der nächsten Sitzung werden Sie Gelegenheit haben, über neu entstandene offene Fragen sich auszusprechen – aber jeder Partner sollte erst einmal Gelegenheit haben, inzwischen über die Informationen nachzudenken.

5. Abschlußgespräch (30 Minuten)
Beide Partner füllen wieder den Abschlußfragebogen aus, lesen sich gegenseitig ihre Werte vor und sprechen über die Erfahrungen in dieser Sitzung.

P 3

Abschlußfragebogen

1. Was hat mir in der heutigen Sitzung am besten gefallen:

_____

_____

2. Was hat mir in der heutigen Sitzung wenig gefallen:

_____

_____

3. Was habe ich in der heutigen Sitzung gelernt:

_____

_____

	stimmt genau						stimmt überhaupt nicht
4. Ich habe mich sehr wohl gefühlt.	1	2	3	4	5	6	7
5. Ich habe sehr viel Neues über mich erfahren.	1	2	3	4	5	6	7
6. Ich habe sehr viel Neues über dich erfahren.	1	2	3	4	5	6	7
7. Ich bin vollkommen zufrieden mit meiner Aktivität in dieser Sitzung.	1	2	3	4	5	6	7

☐ (Quadrat) = Meine Werte.
✕ (Kreuz) = Deine Werte, wie ich sie vermute.
Bitte markieren Sie außer für sich selbst mit den angegebenen Zeichen auch die Zahlen, von denen Sie vermuten, daß Ihr Partner sie für sich selbst mit einem Quadrat markiert hat.

4. SITZUNG:
Das partnerzentrierte Gespräch (190 Minuten)

In dieser Sitzung können beide Partner das partnerzentrierte Gespräch
intensiv üben. Es ist deswegen notwendig, daß sich beide noch einmal mit
dem Kapitel «Das partnerzentrierte Gespräch» beschäftigen. Im Unterschied zum kontrollierten Dialog lernen Sie, nicht nur die Aussagen Ihres
Partners in Ihren Worten zu wiederholen, sondern besonders den gefühlsmäßigen Inhalt und die Erlebnisinhalte der Aussagen Ihres Partners auf-
zugreifen. Im Unterschied zum kontrollierten Dialog sind hier für eine
längere Zeitspanne die Rollen ‹Klient› und ‹Berater› fest eingeteilt, so
daß in dieser Zeit sich das Gespräch nur um den einen Partner und seine
Probleme bewegt, während der andere versucht, sich nur auf diesen einzustellen.

Für manche Situationen ist das partnerzentrierte Gespräch in einer
Partnerschaft nicht angebracht (z. B. beim Konfliktgespräch in einigen
Phasen), und es ist wichtig, daß Sie selbst Stellung nehmen und von Ihren
Gefühlen sprechen. Häufig genug kommt es aber in Partnerschaften vor,
daß ein Partner von einem Problem erzählt, das nichts mit dem anderen
Partner zu tun hat – und dann ist es besonders hilfreich, das partnerzentrierte Gespräch anzuwenden. Über längere Zeit wirkt dann eine Beziehung ‹therapeutisch›, und beide Partner können sich maximal entwickeln
und entfallen.

1. Einleitungsgespräch   (40 Min.)
2. Partnerzentrierte Gespräche   (120 Min.)
3. Abschlußgespräch   (30 Min.)

1. Einleitungsgespräch (40 Min.)
Wie in den vorigen Sitzungen
1. Kontrollierter Dialog über Erlebnisse und Störungen (15 Min., Tonband)
2. Ausfüllen und Vorlesen des Fragebogens zum Einleitungsgespräch
   (5 Min.)
3. Abhören des Tonbandes (15 Min.)
4. Selbst-Feed-back (5 Min.)

2. Partnerzentrierte Gespräche (120 Min., Tonband)
Jeder Partner hat in dieser Phase die Möglichkeit, zwei partnerzentrierte
Gespräche als ‹Berater› zu üben. Eine Gesprächsphase dauert ca. 30 Mi-
nuten und sollte nach dem untenstehenden Schema durchgeführt werden.
In diesen partnerzentrierten Gesprächen können Sie in der Rolle des
‹Klienten› ein persönliches Problem dem Partner darstellen. Sie können
sich im Gespräch klarer darüber werden, welche Gefühle Sie mit diesem

Problem verbinden, und vielleicht auch zu neuen Einsichten gelangen. In der Rolle des ‹Beraters› sollen Sie sich ganz auf das Problem Ihres Partners konzentrieren und Ihre eigenen Meinungen und Gedanken zu diesem Problem zurückhalten. Auch wenn Sie es später als günstig erachten würden, dem Partner auch eigene Sichtweisen zu dem Problem mitzuteilen, so ist es doch zunächst zur Einübung wichtig, daß Sie in dieser Sitzung nur die drei Stufen der partnerzentrierten Gesprächsweise realisieren: Stufe 1 – akzeptierendes Zuhören und Ermunterung zum Gefühlsausdruck; Stufe 2 – Paraphrasieren; Stufe 3 – Verbalisieren der emotionalen Erlebnisinhalte.

Manchmal ist es in dieser Sitzung schwierig, nach der vorgeschriebenen Zeit das Gespräch abzubrechen, um zur Feed-back-Phase überzugehen – deswegen schwierig, weil ein Partner gerade von einem wichtigen Problem erzählt, und beide Partner dies für zu wichtig empfinden, um das Gespräch abzubrechen. Denken Sie aber daran, daß es zunächst wichtiger für Sie ist, die partnerzentrierte Gesprächsform zu erlernen. Sie können dann in allen Situationen auf diese Weise auf Ihren Partner reagieren, wenn dieser von einem Problem erzählt – nicht nur in dieser Sitzung. Da es nicht einfach ist, diese Gesprächsform zu erlernen, ist es zunächst wichtig, daß

Fragebogen zum Einleitungsgespräch

	stimmt genau	stimmt überhaupt nicht
1. Ich habe mich bei diesem Gespräch sehr unwohl gefühlt.	1 2 3 4 5 6 7	
2. Ich habe das Gefühl, daß ich immer vollkommen verstanden habe, was du gesagt hast.	1 2 3 4 5 6 7	
3. Ich habe mich von dir immer sehr verstanden und akzeptiert gefühlt.	1 2 3 4 5 6 7	
4. Mir sind deine Gedanken sehr viel klarer geworden, wenn ich sie noch einmal mit meinen Worten wiederholt habe.	1 2 3 4 5 6 7	
5. Mir sind meine Gedanken sehr viel klarer geworden, wenn du sie noch einmal mit deinen Worten wiederholt hast.	1 2 3 4 5 6 7	
6. Ich habe den Eindruck, daß ich oft so reagiert habe, daß ich dich im Ausdruck deiner Gedanken und Gefühle gestoppt habe.	1 2 3 4 5 6 7	

Sie sich konsequent an die Zeiten halten und immer wieder das Feed-back vom Partner und vom Tonband erhalten. Sie werden dann in Ihrem Alltag sowieso immer wieder üben müssen, partnerzentriert zu reagieren – und das ist ein Lernprozeß, der nie aufhört.

Eine Gesprächsphase von 30 Minuten

1. Partnerzentriertes Gespräch (Tonband, 15 Min.)
   Ein Partner übernimmt die Rolle des ‹Klienten› und der andere die Rolle des ‹Beraters›.
2. Ausfüllen der Fragebogen ‹Klient› und ‹Berater› und Vorlesen der Werte. Keine Diskussion (5 Min.).
3. Abhören des Tonbandes (15 Min.).
4. Selbst-Feed-back des Beraters und anschließende Diskussion (5 Min.)

‹Klienten›-Fragebogen (Gespräch I)

	stimmt genau					stimmt überhaupt nicht
1. Ich habe mich während des Gespräches sehr verstanden gefühlt.	1 2 3 4 5 6 7
2. Dein Verhalten war für mich sehr angenehm.	1 2 3 4 5 6 7
3. Viele meiner Gedanken wurden mir während des Gespräches klarer.	1 2 3 4 5 6 7
4. Ich bin einer Lösung des Problems nähergekommen.	1 2 3 4 5 6 7

‹Berater›-Fragebogen (Gespräch I)

	stimmt genau					stimmt überhaupt nicht
1. Mir fiel es leicht, das zu verstehen, was du gesagt hast.	1 2 3 4 5 6 7
2. Der gefühlsmäßige Hintergrund deiner Aussagen wurde mir immer deutlich.	1 2 3 4 5 6 7
3. Mir fiel es leicht, den gefühlsmäßigen Gehalt deiner Äußerungen in meinen Worten wiederzugeben.	1 2 3 4 5 6 7
4. Ich habe mich in der Rolle des ‹Beraters› wohlgefühlt.	1 2 3 4 5 6 7

P 4

3. Abschlußgespräch (30 Minuten)

Wie bei den vorigen Sitzungen Ausfüllen des Fragebogens, Vorlesen und Diskussion über die Erfahrungen in dieser Sitzung.

Abschlußfragebogen

1. Was hat mir in der heutigen Sitzung am besten gefallen:

_____

_____

2. Was hat mir in der heutigen Sitzung wenig gefallen:

_____

_____

3. Was habe ich in der heutigen Sitzung gelernt:

_____

_____

	stimmt genau						stimmt überhaupt nicht
4. Ich habe mich sehr wohl gefühlt.	1	2	3	4	5	6	7
5. Ich habe sehr viel Neues über mich erfahren.	1	2	3	4	5	6	7
6. Ich habe sehr viel Neues über dich erfahren.	1	2	3	4	5	6	7
7. Ich bin vollkommen zufrieden mit meiner Aktivität in dieser Sitzung.	1	2	3	4	5	6	7

□ (Quadrat) = Meine Werte.
× (Kreuz) = Deine Werte, wie ich sie vermute.
Bitte markieren Sie außer für sich selbst mit den angegebenen Zeichen auch die Zahlen, von denen Sie vermuten, daß Ihr Partner sie für sich selbst mit einem Quadrat markiert hat.

5. SITZUNG:
Feed-back und Vermutungen (190 Minuten)

In dieser Sitzung erhalten Sie Gelegenheit, angemessenes Feed-back einzuüben und ungeprüfte Vermutungen über Gedanken, Motive und Gefühle des Partners nachzuprüfen. Für diese Sitzung sollten vorher noch
einmal die Kapitel gelesen werden: «Soziale Angst», «Ausdruck von Gefühlen» und «Feed-back».

Wichtiger noch als in einer Gruppe ist es in einer Zweierbeziehung,
dem Partner auf eine Art und Weise mitzuteilen, welche Gefühle sein
Verhalten in uns auslöst, daß er nicht verletzt wird und in Verteidigungshaltung gerät. In vielen Partnerschaften werden gerade die eigenen Gefühle des Ärgers und die ‹Störungen› so geäußert, daß der Partner emotional in Verteidigung gerät und unsere Gefühle nicht mehr akzeptieren
und verstehen kann. Er rechtfertigt sich dann sofort, hört weg, greift uns
an oder verletzt uns, wenn wir selbst unseren Ärger als Vorwurf oder als
Angriff formuliert haben.

Auf diese Weise machen Partner immer wieder die Erfahrungen: «Es
lohnt sich doch nicht, von meinem Ärger zu sprechen», «Er will sich eben
nicht ändern oder mir wenigstens zuhören» oder: «Der andere hat ja
schon wieder etwas zu meckern.» Aus diesen Erfahrungen heraus ‹verstummen› dann langsam beide Partner, sprechen nicht mehr über Dinge,
die sie in der Partnerschaft stören und können sie deswegen auch nicht
ändern. Im ganzen kann auf diese Weise eine Partnerschaft tot und leer
werden. Die Partner sprechen nicht mehr über Störungen, und das Resultat ist Distanz und Entfremdung. Nach einer langen Zeit des Nebeneinan-
derher-Lebens kommt es dann fast mit Regelmäßigkeit zu ‹Szenen und
Streitigkeiten›, in denen meist beide Partner sich all das an ‹den Kopf werfen›, was sie die ganze Zeit zurückgehalten haben. Aber im aggressiven
Streit ist jeder Partner im höchsten Maße in Verteidigungs- oder Angriffs-
bereitschaft, keiner hört zu und nimmt neue Informationen auf. Da in
solchen Streitsituationen der Ausdruck des Ärgers nicht ‹konstruktiv› zur
Veränderung benutzt werden kann, sondern nur zu ‹negativen Erlebnissen› führt, verfestigt sich bald die Meinung, es lohne sich nicht, dem Partner solche Gefühle mitzuteilen.

Bevor es so weit kommen kann, sollten Sie lernen, so Feed-back zu
geben, daß Ihr Partner sich nicht verletzt fühlt und dennoch Ihren Standpunkt kennenlernt. Ein solches Feed-back vermittelt Ihnen selbst dann
die Erfahrung: «Ich kann meine Meinung sagen. Der andere hört zu und
ist sogar bereit, mit mir darüber zu sprechen.» Diese Form des Feed-
backs können Sie in dieser Sitzung üben.

1. Einleitungsgespräch	(40 Min.)
2. Feed-back, zwei Beispiele	(40 Min.)
3. Vermutungen äußern	(40 Min.)

P5

4. Mir gefällt, mir mißfällt (40 Min.)
5. Abschlußgespräch (30 Min.)

1. Einleitungsgespräch (40 Min., Tonband)
Wie in der 3. Sitzung:
1. Kontrollierter Dialog über Erlebnisse in der letzten Zeit, Befindlichkeit im Augenblick und Erwartungen und Befürchtungen für die Sitzung (Tonband, 15 Min.).
2. Ausfüllen des Fragebogens zum Einleitungsgespräch, Vorlesen der Werte (5 Min.).
3. Abhören des Tonbandes (15 Min.).
4. Selbst-Feed-back und kurze Diskussion (5 Min.).

Fragebogen zum Einleitungsgespräch

	stimmt genau					stimmt überhaupt nicht

1. Ich habe mich bei diesem Gespräch sehr unwohl gefühlt.

1 2 3 4 5 6 7

2. Ich habe das Gefühl, daß ich immer vollkommen verstanden habe, was du gesagt hast.

1 2 3 4 5 6 7

3. Ich habe mich von dir immer sehr verstanden und akzeptiert gefühlt.

1 2 3 4 5 6 7

4. Mir sind deine Gedanken sehr viel klarer geworden, wenn ich sie noch einmal mit meinen Worten wiederholt habe.

1 2 3 4 5 6 7

5. Mir sind meine Gedanken sehr viel klarer geworden, wenn du sie noch einmal mit deinen Worten wiederholt hast.

1 2 3 4 5 6 7

6. Ich habe den Eindruck, daß ich oft so reagiert habe, daß ich dich im Ausdruck deiner Gedanken und Gefühle gestoppt habe.

1 2 3 4 5 6 7

---

2. Feed-back, zwei Beispiele (40 Min.)
In dieser Übung können Sie sich noch einmal für angemessenes Feedback sensibilisieren und erfahren, welche unterschiedlichen Gefühle verschiedene Formen eines Feed-back beim Partner hervorrufen.

A: (5 Min.) Beide Partner schreiben auf den Bogen «Zwei Beispiele für Feed-back» in wörtlicher Rede genau das, was sie ihrem Partner in einer bestimmten Situation sagen würden, um ihm Feed-back über sein Verhalten zu geben. Sie sollten dabei an Situationen denken, die in der letzten Zeit auftraten und in denen Sie das Verhalten Ihres Partners gestört hat.

Zwei Beispiele für Feed-back

1. Die Situation: _____

_____

_____

Mein Feed-back an den Partner: _____

_____

_____

2. Die Situation: _____

_____

_____

Mein Feed-back an den Partner: _____

_____

B: (5 Min.) Beide Partner tauschen die Bögen aus, und jeder von ihnen schreibt mit Hilfe des folgenden Bogens auf, welche Wirkung die beiden Rückmeldungen auf ihn haben. Jeder Partner arbeitet für sich, und die beiden sprechen noch nicht darüber.

C: (5 Min.) Die Partner geben sich die Bögen wieder zurück, und jeder schaut sich an, wie sein Feed-back auf den Partner gewirkt hat. Jetzt hat jeder die Aufgabe, eines der beiden Feed-backs umzuschreiben, so daß es ein ‹optimales› Feed-back wird. Sie sollen dabei nach dem untenstehenden Schema vorgehen. Das Feed-back wird jetzt natürlich sehr viel länger werden – aber zur Übung ist das sehr gut.

P 5

Wie wirkt das Feed-back auf mich

Beispiel 1: ×
Beispiel 2: □

	stimmt genau						stimmt überhaupt nicht
1. Das Feed-back verletzt mich.	1 2 3 4 5 6 7
2. Das Feed-back macht mich wütend.	1 2 3 4 5 6 7
3. Das Feed-back reizt mich zum Angriff.	1 2 3 4 5 6 7
4. Das Feed-back reizt mich zur Verteidigung.	1 2 3 4 5 6 7
5. Das Feed-back gibt mir neue Informationen.	1 2 3 4 5 6 7
6. Das Feed-back regt mich an, nachzufragen, was der Partner eigentlich genau meint.	1 2 3 4 5 6 7

Optimales Feed-back

1. Welche Gefühle hatte ich in dieser Situation (direkt ausgedrückt)?	
2. Genaue Beschreibung deines Verhaltens in dieser Situation (nur beobachtbares Verhalten).	
3. Meine Vermutung über deine Gefühle und Absichten in dieser Situation (als Vermutung geäußert).	
4. Warum hatte ich meine Gefühle, welche Bedeutung hat dein Verhalten für mich?	

5. Neue Einsichten, die mir jetzt beim Schreiben über mich, über dich und über die Situation gekommen sind.	
6. Wie wünsche ich mir, daß wir uns in solchen Situationen in der Zukunft verhalten?	

D: (5 Min.) Die Partner lesen sich gegenseitig ihr optimales Feed-back vor und teilen sich gegenseitig mit, wieviel besser diese Form auf sie wirkt und wieviel sie durch ein solches Feed-back lernen können.

E: (20 Min.) Beide Partner sprechen über das Thema: «Auf welche Art gebe ich normalerweise Feed-back, und wie nehme ich deine Art, mir Feed-back über mein Verhalten zu geben, wahr. Wie wollen wir in Zukunft mit Feed-back umgehen.» Denken Sie dabei an die Diskussionsregeln!

3. Vermutungen äußern (40 Min.)

In dieser Übung können Sie sich über Ihren Bereich der Vermutungen über Ihren Partner klarer werden und diese Vermutungen überprüfen. Wenn wir Menschen neu kennenlernen, haben wir fast immer Vermutungen über sie, sogenannte ‹Vor›-Urteile, die unsere Wahrnehmung und unser Verhalten beeinflussen. Um den Sozialpartner realistischer wahrnehmen zu lernen, müssen wir uns über diese unsere Vermutungen klarer werden, und der beste Weg dazu ist, darüber zu sprechen. Da in engen Beziehungen die Partner einander besser kennen, liegt hier das Problem der ungeprüften Vermutungen etwas anders. Hinter bestimmten Äußerungen, Verhaltensweisen oder Gesten usw. des Partners vermuten wir Wünsche, Gefühle und Einstellungen, die häufig eher unseren eigenen Erwartungen und Befürchtungen entsprechen und auf den Partner gar nicht zutreffen. Viele Mißverständnisse können aufgeklärt werden, wenn Sie öfter Ihre Vermutungen äußern. Denken Sie jedoch daran, daß es sich um Ihre Vermutung handelt, die Sie stets als offene Frage formulieren sollten. So geben Sie Gelegenheit, dazu Stellung zu nehmen und zu sagen, ob Ihre Vermutung zutrifft oder nicht.

A: (10 Min.) Die Partner teilen sich abwechselnd gegenseitig Vermutungen übereinander mit, wobei sie jedesmal stereotyp mit den Satzanfängen beginnen:

P5

– «Ich vermute, daß du . . .», und
– «Ich habe den Eindruck, daß du . . .».

Die ganzen 10 Minuten lang sollen die Partner abwechselnd ihre Vermutungen über den anderen äußern. Auf diese Vermutungen soll auf keinen Fall eingegangen werden. Sie sollen weder richtiggestellt werden, noch soll der Kopf geschüttelt werden, noch bejahend genickt werden. Dies wird Ihnen sicherlich sehr schwerfallen, doch ist dies eine wichtige ‹Spielregel›, von der der Lernerfolg dieser Übung entscheidend abhängt. Das Spiel soll 10 Minuten durchgehalten werden. Wenn einem Partner einmal wirklich nichts mehr einfällt, dann kann er einmal ‹passen›. Im großen und ganzen sollte die wechselnde Reihenfolge aber eingehalten werden.

Hier ein kurzes Beispiel:

A: «Ich vermute, daß du in der letzten Woche gar nicht so glücklich im Beruf warst, wie du sagtest.»
B: «Ich vermute, daß du dich auf den Abend bei Müllers am Samstag sehr freust.»
A: «Ich habe den Eindruck, daß du in der letzten Zeit dich etwas innerlich distanziert von den Kindern fühlst.»
B: «Ich vermute, daß du bei dem Feed-back-Spiel vorhin doch überraschter warst, als du es mir gesagt hast.»

B: (30 Min.) Die Partner sprechen jetzt zunächst darüber, wie sie sich während des Spiels gefühlt haben und was es für ein Gefühl war, die Vermutungen des anderen unwidersprochen hinzunehmen und nicht darauf antworten zu dürfen. Können Sie sich vorstellen, wie sich Menschen fühlen, denen die Vermutungen der anderen so mitgeteilt werden, daß man ihnen vermittelt «Ich weiß es schon besser als du», ihnen nicht die Möglichkeit der Richtigstellung gibt oder ihnen einfach nicht glaubt, wenn sie sagen: «So ist es nicht»? Die Partner können dann weiterdiskutieren über die verschiedenen geäußerten Vermutungen und haben jetzt die Möglichkeit, Stellung dazu zu nehmen. Die Partner sollten auch über das Thema sprechen: «Wie gehen wir normalerweise mit unseren Vermutungen um, und wie wollen wir es in Zukunft halten?» Denken Sie dabei an die Diskussionsregeln.

4. Mir gefällt, mir mißfällt (40 Min.)

A: (5 Min.) Ein Partner setzt sich vor den anderen und bittet ihn, ihm Feed-back zu geben. Während 5 Minuten soll der Feed-back-Geber alles äußern, was ihm am Partner gefällt und was ihm mißfällt. Die Wichtigkeit von negativem Feed-back haben wir schon im Vorspann erwähnt – hier sei noch einmal darauf hingewiesen, wie wichtig positives Feed-back ist. Oft meinen wir, der andere wisse doch, was wir an ihm mögen. Das ist aber häufig ein Irrtum, und es macht recht nachdenklich, wenn wir erfahren, daß wir dem Partner eine lange Zeit nicht mitgeteilt haben, was uns ganz konkret an ihm gefällt, und wir erleben, wie überrascht er ist, wenn wir das aussprechen.

Der Feed-back-Geber: Er soll beginnen mit den Sätzen: «Mir gefällt an dir ...», und: «Mir mißfällt an dir ...». Er soll dann 5 Minuten weiter über alles sprechen, was ihm mißfällt und was ihm gefällt. Er soll dabei daran denken, daß durch Feed-back sich der Feed-back-Empfänger, aber auch der Feed-back-Geber, verändern kann. Er sollte sich deshalb nicht scheuen, neue Einsichten über seine Gefühle und Eindrücke zu äußern, wenn ihm diese beim Geben des Feed-back kommen.

«Es entmutigt mich, wenn du immer etwas gegen meine Vorschläge einzuwenden hast», kann zum Beispiel zu folgenden Veränderungen führen:
1. Der eine Partner merkt, daß sein Verhalten andere Auswirkungen hat, als er beabsichtigt, und nimmt sich vor, seine Einwände etwas zu zügeln oder in einer anderen Art und Weise zu formulieren, so daß sie den anderen nicht entmutigen.
2. Der andere Partner merkt, daß er auf diesem Gebiet etwas überempfindlich reagiert, und überlegt, wie er es erreichen kann, daß er sich nicht mehr so schnell entmutigt fühlt.

Der Feed-back-Empfänger: Dieser versucht, das Feed-back aufmerksam anzuhören. Er soll dabei weder antworten noch Stellung nehmen. Er soll durch seine Mimik nicht anzeigen, daß er die Sache ebenso sieht wie der Feed-back-Geber oder daß er sie anders sieht. Er soll mit möglichst unbewegtem Gesicht nur zuhören und bei Gesprächspausen darauf warten, bis der Feed-back-Geber weiterspricht.

B: (5 Min.) Der Feed-back-Empfänger spricht von seinen Gefühlen, die er im Augenblick hat. Ist er überrascht, betroffen, enttäuscht, traurig, erleichtert, nachdenklich usw.? Er soll nur von seinen Gefühlen sprechen und eine Diskussion über die verschiedenen Feed-back-Punkte noch aufschieben.

C: (5 Min.) Wie bei A, jetzt aber mit vertauschten Rollen.

D: (5 Min.) Wie bei B.

E: (20 Min.) Die Partner sprechen über das Thema: «Was habe ich in dieser Übung erfahren, und wie fühle ich mich jetzt?» Sie sollen dabei nicht versuchen den anderen dazu zu bewegen, Aussagen zurückzunehmen oder ‹rückgängig› zu machen. Sie sollten viel eher danach fragen, was sie am Feed-back des anderen nicht verstanden haben. Die Partner sollten die neuen Informationen als wichtige Bereicherung ihres Wissens über ihre Wirkung auf den anderen auffassen und sich diese neuen Informationen auch sorgfältig merken, um einmal allein darüber nachdenken zu können. Wenn die Partner sich gegenseitig in diesem Gespräch für ihre Offenheit bestrafen («Wie konntest du nur sagen ...», «Das hätte ich nun wirklich nicht von dir gedacht») oder gar mit Drohungen einschüchtern («Ich glaube, ich muß jetzt wirklich unsere Beziehung neu überdenken, und ich weiß nicht, was dabei herauskommt ...»), dann verbauen sie sich den Weg zu einer realistischen Wahrnehmung ihrer Wirkung auf den anderen und den Weg zu einer Verbesserung der Beziehung. Denken Sie auch daran, daß in dieser Übung erst einmal nur Informationen erhoben werden sollen, zum Lösen etwaiger neu aufgetretener Probleme brauchen Sie mehr Zeit, und das soll im Konfliktgespräch geschehen (9. Sitzung).

5. Abschlußgespräch (30 Min.)

Wie in den vorangegangenen Sitzungen füllen die beiden Partner den Abschlußfragebogen aus, teilen sich gegenseitig ihre Werte mit und sprechen über die Erfahrungen in dieser Sitzung.

Abschlußfragebogen

1. Was hat mir in der heutigen Sitzung am besten gefallen:

_____

_____

_____

_____

2. Was hat mir in der heutigen Sitzung wenig gefallen:

_____

_____

_____

_____

3. Was habe ich in der heutigen Sitzung gelernt:

_____

	stimmt nicht						stimmt überhaupt nicht
4. Ich habe mich sehr wohl gefühlt.	1	2	3	4	5	6	7
5. Ich habe sehr viel Neues über mich erfahren.	1	2	3	4	5	6	7
6. Ich habe sehr viel Neues über dich erfahren.	1	2	3	4	5	6	7
7. Ich bin vollkommen zufrieden mit meiner Aktivität in dieser Sitzung.	1	2	3	4	5	6	7

□ (Quadrat) = Meine Werte.
× (Kreuz) = Deine Werte, wie sich sie vermute.
Bitte markieren Sie außer für sich selbst mit den angegebenen Zeichen auch die Zahlen, von denen Sie vermuten, daß Ihr Partner sie für sich selbst mit einem Quadrat markiert hat.

6. SITZUNG:
Autonomie (170 Minuten)

Zwischen zwei Partnern in einer Beziehung besteht Abhängigkeit, keiner der beiden kann in der Beziehung sich so verhalten, als ob er allein wäre. Die Wünsche und die Abneigungen des Partners werden einem selbst wichtig, und man nimmt Rücksicht auf diese, damit eine befriedigende Beziehung möglich ist. Das ist gut so – und ohne feste Bindungen an Sozialpartner in Beziehungen, in denen die verschiedenen Interessen und Wünsche aufeinander abgestimmt werden, ist für die meisten Menschen eine Selbstverwirklichung kaum möglich. Eine solche reife Form der gegenseitigen Abhängigkeit könnte man durch die folgenden Sätze wiedergeben:

«Ich bin ich, und du bist du. Wir sind zwei verschiedene Menschen mit verschiedenen Interessen, Wünschen, Vorlieben und Abneigungen, und wir beide sind nicht auf der Welt, um so zu sein, wie sich das der andere wünscht. Jeder von uns soll sich in dieser Beziehung frei auf seine Weise entfalten können und eine eigenständige Persönlichkeit entwickeln dürfen. Da wir akzeptieren, daß wir verschiedene Menschen mit zum Teil unterschiedlichen Interessen sind, braucht keiner dem anderen böse zu sein oder sich weniger geliebt fühlen, wenn wir zu einer Sache nicht die gleiche Meinung haben. Auf der anderen Seite gibt es Probleme, die uns beide gemeinsam betreffen und bei denen wir uns arrangieren müssen und unser Verhalten aneinander anpassen müssen. Wir glauben fest daran, daß dies möglich ist, ohne Macht- oder Kampfmittel anzuwenden und ohne daß einer den anderen unterdrückt. Im Gegenteil, wir glauben, daß, wenn wir unsere Verschiedenheit akzeptieren und uns deswegen gegenseitig keine Vorwürfe machen, beide den ehrlichen Wunsch haben, die Beziehung so zu gestalten und unser Verhalten so einzurichten, daß wir unsere eigenen Interessen in dieser Beziehung befriedigen können. Wir glauben außerdem fest daran, daß die Lösungen unserer Konflikte keine ‹faulen Kompromisse› sind, zu denen wir widerstrebend ja sagen – sondern daß es im Gegenteil Lösungen für unsere Konflikte gibt, hinter denen wir beide fest stehen können und die meinen wie auch deinen Interessen gerecht werden.»

Eine solche Haltung von reifer Abhängigkeit, bei der die Partner sich gegenseitig soviel Autonomie (Selbstbestimmung) und eigene Persönlichkeitsentfaltung zugestehen, wie es möglich ist, will gelernt sein, und beide Partner müssen sich in einem längeren Lernprozeß immer wieder bemühen, diese Haltung zu entwickeln.

In vielen Partnerschaften muß zunächst erkannt werden, in welchen Bereichen eine ‹unreife Abhängigkeit› besteht, bei der sich die Partner gegenseitig einengen und den anderen in seiner Persönlichkeitsentfaltung hemmen und aufhalten, anstatt ihn zu fördern. In diesen Beziehungen erzeugen die Gedanken an die unausgesprochenen eigenen Wünsche, Interessen und Abneigungen die Angst, die Zuneigung des Partners zu verlieren. Diese Angst kann nur verringert werden, indem beide Partner Schritt für Schritt den Mut aufbringen, ihre Verschiedenheit wahrzunehmen und zu akzeptieren und immer wieder die Erfahrung zu machen, daß die Zuneigung des Partners nicht geringer wird. Wenn Sie diesen Weg gehen wollen, werden Sie oft erfahren, daß Ihre Befürchtungen zum Teil unrealistisch sind und aus ‹alten› Erfahrungen (zum Beispiel in der Kindheitsfamilie oder mit früheren Partnern) resultieren und daß Sie Ihre Beziehung bereichern und erweitern, wenn Sie die Angst abbauen, ‹eine eigene Persönlichkeit zu sein›.

1. Einleitungsgespräch	(40 Min.)
2. Selbstverleugnung	(30 Min.)
3. Was vermeide ich?	(30 Min.)
4. Du – und die anderen	(40 Min.)
5. Abschlußgespräch	(30 Min.)

1. Einleitungsgespräch (40 Min., Tonband)

Wie in den vorangegangenen Sitzungen:
1. Kontrollierter Dialog (15 Min., Tonband).
2. Ausfüllen des Fragebogens zum Einleitungsgespräch und Vorlesen der Werte (5 Min.).

Fragebogen zum Einleitungsgespräch

	stimmt genau	stimmt überhaupt nicht
1. Ich habe mich bei diesem Gespräch sehr unwohl gefühlt.	1 2 3 4 5 6 7	
2. Ich habe das Gefühl, daß ich immer vollkommen verstanden habe, was du gesagt hast.	1 2 3 4 5 6 7	
3. Ich habe mich von dir immer sehr verstanden und akzeptiert gefühlt.	1 2 3 4 5 6 7	
4. Mir sind deine Gedanken sehr viel klarer geworden, wenn ich sie noch einmal mit meinen Worten wiederholt habe.	1 2 3 4 5 6 7	
5. Mir sind meine Gedanken sehr viel klarer geworden, wenn du sie noch einmal mit deinen Worten wiederholt hast.	1 2 3 4 5 6 7	
6. Ich habe den Eindruck, daß ich oft so reagiert habe, daß ich dich im Ausdruck deiner Gedanken und Gefühle gestoppt habe.	1 2 3 4 5 6 7	

---

3. Abhören des Tonbandes (15 Min.)
4. Selbst-Feed-back und Diskussion (5 Min.).

2. Selbstverleugnung (30 Min.)

A: Beide Partner lesen sich laut folgende Sentenz über die «Liebe» von George Bach vor. Auch wenn Sie sich dabei etwas ‹seltsam› vorkommen, ist es doch wichtig, daß Sie die Sentenz wörtlich vorlesen – laut und langsam. Achten Sie beim Vorlesen auf die Gefühle, die Sie dabei haben. Sie finden auf diese Weise eher heraus, ob eine Beziehung vom Text zu Ihrer Beziehung besteht oder ob das nicht der Fall ist.

P6

«Liebe» (von George Bach)

Ich fühle mich angespannt und unbehaglich, weil ich krampfhaft versuche, herauszubekommen, wie du mich haben willst, um mich lieben zu können. Sobald ich herausgefunden habe, was du für liebenswert hältst, werde ich im Sechseck springen, um deiner Vorstellung von Liebenswürdigkeiten zu entsprechen, nur aus Angst, du könntest aufhören, mich zu lieben. Ich wage es einfach nicht, dir mein wahres Ich zu zeigen, denn ich fühle mich dir gegenüber unzulänglich, weil ich tief im Innersten weiß, daß ich deinen Vorstellungen von dem, was liebenswert ist, nicht vollständig entspreche. Und genausowenig wage ich es, dich ganz genau anzuschauen, denn du könntest genauso nicht in meine Vorstellung von dem, was ich für liebenswert halte, passen.»

B: Nachdem die Partner sich die Sentenz vorgelesen haben (jeder einmal), sprechen sie darüber, ob zwischen dieser Sentenz und ihrer Beziehung ein Zusammenhang besteht. Diskutieren Sie bitte über das Thema: «Wo habe ich mich in unserer Beziehung selbst verleugnet – zu Beginn und heute.» Denken Sie dabei an die Diskussionsregeln.

3. Was vermeide ich? (30 Min.)
A: (5 Min.) Beide Partner füllen jeder für sich den folgenden Bogen «Was vermeide ich?» aus.

Was vermeide ich?

	stimmt genau					stimmt überhaupt nicht

Ich vermeide, mit dir zu sprechen über ...

1. meine Ängste, Probleme und Hemmungen,	1	2	3	4	5	6	7
2. meine geheimsten sexuellen Wünsche,	1	2	3	4	5	6	7
3. meinen Ärger und Zorn, den du in mir auslöst,	1	2	3	4	5	6	7
4. meine Zuneigung zu dir,	1	2	3	4	5	6	7
5. meine Zuneigung zu anderen,	1	2	3	4	5	6	7
6. meine Bedürfnisse nach Unabhängigkeit,	1	2	3	4	5	6	7
7. meinen Wunsch nach Abhängigkeit,	1	2	3	4	5	6	7
8. meine Gefühle, die ich selbst nicht akzeptiere, wie z.B. Eifersucht, oder den Wunsch, dich ganz zu ‹besitzen›	1	2	3	4	5	6	7
9. Meine Wünsche und Hoffnungen.	1	2	3	4	5	6	7

Ich vermeide, dir gegenüber ...

10. ausgelassen zu sein,	1	2	3	4	5	6	7

P6

11. hemmungslos zu sein,	1 2 3 4 5 6 7
12. ernst zu bleiben,	1 2 3 4 5 6 7
13. mich ganz auf das einzustellen, was dir Sorgen macht	1 2 3 4 5 6 7
14. zu zeigen, daß ich im Augenblick lieber allein sein möchte,	1 2 3 4 5 6 7
15. auf deinen Ärger einzugehen,	1 2 3 4 5 6 7
16. auf deine Unsicherheit einzugehen.	1 2 3 4 5 6 7
17. _____ _____	1 2 3 4 5 6 7
18. _____ _____	1 2 3 4 5 6 7
19. _____ _____	1 2 3 4 5 6 7
20. _____ _____	1 2 3 4 5 6 7

B: (35 Min.) Beide Partner lesen sich gegenseitig ihre Werte zu den betreffenden Fragen vor und diskutieren die einzelnen Punkte. Versuchen Sie partnerzentriert zu reagieren und den anderen nicht für seine offenen Äußerungen zu bestrafen. Denken Sie daran, daß Gefühle, die Sie haben, aber eigentlich ablehnen (unrealistische Befürchtungen, kindliche Abhängigkeitsbedürfnisse), sich nicht verändern, wenn Sie diese nicht wahrnehmen oder unterdrücken. Diese Gefühle können sich erst dann verändern und sich entwickeln, wenn Sie sie wahrnehmen, akzeptieren und ausdrücken.

4. Du – und die anderen (40 Min.)

Manchen Partnern fällt es schwer zu akzeptieren, daß sie im ganzen für den anderen die ‹Nr. 1› sind und den höchsten Stellenwert im Vergleich zu anderen Sozialpartnern besitzen, daß dies aber für verschiedene Beziehungsdimensionen unterschiedlich ist und für einige mögliche Beziehungsdimensionen andere Sozialpartner für den Partner wichtiger sein können. Häufig sprechen die Partner zusammen nicht über ihre verschiedenen Zuneigungen zu anderen Menschen, aus Angst, den Partner zu verletzen. Damit verbergen sie aber einen ganzen Teil ihrer Gefühle und geben dem anderen nicht die Möglichkeit, ihre Gefühle teilnehmend mitzuerleben.

P6

A: (5 Min.) Jeder Partner stellt für sich auf dem Papier eine Gruppe zusammen, die aus Teilnehmern besteht, die ihm nahestehen und die er gut kennt (Freunde, Freundinnen, Arbeitskollegen usw.). Jeder soll möglichst die Namen von fünf Sozialpartnern finden, so daß die Gruppe zusammen mit ihm selbst und dem Partner sieben Mitglieder zählt.

1. *Ich* _____
2. *Du* _____
3. _____
4. _____
5. _____
6. _____
7. _____

B: (10 Min.) Beide Partner tragen in das folgende Schema ein, mit wem aus dieser fiktiven Gruppe sie am liebsten die betreffende Beziehungsform haben würden, und mit welchem Gruppenmitglied am wenigsten gern. Vielleicht werden die verschiedenen Beziehungsformen für Sie beide eine verschiedene Bedeutung haben, oder sie werden mit den verschiedenen Tätigkeiten verschiedene Gefühle oder Bedürfnisse verbinden. Sie werden aber nach dem Ausfüllen dieses Bogens Gelegenheit haben, Ihre Wahlen zu erklären und zu relativieren. Stellen Sie sich aber zunächst vor, daß Sie in einer Zwangslage sind und jeweils *ein* Gruppenmitglied positiv und *ein* anderes negativ bewerten müssen. Sie betrachten also Ihre Beziehungen zu den verschiedenen Sozialpartnern zunächst im Vergleich zu den anderen Sozialpartnern. Dabei können für verschiedene Kategorien dieselben Sozialpartner gewählt werden.

C: (25 Min.) Beide Partner lesen sich gegenseitig ihre Positiv- und Negativwahlen vor und sprechen über die verschiedenen Wahlen. Teilen Sie sich auch gegenseitig die Gefühle mit, die die Wahlen Ihres Partners in Ihnen auslösen. Tun Sie das aber nicht bestrafend oder vorwurfsvoll, so daß Ihr Partner wegen seiner Zuneigungen und Abneigungen ein schlechtes Gewissen erhält und nicht mehr offen sein mag. Äußern Sie Ihre eigenen Wahlen auch nicht in der Art, daß Sie Ihrem Partner einen Vorwurf vermitteln, daß er nicht so ist wie jemand anderes. («Ja, die Helga ist viel temperamentvoller als du, und mit der kann man viel besser ein Theaterstück inszenieren.»)

Erweitertes Soziogramm Ich möchte haben …	am liebsten	am wenigsten gern
1. zum Chef:		
2. als Kollegen für gemeinsame Aufgaben:		
3. Für einen Urlaub in Monte Carlo:		
4. als Gefährten für eine einsame Südseeinsel nach Schiffbruch:		
5. für eine aggressive Auseinandersetzung:		
6. zum ‹Pferde stehlen›:		
7. für eine Wanderung durch die Alpen:		
8. zum Mitbewohner in einer Wohngemeinschaft:		
9. für die Inszenierung eines Schauspielstückes:		
10. für einen zärtlichen Abend:		
11. für einen ‹Zug durch die Gemeinde›:		
12. für das gemeinsame Verfassen eines Gedichtes:		
13. für ein Gespräch, wenn die Sorgen zu groß sind:		
14. für eine Erholungsstunde, in der ich neue Kräfte auftanken kann:		
15. zum gemeinsamen Schweigen oder Musikhören:		

P6

5. Abschlußgespräch (30 Min.)

Beide Partner füllen den Abschlußfragebogen aus, lesen sich gegenseitig ihre Werte vor und sprechen über die Erfahrungen in dieser Sitzung.

Abschlußfragebogen

1. Was hat mir in der heutigen Sitzung am besten gefallen:

_____

_____

_____

_____

2. Was hat mir in der heutigen Sitzung wenig gefallen:

_____

_____

_____

_____

3. Was habe ich in der heutigen Sitzung gelernt:

_____

_____

_____

_____

		stimmt genau							stimmt überhaupt nicht

4. Ich habe mich sehr wohl gefühlt. 1 2 3 4 5 6 7

5. Ich habe sehr viel Neues über mich
erfahren. 1 2 3 4 5 6 7

6. Ich habe sehr viel Neues über dich
erfahren. 1 2 3 4 5 6 7

7. Ich bin vollkommen zufrieden mit
meiner Aktivität in dieser Sitzung. 1 2 3 4 5 6 7

□ (Quadrat) = Meine Werte.
× (Kreuz) = Deine Werte, wie ich sie vermute.
Bitte markieren Sie außer für sich selbst mit den angegebenen Zeichen auch
die Zahlen, von denen Sie vermuten, daß Ihr Partner sie für sich selbst mit
einem Quadrat markiert hat.

7. SITZUNG: Wünsche

In dieser Stunde können Sie lernen, auf welche Weise Sie normalerweise
Ihre Wünsche verschlüsseln oder ausdrücken und ob Sie durch Ihre Art
und Weise, Wünsche zu verschlüsseln, dazu beitragen, daß sie nicht erfüllt werden. Außerdem können Sie in Spielform einige Verhaltensfertigkeiten einüben, für die das angemessene Äußern von Wünschen und für
das Regieren auf diese hilfreich sind.

Häufig verhindern Partner, daß der andere ihre Wünsche erfüllt, indem sie diese zum Beispiel nicht äußern und still und heimlich darauf
warten, daß sie der Partner von ihren Augen abliest und erfüllt. Da dies
normalerweise nicht allzu wahrscheinlich ist, hat man dann selbst einen
guten Grund, zu ‹schmollen› und dem anderen Vorwürfe zu machen, daß
er auf uns selbst keine Rücksicht nimmt. Auf diese Weise erreichen wir,
daß der Partner sich so verhalten muß, daß es uns nicht recht ist (wie soll
er Wünsche erfüllen, die er nicht kennt?) und daß er zusätzlich ein
schlechtes Gewissen bekommt und sich für rücksichtslos hält. Das hat den
‹Vorteil›, daß er eher bereit sein mag, sich für sein Verhalten in der Beziehung Vorwürfe zu machen, und das ist eine ‹gute› Voraussetzung, um ihn
abhängig zu machen.

Es ist erstaunlich, wie viele Wünsche in Partnerschaften als Beschwerde oder als Vorwurf formuliert werden und damit nur erreichen, daß der
Partner sich verteidigt und gar nicht überlegen kann, ob er den Wunsch
erfüllen will oder ob er das nicht kann. Daß ein Partner seinen Wunsch

P 7

nicht erfüllen kann, wird in jeder Partnerschaft vorkommen müssen, und hier ist es wichtig, daß Sie lernen, Wünsche in einer ruhigen und verständnisvollen Haltung abzuschlagen und es außerdem nicht als Liebesentzug oder als ‹gegen Sie gerichtet› aufzufassen, wenn Ihr Partner einmal auf einen Ihrer Wünsche nicht eingehen kann.

Wenn Sie nach dieser Sitzung in Ihrer Beziehung vermehrt üben wollen, Wünsche offen zu äußern, dann sollten Sie für einige Zeit einmal strikt die Regel befolgen: «Wünsche, die nicht geäußert werden, werden nicht befriedigt».

1. Einleitungsgespräch	(40 Min.)
2. «Gib es mir!»	(20 Min.)
3. «Sag mal, was du willst!»	(20 Min.)
4. Wünsche kennenlernen	(20 Min.)
5. Mit Wünschen überschütten	(10 Min.)
6. Wünsche abschlagen	(20 Min.)
7. Abschlußgespräch	(30 Min.)

1. Einleitungsgespräch (40 Min., Tonband)
Wie in den vorangegangenen Sitzungen:
1. Kontrollierter Dialog (15 Min., Tonband).
2. Ausfüllen des Fragebogens zum Einleitungsgespräch, Austausch der Werte (5 Min.).
3. Abhören des Tonbandes (15 Min.)
4. Selbst-Feed-back und Diskussion (5 Min.).

Fragebogen zum Einleitungsgespräch

	stimmt genau	stimmt überhaupt nicht
1. Ich habe mich bei diesem Gespräch sehr unwohl gefühlt.		1 2 3 4 5 6 7
2. Ich habe das Gefühl, daß ich immer vollkommen verstanden habe, was du gesagt hast.		1 2 3 4 5 6 7
3. Ich habe mich von dir immer sehr verstanden und akzeptiert gefühlt.		1 2 3 4 5 6 7
4. Mir sind deine Gedanken sehr viel klarer geworden, wenn ich sie noch einmal mit meinen Worten wiederholt habe.		1 2 3 4 5 6 7

5. Mir sind meine Gedanken sehr
viel klarer geworden, wenn du sie noch
einmal mit deinen Worten wiederholt
hast.   1 2 3 4 5 6 7

6. Ich habe den Eindruck, daß ich oft
so reagiert habe, daß ich dich im
Ausdruck deiner Gedanken und
Gefühle gestoppt habe.   1 2 3 4 5 6 7

2. «Gib es mir!» (20 Min.)

Ein Partner denkt sich eine Sache aus, die er auf keinen Fall verlieren will.
Es ist gleichgültig, was das für eine Sache ist, da während des Spiels nicht
ausgesprochen werden darf, worum es sich handelt. Er soll sich aber vorstellen, daß er an dieser Sache wie an seinem Leben hängt und sie auf
keinen Fall seinem Partner geben will.

Der Partner hat die Aufgabe, in der Diskussion alles daranzusetzen,
diese Sache zu bekommen.

Beide Partner sollen in diesem Spiel versuchen, sich ganz in die Rollen
hineinzuleben und intensiv die Gefühle zu spüren «Ich will es haben, ich
muß es haben» und «Du bekommst es auf keinen Fall». Versuchen Sie
unbedingt, für die angegebene Zeit nicht aus den vorgegebenen Rollen zu
fallen.
A: Rollenspiel 1 (5 Min.).
B: Rollenspiel 2 mit vertauschten Rollen (5 Min.).
Der Partner, der zunächst den anderen um die Herausgabe des Gegen-
standes bitten sollte, überlegt sich nun selbst einen Gegenstand, den er
nicht herausgeben will.
C: Diskussion über die Erfahrungen bei den Spielen (10 Min.).
Überlegen Sie sich in der Diskussion, ob ein Zusammenhang besteht zwischen
Ihrem Verhalten im Spiel und Ihrer normalen Art, den Partner dazu zu bewegen,
den eigenen Wunsch zu erfüllen. Fühlten Sie sich in der Rolle des ‹Besitzenden›
unwohl oder bedroht? Fühlten Sie sich in der Rolle des ‹Bittenden› machtlos oder
ungeliebt?

3. «Sag mal, was du willst!» (20 Min.)

In dieser Übung können Sie im Spiel üben, Vorwürfe oder Beschwerden
in Wünsche zu übersetzen.
A: (15 Min.) Nach dem unten angegebenen Schema üben Sie, Anklagen
umzuformulieren.
B: (5 Min.) Danach werten Sie die Erfahrungen dieser Übung aus.

P7

Übungsschema

1. Ein Partner äußert dem anderen gegenüber einen Vorwurf, eine Anklage, eine Beschwerde oder drückt auf ähnlich bestrafende Form sein Mißfallen über den anderen aus. Dabei sollen diese Vorwürfe fiktiv sein. Auf spielerische Weise können Sie sich diese Vorwürfe ausdenken, die nicht zu stimmen brauchen.
2. Der angesprochene Partner reagiert mit folgendem Satz: «Sag mal, was du eigentlich willst. Ich habe den Eindruck, daß du dir wünschst, daß . . .»
   Er soll mit dem Anfang des Satzes den anderen provokativ darauf hinweisen, daß er anstatt einer Wunschform die Anklageform benutzt hat, und ihm dann mitteilen, welchen Wunsch er herausgehört hat.
3. Partner I formuliert seinen Wunsch noch einmal deutlich in Wunschform, wobei er beginnt mit den Worten «Ich wünsche mir . . .»
   Danach ist Partner II dran, einen Vorwurf zu äußern, Partner I reagiert auf die vorgeschriebene Weise, und Partner II formuliert seinen Wunsch noch einmal direkt als Wunsch. Usw. 15 Minuten lang.

Ein Beispiel

A: «Niemals wischst du dir die Schuhe ab, wenn du ins Zimmer kommst!»
B: «Sag mal, was du eigentlich willst. Ich höre heraus, daß du dir wünschst, daß ich mir häufiger die Füße abwische.»
A: «Ja, ich wünsche mir, daß du in Zukunft jedesmal die Füße abwischst, bevor du ins Zimmer kommst.»
B: (ärgerlicher Tonfall) «Warum bleiben wir eigentlich sonntags immer zu Haus und fahren niemals irgendwohin, wo es schön ist?»
A: «Sag mal, was du eigentlich willst. Ich höre heraus, daß du dir wünschst, daß wir sonntags öfter wegfahren.»
B: «Ja, ich wünsche mir, daß wir sonntags häufiger etwas unternehmen.» Usw.

4. Wünsche kennenlernen (20 Min.)

Diese Übung ist eine Vorbereitung auf die Phase «Herausarbeiten der Hintergrundsbedürfnisse» des Konfliktgesprächs. Hinter vielen Wünschen, die ein Mensch hat, stecken andere «Hintergrundsbedürfnisse», so daß ein Erfüllen der zunächst geäußerten Wünsche nicht die Störung oder das Problem des anderen lösen würde. Häufig ist Menschen aber nicht bewußt, was eigentlich hinter ihren geäußerten Wünschen steckt. Die beste Weise, ihnen zu helfen, diese Hintergrundsbedürfnisse zu erkennen, ist das partnerzentrierte Eingehen auf ihre Wünsche.

A: (15 Min.) Ein Partner äußert einen Wunsch, und der andere hat die Aufgabe, die Gefühle hinter diesem Wunsch zu verbalisieren, so daß der Partner sich immer klarer über dahinterliegende Bedürfnisse werden kann. Jeder Partner sollte öfter in der Rolle des ‹Wünschenden› Gelegenheit haben, diesmal aber einen realen Wunsch an den Partner zu äußern und darüber zu reflektieren.
B: (5 Min.) Beide Partner werten die Erfahrungen dieser Übung aus.

Ein Beispiel

A: «Ich wünsche mir, daß wir sonntags häufiger etwas unternehmen.»

B: «Du langweilst dich etwas an unseren Sonntagen?»

A: «Ja, und wie. Ich empfinde es als richtig tot hier. Wir öden uns gegenseitig an, und keiner weiß so recht, etwas mit sich und dem anderen anzufangen.»

B: «Du bist unzufrieden mit dem Kontakt, der an Sonntagen zwischen uns ist, und dir fehlt, daß wir gemeinsam etwas erleben oder über etwas sprechen?»

A: «Was heißt ‹über etwas sprechen›? Über uns sprechen. Diese Leere ist, glaube ich, auch an anderen Tagen da, und irgendwie haben wir uns entfremdet. Nur an den Wochentagen merkt man das nicht so.»

B: «Habe ich das dann richtig verstanden, daß hinter deinem Wunsch, daß wir sonntags mehr unternehmen, der Wunsch steckt, daß wir uns einmal wieder mehr mit uns beiden beschäftigen sollten, um mehr Kontakt zueinander zu finden?»

A: «Ja, genau. Dafür müssen wir natürlich nicht unbedingt wegfahren, sondern könnten uns auch andere Möglichkeiten überlegen, um das zu erreichen.»

5. Mit Wünschen überschütten (10 Min.)

Wenn Wünsche so geäußert werden, daß die Partner sich gegenseitig vermitteln: «Ich habe jetzt gesagt, was ich möchte, und ich würde jetzt gern hören, was du möchtest. Wir wollen gemeinsam überegen, ob wir verschiedene Wünsche haben, und wenn das der Fall ist, ob wir eine Lösung finden, die beiden gerecht wird», dann sind beide Partner bereit, dem anderen zuzuhören. Wenn die Partner aber den anderen mit Wünschen bombardieren, wobei im Tonfall mitschwingt: «Nun erfüll schon den Wunsch, und wenn das nicht schnell geht, dann kannst du was erleben», dann wird das Gegenüber bestimmt nicht mehr allzu gern zuhören und bereit sein, auf die Wünsche einzugehen.

A: (5 Min.) In Spielform überschütten sich die Partner mit fiktiven Wünschen in dem oben angeführten Tonfall.

B: (5 Min.) Die Partner werten gemeinsam die Erfahrung dieser Übung aus. Sind Parallelen zum normalen Verhalten in der Beziehung vorhanden?

6. Wünsche abschlagen (20 Min.)

In dieser Übung können Sie zweierlei lernen: 1. Ihre Angst zu verringern, dem Partner einen Wunsch abzuschlagen und 2. das Abschlagen eines Wunsches zu akzeptieren und dem Partner deswegen nicht böse zu sein. Wenn beide Partner es als normal und natürlich erleben, daß sie manchmal verschiedene Interessen haben und der eine den Wunsch des anderen nicht erfüllen kann, dann werden auf beiden Seiten folgende Gefühle vorherrschen:

P7

A: «Ich bin traurig, und es tut mir leid, daß ich deinen Wunsch nicht erfüllen kann. Es geht nicht, und ich kann auch gut verstehen, daß du dich darüber nicht gerade freust und traurig bist, daß ich diesen Wunsch nicht erfülle.»

B: «Ich bin traurig, daß du meinen Wunsch nicht erfüllen kannst oder willst. Ich hätte mich sehr gefreut, wenn du es getan hättest – aber ich muß respektieren, daß du dich auf diese Weise entschieden hast.»

Bei diesen Gefühlen wird die Kommunikation trotz der unterschiedlichen Interessen offen und vertrauensvoll bleiben können. Wenn es aber beiden Partnern angst macht, entweder einen Wunsch abzuschlagen oder zu erleben, daß der eigene Wunsch abgeschlagen wird, dann wir die Kommunikation durch Ärger und den Wunsch, den anderen zu überzeugen, defensiv. In beiden Partnern werden dann folgende Gefühle überwiegen:

A: «Ich habe ein schlechtes Gewissen, daß ich nicht tun will, was du von mir erwartest. Ich muß dieses schlechte Gewissen verringern und will dir zeigen, daß du unrecht mit deinem Wunsch hast und ich im Recht bin, diesen abzuschlagen. Ich werde mir viele objektive Argumente einfallen lassen, um dich davon zu überzeugen, daß du zu diesem Wunsch keinen vernünftigen Grund hast und auch nicht das Recht, ihn zu äußern.»

B: «Du liebst mich eben nicht und deswegen ist dir auch ganz egal, was ich wünsche. Du denkst nur an dich und nie an mich. Außerdem werde ich dir schon zeigen, daß ich ein Recht auf diesen Wunsch habe, und ich werde mir viele Argumente einfallen lassen, um dir zu zeigen, daß ich im Recht bin und du im Unrecht. Außerdem werde ich beim nächstenmal, wenn du einen Wunsch äußerst, den erst recht abschlagen.»

Durchführung
A: (15 Min.) Die Partner sollen gegenseitig Wünsche äußern, bei denen der Partner schwer nein sagen kann. Zum Beispiel: «Ich wünsche mir, daß wir morgen zusammen frühstücken» oder: «Ich wünsche mir, daß du mir nachher einen Kuß gibst.» Wünsche also, die der Partner normalerweise sowieso erfüllen würde. Der Partner soll auf jeden dieser Wünsche antworten: «Wenn ich dich recht verstanden habe, dann wünschst du dir ... Ich kann das gut verstehen und würde mir das wohl auch wünschen, wenn ich du wäre. Ich selbst will dir diesen Wunsch aber nicht erfüllen und wünsche mir, daß du das respektierst!» Dieser Satz soll immer wieder stereotyp benutzt werden, und er Abschlag des Wunsches darf nicht begründet werden. Dabei soll der ‹Abschlagende› ruhig, sicher, verständnisvoll und freundlich reagieren. Ähnlich wie beim Selbstbehauptungstraining sollen keine Begründungen gegeben werden, weil das die ‹Schwierigkeit› der Aufgabe erleichtern würde und keine wirkliche Reduzierung der Angst vorm Abschlagen erreicht wird (siehe «Selbstbehauptungstraining» im Gruppenprogramm).
B: (5 Min.) Beide Partner werten die Erfahrungen in dieser Übung aus.

7. Abschlußgespräch (30 Min.)

Wie in den vorangegangenen Sitzungen füllen beide Partner den Abschlußfragebogen aus, teilen sich gegenseitig ihre Werte mit und sprechen über die Erfahrungen in dieser Sitzung.

Abschlußfragebogen

1. Was hat mir in der heutigen Sitzung am besten gefallen:

_____

_____

_____

2. Was hat mir in der heutigen Sitzung wenig gefallen:

_____

_____

_____

3. Was habe ich in der heutigen Sitzung gelernt:

_____

_____

_____

P 7

	stimmt genau	stimmt überhaupt nicht
4. Ich habe mich sehr wohl gefühlt.	1 2 3 4 5 6 7	
5. Ich habe sehr viel Neues über mich erfahren.	1 2 3 4 5 6 7	
6. Ich habe sehr viel Neues über dich erfahren.	1 2 3 4 5 6 7	
7. Ich bin vollkommen zufrieden mit meiner Aktivität in dieser Sitzung.	1 2 3 4 5 6 7	

□ (Quadrat) = Meine Werte.
× (Kreuz) = Deine Werte, wie ich sie vermute.
Bitte markieren Sie außer für sich selbst mit den angegebenen Zeichen auch die Zahlen, von denen Sie vermuten, daß Ihr Partner sie für sich selbst mit einem Quadrat markiert hat.

8. SITZUNG:
Umgang mit Aggressionen (170 Minuten)

In dieser Sitzung haben Sie Gelegenheit, intensiver zu erfahren, wie Sie in Ihrer Beziehung normalerweise Ihre Aggression ausdrücken. Sie können angemessene Formen zum Ausdruck Ihrer Aggression einüben. Auch diese Sitzung können Sie auffassen als Vorbereitung zum Konfliktgespräch, da viele eingeschliffene Verhaltensweisen in Partnerschaften das angemessene Konfliktlösungsverhalten verhindern – und besonders wichtig ist hier die Art und Weise, mit den eigenen Aggressionen umzugehen.

Besonders zwei Faktoren verhindern den angemessenen Umgang mit der Aggression: zum ersten die Angst vor der eigenen Aggression, die häufig das Ergebnis von alten Erfahrungen ist (Kindheitsfamilie und frühere Partner, Normen und Idealvorstellungen), und zum zweiten die Angst, bei der Lösung eines Konfliktes der ‹Verlierer› zu sein. Diese Befürchtung beruht oft auf konkreten Erfahrungen in der Partnerschaft. Wenn in einer Beziehung Konflikte über längere Zeit so gelöst worden sind, daß ein Partner der ‹Verlierer› und der andere der ‹Gewinner› ist, dann wird dieses Paar über längere Zeit die Erfahrungen mit neuem Konfliktlösungsverhalten machen müssen, bis die Angst, der ‹Verlierer› zu sein, sich verringert hat. Dazu haben Sie von der nächsten Sitzung an Gelegenheit.

Wie sieht es nun aber mit den unangenehmen Erfahrungen mit der Aggressivität aus? Zunächst stehen Sie wahrscheinlich vor einem Dilemma. Auf der einen Seite wissen Sie, daß die Unterdrückung von aggressiven Gefühlen dazu führt, daß die Aggression im Verhalten, in der Gestik oder im Tonfall doch herauskommt oder daß die Gefühle dann indirekt geäußert werden, das heißt vorwurfsvoll herauskommen und die Kommunikation mißverständlich machen können. Außerdem können sich Ihre aggressiven Gefühle nur verändern und im Laufe der Zeit vielleicht geringer werden, wenn Sie sie wahrnehmen und ausdrücken. Auf der anderen Seite wissen Sie, daß die Äußerung von aggressiven Gefühlen Ihre Beziehung belastet, den Partner verletzt oder wütend macht, so daß das für Sie beide unangenehm wird.

Auf den ersten Blick sieht das wie ein Dilemma aus, auf den zweiten Blick können Sie jedoch erkennen, daß beide Seiten einander bedingen: Wer gelernt hat, seinen Ärger zu unterdrücken, konnte nicht lernen, ihn so zu äußern, daß ein Gegenüber nicht verletzt wird. Wenn er diesen Ärger nun doch einmal äußert, wird er eine negative Erfahrung machen, der Partner wird wütend – und das führt dazu, daß er seinen Ärger noch mehr zu unterdrücken versucht.

Diesen Teufelskreis zu durchbrechen heißt immer wieder zu üben, den eigenen Ärger so auszudrücken, daß der Partner nicht verletzt wird. Auf diese Weise verlieren beide Partner ihre Angst vor dem Erkennen und Aussprechen von Störungen in der Beziehung, diese können gemeinsam behoben werden und das Klima wird frei von ‹unterschwelligem› Ärger, der indirekt ausgedrückt wird.

1. Einleitungsgespräch	(40 Min.)
2. «Stehen Sie auf!» I	(40 Min.)
3. «Stehen Sie auf!» II	(20 Min.)
4. Gewitter	(20 Min.)
5. Ärger kennenlernen	(20 Min.)
6. Abschlußgespräch	(30 Min.)

1. Einleitungsgespräch (40 Min., Tonband)

Wie in der 3. Sitzung:
1. Kontrollierter Dialog (15. Min., Tonband).
2. Ausfüllen und Vorlesen der Werte des Fragebogens zum Einleitungsgespräch (5 Min.).
3. Abhören des Tonbandes (15 Min.).
4. Selbst-Feed-back und Diskussion (5 Min.).

Fragebogen zum Einleitungsgespräch

	stimmt genau					stimmt überhaupt nicht

1. Ich habe mich bei diesem Gespräch sehr unwohl gefühlt.

1 2 3 4 5 6 7

2. Ich habe das Gefühl, daß ich immer vollkommen verstanden habe, was du gesagt hast.

1 2 3 4 5 6 7

3. Ich habe mich von dir immer sehr verstanden und akzeptiert gefühlt.

1 2 3 4 5 6 7

4. Mir sind deine Gedanken sehr viel klarer geworden, wenn ich sie noch einmal mit meinen Worten wiederholt habe.

1 2 3 4 5 6 7

5. Mir sind meine Gedanken sehr viel klarer geworden, wenn du sie noch einmal mit deinen Worten wiederholt hast.

1 2 3 4 5 6 7

6. Ich habe den Eindruck, daß ich oft so reagiert habe, daß ich dich im Ausdruck deiner Gedanken und Gefühle gestoppt habe.

1 2 3 4 5 6 7

2. «Stehen Sie auf» I (40 Min., Tonband)

In dieser Übung können Sie in einer Spielsituation erfahren, auf welche Weise Sie Ihren Ärger ausdrücken, wenn Sie sich gegen Ihren Partner nicht durchsetzen können.

A: (5 Min.) Ein Partner sitzt auf einem Stuhl, der andere steht davor. Partner A hat die Aufgabe, seinen Stuhl nicht zu verlassen und ihn nicht herzugeben, Partner B hat die Aufgabe, alles zu versuchen, um Partner A zu Aufgabe des Sitzplatzes zu bewegen. Er muß sich durchsetzen – koste es, was es wolle. Das Spiel wird auf Tonband aufgezeichnet.

B: (5 Min.) Dieselbe Szene wird gespielt, jetzt aber mit vertauschten Rollen. Dieses Spiel wird ebenfalls auf Tonband aufgezeichnet.

C: (10 Min.) Beide Partner hören sich die beiden Spiele noch einmal auf dem Tonband an.

D: (20 Min.) Beide Partner sprechen über das Thema: «Wie habe ich mich in den beiden Rollen gefühlt, und welche Parallele sehe ich zu meiner sonstigen Art, meinen Ärger auszudrücken.»

In dieser Übung werden Sie vielleicht einige Verhaltensweisen bei sich feststellen, die Parallelen deutlich machen zu Ihrem Verhalten in Situationen Ihres Alltags. Besprechen Sie gemeinsam jede bedeutsame Äußerung von Ihnen und Ihrem Partner. Beachten Sie dabei die Punkte:
– Auf welche Art versuche ich meine Absichten durchzusetzen?
– Wie versuche ich mit meinem Partner zu kämpfen, und
– wie reagiert dieser darauf?
– Wie habe ich mich während der Übung gefühlt? (War ich versucht, aufzustehen, körperliche Gewalt anzuwenden oder ernsthaft ärgerlich und böse zu werden?)

Verschiedene ‹Kampfstile›:
1. Den anderen ‹verhungern› lassen. (Nicht auf ihn reagieren, schweigen, weghören, ihn anlächeln usw.)
2. Dem anderen mein ‹Recht› zeigen. (Ihm klarmachen, daß ich eine ‹objektive› Berechtigung besitze, auf dem Stuhl zu sitzen.)
3. Den anderen ins Unrecht setzen. (Ihm klarmachen, daß er kein Recht hat, auf dem Stuhl zu sitzen.)
4. Den anderen verletzen (Ironie, Bissigkeit, Beleidigung).
5. Dem anderen drohen.
6. Sich über die ‹Form› des anderen aufregen. (Daß Sie den Platz haben wollen, verstehe ich. Aber deswegen brauchen Sie noch nicht so zu schreien!)
7. Die eigenen Gefühle zur Manipulation einsetzen. (Weinen, betteln, verstimmt sein usw.)

Sprechen Sie auch über das Thema: «Welche Gefühle löst mein Kampfstil eigentlich bei dir aus, und wie will ich in Zukunft meinen Ärger ausdrücken!»

3. «Stehen Sie auf!» II (20 Min.)

In dieser Übung können Sie die Angst verringern, «etwas anderes zu wollen als Ihr Partner», und außerdem können Sie die Erfahrung machen, daß gemeinsames Schreien im Spiel eine befreiende und verbindende Sache sein kann. In dieser Übung lernen Sie kein angemessenes Sozialverhalten, sondern die überschießenden unangemessenen ‹Schreireaktionen› sollen die Angst, «etwas anderes zu wollen», verringern – denn die Folge von verringerter Angst ist, daß Sie eher auf verletzende Kampfstile verzichten können. Wenn Partner die Angst verlieren, bei verschiedenen Interessen sich nicht durchsetzen zu können, und nicht mehr zu befürchten brauchen, daß eine Konfliktlösung ihre eigenen Interessen nicht berücksichtigt, verlieren die verletzenden Kampfstile ihre Funktion – sie werden ‹arbeitslos›. Verringern Sie aber in dieser Übung zunächst die Angst, die eigenen Interessen überspielt und übertrieben auszudrücken.
A: (5 Min.) Wie in der vorigen Übung sitzt Partner A auf dem Stuhl, während Partner B sich durchsetzen soll, um den Sitzplatz zu erhalten. Beide Partner sollen nach einigen anfänglichen Aufforderungen nur noch die stereotypen Sätze benutzen: «Stehen Sie bitte auf!» und «Ich stehe hier nicht auf!» Sie sollen auf alle Argumente verzichten, die Sätze sollen rhythmisch aufeinanderfolgen, und die Partner sollen dabei langsam im-

mer lauter werden, bis sie die maximale Lautstärke erreicht haben. (In Neubauten sollten die Nachbarn vorher gewarnt werden!) Wenn sich die Partner etwa dreißigmal mit maximaler Lautstärke angeschrien haben, gibt A nach, B setzt sich auf den Stuhl und genießt diese Belohnung. B ist also in diesem Spiel der ‹Übende› und soll für sein Schreien die Belohnung erhalten, sich hinzusetzen.

B: (5 Min.) Das gleiche Spiel wird mit vertauschten Rollen wiederholt. A ist jetzt der Übende und erhält zum Schluß die Belohnung.

C: (10 Min.) Die Partner sprechen darüber, welche Gefühle sie hatten, als sie selbst laut schrien, und welche Gefühle das Schreien des Partners bei ihnen ausgelöst hat. Bemerkten Sie eine ‹Hemmgrenze›, über die Sie mit Ihrer Lautstärke nicht hinauskamen?

4. Gewitter (20 Min.)

In dieser Übung sollen beide Partner lernen, den Ärger und die Wut des anderen zunächst als dessen Gefühl zu begreifen, das zunächst nichts mit der eigenen Person zu tun hat. Selbst wenn der andere seinen Ärger so äußert, als ob er etwas mit einem selbst zu tun hat, soll man das überhören und einfach wahrnehmen: «Aha, der andere hat *seinen* Ärger und das ist *sein* Problem.» Bei dieser Haltung sollte man nicht stehenbleiben, und in der nächsten Übung können Sie lernen, die Haltung durch Verständnis und durch Beschäftigung mit dem Ärger des anderen zu erweitern. Das wird Ihnen aber leichter fallen, wenn Sie in dieser Übung zunächst lernen, sich von dem Ärger Ihres Partners nicht erschüttern zu lassen.

A: (10 Min.) Beide Partner setzen sich in einiger Entfernung voneinander hin. Jeder soll so viele fiktive Anklagen, Vorwürfe, Ärger- und Wutausbrüche spielen, wie es ihm möglich ist. Er soll dabei so laut wie möglich sein und möglichst keine Gesprächspausen entstehen lassen. Beide Partner sollen nicht darauf hören, was der andere sagt oder schreit, sie sollen so mit ihrem eigenen ‹Gewitter› beschäftigt sein, daß sie schon akustisch gar nicht mehr verstehen können, was der andere sagt.

B: (10 Min.) Beide Partner sprechen über ihre Erfahrungen, die sie in dieser Übung gemacht haben.

5. Ärger kennenlernen (20 Min.)

Wenn Sie langsam lernen, zunächst den Ärger Ihres Partners als *seinen* Ärger aufzufassen, bei dem noch gar nicht klar ist, ob und wie er mit Ihnen zu tun hat, dann wird es Ihnen auch möglich sein, sich zunächst ganz auf Ihren Partner einzustellen und partnerzentriert auf ihn reagieren zu können. Sie helfen sich und dem Partner, den Ärger erst einmal besser kennenzulernen und zu verstehen. Danach ist es natürlich wichtig, daß Sie auch selbst in einer «Ich»-Aussage zu dem Ärger Stellung nehmen – aber das wird besser und verständnisvoller gehen, wenn Sie sich zunächst einmal auf den Partner eingestellt haben.

A: (5 Min.) Partner A erzählt von einer Sache, die ihn wirklich (in dieser Übung nicht fiktiv) an seinem Partner ärgert. Partner B hat die Aufgabe, partnerzentriert zu reagieren, und soll versuchen, den Ärger besser kennenzulernen und zu verstehen.

B: (5 Min.) Jetzt erzählt Partner B von einer Sache, die ihn ärgert und Partner A reagiert partnerzentriert.

C: (10 Min.) Beide Partner sprechen über das Thema: «Könnten wir unsere Konflikte besser lösen, wenn wir erst einmal dem anderen zuhören würden und ihn verstehen würden, bevor wir auf seine Ärgeräußerung mit unserer Meinung reagieren würden?»

Beispiel

A: «Mich hat es unwahrscheinlich wütend gemacht, als du am Samstag vor unseren Bekannten geäußert hast, daß ich an der Uni Schwierigkeiten habe!»

B: «Du fühltest dich irgendwie bloßgestellt durch mich?!»

A: «Ja, ich schämte mich richtig.»

B: «Das war dir peinlich, daß ich die Sache angeschnitten habe?»

A: «Ja, ich mag einfach nicht darüber reden. Auch wenn die anderen mich daraufhin angesprochen hätten, hätte ich mich geärgert.»

B: «Verstehe ich dich richtig, daß du dich eigentlich gar nicht über mich geärgert hast, sondern darüber, daß diese dir peinliche Sache besprochen wurde?»

A: «Nein, ganz so ist es nicht. Natürlich liegt mein Ärger zum Teil daran, daß ich mich selbst schäme. Aber andererseits empfand ich es als rücksichtslos, daß gerade du mir die Situation so schwer machst.»

B: «Du hattest von mir erwartet, daß ich deine Gefühle über diese Sache kenne und sie deswegen nicht anschneiden würde?»

A: «Ja, genau. (Pause) Na ja, vielleicht habe ich dir sie vorher nicht so geschildert. Aber jetzt weißt du ja, wie peinlich mir es ist, und ich wünsche mir, daß du vor Bekannten dieses Thema nicht mehr anschneidest. Wenn ich darüber sprechen will, dann muß das von mir kommen.»

B: «Das fiel mir ziemlich schwer, mich eben so zurückzuhalten, aber ich bin erstaunt, wie gut wir dieses Problem lösen konnten. Hätte ich sofort impulsiv reagiert, wäre das Problem bestimmt nicht so klar geworden. Ich bin natürlich bereit, deinen Wunsch zu akzeptieren, und es tut mir leid, daß ich vorher nicht gewußt hatte, wie peinlich dir die Sache ist. Aber ich habe auch noch einen Wunsch: Könnten wir nicht öfter darüber sprechen, wie wir von verschiedenen Dingen denken und fühlen?»

Wenn Sie genauso begeistert sind von dieser Methode wie die Partner in unserem Beispiel, dann verlängern Sie ruhig die Zeit für diese Übung. Beachten Sie jedoch unbedingt: Wenn Sie partnerzentriert reagieren, verlangt das Disziplin und Zurückhaltung!

6. Abschlußgespräch (30 Min.)

Wie in den vorangegangenen Sitzungen füllen die Partner den Abschlußfragebogen aus, lesen sich gegenseitig ihre Werte vor und sprechen über die Erfahrungen in dieser Sitzung.

Abschlußfragebogen

1. Was hat mir in der heutigen Sitzung am besten gefallen:

_____

_____

2. Was hat mir in der heutigen Sitzung wenig gefallen:

_____

_____

3. Was habe ich in der heutigen Sitzung gelernt:

_____

_____

	stimmt genau					stimmt überhaupt nicht
4. Ich habe mich sehr wohl gefühlt.	1	2	3	4	5	6 7
5. Ich habe sehr viel Neues über mich erfahren.	1	2	3	4	5	6 7
6. Ich habe sehr viel Neues über dich erfahren.	1	2	3	4	5	6 7
7. Ich bin vollkommen zufrieden mit meiner Aktivität in dieser Sitzung.	1	2	3	4	5	6 7

□ (Quadrat) = Meine Werte.
× (Kreuz) = Deine Werte, wie ich sie vermute.
Bitte markieren Sie außer für sich selbst mit den angegebenen Zeichen auch die Zahlen, von denen Sie vermuten, daß Ihr Partner sie für sich selbst mit einem Quadrat markiert hat.

9. SITZUNG:
Das Konfliktgespräch (ca. 180 Minuten)

In dieser Sitzung haben Sie Gelegenheit, das Konfliktgespräch einzuüben und einen realen Konflikt partnerschaftlich zu lösen, so daß beide Partner zu der Lösung ja sagen können und ihre Interessen berücksichtigt finden. Sie sollten vor dieser Sitzung noch einmal das Kapitel «Das Konfliktgespräch» durchlesen und für diese Sitzung mit einem ‹kleinen› Problem anfangen. Der Konflikt sollte für Sie beide real und wichtig sein, aber es sollte dabei zunächst nur um eng begrenzte Verhaltensweisen gehen, damit Sie es sich beim ersten Konfliktgespräch nicht zu schwer machen. Um in einer Partnerschaft Konflikte zu lösen, die sich über längere Zeit angesammelt haben, ist es wichtig, immer nur über jeweils *einen* Punkt ein Konfliktgespräch bis zur Lösung zu führen. Bemerken die Partner danach, daß dieser Konflikt eigentlich gar nicht so wichtig war, wie sie zunächst dachten, und daß hinter diesem Konflikt noch ein anderer steckt, dann wird über den neuen Punkt ein neues Konfliktgespräch geführt. Der alte Punkt ist aber erst einmal erledigt, so daß er nicht mehr störend ins neue Konfliktgespräch eingreifen kann.

Versuchen Sie, sich in dieser Sitzung streng an die Strukturierung zu halten. Später werden sie wahrscheinlich nicht mehr so schematisch vorgehen müssen, für die Einübung des Konfliktgespräches ist es jedoch nötig, den vorgegebenen Ablauf einzuhalten.

Als Hilfe zur Einübung lernen Sie in dieser Sitzung die Technik des Rollenwechsels kennen, die Sie aber auch später bei Ihren Konfliktgesprächen anwenden können, wenn die Kommunikation defensiv wird und ein Partner den anderen nicht mehr versteht.

Diese Sitzung kann für Sie Modell sein für weitere Sitzungen nach Beendigung des Programms, in denen Sie in regelmäßigen Abständen sich bemühen, Konflikte zwischen Ihnen und Ihrem Partner aufzuarbeiten.

1. Einleitungsgespräch	(40 Min.)
2. Das Konfliktgespräch	(nicht länger als 60 Min.)
3. Abhören des Tonbandes	(nicht länger als 60 Min.)
4. Abschlußgespräch	(30 Min.)

Falls Ihr Konfliktgespräch lange dauert, werden Sie nur einen Punkt bearbeiten können. Falls Sie schneller zu einer Lösung gelangen, der Sie beide zustimmen können, dann können Sie nach dem gleichen Schema noch einen neuen Punkt bearbeiten.

1. Einleitungsgespräch (40 Min., Tonband)
Wie in den vorangegangenen Sitzungen:
1. Kontrollierter Dialog (15 Min., Tonband)

P9

2. Ausfüllen des Fragebogens zum Einleitungsgespräch und Mitteilung der Werte (5 Min.).

Fragebogen zum Einleitungsgespräch

	stimmt genau						stimmt überhaupt nicht

1. Ich habe mich bei diesem Gespräch sehr unwohl gefühlt.

          1 2 3 4 5 6 7

2. Ich habe das Gefühl, daß ich immer vollkommen verstanden habe, was du gesagt hast.

          1 2 3 4 5 6 7

3. Ich habe mich von dir immer sehr verstanden und akzeptiert gefühlt.

          1 2 3 4 5 6 7

4. Mir sind deine Gedanken sehr viel klarer geworden, wenn ich sie noch einmal mit meinen Worten wiederholt habe.

          1 2 3 4 5 6 7

5. Mir sind meine Gedanken sehr viel klarer geworden, wenn du sie noch einmal mit deinen Worten wiederholt hast.

          1 2 3 4 5 6 7

6. Ich habe den Eindruck, daß ich oft so reagiert habe, daß ich dich im Ausdruck deiner Gedanken und Gefühle gestoppt habe.

          1 2 3 4 5 6 7

---

3. Abhören des Tonbandes (15 Min.).
4. Selbst-Feed-back und Diskussion (5 Min.)

2. Das Konfliktgespräch (nicht länger als 60 Min., Tonband)

1. Phase: Einigung auf einen Konfliktpunkt
Die Partner einigen sich auf *einen* Punkt, bei dem sie einen Konflikt, das heißt verschiedene Interessen und Wünsche haben. Dieser Punkt sollte ganz konkret definiert werden und eng umrissen sein. Beispiele:
a) «Ich möchte, daß du abends mehr Zeit für mich hast!»
b) «Ich will den Wagen öfter benutzen, als es jetzt möglich ist.»
c) «Dein Verhalten, wenn ich einmal bei Bekannten bin und später nach Haus komme, stört mich. Ich möchte darüber mit dir reden!»

2. Phase: Kurze Darstellung der verschiedenen Interessen

Beide Partner stellen ihre verschiedenen Interessen nebeneinander und formulieren sie so konkret wie möglich. Über diese Interessen soll auf keinen Fall diskutiert werden – zunächst müssen beide Partner erst einmal wissen, was der andere für Interessen besitzt. Beide sollen nach der Formulierung ihres Interesses den Satz sprechen: «Und ich möchte, daß wir beide gemeinsam hierfür eine Lösung suchen!»

Beispiel zu c:

A: «Wenn ich abends nach Hause komme und länger bei Bekannten war, dann verhältst du dich so, daß ich ein schlechtes Gewissen bekomme, und das paßt mir nicht. Ich möchte, daß wir beide für dieses Problem eine Lösung suchen!»

B: «Wenn du abends zu spät von deinen Bekannten kommst, ärgere ich mich darüber, und ich möchte, daß du in Zukunft dann kommst, wann du es angekündigt hast. Ich möchte, daß wir beide gemeinsam hierfür eine Lösung suchen.»

Wenn beide Partner ihr Interesse oder ihren Wunsch geäußert haben, dann wechseln sie die Stühle und sprechen in der Rolle des Partners noch einmal von dessen Wunsch. Wenn Sie auf diese Weise die Rollen vertauschen und einmal in ‹Ich›-Form die Meinung Ihres Partners formulieren müssen, kann Ihnen noch klarer werden, was er eigentlich will, als wenn Sie seine Aussage in ‹Du›-Form verbalisieren.

3. Phase: Herausarbeiten der Hintergrundsbedürfnisse

Jeweils ein Partner soll von allen seinen Gefühlen und Erlebnissen sprechen, die er mit diesem Konfliktpunkt verbindet. Der andere Partner soll nur partnerzentriert auf ihn reagieren. Es ist günstig, wenn zunächst jeder Partner ungefähr 5 Minuten Zeit hat, in denen seine Gefühle und Wünsche im Vordergrund stehen, während der Partner ihm hilft, diese klarer zu erkennen und auszusprechen. Danach kann das Gespräch auch in die Form des kontrollierten Dialoges übergehen. In dieser Phase sollen die Partner auf keinen Fall mehr an die Lösung des Konfliktpunktes denken, sondern sich ganz auf die verschiedenen Gefühle konzentrieren, die beide mit dem Punkt verbinden.

Beispiel

A spricht zunächst von seinen Gefühlen, und B reagiert partnerzentriert.

A: «Wenn ich abends nach Haus komme, reagierst du so, als ob ich ein Verbrechen begangen hätte, daß ich etwas später komme. Du tust so, als ob ich von einer Orgie, oder was weiß ich, komme.»

B: «Du hast das Gefühl, daß ich es nicht gern sehe, daß du bei deinen Bekannten bist?»

A: «Ja, genau. Ich glaube, daß du mich am liebsten die ganze Zeit für dich allein haben würdest und dir wünschst, daß ich gar keine Bekannten habe!»

B: «Du fühlst dich etwas eingeengt von mir?»

A: «Ja. (Pause) Auf der anderen Seite hast du mir ja gesagt, daß es dir nicht leicht-fällt, wenn ich so oft weggehe, und daß du dich bemühen willst, es dir nicht so leicht anmerken zu lassen. Vielleicht geht das aber auch gar nicht, und ich muß sehen, daß ich nicht so schnell ein schlechtes Gewissen bekomme.»
B: «Du glaubst, daß du in dieser Situation besonders empfindlich dafür bist, ob es mir auch recht war, daß du weggegangen bist?»
A: «Ja, ich denke nämlich schon den ganzen Abend daran, was du wohl denken magst und wie du dich fühlst, und mein altes Gewissen meldet sich manchmal und macht mir Vorwürfe.»
Usw.

Wenn beide Partner nach diesem Gespräch das Gefühl haben, daß ihnen klarer ist, was sie sich eigentlich von dem Partner wünschen, dann formulieren sie ihren Wunsch noch einmal neu. In unserem Beispiel haben sich durch das Gespräch folgende Positionen herausgeschält:

A: «Ich wünsche mir, daß ich in vermehrtem Maße mit meinen Bekannten zusammen sein kann, ohne daß ich befürchten muß, daß du dich allein langweilst oder glaubst, daß ich dich weniger liebe.»
B: «Ich wünsche mir von dir, daß du bei diesem Weg langsam vorgehst, so daß ich auch umlernen kann. Besonders wichtig wäre es mir, daß wir in solchen Situationen auch noch etwas Zeit für uns beide haben. Deswegen wünsche ich mir, daß du die Zeiten einhältst, wenn du dich mit mir verabredest und vorher andere Verabredungen hast.»

Auch dieser neu formulierte Wunsch wird noch einmal in der Rolle des Partners von jedem wiederholt, um sich besser in ihn hineinfühlen zu können und seine Position besser verstehen zu können.

4. Phase: Brainstorming für Lösungsmöglichkeiten
Erst jetzt, wo die wirklichen Bedürfnisse und Interessen beider Partner transparent sind, sollen beide an eine Lösung des Konfliktes denken. Sie sollen in dieser Phase zunächst ihrer Phantasie freien Lauf lassen und alle erdenklichen Lösungsmöglichkeiten aufzählen, die ihnen einfallen. Werten Sie dabei die verschiedenen Lösungen noch nicht (ob Sie selbst damit einverstanden sind oder ob die Möglichkeiten überhaupt praktizierbar sind). Vergessen Sie zunächst noch Ihr eigenes Interesse und stellen Sie so viele Lösungsmöglichkeiten nebeneinander, wie Ihnen einfallen.

Unser Beispiel:
1. Besuche einschränken.
2. As Freunde nach Hause einladen.
3. As Freunde gemeinsam besuchen.
4. B sucht sich einen eigenen Bekanntenkreis.
5. A überlegt vorher genau, ob er Verabredungen mit B einhalten kann. Nur wenn er sich sicher ist, verabredet er sich.

6. Umfassenderes Konfliktgespräch über Bedürfnisse nach Unabhängigkeit bei beiden.
7. B akzeptiert As Unabhängigkeit; A akzeptiert Bs wöchentliche Kartenabende.
8. A muß für jedes Zuspätkommen B zum Essen einladen.
Usw.

Auch wenn viele dieser Lösungen unsinnig oder nicht praktikabel erscheinen, ist dieses Brainstorming doch wichtig. Beide Partner erfahren, daß sie gleichermaßen an einer befriedigenden Lösung interessiert sind, die Phantasie wird von einengenden Klischees befreit, und beide Partner können unbefangen über die unsinnigsten Vorschläge lachen, über die sie nicht mehr hätten lachen können, wenn ein Partner sie ernsthaft vorgeschlagen hätte, ohne diesen zu verletzen.

5. Phase: Einigung auf die Lösung, die beide Partner gleichermaßen befriedigt
In dieser Phase sollen sich die Partner nun auf eine Lösung einigen, die beider Interessen gerecht wird. In dieser Phase ist es nun wichtig, daß kein Partner aus Müdigkeit, Langeweile oder Überdruß nachgibt, innerlich jedoch enttäuscht bleibt, weil die Lösung doch mehr den Interessen des Partners entspricht als seinen Vorstellungen. Wenn einer der beiden zu der Lösung nicht vollkommen ja sagen kann, ist die Wahrscheinlichkeit gering, daß beide sich in Zukunft an diese Abmachung halten und das Ergebnis sich auch in konkrete Verhaltensänderung umsetzt. Äußern Sie immer wieder Ihre noch vorhandenen Bedenken gegen die Lösungen und ‹streiten› Sie so lange, bis Sie beide vollkommen zufrieden mit der Lösung sind.

Unser Beispiel
Beide Partner einigen sich auf folgende Lösung: A trifft soviel Verabredungen, wie er möchte – hält sich aber strikt an die Zeiten, wenn er sich mit B verabredet hat. B versucht, seine Freude, daß A kommt, diesem zu vermitteln, und spricht erst danach von seinen Gefühlen – aber ohne A einen Vorwurf zu machen. A kümmert sich nach jeder anderweitigen Verabredung darum, daß er sich ebenso intensiv wie um die anderen Bekannten auch um B kümmert und ihm ausführlich von seinen Erlebnissen erzählt.

Mit dieser Lösung wollen sie zunächst einige Zeit experimentieren und ein neues Konfliktgespräch führen, falls diese einem Partner nicht mehr zusagt.

Dies ist die Lösung dieser Partner, andere hätten den gleichen Konflikt wahrscheinlich auf andere Weise gelöst. Was für die eine Partnerschaft richtig ist, muß nicht richtig sein für eine andere.

Falls es in dieser Phase den Partnern sehr schwer fällt, eine gemeinsame Lösung zu finden, dann sollten sie zwischendurch einen Rollenwechsel einfügen, bei dem sie den Standpunkt des Partners, seine Wünsche und

seine Einwände noch einmal in ‹Ich›-Form wiederholen und zusammenfassen sollen.

3. Abhören des Tonbandes (nicht länger als 60 Min.)
Nach dem vollständigen Konfliktgespräch hören die Partner gemeinsam
die Tonaufzeichnung des Gesprächs an. Achten Sie dabei darauf, auf welche Weise es Ihnen gelang, in den verschiedenen Phasen verständnisvoll,
offen und akzeptierend zu kommunizieren.

Versuchen sie, den Partner einzuschüchtern?

Ihm ein schlechtes Gewissen zu machen?

Ihn ins Unrecht zu setzen oder ihm zu zeigen, daß Sie im ‹Recht› sind?

Versuchte ein Partner auf Kosten des anderen zu ‹gewinnen›?

Verstanden beide Partner immer die Gesichtspunkte des anderen, auch
wenn sie anderer Meinung waren?

Diskutieren Sie Ihre Erfahrungen in diesem Konfliktgespräch, und überlegen Sie gemeinsam, auf welche Weise Sie diese Form der Konfliktbewältigung in Ihrem gemeinsamen Alltag anwenden können.

4. Abschlußgespräch (30 Min.)
Wie in den vorangegangenen Sitzungen füllen beide Partner den Ab-
schlußfragebogen aus, tauschen ihre Werte aus und sprechen über die
Erfahrungen in dieser Sitzung.

Abschlußfragebogen

1. Was hat mir in der heutigen Sitzung am besten gefallen:

_____

_____

2. Was hat mir in der heutigen Sitzung wenig gefallen:

_____

_____

3. Was habe ich in der heutigen Sitzung gelernt:

_____

_____

	stimmt genau					stimmt überhaupt nicht

4. Ich habe mich sehr wohl gefühlt.   1 2 3 4 5 6 7

5. Ich habe sehr viel Neues über mich
erfahren.   1 2 3 4 5 6 7

6. Ich habe sehr viel Neues über dich
erfahren.   1 2 3 4 5 6 7

7. Ich bin vollkommen zufrieden mit
meiner Aktivität in dieser Sitzung.   1 2 3 4 5 6 7

☐ (Quadrat) = Meine Werte.
× (Kreuz) = Deine Werte, wie ich sie vermute.
Bitte markieren Sie außer für sich selbst mit den angegebenen Zeichen auch
die Zahlen, von denen Sie vermuten, daß Ihr Partner sie für sich selbst mit
einem Quadrat markiert hat.

10. SITZUNG:
Rückblick und Weiterarbeit (ca. 170 Min.)

In dieser letzten Sitzung des Programms können Sie gemeinsam alle
durchgeführten Sitzungen betrachten, Ihre Erfahrungen zusammenfassen und den Lernerfolg für beide Partner reflektieren. Sie können prüfen, ob die Beziehung für beide Partner befriedigender geworden ist
und was sich in der Beziehung von der 1. Sitzung bis zu diesem Zeitpunkt verändert hat. Außerdem können Sie überlegen, ob und auf welche Weise Sie weiter an Ihrer Beziehung arbeiten wollen und ob beide
Partner sich noch weiter in der Übung von Kommunikationsfertigkeiten und der Verbesserung des Sozialverhaltens trainieren wollen. Paare
mit Kindern können sich überlegen, auf welche Weise sie die Erfahrungen mit diesem Programm in ihr Familienleben einbauen wollen, wobei
sie unsere Vorschläge im «Anhang für Paare mit Kindern» aufgreifen
können.

   Diese Sitzung ist wenig vorstrukturiert. Deswegen ist es wichtig, daß

P10

Sie in Ihren Gesprächen daran denken, die folgenden Hilfsmittel zur Kommunikation zu benutzen.
1. die Kommunikationsregeln,
2. den kontrollierten Dialog (zur Übung, um den anderen besser zu verstehen),
3. das partnerzentrierte Gespräch (wenn der andere ein Problem hat),
4. das Konfliktgespräch (wenn beide Partner miteinander ein Problem haben),
5. das Tonband.

Auf diese Hilfsmittel sollten sie auch nicht verzichten, wenn Sie sich entschließen sollten, weitere, selbststrukturierte Sitzungen abzuhalten.

1. Einleitungsgespräch   (40 Min.)
2. Rückblick   (ca. 60 Min.)
3. Weiterarbeit   (ca. 60 Min.)
4. Abschlußgespräch   (30 Min.)

1. Einleitungsgespräch (40 Min., Tonband)
Wie in den vorangegangenen Sitzungen:
1. Kontrollierter Dialog (15 Min., Tonband).
2. Ausfüllen des Fragebogens zum Einleitungsgespräch und Mitteilung der Werte (5 Min.).

Fragebogen zum Einleitungsgespräch

	stimmt genau	stimmt überhaupt nicht
1. Ich habe mich bei diesem Gespräch sehr unwohl gefühlt.	1 2 3 4 5 6 7	
2. Ich habe das Gefühl, daß ich immer vollkommen verstanden habe, was du gesagt hast.	1 2 3 4 5 6 7	
3. Ich habe mich von dir immer sehr verstanden und akzeptiert gefühlt.	1 2 3 4 5 6 7	
4. Mir sind deine Gedanken sehr viel klarer geworden, wenn ich sie noch einmal mit meinen Worten wiederholt habe.	1 2 3 4 5 6 7	
5. Mir sind meine Gedanken sehr viel klarer geworden, wenn du sie noch einmal mit deinen Worten wiederholt hast.	1 2 3 4 5 6 7	

6. Ich habe den Eindruck, daß ich oft
so reagiert habe, daß ich dich im
Ausdruck deiner Gedanken und
Gefühle gestoppt habe.   1 2 3 4 5 6 7

3. Abhören des Tonbandes (15 Min.).
4. Selbst-Feed-back und Diskussion (5 Min.).

2. Rückblick (ca. 60 Min.)

Beide Partner diskutieren zusammen, auf welche Weise jeder Partner von
der Durchführung des Programmes profitiert hat und ob die Beziehung
zwischen den Partnern sich verbessert hat.

A: (5 Min.) Beide Partner schließen die Augen und versuchen sich noch
einmal intensiv in die Zeit vor der 1. Sitzung zurückzuversetzen. Stellen
Sie sich noch einmal vor, wie Sie damals waren, wie Ihr Partner war und
wie Ihre gemeinsame Beziehung aussah.

B: (...) Beide Partner schauen sich gemeinsam die verschiedenen Fragebogen und Datenerhebungsbögen von der 1. Sitzung bis zur letzten Sitzung an, um den Lernerfolg und die Veränderung in ihrer Beziehung über
die einzelnen Sitzungen zu diskutieren.

C: (...) Beide Partner füllen den folgenden Fragebogen aus, teilen sich
gegenseitig ihre Werte mit und sprechen über das Thema: «Wie gut war
es, daß wir beide dieses Programm durchgeführt haben.»

Was hat mir dieses Programm gegeben

	stimmt genau	stimmt überhaupt nicht
1. Ich habe gelernt, meinem Partner gegenüber offener zu sein.	1 2 3 4 5 6 7	
2. Ich habe gelernt, in Gesprächen auch über heikle Fragen ruhiger und gelassener zu sein.	1 2 3 4 5 6 7	
3. Wenn ich meinem Partner mitteile, was mich an ihm stört, dann kann ich das heute so tun, daß er nicht verletzt wird und mir ruhig zuhören kann.	1 2 3 4 5 6 7	
4. Ich verstehe heute die Gefühle meines Partners besser.	1 2 3 4 5 6 7	
5. Ich bin heute eher bereit, unsere gemeinsamen Konflikte zu erkennen und darüber zu sprechen.	1 2 3 4 5 6 7	

P10

6. Ich vertraue heute in einem stärkeren Maße darauf, daß wir bei Konflikten Lösungsmöglichkeiten finden, bei denen ich nicht unterliege.
1 2 3 4 5 6 7

7. Ich weiß heute mehr von meinem Partner.
1 2 3 4 5 6 7

8. Ich habe vieles über die Wirkung meines Verhaltens auf meinen Partner kennengelernt.
1 2 3 4 5 6 7

9. Ich fühle mich heute von meinem Partner besser verstanden.
1 2 3 4 5 6 7

10. Ich glaube, daß ich mich in dieser Beziehung weiterentwickeln und frei entfalten kann.
1 2 3 4 5 6 7

3. Weiterarbeit (ca. 60 Min.)

Beide Partner diskutieren zusammen, ob und auf welche Weise sie weiterarbeiten wollen. Als Anregung zählen wir folgende Alternativen auf:

a) *Regelmäßige Konfliktstunden*

Beide Partner einigen sich auf einen regelmäßigen Zeitpunkt (etwa jede Woche oder alle 14 Tage), zu dem sie alle Konflikte besprechen, die in der Zwischenzeit entstanden sind. In diesen Konfliktstunden sollten beide Partner, wie in den verschiedenen Sitzungen, Ruhe und Zeit haben, sich ganz auf ihre Beziehung und ihre Konflikte zu konzentrieren. Eine Hilfe kann es sein, wenn Sie in der Zwischenzeit Themen und Konfliktpunkte sammeln, indem Sie diese zum Beispiel auf eine Tafel oder auf ein großes Stück Pappe schreiben, das für beide Partner sichtbar an irgendeiner Stelle der Wohnung aufgehängt wird. Auf diese Weise geraten wichtige Punkte nicht in Vergessenheit, und jeder kann sich informieren, welche Punkte zur Diskussion stehen werden, und sich darauf vorbereiten.

b) *Die gemeinsame Weiterarbeit in einer Gruppe*

Beide Partner tun sich mit bekannten Paaren zusammen, und die Gruppe führt das Selbsterfahrungsprogramm durch und arbeitet eventuell als Rollenspielgruppe weiter. Um über den Nutzen dieser Weiterarbeit sprechen zu können, ist es sinnvoll, wenn Sie zunächst das Gruppenprogramm und die Rollenspielgruppe gelesen haben.

c) *Regelmäßige Rollenspielstunden*

Falls Ihnen keine Gruppe zur Verfügung steht, ist es möglich, daß Sie beide gemeinsam im Rollenspiel und in der Diskussion Ihr Kommunikationsverhalten anderen Sozialpartnern gegenüber trainieren. Das bietet sich besonders an, wenn Sie Kinder haben (siehe «Anhang für Paare mit Kindern») oder wenn Sie den gleichen oder ähnlichen Beruf ausüben, für den Sie Ihr Sozialverhalten verbessern wollen. So können Lehrer oder Sozialarbeiter zum Beispiel sich weiter in der Technik des partnerzentrierten Gesprächs üben oder schwierige Situationen in der Klasse oder mit dem betreffenden Klienten durchsprechen und im Rollenspiel bearbeiten. Um über diese Möglichkeit zu sprechen, sollten Sie ebenfalls das Kapitel «Die Rollenspielgruppe» gelesen haben – denn die dort aufgeführten Prinzipien können Sie ohne weiteres auf die Rollenspielarbeit zu zweit anwenden.

4. Abschlußgespräch (30 Min.)

Wie in den vorangegangenen Sitzungen füllen beide Partner den Abschlußfragebogen aus, tauschen ihre Werte aus und sprechen über die Erfahrungen in dieser Sitzung.

Abschlußfragebogen

1. Was hat mir in der heutigen Sitzung am besten gefallen:

_____

_____

2. Was hat mir in der heutigen Sitzung weniger gefallen:

_____

_____

3. Was habe ich in der heutigen Sitzung gelernt:

_____

_____

	stimmt genau	stimmt überhaupt nicht
4. Ich habe mich sehr wohl gefühlt.		1 2 3 4 5 6 7
5. Ich habe sehr viel Neues über mich erfahren.		1 2 3 4 5 6 7
6. Ich habe sehr viel Neues über dich erfahren.		1 2 3 4 5 6 7
7. Ich bin vollkommen zufrieden mit meiner Aktivität in dieser Sitzung.		1 2 3 4 5 6 7

□ (Quadrat) = Meine Werte.
× (Kreuz) = Deine Werte, wie ich sie vermute.
Bitte markieren Sie außer für sich selbst mit den angegebenen Zeichen auch die Zahlen, von denen Sie vermuten, daß Ihr Partner sie für sich selbst mit einem Quadrat markiert hat.

C. Anhang für Paare mit Kindern

Ebenso wie in Paarbeziehungen ist es in Familien normal, daß die verschiedenen Familienmitglieder verschiedene Interessen, Wünsche, Vorlieben und Abneigungen haben. Es hieße die Verschiedenheit der anderen nicht zu akzeptieren, wenn wir ihnen mitteilen, daß sie kein Recht auf ihre Wünsche und Gefühle haben. Kinder zum Beispiel wollen spielen, lärmen, alles mögliche in den Mund nehmen, die Wohnungseinrichtung zerstören und wieder zusammensetzen, nicht allein sein usw. Eltern wollen meist nicht, daß ihre Möbel zerkratzt und beschädigt werden, ebenso können sie nicht zulassen, daß ihre Kinder alle Gegenstände in den Mund nehmen, und außerdem wollen sie auch einmal allein ausgehen und die Kinder allein zu Haus lassen. Diese unterschiedlichen Interessen sollten akzeptiert werden, und der Wunsch eines Kindes, ein Möbelstück zu zerstören, sollte verständnisvoll und akzeptierend aufgenommen werden. Wir wollen dem Kind auf keinen Fall ein schlechtes Gewissen vermitteln, weil es diesen Wunsch hat. Auf der anderen Seite sollen Eltern aber auch ihr eigenes Interesse (daß nämlich das Möbelstück nicht beschädigt wird) ebenso verstehen und akzeptieren und sich ebenfalls kein schlechtes Gewissen machen, daß sie etwas anderes wollen als das Kind. Verschiedene Interessen zu verstehen, zu akzeptieren und wichtig zu nehmen heißt aber nicht, daß das Kind unbedingt seinen Wunsch erfüllt haben muß oder daß die Eltern ihre Interessen auf Kosten des Kindes durchsetzen sollen, sondern daß ein Konfliktgespräch geführt wird mit dem Ziel, eine Lösung zu finden, die beide Parteien zufriedenstellt und bei deren Erarbeitung beide Parteien beteiligt sind. Solch ein Konfliktgespräch läuft nach dem gleichen Schema ab, wie Sie es in Ihrem Partnerprogramm geübt haben, und ebenso können Sie es mit Ihren Kindern versuchen. Für unser Beispiel könnte ein Konfliktgespräch folgendermaßen verlaufen:

Kind: Versucht die Fransen der Tischdecke zu zerreißen.
Mutter: Nimmt ruhig und bestimmt das Kind auf ihren Schoß und damit
         aus der ‹Gefahrenzone› und sagt: «Du möchtest so gern die
         Tischdecke zerreißen. Das macht dir Spaß, ja? (partnerzen-
         trierte Reaktion). Ich mag das aber nicht gern, weil ich die Dek-
         ke neu gekauft habe und sie viel Geld gekostet hat.» (Die Mut-
         ter vermittelt dem Kind, daß sie andere Interessen hat, daß sie
         seinen Wunsch aber versteht und daß sie es deswegen nicht als
         ‹schlechtes Kind› ansieht.)

In der Phase «Herausarbeiten der Hintergrundsbedürfnisse» erklärt die Mutter weiter ihre Interessen und Wünsche und hilft dem Kind durch partnerzentrierte Reaktionen zu äußern, welche Bedürfnisse hinter seinem Wunsch stehen. Dabei ist es nicht wichtig, ob Ihr Kind schon so viel sprechen kann, daß es alle Ihre Worte genau versteht. Aus Ihrer Mimik und Ihrem Tonfall erfährt es, daß Sie erklären, was Sie wollen und daß Sie weder ihm noch sich selbst böse sind. Damit schaffen Sie die Voraussetzung, daß Ihr Kind sich zu einem Menschen entwickelt, der lernt, seine eigenen Wünsche wie auch die Wünsche seiner Sozialpartner ernst und wichtig zu nehmen und zu respektieren.

Bei diesem Gespräch könnte zum Beispiel herauskommen, daß das Kind gar nicht sosehr die Tischdecke zerreißen will, sondern sich einfach mit Dingen beschäftigen möchte, die es genau untersuchen kann und dabei auch in die verschiedensten Teile zerlegen kann. Hier wäre eine Lösung, die Kind wie Mutter befriedigen würde, dem Kind ein Spielzeug, Küchengeschirr, Papier oder etwas anderes zu geben, was es untersuchen und zerstören kann. Wenn bei dem Gespräch herausgekommen wäre, daß das Kind sich an der Tischdecke zu schaffen gemacht hat, weil es sich langweilt und weil es die Beachtung der Mutter sucht, dann wäre eine Lösung, daß die Mutter sich für einige Zeit mit dem Kind beschäftigt oder ihm andere Tätigkeiten zur Beschäftigung anbietet.

Wie genau Sie einen derartigen Konflikt mit einem sehr kleinen Kind lösen werden, müssen Sie Ihren Möglichkeiten und der Situation anpassen. Bei einem Kind, das noch nicht sprechen kann, werden Sie immer wieder beim Feed-back des Kindes überlegen müssen, ob die gefundene

Lösung auch wirklich die richtige Lösung war. Wenn das Kind schreit und weint, wenn Sie ihm zum Beispiel anderes Spielzeug gegeben haben, haben Sie wahrscheinlich nicht das richtige Bedürfnis des Kindes erkannt und müssen eine andere Lösung versuchen. Dies gilt natürlich nur, wenn das Kind selbst dazu noch nicht in der Lage ist.

Älteren Kindern können Sie sehr gut das Konfliktmodell erklären und ihnen mitteilen, daß Sie in Zukunft nach diesem Modell versuchen werden, Konflikte mit dem Kind zu lösen. Da Kinder es schwerer haben als Erwachsene, ihre eigenen Hintergrundsbedürfnisse zu erkennen, müssen sie hier besonders hilfreich partnerzentriert auf sie eingehen, und müssen sich bemühen, Ihre eigenen Gefühle und Interessen zu dem Konfliktpunkt so genau wie möglich darzustellen und mitzuteilen.

Mit älteren Kindern können Sie auf diese Weise fast alle Konflikte lösen. Sie können so viel Ärger, Wut, Überlegenheitsgefühle und Rachebedürfnisse auf seiten des Kindes wie auf Ihrer Seite vermeiden. Irgendwann wird die Eltern-Kind-Beziehung getrübt werden, wenn bei Konflikten sich entweder immer die Eltern auf Kosten der Kinder durchsetzen oder sich die Kinder auf Kosten der Eltern durchsetzen. Das letztere ist der Fall bei der «Laissez-faire»-Erziehung in Amerika nach dem Zweiten Weltkrieg, deren Ergebnis ärgerliche und gequälte Eltern sind und Kinder, die nicht gelernt haben, sich mit den Interessen anderer angemessen zu arrangieren. Sie lernen darum, ihre Bedürfnisse weniger zu befriedigen als Kinder, die erfahren haben, daß andere Menschen andere Interessen haben als sie und daß dennoch Lösungen zu finden sind, bei denen sich beide Parteien wohlfühlen können.

In Familien mit mehreren Kindern wird es immer wieder Konflikte geben, die von der ganzen Familie gelöst werden müssen und die nicht nur zwei Familienmitglieder angehen. (Wohin fahren wir in die Ferien? Wie feiern wir Weihnachten? Wie verteilen wir die Hausarbeit? Usw.) Für diese Konflikte ist es günstig, in regelmäßigen Abständen Konfliktgespräche mit der ganzen Familie zu führen, wobei die anstehenden Konfliktpunkte von allen Familienmitgliedern vorher auf einer Tafel oder einem aufgehängten Stück Pappe gesammelt und aufgeschrieben werden können. Michael schreibt zum Beispiel auf diese Tafel, daß er beim nächsten Konfliktgespräch über die Versorgung der Katzen sprechen möchte, und Vater hat aufgeschrieben, daß es ihm beim nächstenmal um die Art und Weise geht, wie die Familie mit seinem Handwerkszeug umgeht.

Ebenso wie beim Konfliktgespräch von Paaren sprechen hier alle Beteiligten zunächst von ihren Interessen und helfen sich gegenseitig, die Motive und Wünsche der anderen zu verstehen. Nach der Phase des Brainstorming suchen alle gemeinsam nach einer Lösung, bis jedes Familienmitglied zufriedengestellt worden ist.

Wenn Sie vorhaben, sich auf diese Weise Ihren Kindern gegenüber zu verhalten, dann wird Ihnen das wahrscheinlich nicht auf Anhieb gelingen.

Wir können davon ausgehen, daß es kaum Menschen gibt, die partnerschaftliches Verhalten realisieren können, ohne es vorher geübt zu haben – zu wenig wurde den meisten Menschen in der Jugend dieses Verhalten gelehrt. Nun haben Sie in dem Partnerprogramm schon Ihre Fähigkeit verbessert, von Ihren Gefühlen zu sprechen, offen und angemessen Feedback zu geben und partnerschaftliche Konflikte zu lösen. Und dennoch kann es nicht ganz einfach sein, dieses Verhalten im Umgang mit Ihren Kindern zu realisieren – und häufig werden Sie Hilfe benötigen, um sich Ihrer eigenen Wünsche und Interessen noch klarer zu werden. Sind diese bedingt durch Ermahnungen und Forderungen Ihrer Eltern in Ihrer Jugend, und haben Sie diese Normen ‹mitgeschleppt›, obwohl die Umwelt, Sie selbst und Ihre Kinder sich geändert haben? Oder sind Ihre Wünsche und Interessen Ihre ‹erwachsenen› Bedürfnisse, die Sie akzeptieren und verstehen können? Für all diese Fragen und Probleme kann es eine große Hilfe sein, wenn Sie als Paar zusammen weiter im Rollenspiel arbeiten, um partnerzentrierte Reaktionen und andere Kommunikationsfertigkeiten Ihren Kindern gegenüber zu verbessern. Sie können sich dabei Ihre Schwierigkeiten mit Ihrem Verhalten den Kindern gegenüber mitteilen und sich durch das partnerzentrierte Gespräch gegenseitig helfen, die Probleme anders wahrzunehmen und zu klären. Außerdem können Sie, um das Problem besser wahrzunehmen, sich von Ihrem Partner die Situation vorspielen lassen, in der er Schwierigkeiten hatte. Sie spielen dann das Kind, und der Partner zeigt Ihnen, wie er sich verhalten hat. Auf diese Weise bekommt dieser oft mehr Information über sein Verhalten und die Auswirkung auf einen anderen Menschen, als wenn er von dem Problem nur auf der sprachlichen Ebene erzählt. Außerdem können Sie, wenn Sie für eine Situation neue Verhaltensziele erarbeitet haben, dieses Verhalten im Rollenspiel üben, damit Sie es im ‹Alltag› leichter realisieren können.

Auf diese Weise können sich Eltern in hilfreicher und verständnisvoller Weise gegenseitig beistehen, um ihr Verhalten den Kindern gegenüber zu verbessern. Außerdem vermitteln sich bei dieser Arbeit beide Partner, daß sie beide nicht ‹perfekt› sind, und sie können sich so helfen, diese Tatsache zu akzeptieren. Das ist ein besserer Weg, als sich gegenseitig Vorwürfe zu machen, daß der eine oder andere bei der Erziehung ‹versagt›, oder als sich selbst zu zermartern und anzuklagen, daß man nicht eine so ‹gute› Mutter oder ein so ‹perfekter› Vater ist, wie man es gerne sein möchte. Diese Arbeit können Sie als Paar natürlich auch in einer Elterngruppe durchführen, die zunächst das Selbsterfahrungsprogramm durchführt und dann im Rollenspiel Erziehungsprobleme bearbeitet. Haben Sie dazu keine Gelegenheit, dann können Sie die Erläuterungen zur Rollenspielgruppe gut auf Ihre Rollenspielarbeit zu zweit übertragen.

4
Ein Gruppenprogramm zur Selbsterfahrung

In diesem Teil finden Sie ein Gruppenprogramm, mit dem sie zusammen mit anderen Menschen die Verhaltens- und Kommunikationsfertigkeiten einüben können, die wir bis jetzt in den vorangegangenen Kapiteln besprochen haben.

In Teil A werden allgemeine Punkte besprochen, die für die praktische Durchführung des Gruppenprogramms wichtig sind.

In Teil B folgen die 11 Gruppensitzungen in ihrer zeitlichen Reihenfolge:
 1. Sitzung: Sich Kennenlernen
 2. Sitzung: Metakommunikation in Gruppen
 3. Sitzung: Begegnung
 4. Sitzung: Klärung von Beziehungen
 5. Sitzung: Umgang mit Gefühlen
 6. Sitzung: Nonverbale Übungen
 7. Sitzung: Selbstbehauptungstraining
 8. Sitzung: Vermutungen und Beobachtung
 9. Sitzung: Feed-back
10. Sitzung: Probleme und Konflikte
11. Sitzung: Rückblick und Abschied

In Teil C folgen Vorschläge für Arbeits- und Wohngruppen.

A. Allgemeines zur Durchführung des Gruppenprogramms zur Selbsterfahrung

1. Einleitung

Die Selbsterfahrungsgruppe soll Ihnen die Möglichkeit bieten, all das auszuprobieren, was Sie in den vorausgegangenen Kapiteln gelesen haben. Sie können mit unseren Ratschlägen und Übungsvorschlägen experimentieren und mit den gelesenen Vorschlägen zur Verbesserung Ihrer Kommunikation konkrete Erfahrungen machen. Die wichtigsten Ziele des Gruppenprogramms sind:
1. Einübung der sozialen Fertigkeiten, die soziales Lernen verbessern (z. B. angemessen Gefühle ausdrücken, Feed-back geben, Konflikte lösen, angstfreier werden usw.).

256

2. Neue Erfahrungen mit der eigenen Person und mit dem eigenen Verhalten. Das Programm bietet die Möglichkeit, die ‹eigenen blinden Flecken› zu verkleinern, die eigene Person realistischer wahrnehmen zu lernen und Möglichkeiten zu weiterer Entwicklung und weiterem Wachstum zu entdecken.
3. Der Aufbau einer sich selbst regulierenden Gruppe. Mit Hilfe des Programms kann eine Gruppe lernen, ihre Kommunikation so zu verbessern und bestimmte «Kommunikationsinstrumente» so zu handhaben, daß sie ohne Gruppenleiter und ohne festes Programm sich selbst regulierend weiterarbeitet.

Die Erfahrungen verschiedener Gruppen werden unterschiedlich sein – je nach den Bedürfnissen der Teilnehmer und der verschiedenen Zusammensetzung der Gruppen. Nach ungefähr 10 Stunden ist der Erfahrungsstand in den verschiedenen Gruppen jedoch recht ähnlich.

Voraussetzungen für die Durchführung dieses Programms sind drei Dinge:
1. eine Gruppe von 8–9 Teilnehmern;
2. die Motivation der Teilnehmer, mit diesem Programm zu experimentieren;
3. die Kenntnis der vorangegangenen Kapitel.

2. Wer kann an diesem Programm teilnehmen?

Grundsätzlich können alle Menschen an diesem Selbsterfahrungsprogramm teilnehmen, die Verhaltensfertigkeiten zur Verbesserung ihrer sozialen Lernfähigkeit üben wollen und ihre Person auf neue Weise erfahren wollen. Auf jeden Fall raten wir Menschen von der Teilnahme ab, die unter starker psychischer Belastung stehen und in psychotherapeutischer Behandlung sind. Diese sollten mit ihrem Psychotherapeuten sprechen, ob sich eine Teilnahme an diesem Programm für sie günstig oder schädlich auswirken könnte. Nach unseren Erfahrungen ist eine Selbsterfahrungsgruppe *zusätzlich* zu einer psychologischen Beratung oder zu einer Psychotherapie häufig günstig.

Weiterhin ist es nötig, daß die Teilnehmer die Bereitschaft besitzen, die eigene Person engagiert in die Gruppe einzubringen. Natürlich muß es respektiert werden, wenn ein Gruppenmitglied sich zurückhält und sich nicht beteiligt, weil es ihm schwerfällt. Aber Menschen, die von vornherein nur als ‹neutrale Beobachter› zuschauen wollen oder nur die Bestätigung haben wollen, ‹daß sich nur die anderen ändern müssen, sie selbst aber nicht›, werden von diesem Programm kaum profitieren.

Das Programm ist geeignet für

- Menschen, die sich kaum kennen und sich durch die Initiative eines Lesers zusammengefunden haben;
- Menschen, die schon einander kennen und freundschaftliche Kontakte haben, wie zum Beispiel befreundete Studenten, befreundete Ehepaare usw.;
- Gruppen, die zusammen arbeiten oder zusammen wohnen und in dieser Zusammensetzung ihr Sozialverhalten trainieren wollen, die Kommunikation in der Gruppe verbessern wollen oder später berufsbezogen ihr Verhalten als Rollenspielgruppe verbessern wollen (z. B. studentische Arbeitsgruppen, politische Aktionsgruppen, Lehrerkollegien, Arbeitsteams in sozialen Berufen usw.).

Die Gruppe sollte die Teilnehmerzahl von zehn Mitgliedern nicht überschreiten, die Altersunterschiede und Verschiedenheit der Einstellungen sollten nicht extrem groß sein, damit sich nicht von vornherein unüberwindliche Barrieren zwischen den Teilnehmern bilden.

3. Kann man ohne Trainer ein Selbsterfahrungsprogramm durchführen?

Diese Frage beantworten wir mit einem klaren «Ja». Forschungsergebnisse mit sogenannten «instrumentellen gruppendynamischen Laboratorien» zeigen, daß Überlegenheit von Gruppen mit Trainern (für die Leitung solcher Gruppen ausgebildete Psychologen, Therapeuten oder Sozialarbeiter) zu Gruppen ohne Trainer nicht notwendigerweise auftreten muß. Dies trifft besonders zu, wenn die Gruppen ohne Trainer durch ‹Instrumente›, wie beispielsweise Datenerhebungsbögen, Beobachtungskategorien, Tonbandaufzeichnungen usw., angeleitet werden, ihr Verhalten zu diagnostizieren und einzuüben.

In diesem Gruppenprogramm lernen Sie, Instrumente zu handhaben, die einer Gruppe helfen, sich selbst zu regulieren, und mit denen Sie Ihre Fähigkeit zum sozialen Lernen verbessern können. Der Trainer wird in dieser Gruppe durch das Programm (Übungen, Anweisungen usw.) ersetzt. Dieses Programm ist so aufgebaut, daß es im Lauf der Sitzungen immer weiter in den Hintergrund tritt und mit der Zeit die Gruppe immer mehr zur Selbstregulierung anleitet. In der 11. Sitzung ist praktisch kein vorstrukturiertes Programm mehr vorhanden – die Gruppe hat durch das Programm gelernt, ohne das Programm auszukommen und selbst zu bestimmen, womit sie sich beschäftigen will. Ziel dieser Entwicklung ist die sich selbst regulierende Gruppe.

Für Selbsterfahrungsgruppen, die ohne Programm oder unter Anleitung eines unerfahrenen ‹Trainers›, der lediglich einige Übungen kennt, vorgehen, ergeben sich vorwiegend zwei Gefahren:

- daß entweder die Ziellosigkeit und die auftretenden Enttäuschungen nicht lernwirksam verarbeitet werden können,
- oder daß sie sich unter die Autorität eines ‹Trainers› stellen, ohne dessen Ziele und Absichten kontrollieren zu können.

Dagegen setzen wir die Gruppe, die durch ein Programm angeleitet wird, das alle Gruppenmitglieder vorher kennen und zu dem alle vorher ihr Einverständnis gegeben haben. Deswegen ist es wichtig, daß alle Gruppenmitglieder für unser Programm vor den Sitzungen die verschiedenen Übungen und Kommentare gelesen haben und ein Konsens in der Gruppe über die Durchführung der verschiedenen Übungen hergestellt worden ist. Das Programm soll Ihnen ein Angebot und eine Anregung bieten, die Ihnen ermöglicht, *Ihre* Ziele zu finden und zu verwirklichen.

Hinderlich in trainerlosen Gruppen ist zu Anfang häufig der Zweifel an der eigenen Kompetenz: «Haben wir auch die *richtigen* Erfahrungen gemacht?» «Ist das *richtig*, was wir erlebt haben?» Diese Fragen treten häufig auf, wenn ein Teil der Gruppe frustrierende, negative oder banale Erfahrungen gemacht hat. Denken Sie aber daran, daß jeder Teilnehmer nur *seine* Erfahrungen machen kann und daß bestimmt nicht für alle Teilnehmer jede Übung gleich wichtig sein wird. Wenn ein Teilnehmer relativ angstfrei ist, wird er zum Beispiel bei Selbstbehauptungsübungen nicht viel Neues über sich erfahren, vielleicht werden für ihn aber gerade die Feed-back-Übungen wichtig. Bei einem anderen Teilnehmer mag es umgekehrt sein. Auch für die verschiedenen Gruppen werden einzelne Übungen unterschiedlich wichtig sein. Jede Gruppe hat ihre eigenen Vorzüge und Nachteile, macht ihren eigenen Prozeß durch und macht ihre eigenen Erfahrungen mit Übungen und Spielen.

Auch ein frustrierender Abend ist eine wichtige Erfahrung, wenn darüber reflektiert und gesprochen werden kann und die ‹Störfaktoren› erkannt werden (s. «Diskussionsregeln»). Also – auch wenn Sie einmal eine unbefriedigende Erfahrung machen, denken Sie nicht: «Ohne Trainer mußte es ja so kommen. Wir brauchen ihn!» Im Gegenteil – ein Trainer hätte die Frustration eventuell noch deutlicher gemacht, damit sie einer Reflexion zugänglicher wird.

4. Die zeitliche Einteilung des Programms

Das Gruppenprogramm besteht aus 11 Sitzungen zu je drei Stunden. Die Lösung, die für die meisten Gruppenmitglieder am bequemsten sein dürfte, ist das wöchentliche dreistündige Treffen, so daß das Programm sich über etwa drei Monate hinzieht. Der Vorteil dieses Vorgehens ist außerdem, daß mit den neuen Erfahrungen in den Gruppensitzungen immer wieder im normalen Alltag zwischen den Gruppensitzungen experimentiert werden kann.

Während wir bei der Rollenspielgruppe diesem ‹verteilten› wöchentlichen Lernen ungedingt den Vorzug geben würden, scheint uns aber bei der Selbsterfahrungsgruppe das ‹massierte› Lernen auf einem Drei-Tage-Kurs (z. B. einem verlängerten Wochenende) noch günstiger zu sein, vorausgesetzt, die Gruppe arbeitet danach wöchentlich noch einige Zeit zusammen. Auf einem verlängerten Wochenende wird der Gruppenprozeß nicht immer wieder unterbrochen, die Gruppenmitglieder haben auch in den Pausen zwischen den Sitzungen Kontakt, die Familien- und Arbeitspflichten treten für diese Zeit in den Hintergrund, und gemeinsamer Abwasch und gemeinsame Essensvorbereitungen sind hervorragende «Kooperationsübungen». Die Erfahrungen bei solch einem Wochenende werden intensiver sein als beim wöchentlichen Treffen – der Wert dieser Erfahrungen ist aber erst zu beurteilen, wenn die Gruppe sich nach diesem Wochenende zu mehreren weiteren Selbsterfahrungssitzungen oder zum Rollenspiel zusammenfindet. Die optimale Lösung scheint uns zu sein, wenn eine Gruppe mit diesem Programm auf einem Drei-Tage-Kurs beginnt, danach für kurze Zeit wöchentlich weiter als Selbsterfahrungsgruppe arbeitet, um dann als wöchentliche problemzentrierte Rollenspielgruppe die Arbeit fortzusetzen. Ausschlaggebend sind aber Bedürfnisse, möglicher Zeitaufwand und Motivation der Teilnehmer für die zeitliche Einteilung des Programms.

5. Die Funktion der Übungen und Spiele

Das Programm besteht zum großen Teil aus Übungen und Spielen. Wir können diese als ‹künstliche› oder als ‹experimentelle› Situationen auffassen – Situationen also, die im normalen Leben kaum vorkommen. Ebenso wie ja die Selbsterfahrungsgruppe eine ‹künstliche› und ‹inselartige› Situation ist. Experimentelle Situationen haben den Nachteil, daß sie das normale Leben nur isoliert und ausschnittweise widerspiegeln. Deswegen ist es wichtig, nicht bei der Selbsterfahrungsgruppe stehenzubleiben, sondern sie später in eine berufs- und problemzentrierte Rollenspielgruppe umzuwandeln. Der letzte Schritt muß dann die Übertragung der dort gemachten Erfahrungen auf die tägliche Praxis in der Familie, in der Schule und am Arbeitsplatz sein.

Auf diese Weise wird die Schwierigkeit des Neu- und Umlernens schrittweise erhöht, denn es ist sehr schwer, im normalen Alltag unter Streß und dem Bewußtsein von ernsten Konsequenzen für das eigene Verhalten neues Verhalten auszuprobieren. Außerdem sind die Erfahrungen im Alltag häufig nicht so intensiv und lernwirksam wie in experimentellen Situationen.

In Übungen und Spielen können wir gewisse Erfahrungen im mitmenschlichen Bereich gleichsam ‹verdichtet› erleben. Wir können in diesen experimentellen Situationen unsere Aufmerksamkeit auf nur einige unserer normalen Reaktionsweisen lenken, während alle anderen Verhaltensweisen und Umstände zu einem dunklen Hintergrund werden, von dem wir die Aufmerksamkeit abziehen. Wir erleben auf diese Weise in verschiedenen Übungen verschiedene unserer Reaktionsweisen besonders deutlich und klar. Wichtig ist aber, daß uns bewußt ist, daß wir später diese Erfahrungen wieder in das Gesamtfeld unseres Alltags einbetten müssen.

Dieses Problem der Übertragung der Erfahrungen in den Alltag wird ‹Transfer-Problem› genannt. Es muß ernstgenommen werden. Falsch ist es jedoch, vor einer Übung oder gar während einer Übung an dieses Transfer-Problem zu denken und aus diesen Reflexionen heraus die Übung schon vorher als ‹sinnlos› zu betrachten. Erfahrungen können wir nur machen, wenn wir uns auf die Übungen einlassen und *hinterher* über unsere Erlebnisse dabei und deren Sinn reflektieren.

Wenn Sie eine Übung oder ein Spiel durchführen, ist es nicht das Ziel, diese Übung ‹korrekt› oder ‹richtig› auszuführen oder zu einer ‹richtigen› Lösung zu kommen. Bei unseren Übungen richtet sich dagegen das Hauptaugenmerk auf Ihre Reaktionen auf diese Situationen. Hier wäre also wichtig, *wie* Sie und die anderen Gruppenmitglieder auf eine Aufgabe reagieren: Ob Sie über diese Aufgabe schimpfen, ob Sie zugeben können, daß sie Ihnen Angst macht, ob Sie diese Übung mechanisch und blind für Ihre eigenen Empfindungen ausführen. Sie werden bei diesen Übungen vielleicht auf eine Art und Weise reagieren, wie Sie es ähnlich auch in Ihrem Alltag tun, dort möglicherweise weniger deutlich erkennbar.

Bei diesen Übungen gibt es also keine ‹richtige› oder ‹falsche› Ausführung. Sie sollen Ihnen nur helfen, sich selbst in einer experimentellen Situation zu erfahren. Wenn Sie zum Beispiel bei der Übung «Blickkontakt» (3. Sitzung) bemerken, daß Sie nicht länger als zehn Sekunden Ihren Partner anschauen können oder daß die ganze Situation Ihnen peinlich ist, dann ist das eine wichtige Erfahrung für Sie. Sie sollten sich dann nicht ärgern, daß Sie das vermeintliche Übungsziel nicht erreicht haben, sondern Sie sollten Ihre Erfahrungen wichtig nehmen und darüber nachdenken: «Wie kommt es, daß ich nicht länger schauen will?», «Was empfinde ich dabei?», «Will ich nicht oder fällt es mir schwer?», «Ist es so, daß ich Angst habe oder sitzt bei mir eine unerkannte Abneigung gegen den Spielpartner?», «Kann ich zu der Erfahrung in dieser Übung Parallelen finden in Erfahrungen aus meinem Alltag?» usw.

Diese Erfahrungen und das Nachdenken über die Erfahrungen sind viel wichtiger als ein ‹Erledigen› von Übungen – wir wollen uns selbst und unser Verhalten intensiver erleben und kennenlernen und keinen ‹Leistungssport› treiben. Das Programm ist also nicht ‹übungszentriert›, sondern ‹personenzentriert›. Wichtig ist nicht, Übungen richtig durchzuführen, sondern wichtig ist *Ihre* Art und Weise, mit Übungen umzugehen, und *Ihre* Erfahrungen, die Sie mit diesen Übungen machen. Falsch wäre es jedoch, Übungen zu vermeiden. Denn wenn Sie beispielsweise bei der Blickkontaktübung vorher überlegen, daß Ihnen diese Übung zu schwer oder zu unsinnig ist, und Sie aus diesen Gründen nicht an ihr teilnehmen – dann werden Sie niemals Ihre Schwierigkeiten mit dieser Übung *erleben* oder aber auch die Erfahrung machen, daß sich Ihre Befürchtungen erstaunlicherweise gar nicht bewahrheiten.

Zur Haltung des experimentellen sozialen Lernens gehört es, neue Dinge auszuprobieren, sich in neue Situationen zu begeben und mit neuen Verhaltensweisen zu experimentieren. *Hinterher* wird überlegt, was diese Übung einem selbst gebracht hat, und die Erfahrung reflektiert.

Manchmal kommt es in Gruppen vor, daß die Übungen durch Diskussionen vermieden werden, durch ein gedankliches Vorwegnehmen der möglichen Erfahrungen, durch die Behandlung von an sich für die Gruppe unwichtigen Fragen oder durch das ‹Kleben› an einem Thema oder an der vorangegangenen Übung. Hier ist es die Aufgabe des Sitzungsleiters, an das Programm und an die Zeit zu erinnern.

6. Die Funktion des Sitzungsleiters

Für jede Sitzung soll ein Sitzungsleiter vorher gewählt werden, dessen Funktionen folgende sind:

1. Regelung des Organisatorischen, wie Ort und Zeit der Sitzung, Kontakt aufnehmen mit fehlenden Mitgliedern usw.
2. Verantwortlichkeit für die Materialien für die jeweilige Sitzung, wie zum Beispiel Papier, Kugelschreiber usw.
3. Er soll die verschiedenen Anweisungen für die Übungen vorher genau durcharbeiten, in der Gruppe die Anweisungen entweder frei geben oder vorlesen und auf die angegebenen Zeiten achten.
4. Wenn es der Anzahl der Gruppenmitglieder nach möglich ist, nimmt der Sitzungsleiter selbst an den Übungen mit teil, falls dies nicht möglich ist, bleibt er in der Rolle des Beobachters. Ist zum Beispiel eine Übung in Paaren durchzuführen und sind mit dem Sitzungsleiter zusammen acht Teilnehmer vorhanden, spielt dieser mit. Sind mit ihm neun Teilnehmer vorhanden, dann kann er nicht teilnehmen und beobachtet nur.

Die Funktion des Sitzungsleiters sollte möglichst von Sitzung zu Sitzung wechseln, so daß jedes Gruppenmitglied einmal diese Funktion innehat. Dabei ist es nicht wichtig, daß der Sitzungsleiter jemand ist, der gut sprechen kann, überzeugungsfähig ist oder besonders viel Gruppenerfahrung besitzt. Er ist weder Trainer noch Diskussionsleiter, noch ‹führendes› Gruppenmitglied. Der Sitzungsleiter ist ein Gruppenmitglied, an das die Gruppe die Aufgabe delegiert hat, in ihrem Interesse die Anweisungen für die verschiedenen Übungen zu geben und auf die Zeiten zu achten.

Der Sitzungsleiter ist der Interessenvertreter des Programms, wenn die ganze Gruppe dem Programm zugestimmt hat. Hat sich eine Gruppe zum Beispiel geeinigt, nach der 6. Sitzung die 7. Sitzung vollkommen durchzuarbeiten, dann sollte er dafür sorgen, daß die Übungen durchgeführt werden und die Zeiten nicht allzulange überdehnt werden. Beschließt die Gruppe aber vorher zusammen, eine Übung nicht zu machen, eine Sitzung ausfallen zu lassen, eine unstrukturierte Sitzung einzuschieben oder für eine bestimmte Übung die Reflexionszeit zu verlängern, dann soll er sich an diese Gruppenbeschlüsse halten und dafür sorgen, daß sie durchgeführt werden können. Der Sitzungsleiter übernimmt also keinerlei Verantwortung für das Gelingen oder Nichtgelingen einer Sitzung – außer, daß er für die groben Rahmenbedingungen verantwortlich ist (Ort, Zeit, Material usw.).

Die Funktion des Sitzungsleiters ist nicht immer angenehm, einmal, weil er an manchen Übungen nicht teilnehmen kann, und zum zweiten, weil er oft mahnen muß, damit die Gruppe zu der nächsten Übung übergeht. Er soll aber auf der anderen Seite es jedoch akzeptieren können, wenn die Gruppe beschließt, nicht auf seine ‹Mahnungen› zu hören, und sich mehr Zeit lassen will. In solchen Fällen ist es günstig für ihn, die Gruppe zu fragen, wieviel Zeit sie noch braucht. Gemeinsam kann dann die Gruppe beschließen, zu welchem späteren Zeitpunkt der Sitzungsleiter wieder an den geplanten Ablauf erinnern soll.

Der Sitzungsleiter ist somit eine freiwillig eingesetzte Kontrollinstanz, die sicherstellt, daß das selbst gesetzte Ziel auch erreicht werden kann. Die Kontrollfunktion des Sitzungsleiters wird im Verlauf des Programms immer weniger wichtig und wird allmählich durch die Gruppe selbst übernommen.

7. Weitere praktische Hinweise

Folgende Hinweise sind als Anregungen gedacht, sich mit diesen Problemen kurz auseinanderzusetzen, bevor die Gruppenarbeit beginnt. Diese ‹Nebensächlichkeiten› können unserer Meinung nach die Gruppenarbeit positiv wie negativ beeinflussen.

1. *Vortreffen*

Am besten treffen sich die Teilnehmer, die bereit sind, dieses Programm durchzuführen, schon einmal kurz vor der ersten Sitzung. Diese Sitzung sollte nicht allzulange dauern, und das nähere Kennenlernen sollte auf die erste Sitzung verschoben werden. Funktionen dieses Vortreffens könnten zum Beispiel sein:

1. Wahl des Ortes,
2. Wahl des Zeitpunktes,
3. Wahl der Sitzungsleiter für die ersten Sitzungen,
4. Besprechung der im folgenden aufgezählten praktischen Probleme.

2. *Der Ort der Sitzungen*

Möglichst ein großer Raum, in dem man ungestört drei Stunden zusammensein kann und in dem man sich auch als zwei Untergruppen oder als 5 Paare unterhalten kann, ohne sich gegenseitig zu stören. Eine andere Möglichkeit wäre eine Wohnung, in der die Möglichkeit besteht, auch einmal mehrere Räume zu benutzen.

3. *Vorbereitung der Teilnehmer auf die Sitzungen*

Die Teilnehmer sollten die vorausgegangenen Kapitel dieses Buches kennen und für die jeweiligen Sitzungen die relevanten Kapitel eventuell noch einmal durchlesen. Außerdem sollte jeder Teilnehmer möglichst ein Exemplar des Buches besitzen und zu den Gruppensitzungen mitbringen, damit die notwendigen Arbeitspapiere nicht vervielfältigt werden müssen. Die Teilnehmer sollten außerdem vor jeder Sitzung diese durchgelesen haben, damit sie eine ungefähre Vorstellung von den Übungen besitzen. Sie sollten sich aber auf keinen Fall zurechtlegen, wie sie auf diese Übungen reagieren wollen. Das würde ihr Verhaltensrepertoire einengen, ihre Spontaneität beschneiden und sie daran hindern, neue Erfahrungen zu machen.

4. *Die Sitzordnung*

Unserer Erfahrung nach ist es ungünstig, wenn die Sitzgelegenheiten zu bequem sind und die Gruppe eher ein Bild einer Party in Klubsesseln bietet. Wenn wir zu bequem sitzen, dann fällt es uns zu leicht, uns in frustrierten Situationen zurückzunehmen und abzuwarten, anstatt unsere «emotionalen Störungen» wahrzunehmen und in die Gruppe einzubringen (siehe «Diskussionsregeln»). Außer für die zweite Sitzung und natürlich für die verschiedenen Partnerübungen halten wir es für günstig, wenn die Gruppe ohne Tisch in einem Kreis sitzt, so daß keine übermäßigen Lücken entstehen und der Kreis geschlossen ist. Diese Sitzordnung, bei der jedes Gruppenmitglied gleich nah am Zentrum des Kreises sitzt, empfehlen wir für die freien Gruppendiskussionen und für das Anfangs- und Schlußblitzlicht.

5. Zuspätkommen

Wenn eine Gruppe anfängt, sich allmählich bei den Sitzungen zu verspäten, dann kann es zum Schluß des Programms bis zu Verspätungen von einer Stunde kommen. Wir empfehlen deswegen, das Problem des Zuspätkommens vor der Gruppenarbeit einmal anzusprechen und einen gemeinsamen Beschluß zu fassen. Danach sollte eine Gruppe pünktlich anfangen, auch wenn noch nicht alle Gruppenmitglieder anwesend sind. Natürlich muß jede Gruppe selbst entscheiden, wie sie dieses Problem löst, ebenso bei den anderen praktischen Hinweisen.

6. Trinken, Essen und Rauchen

Essen und Trinken halten wir während der Gruppensitzungen für unangebracht. Beides hält ab, sich auf das Hier und Jetzt zu konzentrieren. Alkohol enthemmt zwar, verringert aber die Sensibilität und Erlebnisfähigkeit und außerdem die Lernfähigkeit. Alkohol sollte deswegen nur in informellen Kontakten genossen werden, zum Beispiel nach der Gruppensitzung. Dasselbe wie für das Essen und Trinken trifft unserer Meinung nach auch für das Rauchen zu. Da es aber starken Rauchern oft schwerfällt, das Rauchen für drei Stunden ganz aufzugeben, sollte die Gruppe eine Lösung suchen, die sowohl Raucher wie Nichtraucher zufriedenstellt, wie zum Beispiel, daß jeweils nur eine bestimmte Anzahl von Zigaretten brennen darf oder daß nach einer festgelegten Zeitspanne eine Rauchpause eingelegt wird. Das Rauchen sollte aber auf jeden Fall unterlassen werden bei allen nonverbalen Übungen, da bei diesen Übungen das Rauchen die Intensität der Erfahrung stark verringert.

8. Das «Blitzlicht» als Kommunikationsinstrument

Für die freien Reflexionsphasen und Gruppendiskussionen in den Sitzungen ist weder ein Programm noch ein Trainer vorhanden. Für diese unstrukturierten Situationen wird der Trainer durch «Regeln für die Gruppendiskussion» ersetzt. In diesen Regeln, die im nächsten Kapitel aufgeführt werden, wird auch die Benutzung der Übung «Blitzlicht» angesprochen. Wir wollen es hier aber noch einmal gesondert betrachten. Beim Blitzlicht nimmt jedes Gruppenmitglied reihum in fester Reihenfolge ganz kurz Stellung zu einer Frage. Meistens zu der Frage: «Wie fühle ich mich im Moment» oder: «Wie interessiert bin ich im Moment am Gesprächsthema.» Solch ein Blitzlicht dauert höchstens drei Minuten und dient nur dazu, Information von allen Gruppenmitgliedern einzuholen, um zu sehen, wo jedes Gruppenmitglied im Moment ‹steht›, wie es sich fühlt, und was es denkt. Das Blitzlicht ist ein hervorragendes Instrument zur Metakommunikation (siehe 2. Sitzung). Es ist immer dann angebracht, wenn die Gruppe das Gefühl hat, daß nicht mehr transparent (sichtbar) ist, was im Augenblick eigentlich geschieht und ob überhaupt noch alle Gruppenmitglieder innerlich beteiligt sind.

Das Blitzlicht soll auf keinen Fall eine Diskussion sein, sondern nur eine kurze ‹Bestandsaufnahme› – eine Erhebung von Informationen. Die anderen Gruppenmitglieder sollen auch nicht auf die einzelnen Beiträge eingehen, sondern nur aufnehmend und akzeptierend zuhören. Erst wenn alle Gruppenmitglieder kurz ein Statement abgegeben haben, sollte – wenn nötig – eine Diskussion beginnen. Oft wird durch das Blitzlicht eine Reflexion über die Diskussion eingeleitet (Metakommunikation), so daß neue Weichen für diese gestellt werden können. Oder es werden Störfaktoren sichtbar, die vorher nicht erkannt worden waren.

Das Blitzlicht, das wir immer zu Anfang und zum Schluß einer Sitzung benutzen, hat die Funktion, die Gruppe zusammenzuführen und noch einmal jedes Gruppenmitglied zu Wort kommen zu lassen. Auf diese Weise wird die Vielfalt der verschiedenen Stimmungen und Meinungen noch einmal kurz deutlich gemacht. Anfangs- und Schlußblitzlicht sollen außerdem die Gruppensitzung abgrenzen von den informellen Gesprächen und Kontakten vor und nach einer Gruppensitzung.

Die wichtigste Regel für das Blitzlicht heißt also: Keine Diskussion, bevor nicht jedes Gruppenmitglied seine Stellungnahme abgegeben hat.

9. Regeln für die Gruppendiskussion

Für die freien Diskussionsphasen wird der Trainer also ersetzt durch die folgenden Regeln für die Gruppendiskussion. Sie fassen die für Gruppen wichtigen Kommunikationsaspekte zusammen, helfen einer Gruppe, sich selbst zu regulieren. Außerdem sind diese Regeln eine Hilfe für die Verbesserung der eigenen sozialen Lernfähigkeit. Diese Regeln gehen zurück auf die Regeln der «themenzentrierten interaktionellen Methode» von Ruth Cohn, die wir durch weitere Regeln ergänzt haben. Es wird keinem Gruppenmitglied möglich sein, diese Kommunikationsregeln sofort zu befolgen. Denn der Gruppenteilnehmer, der das von vornherein kann, hat es eigentlich nicht mehr nötig, am Gruppenprogramm teilzunehmen. Diese Regeln befolgen und anwenden zu können gehört zum Lernziel des Gruppenprogramms, und die automatische Folge der Erfahrungen bei den verschiedenen Übungen und Spielen ist eine erhöhte Fähigkeit, diese Kommunikationsregeln zu befolgen.

Vielen Gruppenteilnehmern erscheinen einige dieser Regeln zunächst unsinnig und unlogisch, und sie erleben erst, nachdem sie mit ihnen gearbeitet haben, daß diese Regeln sehr nützlich und wichtig für sie gewesen sind. Diese Regeln sollten deswegen nicht vorher diskutiert und in Frage gestellt werden, sondern nach dem Gruppenprogramm sollte über die

Erfahrung mit diesen Regeln und über die Möglichkeit deren Übertragung reflektiert werden.

Diese Regeln sind auch kaum theoretisch als ‹objektiv richtig› aufzufassen, sondern als kompensatorische Regeln, die dem Menschen in unserer Gesellschaft helfen, bestimmte Kommunikationsfertigkeiten einzuüben, die er nicht gelernt hat. Es gibt zum Beispiel viele Situationen im normalen Leben, in denen es angemessen ist, das ‹Man› zu benutzen und nicht das ‹Ich›. Durch eine ‹aufgezwungene› Benutzung von Ich-Aussagen erkennen Menschen jedoch vielfach, in welchem Maße sie durch das ‹Man› ihre eigenen Gefühle verschleiern. Für die Selbsterfahrungsgruppe ist es daher wichtig, daß diese Regeln akzeptiert werden und jedes Gruppenmitglied sich bemüht, sie zu befolgen, obwohl das für den einzelnen zunächst kaum möglich sein wird. Nach der 11. Sitzung sollten Arbeitsgruppen jedoch diese Regeln kritisch betrachten und gemeinsam von ihren Erfahrungen mit diesen Regeln her diskutieren, welche Regeln wichtig für ihre gemeinsame Arbeit sind. Eine Arbeitsgruppe zum Beispiel, die für gewisse Zeiträume Papiere, Ergebnisse, Aktionen usw. ‹produzieren› muß, wird während dieser Zeiträume kaum die Regel «Störungen haben Vorrang» befolgen können und wird deswegen für emotionale Störungen und Konflikte zwischen den Gruppenmitgliedern bestimmte gesonderte Zeiträume und Gelegenheiten schaffen. Hier wird sich jede länger zusammenarbeitende Gruppe individuell verschieden entscheiden müssen.

1. *Sei dein eigener Chairman*

Bestimme selbst, was du sagen willst. Sprich oder schweig, wann du es willst. Versuche, in dieser Stunde das zu geben und zu empfangen, was du selbst geben und erhalten willst. Sei dein eigener Chairman (Vorsitzender) – und richte dich nach deinen Bedürfnissen, im Hinblick auf das Thema und was immer für dich sonst wichtig sein mag. Ich als Gruppenleiter werde es genauso halten (falls Gruppenleiter vorhanden).

Diese Regel soll dir zwei Dinge besonders deutlich machen:

a) Du hast die Verantwortung dafür, was du aus dieser Stunde für dich machst.

b) Du brauchst dich nicht zu fragen, ob das, was du willst, den anderen Gruppenmitgliedern gefällt oder nicht gefällt. Sag einfach, was du willst. Die anderen Gruppenmitglieder sind auch ihre eigenen Chairmen und werden es dir schon mitteilen, wenn sie etwas anderes wollen als du.

2. *Störungen haben Vorrang*

Unterbrich das Gespräch, wenn du nicht wirklich teilnehmen kannst, zum Beispiel wenn du gelangweilt, ärgerlich oder aus einem anderen Grund unkonzentriert bist. Ein ‹Abwesender› verliert nicht nur die Möglichkeit der Selbsterfüllung in der Gruppe, sondern er bedeutet auch einen Verlust für die ganze Gruppe. Wenn eine solche Störung behoben ist, wird das unterbrochene Gespräch entweder wieder aufgenommen werden oder einem momentan wichtigeren Platz machen.

3. *Wenn du willst, bitte um ein Blitzlicht*

   Wenn dir die Situation in der Gruppe nicht mehr transparent ist, dann äußere zunächst deine Störung und bitte dann die anderen Gruppenmitglieder, in Form eines Blitzlichts auch kurz ihre Gefühle im Moment zu schildern.

4. *Es kann immer nur einer sprechen*

   Es darf nie mehr als einer sprechen. Wenn mehrere Personen auf einmal sprechen wollen, muß eine Lösung für diese Situation gefunden werden. ‹Seitengespräche› sind also zu unterlassen, oder der Inhalt ist als Störung in die Gruppendiskussion einzubringen.

5. *Experimentiere mit dir*

   Frage dich, ob du dich auf deine Art verhältst, weil du es wirklich willst. Oder möchtest du dich eigentlich anders verhalten – tust es aber nicht, weil dir das Angst macht. Prüfe dich, ob dein Verhalten Annäherungs- oder Vermeidungsverhalten ist. Versuche, öfter neues Verhalten auszuprobieren, und riskiere das kleine aufgeregte körperliche Kribbeln dabei. Dieses Kribbeln ist ein guter Anzeiger dafür, daß du für dich ungewohntes und neues Verhalten ausprobierst.

6. *Beachte deine Körpersignale*

   Um besser herauszubekommen, was du im Augenblick fühlst und willst, horche in deinen Körper hinein. Er kann dir oft mehr über deine Gefühle und Bedürfnisse erzählen als dein Kopf.

7. *‹Ich› statt ‹Man› oder ‹Wir›*

   Sprich nicht per ‹Man› oder ‹Wir›, weil du dich hinter diesen Sätzen zu gut verstecken kannst und die Verantwortung nicht für das zu tragen brauchst, was du sagst. Zeige dich als Person und sprich per ‹Ich›. Außerdem sprichst du in ‹Man›- oder ‹Wir›-Sätzen für andere mit, von denen du gar nicht weißt, ob sie das wünschen.

8. *Eigene Meinungen statt Fragen*

   Wenn du eine Frage stellst – sage, warum du sie stellst. Auch Fragen sind oft eine Methode, sich und seine eigene Meinung nicht zu zeigen. Außerdem können Fragen oft inquisitorisch wirken und den anderen in die Enge treiben. Äußerst du aber deine Meinung, hat der andere es viel leichter, dir zu widersprechen oder sich deiner Meinung anzuschließen.

9. *Sprich direkt*

   Wenn du jemandem aus der Gruppe etwas mitteilen willst, sprich ihn direkt an und zeige ihm durch Blickkontakt, daß du ihn meinst. Sprich nicht über einen Dritten zu einem anderen und sprich nicht zur Gruppe, wenn du eigentlich einen bestimmten Menschen meinst.

10. *Gib Feed-back, wenn du das Bedürfnis hast*

   Löst das Verhalten eines Gruppenmitgliedes angenehme oder unangenehme Gefühle bei dir aus, teile es ihm sofort mit, und nicht später einem Dritten.

Wenn du Feed-back gibst, sprich nicht *über* das Verhalten des anderen, denn du kannst nicht wissen, ob du es objektiv und realistisch wahrgenommen hast. Sprich nicht in einer bewertenden und normativen Weise. Vermeide Interpretationen und Spekulationen über den anderen.

Sprich zunächst einfach von den Gefühlen, die durch das Verhalten des anderen bei dir ausgelöst werden. Danach kannst du versuchen, das Verhalten des anderen so genau und konkret wie möglich zu beschreiben, damit er begreifen kann, welches Verhalten deine Gefühle ausgelöst hat. Laß dabei offen, wer der ‹Schuldige› an deinen Gefühlen ist. Du benötigst dabei keine objektiven Tatsachen oder Beweise – deine subjektiven Gefühle genügen, denn auf diese hast du ein unbegingtes Recht.

Versuche vor deinem Feed-back die Einwilligung deines Gesprächspartners einzuholen, ihm dieses zu geben.

11. *Wenn du Feed-back erhältst, hör ruhig zu*

Wenn du Feed-back erhältst, versuche nicht gleich, dich zu verteidigen oder die Sache ‹klarzustellen›. Denk daran, daß dir hier keine objektiven Tatsachen mitgeteilt werden können, sondern subjektive Gefühle und Wahrnehmungen deines Gegenüber. Freu dich zunächst, daß dein Gesprächspartner dir *sein* Problem erzählt, das er mit dir hat. Diese Haltung wird dir helfen, ruhig zuzuhören und zu prüfen, ob du auch richtig verstanden hast, was er meint. Versuche zunächst nur zu schweigen und zuzuhören, dann von deinen Gefühlen zu sprechen, die durch das Feed-back ausgelöst worden sind, und erst dann gehe auf den Inhalt ein.

Als Hilfe zur Einübung der Regeln in den Sitzungen ist es günstig, die Regeln für alle sichtbar auf ein großes Stück Papier oder eine Tafel zu schreiben.

B. Die Gruppensitzungen

1. SITZUNG:
Sich kennenlernen (165 Minuten)

In dieser ersten Sitzung können Sie sich in der Gruppe näher kennenlernen und die unterschiedlichen Vorstellungen austauschen, die die Gruppenmitglieder mit dem Gruppenprogramm verbinden. Für viele Menschen ist es eine schwierige Situation, neu in eine Gruppe zu kommen. Zumal, wenn in dieser Gruppe nicht über Dinge und Sachverhalte gesprochen wird, sondern die eigene Person, ihre Gedanken und Gefühle und die Beziehungen zu den anderen Gruppenmitgliedern das Thema der Betrachtung und Erforschung sind. In vielen Situationen hilft es uns, wenn wir erst einmal von unseren verschiedenen ‹Rollen› erzählen, wie zum Beispiel von unserem Beruf. In dieser Sitzung wollen wir Sie ermuti-

G1 (G = Gruppenprogramm, 1 = Sitzung 1)

gen, ohne diese Hilfe in Kontakt mit zunächst fremden Menschen zu treten. Die verschiedenen Übungen sollen Sie anregen, sich verhältnismäßig schnell als Person mit Ihren Gefühlen und mit Ihrer Selbstwahrnehmung in die Gruppe einzubringen. Dies wird nicht immer ganz einfach sein, und Sie werden vielleicht öfter das körperliche ‹Kribbeln› (Regel 6) spüren, das Ihre Unsicherheit oder Aufregung signalisiert.

Aber experimentieren Sie einmal mit neuem Verhalten und vergleichen Sie die neuen Erfahrungen mit der gewohnten Art, andere Menschen kennenzulernen.

1. Anfangsblitzlicht	(15 Min.)
2. Paarinterview: Erwartungen, Befürchtungen	(10 Min.)
3. «Ich bin mein Partner ...»	(20 Min.)
4. Selbstdarstellungstriaden	(60 Min.)
5. Diskussion	(45 Min.)
6. Schlußblitzlicht	(15 Min.)

1. Anfangsblitzlicht (15 Min.)

Jedes Gruppenmitglied nimmt der Reihe nach kurz Stellung zu den Fragen: «Wie heiße ich, und wie fühle ich mich im Augenblick hier in der Gruppe.» Wenn alle Gruppenmitglieder ihren Namen und ihre momentanen Gefühle mitgeteilt haben, kann kurz über die verschiedenen Informationen diskutiert werden (siehe S. 266).

Dieses Anfangsblitzlicht hat die Funktion, die Gruppe zusammenzuführen und deutlich den Anfang der Gruppensitzung zu markieren. Der Sitzungsleiter kann zusätzlich noch auf folgende zwei Diskussionsregeln hinweisen, die beim Anfangsblitzlicht beachtet werden sollten: Regel 4 «Es kann immer nur einer sprechen» und Regel 6 «Beachte deine Körpersignale».

2. Paarinterview: Erwartungen und Befürchtungen (10 Min.)

Jedes Gruppenmitglied sucht sich einen Partner und begibt sich mit ihm an irgendeine Stelle des Raums, wo sie beide ungestört sprechen können. Aufgabe des Paares ist es, sich sein Befinden mitzuteilen und gegenseitig zu erforschen, welche Erwartungen und welche Befürchtungen jeder im Hinblick auf das gesamte Gruppenprogramm besitzt.

In dieser Übung kann geübt werden, einem relativ fremden Menschen freimütig von den eigenen Erfahrungen und Befürchtungen zu erzählen und ihn ungehemmt danach zu fragen. Oft machen Teilnehmer die Erfahrung, daß sie nicht ganz allein mit ihren Befürchtungen sind – das erleichtert und hilft ihnen, diese Gefühle noch weiter zu erforschen. Außerdem kann jeder prüfen, wie schwer es ihm fällt, einen anderen Menschen zum Gesprächspartner zu wählen. Der Sitzungsleiter kann bei der Anweisung kurz auf diese Schwierigkeit hinweisen und noch einmal die Regel 5 erwähnen: «Experimentiere mit dir».

3. «Ich bin mein Partner ...» (20 Min.)

Die Gruppe setzt sich wieder in den Kreis und jedes Gruppenmitglied soll der Gruppe mitteilen, welche Erwartungen und Befürchtungen sein Gesprächspartner aus dem Paarinterview geäußert hat. Dies soll aber nicht in indirekter Rede geschehen, sondern jedes Gruppenmitglied soll die Rolle seines Gesprächspartners spielen und mit dem Satz anfangen: «Ich bin jetzt mein Gesprächspartner (z. B. Michael) und meine Erwartungen sind ... und meine Befürchtungen sind ...» Hat ein Gruppenmitglied in der Rolle seines Gesprächspartners dessen Erwartungen und Befürchtungen mitgeteilt, dann kann jener kurz Stellung nehmen, ob er sich richtig interpretiert fühlt, und kann kurz noch etwas hinzufügen, wenn er möchte. Die Mitteilungen der Erwartungen und Befürchtungen in der Rolle des Gesprächspartners sollen im Kreis herum in Form eines Blitzlichts geschehen.

In dieser Übung wird die Information aus den Paarinterviews der ganzen Gruppe transparent gemacht. Außerdem können Sie dabei lernen, die Rolle einer anderen Person zu spielen, indem Sie zunächst als diese sprechen. Sie können außerdem prüfen, wie gut Sie dem Gesprächspartner zugehört haben und ob Sie seine Äußerungen richtig wiedergeben.

4. Selbstdarstellungstriaden (60 Min.)

1a. Energieverteilungskuchen (5 Min.): Jedes Gruppenmitglied zeichnet auf ein Stück Papier einen Kreis, der seine ganze Energie darstellen soll, die er für Menschen, Dinge oder Tätigkeiten aufwendet. Diesen Kreis soll er wie einen Kuchen in verschiedene Segmente aufteilen, wobei jedes Segment die Stärke seiner Energie anzeigt, die er auf bestimmte Dinge richtet. Solch ein ‹Energieverteilungskuchen› könnte wie folgt aussehen:

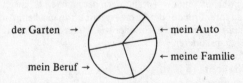

1b. Triadengespräch (15 Min.): Die Gesamtgruppe teilt sich in Triaden (Dreiergruppen), und die Gruppenmitglieder erläutern sich gegenseitig ihre Zeichnungen. Sie sollen dabei besonders an die Diskussionsregel 7 denken: ‹Ich› statt ‹Man› oder ‹Wir›.

2a. Liebesverteilungskuchen (5 Min.): Wie bei 1a. zeichnet jedes Gruppenmitglied für sich jetzt seinen ‹Liebesverteilungskuchen›: «Wie habe ich meine Liebe auf Personen, Tätigkeiten und Dinge verteilt?»

G1

2b. Triadengespräch (15 Min.): In neuen Triaden Gespräch über die neuen Zeichnungen.

3a. Angstverteilungskuchen (5 Min.): «Die Angst, die ich in meinem Leben habe, verteilt sich folgendermaßen: ...»

3b. Triadengespräch (15 Min.): Wieder in neuen Triaden.

In dieser Übung können Sie weiter lernen, sich den anderen zu öffnen und ihnen mitzuteilen, wie Sie sich selbst sehen. So können die anderen Sie und Sie die anderen noch besser kennenlernen. Durch den Wechsel der Teilnehmer in den drei Triaden können Sie außerdem fast alle Gruppenmitglieder im Laufe der Sitzung kennenlernen. Häufig ist es für viele recht unangenehm, nach 15 Minuten eine Triade aufzulösen, wenn sie vielleicht gerade in einem intensiven Gespräch sind. Aber in den weiteren Stunden werden sich noch genug Möglichkeiten bieten, die anderen Gruppenmitglieder noch intensiver zu erleben, und wir halten es für den Anfang für günstig, wenn sich erst einmal alle Gruppenmitglieder miteinander bekannt machen. Der Sitzungsleiter sollte darauf achten, daß die Zeichnungen nicht mit allzuviel Perfektionismus ausgeführt werden, so daß die Zeit von jeweils 5 Minuten nicht zu stark überschritten wird.

5. Diskussion (45 Min.)

Die Gruppe diskutiert frei ohne Diskussionsleiter über das Thema: «Wie habe ich mich bis jetzt in dieser Gruppe gefühlt, welche Erfahrungen habe ich gemacht, und welchen Eindruck habe ich von der Gruppe». Achten Sie dabei besonders auf die Regeln:
1. «Sei dein eigener Chairman»,
2. «Störungen haben Vorrang»,
3. «Ich statt Man oder Wir».

In dieser Diskussion haben Sie die Möglichkeit, die Erfahrungen, die Sie an diesem Abend gemacht haben, mit den Erfahrungen der anderen Gruppenmitglieder zu vergleichen und Ihrer Freude oder Ihrem Ärger Luft zu machen. Außerdem kann die ganze Gruppe prüfen, wie leicht oder wie schwer es für sie ist, befriedigend zusammen frei zu diskutieren.

6. Schlußblitzlicht (15 Min.)

Jedes Gruppenmitglied nimmt nacheinander Stellung zu der Frage: «Was war für mich an diesem Abend besonders wichtig, und wie fühle ich mich jetzt im Augenblick?»

Funktion des Blitzlichtes ist es, eine klare Abgrenzung zwischen Gruppensitzung und eventuellen informellen Treffen und Gesprächen hinterher zu ziehen. Oft wird im Schlußblitzlicht noch Information transparent gemacht, die in der Diskussion vorher nicht zum Vorschein kam – manchmal, weil jetzt alle Gruppenmitglieder sprechen müssen, während sie sich in der freien Diskussion zurückhalten können. Aber auch hier soll erst diskutiert werden, wenn alle Gruppenmitglieder ihre Stellungnahme abgegeben haben.

2. SITZUNG:
Metakommunikation in Gruppen (180 Minuten)

In dieser Sitzung können Sie die Wichtigkeit von Metakommunikation in Gruppen erfahren, das heißt die Wichtigkeit, über die Art und Weise zu sprechen, in der die Diskussion oder die Gespräche abgelaufen sind. Ein Reflektieren über das Gespräch nennen wir Metakommunikation (z. B. «Mir geht das hier zu schnell», «Ich kann der Diskussion nicht mehr folgen», «Ich interessiere mich gar nicht mehr für das Thema», «Ich bin nicht zu Wort gekommen», «Ich finde, wir weichen dem Thema aus», usw.).

In dieser Sitzung wird mit verschiedenen Arbeitspapieren gearbeitet, auf denen genau angegeben ist, wie die Gruppe zu verfahren hat. Der Sitzungsleiter muß nur noch nach den angegebenen Zeiten die Aufgabe stellen, das nächste Arbeitspapier zu bearbeiten. Für den Leser dieses Buches wird das, was inhaltlich in den Papieren steht, nicht neu sein, zum Teil ist es die Wiederholung einiger Kommunikationsregeln. Wir haben für diese Sitzung aber diese Form der Anweisung durch Arbeitspapiere gewählt, damit auch Arbeitsgruppen, die nur diese Einheit durchführen wollen (siehe Training für Arbeitsgruppen, S. 321 ff.), von dieser Sitzung profitieren können. Obwohl diese Sitzung etwas theoretisch ist und gleichsam ein ‹Trockentraining› ist, halten wir sie für sehr wichtig, weil die Bedeutung des Einbringens von Störungen und des Gebens von Feedback erfahren werden kann. Außerdem werden die Gruppenmitglieder vertraut mit Datenerhebungsbögen als Gesprächsanreiz. In dieser Einheit wechseln sich immer eine Arbeitsphase über Kommunikation und eine Metakommunikationsphase ab, die die Situation in der Gruppe selbst zum Inhalt hat. Die Papiere können vervielfältigt werden, so daß jedes Gruppenmitglied ein Exemplar ausgehändigt bekommt. Dies erübrigt sich natürlich, wenn jedes Gruppenmitglied ein Exemplar dieses Buches besitzt, so daß diese Papiere direkt benutzt und beschrieben werden können.

Arbeitsgruppen, deren Mitgliederzahl größer als acht ist, sollten die Gesamtgruppe teilen und die Sitzung in verschiedenen Kleingruppen durchführen lassen. Je größer die Anzahl der Gruppenmitglieder ist, desto länger werden die benötigten Zeiten für die einzelnen Arbeitspapiere.

Der Sitzungsleiter sollte darauf achten, daß die Zeiten ungefähr eingehalten werden, auch wenn dies bei einigen Teilnehmern Widerstand auslöst. So wird vermieden, daß sich eine Gruppe in einer der Arbeitsphasen in ein Problem ‹verrennt›. In dieser Phase ist es zunächst wichtiger, die Aufeinanderfolge der verschiedenen Arbeitsphasen und die verschiedenen Kommunikationsregeln zu erfahren.

Oft meinen Gruppenmitglieder sich noch nicht lange genug zu kennen, um die Fragen (z. B. Feed-back) zu beantworten. Dies scheint uns kein

G 2

Argument gegen die Übung zu sein. Selbst wenn der Eindruck von einem anderen noch unscharf und wenig detailliert ist, ist es wichtig für die weitere Entwicklung der Beziehungen, dies anzusprechen.

1. Anfangsblitzlicht   (10 Min.)
2. Metakommunikationspapier 1   (20 Min.)
3. Arbeitspapier 1   (30 Min.)
4. Metakommunikationspapier 2   (30 Min.)
5. Arbeitspapier 2   (20 Min.)
6. Metakommunikationspapier 3   (60 Min.)
7. Schlußblitzlicht   (10 Min.)

1. Anfangsblitzlicht (10 Min.)
Wie fühle ich mich im Augenblick?

2. Metakommunikationspapier 1 (20 Min.)
Jedes Lernen in einer Gruppe wird begünstigt durch eine freundliche, akzeptierende und entspannte Atmosphäre, in der sich die Gruppenmitglieder als ganze Personen anerkannt fühlen und nicht in Abwehr- und Verteidigungshaltung gedrängt werden. In solch einer Gruppe können langsam lernhemmende Mechanismen abgebaut werden, wie Verteidigungshaltung – Konkurrenzdenken – Machtkämpfe – Fixierung auf ungünstige Arbeitsrollen – Aggressivität – Vorurteile – Stereotype – Konformismus und verzerrte Wahrnehmung.

Lernziele zusätzlich zur inhaltlichen Arbeit sollten in jeder Gruppe auch sein, den einzelnen fähiger zu partnerschaftlicher Gruppenarbeit zu machen, das heißt seine Kommunikations- und Kooperationsfertigkeiten zu erhöhen, wie angstfreies Umgehen mit anderen, realistische Selbst- und Fremdwahrnehmung, die eigene Wirkung auf die Umwelt erkennen, in der Gruppe gemeinsame Ziele erarbeiten können, erfahren, wo andere Leute anders reagieren, die Fähigkeit besitzen, sein Verhalten zu ändern.

Für einen Lernprozeß auch im Gefühls- und Verhaltensbereich ist eine akzeptierende und entspannte Gruppenatmosphäre förderlich. In einer solchen Atmosphäre können das Verständnis für andere und eine freimütige offene Kommunikation wachsen. In einer Gruppe sind Offenheit und Akzeptierung also zugleich Bedingungen für kooperatives Handeln und Arbeiten, wie auch Lernziel dort, wo sie im Gruppenklima fehlen.

Um zu prüfen, wie offen Sie in Ihrer Gruppe sein können, benutzen Sie bitte folgenden Fragebogen und gehen Sie bitte folgendermaßen vor:
1. Fragen individuell schriftlich beantworten (ca. 5 Min.),
2. Der Reihe nach zu jeder Frage die Antworten vorlesen – ohne Diskussion (Blitzlicht),
3. Diskussion über die verschiedenen Antworten.

Sprechen Sie in der Diskussion in der ‹Ich›-Form und akzeptieren Sie, daß andere Gruppenmitglieder andere Antworten haben als Sie selbst. Bitte reden Sie ihnen nicht ihre Gefühle aus.

Fragen zur Offenheit in Ihrer Gruppe

| | stimmt
genau | | stimmt
überhaupt
nicht |

1. Ich glaube, daß ich in dieser
Gruppe über alles sprechen kann.   1 2 3 4 5

2. Damit ich in einer Gruppe offen sprechen kann, ist für mich wichtig,
daß in dieser Gruppe _____

_____

_____

_____

_____

3. Mich würde in dieser Gruppe hemmen, wenn_____

_____

_____

_____

_____

_____

G2

3. Arbeitspapier 1 (30 Min.)

Stellen Sie sich bitte folgende Situation vor:
In einer Gruppendiskussion haben Sie schon öfter zum Sprechen ange-
setzt, aber jedesmal kamen Sie nicht dazu, weil das Gruppenmitglied X zu
jeder Sache etwas zu sagen hat, alle anderen «überfährt» und die ganze
Redezeit in Anspruch nimmt. Die Gruppe ist eine partnerschaftliche Arbeitsgruppe von etwa zehn Teilnehmern.

1. Welche Gefühle hätten Sie normalerweise in einer solchen Situation:

2. Stellen Sie sich für die Beantwortung der folgenden Fragen vor,
daß Sie das Gefühl ‹Ärger – Wut – Frustration› hätten. Mit welchen
nonverbalen Reaktionen (Mimik, Gestik usw.) würden Sie normalerweise in einer solchen Situation reagieren? (Z. B. rot werden, sich zu-
rücklehnen usw.)

3. Würden Sie in einer solchen Situation normalerweise Ihre Gefühle
in Worten ausdrücken oder würden Sie es bei den nonverbalen Signalen belassen?

4. Wenn Sie Ihre Gefühle in Worten ausdrücken würden, was genau würden Sie *normalerweise* sagen? (Wörtliche Rede)

5. Wenn Sie sich so verhalten könnten, wie Sie es für richtig und ideal halten, was würden Sie dann in dieser Situation sagen?

Bitte gehen Sie wieder folgendermaßen vor:
1. individuell schriftlich beantworten (ca. 5 Min.),
2. der Reihe nach vorlesen,
3. Diskussion: Wie angemessen sind Ihrer Meinung nach die verschiedenen Reaktionen (Ihre eigenen und die der anderen Gruppenmitglieder)? Welche Wirkungen hätten vermutlich die realen Antworten?

4. Metakommunikationspapier 2 (30 Min.)
Die Fähigkeit zur Metakommunikation ist für das produktive Arbeiten von Arbeitsgruppen eine unerläßliche Voraussetzung. Was ist Metakommunikation? Ganz allgemein kann man sagen, daß man metakommuniziert, wenn man über das spricht, was man im Augenblick in der Gruppe tut. «Warum ist die Diskussion jetzt eigentlich so schleppend und zäh?» ist zum Beispiel eine Aufforderung zur Metakommunikation, nämlich zu einer Diskussion über die Diskussion. Ein Beispiel für die beiden Kommunikationsebenen:

Kommunikation

Herr S. und Herr M. streiten sich seit 15 Minuten über ein Expertenproblem. Die übrigen Gruppenmitglieder schweigen.

Metakommunikation

1. Herr S.: «Ich weiß gar nicht, ob die Gruppe am Thema interessiert ist. Sie schweigen alle, und ich kann das Schweigen nicht deuten. Langweilen Sie sich oder hören Sie interessiert zu?»

G 2

2. Ein Gruppenmitglied: «Ich verstehe
   gar nicht, warum Sie sich bei diesem
   Problem so lange aufhalten. Für mich
   ist diese Frage von geringerer Wichtigkeit als für Sie, und mein Interesse
   wäre es, jetzt zum nächsten Punkt zu
   kommen.»

Bei mangelnder Fähigkeit zur Metakommunikation in einer Gruppe können sich folgende Schwierigkeiten ergeben:
1. Sackgassen in der Diskussion werden nicht wahrgenommen.
2. Einige Gruppenmitglieder setzen dominant ihre Interessen durch, weil
   ihnen von den anderen nicht mitgeteilt wird, daß diese andere Interessen haben.
3. Die ‹übergangenen› Gruppenmitglieder langweilen sich, sind innerlich
   unzufrieden oder aggressiv und können wegen dieser ‹emotionalen
   Störung› nicht mehr produktiv an der Gruppenarbeit teilnehmen.
4. Es wird nicht erkannt, wann inhaltliche Argumente eigentlich emotionale Ursachen haben. Zum Beispiel: Herr S. und Herr M. wollen beide
   recht behalten. Und zwar nicht, weil ihnen der Streitpunkt wirklich
   inhaltlich so wichtig ist, sondern weil sie beide befürchten, daß die
   Gruppe an ihren Fähigkeiten und Kompetenzen zweifeln könnte,
   wenn sie die Argumente des anderen übernehmen. Der treibende Mo-
   tor für die Auseinandersetzung wäre also hier die Angst, ‹das Gesicht
   zu verlieren›.

Wir können Emotionen nicht getrennt von der inhaltlichen Arbeit sehen,
denn beide Bereiche können sich gegenseitig arbeitsfördernd oder -hem-
mend beeinflussen. Erst wenn Störungen erkannt und ausgesprochen
sind, können sie behoben werden.

Regel
Achten Sie bei Diskussionen auf Ihre Gefühle. Sie werden sensibler
für diese, wenn Sie öfter Ihre Körpersignale beachten. Verbergen Sie
Ihre Gefühle nicht, sondern melden Sie eine ‹emotionale Arbeitsstörung› sofort an! Dann kann darüber gesprochen werden – entweder
ändert sich dadurch Ihr Gefühl, oder die Gruppe beschließt Änderungen in der Diskussion. Auf diese Weise können Sie wieder produktiv mitarbeiten. Emotionale Störungen haben Vorrang vor dem
Inhalt!
Bitte drücken Sie aber Ihre Gefühle direkt aus – als *Ihr* Gefühl in ‹Ich›-
Form. Vermeiden Sie den indirekten Gefühlsausdruck (Vorwurf, Frage, Ironie, ‹Man› und ‹Wir›.)

Regel

Äußert ein Gruppenmitglied eine ‹emotionale Störung›, dann hören Sie ihm zunächst akzeptierend zu oder verbalisieren Sie noch einmal seine Gefühle, damit es sich über diese klarer werden kann. Vermeiden Sie, ihm seine Gefühle ‹auszureden› oder es gleich mit Ratschlägen zu torpedieren, denn das Gruppenmitglied will erst einmal verstanden werden.

Um diese Regeln anwenden zu lernen, denken sie bitte einmal an die Gefühle, die Sie während der letzten zwei Diskussionsphasen hatten, und kreuzen Sie folgende Fragen an:

	stimmt genau					stimmt überhaupt nicht
1. Ich fühle mich in dieser Gruppe sehr wohl.	1 2 3 4 5 6 7					
2. Ich kann so aktiv mitarbeiten, wie ich es möchte.	1 2 3 4 5 6 7					
3. Ich fühle mich in dieser Gruppe frei und ungehemmt.	1 2 3 4 5 6 7					
4. Das Thema interessiert mich ungemein.	1 2 3 4 5 6 7					
5. Wenn ich etwas sage, fühle ich mich von den anderen Gruppenmitgliedern verstanden.	1 2 3 4 5 6 7					

Arbeiten Sie in dieser Phase in folgender Reihenfolge:
1. Ankreuzen (ca. 5 Min.) der Werte bei den fünf Fragen.
2. Ohne Diskussion die verschiedenen Zahlen für Frage 1 vorlesen (Blitzlicht).
3. Die verschiedenen Werte zu Frage 1 diskutieren.
4. Bei den nächsten Fragen ebenso verfahren.

5. Arbeitspapier 2 (20 Min.)

In dieser Arbeitsphase geht es um den Begriff «Feed-back», der eine zentrale Stellung im sozialen Lernprozeß einnimmt. Feed-back (Rückmeldung) ist die Information, die jemand über die Auswirkung seines Verhaltens erhält. Information also, wie er auf andere wirkt, wie sie ihn wahrnehmen, Feed-back ist für den einzelnen eine Möglichkeit zu prüfen, ob

G 2

die Auswirkung seines Verhaltens seinen Absichten entspricht. Feedback kann man aufteilen in einen emotional verletzenden Teil und in einen informationsübermittelnden Teil. Für gute Kommunikation ist es wichtig, daß der erste Teil möglichst gering und der zweite Teil möglichst groß sein sollte.

Ihre Aufgabe für die nächste Arbeitseinheit ist, zu erarbeiten, wie Ihrer Meinung nach Feed-back gegeben werden sollte und wie es nicht gegeben werden sollte, um optimale Kommunikation zu gewährleisten. Achten Sie besonders darauf, daß Feed-back möglichst so gegeben werden sollte, daß die Information vom anderen angenommen werden kann.
Einigen Sie sich als Gruppe auf höchstens 5 Punkte!

Drei Dinge sind wichtig – und Sie können alle drei nur bei maximaler Kooperation in der Gruppe erfüllen:
1. Akzeptieren Sie den Zeitdruck. Sie simulieren damit eine Situation, die für Arbeitsgruppen oft normal ist.
2. Halten Sie mit Ihrer eigenen Meinung nicht zurück. Versuchen Sie durchzusetzen, daß Ihre eigene Meinung mit in das Gruppenergebnis eingeht.
3. Mit dem Gruppenergebnis sollten alle Gruppenmitglieder einverstanden sein.

Wie sollte Feed-back sein?	Wie sollte Feed-back nicht sein?
1.	1.
2.	2.
3.	3.
4.	4.
5.	5.

6. Metakommunikationspapier 3 (60 Min.)

Wenn wir unsere ‹emotionale Störung› in der Gruppe angemeldet haben, ist es zur Behebung der Arbeitsstörung wichtig, daß wir unser Gefühl mit eigenem Verhalten, dem Verhalten anderer Gruppenmitglieder oder mit der Situation in Zusammenhang bringen können. Am schwersten fällt vielen Leuten der zweite Punkt, nämlich einem anderen Gruppenmitglied mitzuteilen, welche Gefühle in uns durch sein Verhalten ausgelöst werden. Wenn wir jemandem mitteilen, wie er auf uns wirkt, wie wir ihn wahrnehmen, so geben wir ihm Feed-back (Rückmeldung) über sein Verhalten.

Geben wir einem anderen diese Rückmeldung nicht, so kann der andere wenig über die Wirkung seines Verhaltens lernen. Wird ihm so über längere Zeit Information über sich vorenthalten, wird er sich unrealistisch sehen (‹blinde Flecken› in seiner Wahrnehmung über sich selbst), und ihm wird die Möglichkeit verwehrt, sein Verhalten zu überprüfen und möglicherweise zu ändern.

Obwohl direktes und sofortiges Feed-back so wichtig ist, kommt es oft vor, daß sich ein Gruppenmitglied bei einem anderen über einen Dritten beschwert. Dem betroffenen Gruppenmitglied ist es damit nicht möglich, wichtige und vielleicht neue Informationen über sich zu erhalten und in Verhaltensänderung umzusetzen.

> *Regel*
> Löst das Verhalten eines Gruppenmitglieds angenehme oder unangenehme Gefühle bei Ihnen aus, dann teilen Sie das dem Gruppenmitglied lieber sofort mit, als später einem anderen.

Viele Menschen scheuen sich, Feed-back zu geben oder anzunehmen, weil sie in ihrem Leben (Kindheitsfamilie und Schule) recht unangenehme Erfahrungen mit unangemessenem Feed-back gemacht haben. Meist wird Feed-back nämlich in einer Form gegeben, daß die schmerzzufügende psychische Bestrafung größer ist als der Zugewinn an Information über sich selbst. Bei solchem Feed-back bekommt man schnell ein schlechtes Gewissen, also Angst, gerät in Verteidigungshaltung und verschließt beide Ohren vor der neuen Information. Die Erfahrung, die man auf diese Art macht, erhöht meist nur die Zweifel an der eigenen Person und wirkt damit lernhemmend.

> *Regel*
> Wenn Sie Feed-back geben, sprechen Sie nicht über das Verhalten des anderen in einer bewertenden und normativen Weise. Denken Sie daran, daß Sie dem anderen keine ‹objektiven Tatsachen› mitteilen können, sondern nur Ihre subjektive Wahrnehmung. Sprechen Sie einfach von den Gefühlen, die durch das Verhalten des anderen bei

G 2

Ihnen ausgelöst werden. Lassen Sie dabei offen, wer der ‹Schuldige› an Ihrer emotionalen Arbeitsstörung ist. Sie benötigen für Ihre Gefühle keine Rechtfertigungen oder Beweise – auf Ihre Gefühle haben Sie ein unbedingtes Recht.

Nachdem Sie von Ihren Gefühlen direkt gesprochen haben, ist es günstig, wenn Sie das Verhalten des anderen so genau und konkret wie möglich beschreiben, damit er überhaupt begreifen kann, welche seiner Verhaltensweisen Ihre Gefühle ausgelöst hat.

Also nicht: «Sie reden immer so viel. Das ist für Gruppenarbeit ungeeignet!», sondern zum Beispiel: «Ich bin ärgerlich, weil ich meine Gedanken nicht so in die Diskussion einbringen kann, wie ich es möchte. Denn wenn ich gerade etwas sagen will, kommen Sie mir meist zuvor.»

Auf diese Weise wird dem anderen nicht vermittelt, daß er etwas ‹falsch› macht, und wir bestrafen ihn nicht. Wir teilen ihm aber mit, daß wir selbst ein Problem mit ihm haben. Und wenn wir zunächst unser Gefühl als unser Gefühl ausgedrückt haben (d. h. hier auch ohne Vorwurf in der Stimme), dann kann die Verhaltensbeschreibung im Nachsatz («Wenn ich gerade etwas sagen will, kommen Sie mir meist zuvor») auch schon sachlicher und freundlicher gesagt werden, denn unseren Ärger haben wir ja schon deutlich ausgedrückt.

Regel

Wenn Sie Feed-back erhalten, versuchen Sie nicht gleich, sich zu verteidigen oder ‹die Sache klarzustellen›. Freuen Sie sich, daß Ihr Gesprächspartner Ihnen *sein* Problem erzählt, das er mit Ihnen hat. Diese Haltung wird Ihnen helfen, ihm erst einmal ruhig zuzuhören und zu prüfen, ob Sie auch richtig verstehen, was er meint.

Um zu lernen, diese Regeln anzuwenden, benutzen Sie jetzt bitte folgendes Schema und gehen Sie bitte wie folgt vor:

1. In die linke Spalte die Namen der Gruppenmitglieder eintragen.
2. Für sich selbst und für alle anderen Gruppenmitglieder in allen drei Dimensionen (Aktivität, Verständnis und Offenheit) links oben in den Feldern eine Zahl eintragen. Wenn Sie sich selbst als sehr aktiv während dieser Gruppensitzung erlebt haben, dann geben Sie sich eine 1. Wenn Sie ein anderes Gruppenmitglied als sehr wenig offen erlebt haben, dann geben Sie ihm in der Dimension Offenheit eine 5.
3. Der Reihe nach werden für ein Gruppenmitglied alle Werte vorgelesen, die ihm die anderen Gruppenmitglieder in allen drei Dimensionen gegeben haben. Das Gruppenmitglied schreibt in die obersten drei Felder diese Werte, die es von den anderen bekommen hat. Da-

bei wird nur kurz verlesen und aufgeschrieben – es wird noch nicht diskutiert.
4. Diskussion über die Werte. Jedes Gruppenmitglied hat jetzt vor sich drei Werte, die anzeigen, wie es sich selbst wahrnimmt, und für jede Dimension die Werte, die die anderen Gruppenmitglieder ihm gegeben haben. Aufgabe ist es jetzt nicht, zu warten, bis die anderen ihre Werte erklären. Fragen Sie vielmehr die anderen und bitten Sie sie, die Zahlenwerte näher zu erläutern.

Allein die Werte aufzuschreiben ist nicht allzu sinnvoll. Sie sollen nur ein Anreiz sein, die anderen nach ihrer Wahrnehmung zu fragen und ihnen die eigene Wahrnehmung mitzuteilen.

- *Wenn Sie Feed-back wollen, dann fragen Sie die anderen danach. Wenn Sie darauf warten, bis die anderen es von selbst tun, bekommen Sie es nur selten.*
- *Denken Sie daran, daß das Feed-back, das Sie hier bekommen und das Sie geben, kein Urteil über die gesamte Persönlichkeit ist. Was Sie mitteilen können und was Ihnen mitgeteilt werden kann, ist die Wahrnehmung des Verhaltens, das Sie und die anderen in diesen drei Stunden gezeigt haben.*

Aber gerade das Feed-back des ‹ersten Eindrucks› (bei einer Gruppe, die sich jetzt erst seit zwei Sitzungen kennt) ist für viele Menschen sehr wichtig. Denn meistens erhält man kein Feed-back von Menschen, die einen erst kurz kennen. Meist geschieht es nur in langdauernden Beziehungen, so daß der ‹erste Eindruck› auf andere Menschen oft unbekannt bleibt.

Wie frage ich nach Informationen?
Als Beispiel: Sie haben in der Dimension Aktivität folgende Werte erhalten.

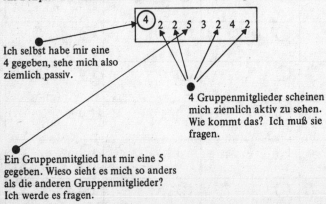

Namen der Gruppen-mitglieder	Aktivität 1 2 3 4 5 1 = Ist sehr aktiv bei der Gruppenarbeit beteiligt 5 = Hält sich passiv zurück, distanziert sich von der Arbeit	Verständnis 1 2 3 4 5 1 = Geht verständnisvoll auf andere ein. 5 = Sieht nur seine Argumente, zeigt wenig Verständnis	Offenheit 1 2 3 4 5 1 = Teilt offen seine Gedanken und Gefühle mit. 5 = Versteckt seine Gedanken und Gefühle, zeigt wenig von sich.
Ich	O	O	O
	O	O	O
	O	O	O
	O	O	O
	O	O	O
	O	O	O
	O	O	O
	O	O	O
	O	O	O
	O	O	O
	O	O	O
	O	O	O

3. SITZUNG:
Begegnung (170 Minuten)

In dieser Sitzung haben Sie die Möglichkeit, sich selbst und die anderen
Gruppenmitglieder in intensiver Weise zu erfahren. Solch eine unmittelbare zwischenmenschliche Erfahrung wird im Englischen mit dem Wort
‹encounter› bezeichnet und meist mit dem Wort ‹Begegnung› übersetzt.
‹Begegnung› bedeutet die unmittelbare Erfahrung eines anderen Menschen, ohne daß diese gegenseitige Erfahrung durch Rollen, Masken oder
Verhaltensnormen erschwert wird (soweit das eben möglich ist). In der
ersten Übung können Sie Ihre Gefühle kennenlernen, wenn Sie auf recht
ungewöhnliche Weise unmittelbar mit den anderen Gruppenmitgliedern
in Kontakt treten, während sich die Erfahrung der eigenen Person und
der anderen Gruppenmitglieder in der zweiten Übung mehr auf der gewohnten verbalen Ebene abspielt. Verschiedene Gruppen werden verschiedene Erfahrungen mit diesen Übungen machen, und in jeder Gruppe kann nur soviel Offenheit herrschen, wie Entwicklungsstand, Grup-
penstruktur und Gruppenziele es zulassen. Offenheit soll kein Fetisch
werden – und die Erfahrung, daß in einer Gruppe die Offenheit noch
nicht so groß ist, wie die Mitglieder sich das wünschen, kann eine wichtige
produktive Erfahrung sein, wenn sie besprochen und reflektiert wird.

1. Anfangsblitzlicht	(15 Min.)
2. Blickkontakt	(20 Min.)
3. Diskussion	(30 Min.)
4. Interviewspiel	(90 Min.)
5. Schlußblitzlicht	(15 Min.)

1. Anfangsblitzlicht (15 Min.)
«Wie fühle ich mich im Augenblick, und was erwarte ich von dieser Sitzung?»

2. Blickkontakt (20 Min.)
Die Gruppenmitglieder teilen sich in Paare auf und stellen sich so auf, daß
einmal jedes Paar sich gegenseitig anschaut und zum zweiten die Paare
zusammen einen Kreis bilden (bzw. einen Innenkreis und einen Außenkreis):
  Der Sitzungsleiter gibt dann die Anweisung: «Ich bitte euch jetzt, nicht
mehr zu sprechen und euch gegenseitig in die Augen zu schauen.» Nach
60 Sekunden gibt der Sitzungsleiter die Anweisung: «Bitte sprecht jetzt
mit eurem Partner über das, was ihr eben erlebt und gefühlt habt.»
  Nach etwa 2 Minuten Austausch über die Gefühle wandert der Außenkreis einen Partner nach rechts, und die gleiche Übung wird mit dem
neuen Partner durchgeführt.

G 3

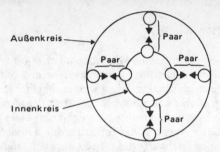

Also noch einmal: 1. Blickkontakt ohne zu sprechen (1 Min.),
2. Sprechen über die Gefühle (2 Min.).

Dieser Vorgang wiederholt sich fünfmal (ja nach Anzahl der Paare) mit verschiedenen Partnern.

In dieser Übung lernen Sie, über Ihre eigenen Gefühle zu sprechen, die Sie während der Übung haben, und Sie lernen die Gefühle der anderen Gruppenmitglieder kennen. Ihr Mut, eigene Gefühle wahrzunehmen und auszudrücken, wird während der Übung wahrscheinlich wachsen – beim ersten Blickkontakt kommen sie häufig noch ‹indirekt› durch Lachen, Prusten usw. heraus – beim letzten Blickkontakt können Sie sie in Worte fassen. Für viele Menschen ist diese Aufgabe zunächst recht unangenehm, und sie werden mit ihrer sozialen Angst konfrontiert. Auf der anderen Seite machen die meisten Menschen bei dieser Übung die Erfahrung, daß von Mal zu Mal der Blickkontakt leichterfällt und die Sicherheit und Ungezwungenheit wächst. Häufig entdecken Gruppenmitglieder Gefühle den jeweiligen Partnern gegenüber, die sie vorher nicht wahrgenommen haben – und die Übung kann für Sie zu einer sehr intensiven Erfahrung werden. Achten Sie auch einmal darauf, wieviel ungezwungener sich die Gruppenmitglieder in die Augen schauen, wenn sie nach dieser Übung zusammen in der Gruppe über die Erfahrungen sprechen.

3. Diskussion (30 Min.)

Die Gruppe setzt sich zusammen und spricht über das Thema: «Welche Erfahrungen habe ich eben gemacht, und was ist mir über meine Person und meine Beziehungen zu anderen deutlicher geworden?»

Achten Sie bei dieser Diskussion wieder auf die Diskussionsregeln. Denken Sie auch daran, daß jeder Mensch seine eigenen Erfahrungen macht, und verwickeln Sie sich nicht gegenseitig in Diskussionen, wer die ‹richtigen› oder die ‹besseren› Erfahrungen gemacht hat.

4. Interviewspiel (90 Min.)

Aus dem untenstehenden ‹Interviewkatalog› sollen die Gruppenmitglieder sich gegenseitig Fragen stellen und beantworten. Und zwar nach folgendem Schema:

A fragt B und B antwortet. B ist nun dran mit einer Frage und fragt C.

Dieser antwortet und fragt wiederum D usw. Wenn einem Gruppenmitglied die Beantwortung einer Frage unangenehm ist, dann kann er sie ablehnen und um eine neue Frage bitten.

In dieser Übung erhalten alle Gruppenmitglieder die Möglichkeit, über Dinge zu sprechen, die sonst häufig aus Gesprächen mit anderen ausgeklammert werden. Für viele Gruppenmitglieder ist es wichtig, einmal von ‹peinlichen› Dingen sprechen zu können und dabei die Erfahrung zu machen, daß andere einen sehr gut verstehen und akzeptieren. Viel besser meistens, als man vorher dachte.

Wenn das Gespräch sich freier entwickelt, wenn sich auch mehrere Gruppenteilnehmer bei einem Thema engagieren und die Gruppe länger bei einer Frage verweilt – dann ist das erwünscht, und die Gruppe braucht sich kein schlechtes Gewissen zu machen, wenn sie die Regeln nicht mehr so starr beachtet. Auf der anderen Seite ist es eine Hilfe, erst einmal mit dem Frageschema anzufangen, bis alle Gruppenmitglieder einmal an der Reihe gewesen sind oder wieder darauf zurückzugreifen, wenn das Gespräch unbefriedigend wird. Wenn die Diskussion unbefriedigend wird, ist es günstig, ein Blitzlicht vorzuschlagen. Dies kann der Sitzungsleiter tun, aber auch jedes andere Gruppenmitglied.

Die Fragen aus dem ‹Interviewkatalog› sollen nur Anregungen sein, es können auch Fragen gestellt werden, die Ihnen selbst einfallen und die Ihnen wichtig sind.

Regel
Wenn du eine Frage stellst, dann sage warum.
Um diese Regel zu üben, fügen Sie bei jeder Frage hinzu, warum Sie die Antwort interessiert. Möchten Sie Ihren Gesprächspartner besser kennenlernen, oder ist diese Frage auch eines Ihrer Probleme, oder wollen Sie dadurch etwas über Ihre Beziehung zum Antwortenden herausbekommen?

Interviewkatalog
 1. Was bringt dich am meisten auf die Palme?
 2. Über was aus der Vergangenheit schämst du dich?
 3. Erzähl mir, in welcher Situation du zuletzt gelogen hast.
 4. Welche Karriereziele hast du?
 5. Was glaubst du, findet das andere Geschlecht an dir am anziehendsten?
 6. Welche Merkmale an dir hältst du für wenig anziehend?
 7. Was magst du besonders gern an dir?
 8. Was hältst du vom Weinen in Gegenwart anderer?
 9. Was stimmt in deiner Lebensgestaltung nicht?
10. Welche Gefühle kannst du am schwersten im Zaum halten?
11. Worin meinst du, benötigst du Hilfe?
12. Wie hättest du als Kind nach der Vorstellung deiner Eltern sein sollen?
13. Wie hängen Liebe und Sexualität für dich zusammen?
14. Wie war dein Verhältnis zu deinen Eltern?

G 3

15. Erzähl mir, was dich gestern und heute bewegt hat!
16. Warst du ein guter oder ein schlechter Schüler?
17. Wie leicht findest du Anschluß an andere Menschen?
18. Wie war früher dein Verhältnis zu deinen Mitschülern?
19. Welche Schwierigkeiten hast du in Partnerschaften?
20. Was ärgert dich am meisten an dir?
21. Was denkst du über mich?
22. Was mißfällt dir an dieser Gruppe besonders?
23. Wen aus dieser Gruppe möchtest du am wenigsten missen?
24. Zu wem in dieser Gruppe hast du am wenigsten Beziehungen?

5. Schlußblitzlicht (15 Min.)
«Wie fühle ich mich jetzt, und was habe ich heute erfahren?»

4. SITZUNG:
Klärung von Beziehungen (170 Minuten)

Der Schwerpunkt der heutigen Sitzung liegt auf der Beschäftigung mit den Beziehungen, die unter den Gruppenmitgliedern entstanden sind. Die Struktur der Gruppe transparent zu machen und dem einzelnen Antwort zu geben auf seine Frage «Wie stehen die anderen zu mir», ist das Ziel der heutigen drei Übungen. Die Übungen dienen durchweg als Anreiz zum gemeinsamen Beziehungsgespräch. Obwohl sich dieses Ziel zunächst nur auf die Gruppensituation bezieht, ist diese Erfahrung auch für den sozialen Alltag außerhalb der Gruppensituation bedeutsam, da die Gruppenmitglieder in dieser Sitzung (hier noch mit dem Hilfsmittel von Übungen) eine für die Gestaltung einer sozialen Beziehung notwendige Gesprächsform erfahren: das offene Gespräch über die gegenseitigen Beziehungen.

Oft meinen Gruppenmitglieder, daß sie sich noch nicht genug kennen, um eine Beziehung zu haben. Dies ist ein Irrtum. Wie Sie in den Übungen erkennen werden, besitzen Sie den anderen gegenüber schon Abneigungen, Zuneigungen, Vorlieben, Vorurteile usw. Wenn das erkannt und angesprochen worden ist – dann können die Beziehungen erweitert oder verändert werden, und die Gruppensituation wird transparenter und klarer.

1. Anfangsblitzlicht   (15 Min.)
2. «Namen rufen»   (30 Min.)
3. Erweitertes Soziogramm   (90 Min.)
4. Sitzsoziogramm   (20 Min.)
5. Schlußblitzlicht   (15 Min.)

1. Anfangsblitzlicht (15 Min.)

«Wie fühle ich mich im Augenblick, und was erwarte ich von der Sitzung?»

2. «Namen rufen» (30 Min.)

Die Gruppenmitglieder stellen sich in einem Kreis auf, fassen sich gegenseitig über die Schultern und schließen die Augen. Nach einer kurzen Zeit des Schweigens beginnt jeder ganz leise und kaum hörbar seinen eigenen Vornamen zu flüstern. Steigern Sie allmählich die Lautstärke, bis nach ca. 5 Minuten alle Gruppenmitglieder ihren Namen sehr laut rufen. Versuchen Sie dabei

1. ängstlichen Gruppenmitgliedern zu helfen, indem Sie selbst etwas lauter werden, um sie ‹nachzuziehen›,
2. nicht so laut zu werden, daß Sie ängstliche Gruppenmitglieder erschrecken und zum ‹Verstummen› bringen.

Nach diesen 5 Minuten setzt sich die Gruppe wieder hin und hat die restlichen 25 Minuten Zeit, um über die Übung zu sprechen.

Die Art und Weise, wie die Gruppenmitglieder auf diese Übung reagieren, ist für die meisten Menschen charakteristisch und nicht zufällig. Jeder wird in dieser Übung eine andere Erfahrung machen – in der Reflexionsphase hat er die Möglichkeit zu überlegen, wie seine Erfahrung mit dieser Übung mit seinen Gefühlen in der Gruppe zusammenhängt. In dieser Übung können die eigenen Gefühle gegenüber dieser Gruppe wie auch gegenüber anderen Menschen in einer so verdichteten Weise erfahren werden, wie es selten möglich ist. Ein anfängliches Zögern, Verunsicherung und Abfuhr von Spannung zu Beginn der Übung ist häufig und normal. Wie sich dann aber das «Namen rufen» weiterentwickelt, kann anregen zu Erkenntnissen zu den Fragen:

«Wie drin oder draußen fühle ich mich?»

«Wen nehme ich wichtiger, mich oder die anderen?»

«Wodurch habe ich mir die Situation erleichtert?» (Rhythmus, Anheften an andere im Rhythmus, Gegenrhythmus usw.)

«Habe ich mich als überlegen erlebt und mich über die Ängstlichen geärgert?»

«War ich ängstlich, und habe ich mich über mich selbst oder über andere geärgert?»

3. Erweitertes Soziogramm (90 Min.)

A: (10 Min.) Schreiben Sie bitte hinter die folgenden Beziehungsmöglichkeiten je *einen* Namen aus Ihrer Gruppe, mit dem Sie diese Beziehung am liebsten haben möchten, und *einen* Namen eines Gruppenmitglieds, mit dem Sie diese Beziehung am wenigsten gern haben würden. Dabei können Sie ein Gruppenmitglied für mehrere Kategorien wählen!

Erweitertes Soziogramm Ich möchte haben...	am liebsten	am wenigsten gern
1. zum Chef:		
2. als Kollegen für gemeinsame Aufgaben:		
3. für einen Urlaub in Monte Carlo:		
4. als Gefährten für eine einsame Südseeinsel nach Schiffbruch:		
5. für eine aggressive Auseinandersetzung:		
6. zum ‹Pferde stehlen›:		
7. für eine Wanderung durch die Alpen:		
8. zum Mitbewohner in einer Wohngemeinschaft:		
9. für die Inszenierung eines Schauspielstückes:		
10. für einen zärtlichen Abend:		

B: (10 Min.) Der Reihe nach liest jedes Gruppenmitglied kurz alle seine Positiv- und Negativwahlen vor, und jedes Gruppenmitglied trägt in folgendes Schema ein, für welche Beziehungsform es von welchen Gruppenmitgliedern gewählt worden ist. Dabei sollte noch nicht begründet oder diskutiert werden – erst einmal sollten diese Daten transparent gemacht werden.

Beziehungsform	mich wollten am liebsten	mich wollten am wenigsten gern
1. Chef		
2. Kollegen		
3. Monte Carlo		
4. Südsee		

5. aggressive Auseinandersetzung		
6. ‹Pferde stehlen›		
7. Alpenwanderung		
8. Wohngemeinschaft		
9. Schauspiel		
10. zärtlichen Abend		

C: (10 Min.) Jedes Gruppenmitglied schaut sich an, wofür und von wem es positiv oder negativ gewählt worden ist und nimmt in einem Blitzlicht kurz Stellung zu folgenden Fragen:
1. «Bin ich enttäuscht?»
2. «Bin ich traurig?»
3. «Bin ich positiv überrascht?»
4. «Bin ich neugierig?»
5. «Bin ich ärgerlich?»
Bei diesem Blitzlicht sollte nur von den Gefühlen gesprochen werden und noch keine Wahlen erwähnt werden.

D: In den nächsten 60 Minuten haben die Gruppenmitglieder die Möglichkeit, die verhältnismäßig stereotypen und allgemeinen Daten zu spezifizieren. Das Gespräch über die Wahlen ist viel wichtiger als die Wahlen selbst, und Sie sollten so aktiv wie möglich die anderen um Information bitten. Fragen Sie, warum diese Sie für etwas gewählt, negativ gewählt oder nicht gewählt haben. Ebenso sollten Sie selbst den anderen Ihre Gründe für die verschiedenen Wahlen mitteilen.

Denken Sie bei der Diskussion daran, daß nicht überlegt wurde, wie man dem anderen gegenübersteht, wenn man mit ihm allein ist, sondern es wurde der einzelne gesehen *im Vergleich* zu den anderen Gruppenmitgliedern. So würden Sie zum Beispiel gern mit Eva in die Südsee fahren, aber – Sie können es nicht ändern – mit Karin könnten Sie es sich noch schöner vorstellen, und deswegen haben Sie diese gewählt. Oder wenn sie den Olaf zum ‹Negativchef› gewählt haben, dann vielleicht nur, weil all die anderen besonders kooperative Leute sind. Wären Sie mit ihm allein, dann könnten Sie ihn sich ganz gut als Chef vorstellen. Wie Sie den einzelnen wahrnehmen, wenn Sie ihn nicht im Vergleich zu den anderen Gruppenmitgliedern sehen, das können Sie ihm auch jetzt im Gespräch mitteilen. Nur geht das jetzt meist sehr viel besser, als wenn dieses erweiterte Soziogramm nicht ausgefüllt worden wäre.

Manche Gruppenmitglieder scheuen sich zunächst, den Soziogrammbogen auszufüllen, und beteuern, daß sie ‹alle gleich gern mögen› oder daß es keinen gibt, den sie für irgendeine Beziehungsform nicht wählen könnten. Aber all diese Gedanken können in der Diskussion nach der Datenerhebung besprochen werden, und zunächst ist es wichtig, daß jedes Gruppenmitglied sich überwindet und für jede Beziehungsform eine positive und eine negative Wahl trifft. Damit werden erst einmal provokative Reize gesetzt, die dann in der Diskussion relativiert werden können. Das ist aber der beste Garant für eine echte und produktive Klärung der Beziehungen in der Diskussion.

4. Sitzsoziogramm (20 Min.)

Die Gruppenteilnehmer verteilen sich im Raum und setzen sich zu anderen hin oder von anderen weg (auch ohne Stühle), wie es ihren augenblicklichen Gefühlen entspricht. Die Teilnehmer sollen immer wieder in einer Position in sich hineinhorchen, auf ihre Gefühle achten und den Platz wieder verändern, wenn ihnen danach ist (ca. 10 Min.).

Danach Diskussion in der gesamten Gruppe: «Wie leicht oder wie schwer fiel es mir, meine Gefühle durch meine Position auszudrücken?», «Wie schwer fällt mir Nähe, und wie schwer fällt mir Distanz?», «Konnte ich meine Vorliebe und Abneigungen so ausdrücken, wie ich sie gefühlt habe?»

Diese Übung kann noch einmal die Gefühle des einzelnen den anderen gegenüber nach dem erweiterten Soziogramm deutlich machen. Diese Gefühle können unmittelbarer erlebt werden als auf der verbalen Ebene. Wie fühlt es sich an, anderen räumlich nah zu sein oder sehr weit weg von den meisten Gruppenmitgliedern zu sitzen? Nach manchmal schwerfälligem Beginn kann es bei dieser Übung zu Sympathie- und Zärtlichkeitsbekundungen, aber auch zu starker Artikulierung von Distanzbedürfnissen kommen. Auf jeden Fall sollte nach dem nonverbalen Sitzsoziogramm über diese Gefühle gesprochen werden.

Diese Übung ist auch in anderen Situationen bei Bedarf anwendbar.

5. Schlußblitzlicht (15 Min.)

«Was habe ich in dieser Sitzung erfahren, und wie fühle ich mich im Augenblick?»

5. SITZUNG:
Umgang mit Gefühlen (185 Minuten)

In der heutigen Sitzung werden Sie Gelegenheit erhalten, Ihren persönlichen Erlebnis- und Gefühlsbereich näher kennenzulernen und im Kontakt mit anderen darüber zu sprechen. Die heutigen Übungen können durch die offene Kommunikation das Gefühl der Verbundenheit in der Gruppe erhöhen und damit eine wichtige Voraussetzung schaffen für die nachfolgenden Sitzungen.

Zusätzlich können Sie in dieser Sitzung die Form des partnerzentrierten Gesprächs üben, wobei Sie sich in der Rolle des ‹Beraters› in dieser Gesprächsform selbst üben können, in der Rolle des ‹Klienten› Ihre eigenen Probleme anzusprechen lernen und in der Rolle des ‹Beobachters› sich für fördernde und hemmende Reaktionen im Gespräch sensibilisieren können.

Diese Erfahrungen der zwischenmenschlichen Nähe und des offenen und hilfreichen Gesprächs sollen Ausgangspunkt sein für die Schlußdiskussion, in der Überlegungen angestellt werden können, wieweit Sie selbst es für wünschenswert und notwendig halten, diese Erfahrungen in Ihren Alltag hineinzunehmen und zu fördern – gerade weil das partnerzentrierte Gespräch eine der hilfreichsten und förderlichsten Methoden ist, anderen Menschen bei ihrer Entwicklung zu helfen, und die eigene Haltung den Sozialpartnern gegenüber partnerschaftlicher gestaltet.

1. Anfangsblitzlicht   (15 Min.)
2. Kommunikation mit Händen   (30 Min.)
3. Gefühlsfragebogen   (30 Min.)
4. Schweigen   (5 Min.)
5. Das partnerzentrierte Gespräch (60 Min.)
6. Abschlußgespräch   (45 Min.)

1. Anfangsblitzlicht (15 Min.)
«Wie fühle ich mich im Augenblick, und was erwarte ich von dieser Sitzung?»

2. Kommunikation mit Händen (30 Min.)
Die Gruppe teilt sich in Dreier- oder Vierergruppen auf und setzt sich in diesen Gruppen kreisförmig zusammen. Der Sitzungsleiter nimmt an dieser Übung nicht teil, sondern gibt folgende Anweisungen:
1. Bitte schließt jetzt die Augen, konzentriert euch ganz auf euch selbst und versucht während der ganzen Übung nicht mehr zu sprechen und die Augen geschlossen zu halten. (ca. 2 Min.)
2. Versucht euch jetzt euren linken und rechten Nachbarn vorzustellen, und faßt sie dann an den Händen. Versucht mit eurer linken Hand die rechte Hand eures linken Nachbarn zu erkunden und mit eurer rechten Hand die linke Hand eures rechten Nachbarn. Wie fühlen sich diese Hände an? (ca. 2 Min.)
3. Ich möchte jetzt, daß ihr mit euren Händen das Gefühl von Neugier ausdrückt. (ca. 2 Min.)
4. Gefühl von Unsicherheit. (2 Min.)
5. Gefühl von Angst. (2 Min.)
6. Gefühl von Ärger. (2 Min.)
7. Gefühl von Freude. (2 Min.)
8. Gefühl von Zärtlichkeit. (2 Min.)
9. Gefühl von Trauer. (2 Min.)

G 5

10. Verabschiedet euch jetzt von den Händen rechts und links. Stellt euch vor, daß ihr diese Hände nie wieder treffen werdet.
11. Öffnet dann bitte die Augen und sprecht miteinander über die Gefühle und Erlebnisse, die ihr eben hattet.

In dieser Übung können sie lernen, Gefühle unmittelbar ohne Worte auszudrükken, und Sie können prüfen, wie gut Ihnen das gelingt. Sie spüren die Auswirkung Ihres Gefühlsausdrucks mit Händen auf die Partner, können ebentuell Hemmungen vor Berührung abbauen und hinterher Ihre Erfahrungen mit denen der anderen Gruppenteilnehmer vergleichen.

3. Gefühlsfragebogen (30 Min.)
A: (5 Min.) Jedes Gruppenmitglied füllt den folgenden Gefühlsfragebogen aus. Dieser Bogen ist kein ‹Meßinstrument›, sondern dient als Anregung zur darauffolgenden Diskussion.

	eher ja	eher nein
1. Es fällt mir schwer, meine Gefühle anderen Menschen zu zeigen.	○	○
2. Ich erlebe oft und intensiv meine Gefühlsregungen.	○	○
3. Ich spreche oft mit anderen Menschen über meine emotionalen Erlebnisse.	○	○
4. Ob ich meine Gefühle zeige oder nicht, hängt von den Gesprächspartnern ab.	○	○

5. Es fällt mir leichter, meine Gefühle zu zeigen, wenn der Gesprächspartner

_____

_____

_____

6. Nennen Sie zwei Gefühle, bei denen es Ihnen besonders schwerfällt, sie anderen zu zeigen:

a) _____

b) _____

7. Kreuzen Sie das an, was für Sie zutrifft:
Im Umgang mit anderen Menschen habe ich folgende Gefühle:
a) häufiger, als ich es mir wünsche. (+)
b) seltener, als ich es mir wünsche. (−)

Zärtlichkeit	Langeweile	Wunsch nach Nähe
Wohlwollen	Erstaunen	Wunsch nach Distanz
Dankbarkeit	Engagement	Verbundenheit
Angst	Verwirrung	Heiterkeit
Ablehnung	Sehnsucht	Bedrückung
Mitgefühl	Skepsis	Unwohlsein
Hoffnung	Selbstbewußtsein	Teilnahmslosigkeit
Betroffenheit	Gelassenheit	

B: Die Gruppe teilt sich in Paare auf. In diesen Paaren sollen sich die
Teilnehmer gegenseitig ihre Gefühlsfragebogen erklären, wobei sie sich
gegenseitig akzeptierend zuhören sollen, um damit dem Partner zu helfen, seine Gedanken und Gefühle zu klären, die das Ausfüllen des Fragebogens in ihm ausgelöst hat.

Diese Übung soll Ihnen helfen, sich noch klarer über Ihren Umgang mit Ihren
Gefühlen zu werden. Außerdem können Sie in dem Gespräch über den Gefühlsfragebogen das akzeptierende Zuhören üben (Stufe 1 des partnerzentrierten Gesprächs). Achten Sie darauf, wenn Ihr Partner spricht, daß Sie sich ganz in ihn
hineinversetzen, für einige Augenblicke Ihre eigenen Gedanken vergessen und
ihm durch ihr nonverbales Verhalten vermitteln, daß Sie verstehen und akzeptieren, was er Ihnen erzählt. Die Rollenverteilung Sprecher–Zuhörer wird während
des Gesprächs wahrscheinlich öfter wechseln.

4. Schweigen (15 Min.)
Die Gruppe verteilt sich mit ihren Stühlen im Raum. Jedes Gruppenmitglied schließt die Augen und versucht, sich ganz auf sich zu konzentrieren. Die Gedanken und die Phantasie sollen ganz frei gelassen werden,
und das Denken soll nicht kontrolliert werden. Meistens fällt in dieser
Phase den Gruppenmitgliedern ein Problem ein, von dem sie für die nächste Übung in der Rolle des ‹Klienten› sprechen können.

5. Das partnerzentrierte Gespräch (60 Min.)
Die Gruppe teilt sich in Triaden auf. Das Gruppenmitglied, welches als
erstes in den Triaden ein Problem hat, von dem es sprechen mag, übernimmt die Rolle des ‹Klienten›, das zweite Triadenmitglied übernimmt
die Rolle des ‹Beraters› und das dritte Triadenmitglied die Rolle des
‹Beobachters›.

G5

Klient:

Dieses Gruppenmitglied soll von irgendeinem Problem sprechen, das ihm wichtig ist. Das kann ein großes oder ein ganz kleines Problem sein. Es ist nicht wichtig, daß das Problem vor dem Gespräch deutlich sichtbar ist. Der Klient soll einfach drauflos reden, der Berater wird ihm schon helfen, das Problem klarer zu sehen. Der Klient soll sich ganz auf sich und sein Problem konzentrieren und versuchen, zu vergessen, was wohl der Berater oder der Beobachter denken.

Berater:

Der Berater soll sich nur auf den Klienten und dessen Gefühle konzentrieren und seine eigenen Gedanken und Stellungnahmen vergessen. Er soll versuchen, nur die verschiedenen Stufen des partnerzentrierten Gesprächs zu realisieren:

Stufe 1: akzeptierendes Zuhören und Ermunterung zum weiteren Gefühlsausdruck,

Stufe 2: Verbalisierung der vorangegangenen Äußerung (Paraphrase),

Stufe 3: Verbalisierung der Gefühle, die in den Äußerungen stecken.

Beobachter:

Der Beobachter hält sich ganz zurück und beobachtet stumm den Gesprächsverlauf. In der Feed-back-Phase teilt er dem Klienten und dem Berater mit, wie er den Gesprächsverlauf wahrgenommen hat.

Nach 10 Minuten partnerzentrierten Gesprächs wird das Gespräch abgebrochen, die nächsten 10 Minuten wird mit Hilfe des Feed-back vom Beobachter über den Gesprächsverlauf gesprochen. Besonders der Berater sollte um Feed-back bitten, inwieweit sich der Klient verstanden gefühlt hat und inwieweit er partnerzentriert reagiert oder doch hemmende Reaktionen gezeigt hat.

Im ganzen sollen die Rollen dreimal gewechselt werden, so daß jedes Triadenmitglied einmal Berater, einmal Klient und einmal Beobachter ist:

1. Erstes Gespräch   (10 Min.)
2. Feed-back   (10 Min.)
3. Rollenwechsel und 2. Gespräch   (10 Min.)
4. Feed-back   (10 Min.)
5. Rollenwechsel und 3. Gespräch   (10 Min.)
6. Feed-back   (10 Min.)

Bei dieser Übung ist es wichtig, daß die Gruppenmitglieder vor der Sitzung noch einmal das Kapitel «Das partnerzentrierte Gespräch» lesen. Die Diskussion, ob diese Gesprächsform für den einzelnen sinnvoll ist in seinem Alltag oder Beruf, sollte erst nach der Übung und der konkreten Erfahrung mit dieser Gesprächsform in der nächsten Übung geschehen.

Häufig macht es Schwierigkeiten, daß ein Triadenmitglied in der Klientenrolle mit einem Problem anfängt. Hier ist es nicht sinnvoll, in freier Diskussion lange nach einem Problem zu suchen, sondern besser, wenn dann gleich die Rollen verteilt werden und Klient und Berater einfach anfangen, zum Beispiel wie folgt:

Klient: «Ich weiß gar nicht wovon ich erzählen soll.»

Berater: «Dir fällt jetzt gar kein Problem ein, von dem du erzählen kannst?!»
Klient: «Ja, genau. Ich habe zwar genug Probleme – aber im Augenblick ist bei mir irgendeine Sperre.»
Berater: «Irgend etwas hemmt dich und engt deine Phantasie ein?!»
Klient: «Hemmen nicht direkt, aber die Situation ist irgendwie so künstlich. (Pause) Doch, jetzt habe ich etwas ...

Ein anderes Problem ist manchmal, daß die Triadenmitglieder nach 10 Minuten das Gespräch nicht abbrechen mögen, weil ihnen das Problem zu wichtig ist. Hier sollten Sie aber bedenken, daß auch bei einem längeren Gespräch ein Problem nicht vollständig gelöst werden kann – es kann zunächst für den Klienten nur klarer werden und ihn zum weiteren Nachdenken anregen. Sie werden noch in späteren Sitzungen Gelegenheit bekommen, ausführlicher Ihre Probleme mit dieser Gesprächsform bearbeiten zu können. Zunächst sollte es erst einmal darum gehen, daß der Berater üben kann, den Klienten zu verstehen und dessen Gefühle zu verbalisieren. Außerdem ist es für den Beobachter kaum möglich, über einen längeren Zeitraum als 10 Minuten noch genaues und konkretes Feed-back zu geben. Häufig erleben Gruppenmitglieder in dieser Übung, wie schwer es ihnen fällt, partnerzentriert zu reagieren, und sie halten es dann oft für nötig, diese Gesprächsform noch zusätzlich zu üben.

6. Abschlußgespräch (45 Min.)

In diesem Gespräch sollen die Gruppenmitglieder die Erfahrungen der ganzen Sitzung reflektieren, besonders in Hinsicht auf die Fragen:
Wie habe ich von der heutigen Sitzung profitiert?
Was ist mir heute schwer- oder leichtgefallen?
Was war angenehm, was war unangenehm?
Will ich das partnerzentrierte Gespräch weiter üben und will ich es in meinem Alltag anwenden?

Dabei sollte das Gespräch durch ein kurzes Anfangs- und Schlußblitzlicht eingerahmt werden. Denken Sie dabei an die Diskussionsregeln. Ob ‹man› das partnerzentrierte Gespräch im Privatleben anwenden kann, werden Sie nicht klären können. Wichtig ist, wie Sie diese Gesprächsform erfahren haben und daß Sie sich klarwerden, wie *Sie* damit umgehen wollen.

Unser Vorschlag

Wenn die gesamte Gruppe es wichtig findet, diese Gesprächsform noch intensiver zu üben, dann schlagen wir vor, noch vor der nächsten Sitzung eine Sitzung einzuschieben, in der nur das partnerzentrierte Gespräch geübt wird. Sie können dabei genauso vorgehen wie in der Übung «Das partnerzentrierte Gespräch» in der 5. Sitzung. Zusätzlich können Sie den Lerneffekt noch verbessern, wenn Ihnen ein oder mehrere Tonbandgeräte zur Verfügung stehen, damit jedes Gruppenmitglied einmal sein ‹Feedback› vom Tonband erhält. Sie können dann folgendermaßen vorgehen:
1. Partnerzentriertes Gespräch in der Triade (10 Min.).

2. Abhören der Tonbandaufnahme. Klient, Berater und Beobachter können jederzeit das Tonband stoppen und ihre Wahrnehmungen zu einem bestimmten Gesprächsausschnitt mitteilen und kommentieren. Achten Sie aber dabei auf die Angemessenheit des Feed-back (ca. 20 Min.).

6. SITZUNG:
Nonverbale Übungen (185 Min.)

Diese Sitzung baut durch nonverbale Übungen recht effektiv soziale Angst noch weiter ab, indem Sie lernen, Dinge zu tun, die für Sie normalerweise ungewöhnlich sind und vor denen die meisten Menschen Angst haben. Da diese Übungen in körperlicher Entspannung erlebt werden, wird die soziale Angst ‹gegenkonditioniert›. Außerdem sensibilisieren Sie sich durch die Übungen für Ihr eigenes nonverbales Verhalten und für das der anderen Gruppenmitglieder, und das Vertrauen und der Zusammenhalt in der Gruppe wachsen.

Überlegen Sie vor dieser Sitzung in Ihrer Gruppe, ob sie den Interessen in Ihrer Gruppe entspricht – und falls sie nicht in den von Ihnen gewünschten Rahmen paßt, können Sie zur nächsten Sitzung übergehen.

Wenn aber in Ihrer Gruppe ein Bedürfnis besteht, sich noch intensiver kennenzulernen und mit neuen Situationen und neuem Verhalten zu experimentieren, so können die hier aufgeführten Übungen Ihnen dabei helfen. Die Erfahrungen in dieser Sitzung werden sich auf jeden Fall auch förderlich auf die nachfolgenden Sitzungen auswirken.

Bei den nonverbalen Übungen soll nicht gesprochen und nicht geraucht werden. Unbedingt wichtig ist aber die verbale Reflexion nach den Übungen und die Klärung der eigenen Erlebnisse.

Die Gruppe sollte – wie im ganzen Programm – hier besonders darauf achten, keinen Teilnehmer zum ‹Mitmachen› zu zwingen. Zwar kann sie ihm helfen, eine Scheu zu überwinden, indem sie versucht, ihn zu ermuntern, aber die Entscheidung bleibt letztlich jedem selbst überlassen.

1. Anfangsblitzlicht	(15 Min.)
2. Marionette	(15 Min.)
3. Spiegeln	(15 Min.)
4. Vertrauenskreis	(20 Min.)
5. Blinder Spaziergang	(30 Min.)
6. Partnerentspannung	(50 Min.)
7. Schlußgespräch	(40 Min.)

1. Anfangsblitzlicht (15 Min.)
«Wie fühle ich mich im Augenblick, und was erwarte ich von dieser Sitzung?»

2. Marionette (15 Min.)

Die Gruppe teilt sich in Paare auf. In jedem Paar werden die Rollen ‹Marionette› und ‹Bewegungskoordinator› verteilt. In diesen Rollen gehen die Partner etwa 5 Minuten miteinander um, und danach weden für 5 Minuten die Rollen getauscht. Danach sollen die Partner miteinander besprechen, was sie während der Übung erlebt haben.

Marionette:
Dieser Partner soll sagen, wie er sich jetzt bewegen möchte (z.B. ich will mich hinlegen, ich will den rechten Arm heben, ich will bis zur gegenüberliegenden Wand gehen usw.). Die Marionette darf aber diese Wünsche nicht in eigene Muskelaktivität umsetzen. Sie soll sich vorstellen, daß sie über diese keine Macht hat.
Bewegungskoordinator:
Dieser Partner soll die Glieder der Marionette so bewegen, daß ihre Muskeln den Wunsch der Marionette ausführen. Er darf nur die Wünsche der Marionette erfüllen und die Glieder nicht eigenmächtig zu einer anderen Bewegung bringen. Z.B.: Die Marionette will gehen. Der Bewegungskoordinator faßt sie an das rechte Bein, hebt dieses, führt es etwas nach vorne und setzt es auf den Boden. Dann rückt er den Oberkörper der Marionette etwas nach vorne und hebt den linken Fuß der Marionette usw.

Fragen für die anschließende Reflexion über die Erlebnisse können sein: «Wie fühle ich mich, wenn ich alles ausführen muß, was mir der Partner sagt?»
«Wie fühle ich mich als Marionette, wenn ich vollkommen von der Aktivität des Partners abhängig bin?»
«Wieviel Spaß bringt es mir, Macht auszuüben?«
«Wie schwer fällt es mir, den Partner zu berühren?»

3. Spiegeln (15 Min.)

Die Gruppenmitglieder suchen sich neue Partner und verteilen sich als Paare wieder über den Raum. Sie haben die Aufgabe, gegenseitig die Bewegungen, Körperhaltung und Mimik des anderen nachzuahmen und zu ‹spiegeln›. Und zwar nach folgendem Schema:
1. A bewegt sich frei und B spiegelt ihn (ca. 4 Min.).
2. B bewegt sich frei und A spiegelt ihn (ca. 4 Min.).
3. Beide stehen voreinander und versuchen, sich gegenseitig zu spiegeln. Sie sollen dabei nicht bewegungslos stehen bleiben, sondern sollen versuchen, einen harmonischen Gleichklang der Bewegungen zu erreichen, ohne daß ein Partner führt (ca. 3 Min.).
Danach sprechen die Partner über ihre Erfahrungen bei dieser Übung.

Bei dieser Übung können Sie die Hemmung abbauen, sich vor anderen ausdrucksvoll zu bewegen. Sie sensibilisieren sich für die Bewegungen des Partners und bekommen durch die Spiegelung Feed-back über Ihre Bewegungen. Außerdem erfahren Sie die Schwierigkeit, partnerschaftlich zu einer gleichen Bewegung zu gelangen, ohne daß ein Partner führt.

4. Vertrauenskreis (20 Min.)

Die Gruppenmitglieder bilden einen engen Kreis, und ein Gruppenmitglied steht in dessen Mitte. Dieses Gruppenmitglied schließt die Augen, läßt sich nach hinten fallen, wobei es den ganzen Körper steif hält, und wird von der Gruppe langsam aufgefangen und behutsam wieder nach vorne gependelt usw. Das Gruppenmitglied schwingt also in einer Pendelbewegung in der Mitte der Gruppe hin und her.

Beendet wird die Übung, indem der Teilnehmer in der Mitte die Augen öffnet. Jedes Gruppenmitglied kommt einmal in die Mitte und wird von der Gruppe hin und her gependelt.

Diese Übung fördert das Vertrauen des einzelnen zur Gruppe. Zunächst haben die meisten Gruppenmitglieder Angst, daß sie nicht aufgefangen werden, und diese Angst wird immer geringer, je öfter sie erfahren, daß sie immer wieder sicher aufgefangen und weitergependelt werden. Sie können dann das Gefühl, passiv von der Gruppe bewegt zu werden und sich ihr ganz anzuvertrauen, genießen, werden immer mutiger und der Winkel ihrer Pendelbewegung kann immer größer gestaltet werden.

Bei ängstlichen Gruppenmitgliedern ist es wichtig, daß der Kreis zunächst eng ist und die Pendelbewegung nicht zu groß ist. Erst mit wachsendem Mut kann diese langsam größer werden.

Die Gruppenmitglieder sollen den ‹Teilnehmer in der Mitte› behutsam auffangen und dabei den Schwung in Fallrichtung abfedern und dann dem Gruppenteilnehmer einen behutsamen Schwung in die Mitte des Kreises geben und ihn loslassen. Der Schwung soll so groß sein, daß der Teilnehmer in der Mitte nur ganz langsam sein Gleichgewicht wieder in eine andere Richtung verliert, wenn er dort wieder angekommen ist. Die Gruppe soll versuchen, während der Übung nicht zu sprechen und so behutsam, zart und fürsorglich zu sein, wie es geht.

Der Teilnehmer in der Mitte erleichtert die Übung, wenn er sich ganz steif macht und weder in den Knien noch in der Hüfte abknickt. Die Füße verbleiben im Mittelpunkt des Kreises. Wenn ein Gruppenmitglied von der Gruppe hin und her gependelt worden ist, sollte es danach davon sprechen, welche Gefühle es während des Pendelns gehabt hat. Dann ist der nächste Teilnehmer dran.

5. Blinder Spaziergang (30 Min.)

Die Gruppe teilt sich in Paare auf. Die Partner einigen sich darauf, wer als erster der Führer und wer der Geführte sein soll. Die Aufgabe des Führers ist es, seinem Partner, der während der ganzen Übung die Augen geschlossen hält, die Umwelt erfahrbar zu machen. Der Führer faßt den

Partner an den Handgelenken und läßt ihn Dinge ertasten. Er versucht, dem ‹Blinden› möglichst interessante Eindrücke zu vermitteln und ein behutsamer ‹Blindenführer› zu sein, damit der ‹Blinde› sich sicher fühlen kann. Dieser versucht, sich ganz seinem Führer anzuvertrauen und die Augen auf keinen Fall zu öffnen. Bei dieser Übung soll auch nicht gesprochen werden.

Nach 15 Minuten tauschen die Partner ihre Erfahrungen kurz aus, und die Rollen werden für die nächsten 15 Minuten gewechselt.

Was man dem Blinden alles ‹zeigen› kann:
Strukturen von Wänden, verschiedene Gegenstände, einen Teppich, Flüssigkeiten und Nahrungsmittel, Haare, Gesicht und Kleidung von anderen Gruppenteilnehmern, Lichtschalter und Türglocken; Blätter, Gras und Erde, wenn der blinde Spaziergang sich auch auf einen Garten ausdehnt.

In dieser Übung wird der ‹Blinde› zunächst unsicher sein, wenn er sich mit geschlossenen Augen dem anderen anvertraut. Nach einiger Zeit werden diese Ängste jedoch überwunden und weichen der Ruhe und dem Vertrauen, daß man nicht stolpert oder sich verletzt. Darüber hinaus erlebt der Geführte neue Erfahrungen mit den Dingen seiner Umwelt, die er nicht mehr sieht, sondern unmittelbar ‹erfühlt›. Achten Sie als Führer darauf, daß Sie sehr behutsam mit Ihrem Partner umgehen. Versuchen Sie, sich auf ihn einzustellen und sich in ihn hineinzuversetzen.

6. Partnerentspannung (50 Min.)
Die Gruppe bildet wieder Paare, die sich über den Raum verteilen. Ein Partner legt sich auf den Teppich (oder auf eine Decke), und der andere Partner hilft ihm, sich zu entspannen. Nach etwa 20 Minuten können sich die Partner leise flüsternd über ihre Erfahrungen unterhalten. Flüsternd, damit sie nicht die anderen Paare stören, die noch bei der Entspannung sind. Dann werden in jedem Paar die Rollen getauscht, und der vorher passive Partner entspannt nun den vorher aktiven Partner. Bei der Übung selbst soll nicht gesprochen werden und eine Atmosphäre von Ruhe und Konzentration herrschen. Die Entspannung wird wie folgt durchgeführt:

1. Der passive Partner liegt auf dem Boden und schließt die Augen. Der aktive Partner setzt sich ruhig neben ihn und wartet einige Zeit, bis er selbst und sein Partner ganz ruhig geworden sind (auf die Unruhe des Atems achten!).
2. Als aktiver Partner konzentrieren Sie sich jetzt nur auf das rechte Bein des Partners. Beginnen Sie damit, mit beiden Händen sein Bein weich durchzukneten, indem Sie bei den Zehen anfangen und langsam zum Oberschenkel gehen. Achten Sie dabei auf jeden Muskel.
Sie konzentrieren sich wieder nur auf das rechte Bein, jetzt beklopfen sie es aber mit ihren Fingerspitzen ganz leicht wieder von den Zehen bis zum Oberschenkel.
3. Versuchen Sie jetzt das rechte Bein zu lockern, indem Sie das Bein bei den Zehen und der Ferse fassen, hochheben und schnell hin und her schütteln.

G 6

Prüfen Sie noch einmal, ob die Muskeln wirklich entspannt sind, indem Sie das Bein mit der einen Hand an der Ferse und mit der anderen Hand unter der Kniekehle hochheben. Lassen Sie Oberschenkel und Knie ruhig und werfen Sie den Unterschenkel mit einer Hand etwas hoch. Wenn das Bein entspannt ist, fällt der Unterschenkel sofort in ihre Hand zurück.

4. Das gleiche machen Sie jetzt mit dem linken Bein:
kneten – klopfen – schütteln. Jedesmal von den Zehen bis zum Oberschenkel.

5. Das gleiche mit dem rechten Arm.

6. Das gleiche mit dem linken Arm.

7. Sie setzen sich nun hinter den Kopf des Partners, fassen diesen von unten mit den Händen und drehen ihn langsam und behutsam hin und her, bis die Nackenmuskeln gelockert sind.

8. Ihr Partner wird nun relativ entspannt sein und diesen Zustand genießen. Setzen Sie sich an das Fußende des rechten Beins, fassen Sie unter die Ferse und heben Sie das Bein ganz langsam hoch, bis es einen Winkel von ungefähr 45 Grad zum Fußboden bildet. Dieses Hochheben soll im Zeitlupentempo geschehen, die Bewegung soll für Sie kaum sichtbar und für ihren Partner kaum spürbar sein. Lassen Sie dann das Bein wieder ebenso langsam und behutsam nach unten, bis es wieder auf dem Boden liegt.

9. Bleiben Sie so lange bei Ihrem Partner sitzen, bis dieser von selbst die Augen aufschlägt. Wenn er die Augen aufmacht, geben Sie ihm damit das Gefühl, daß er nicht allein ist.

10. Leise über die Erfahrungen flüstern und Rollenwechsel.

Es ist günstig, wenn diese Entspannung zu Beginn vom Sitzungsleiter kurz mit einem Teilnehmer demonstriert wird. In dieser Übung können Sie die Angst überwinden, sich einem anderen Menschen vollkommen anzuvertrauen. Sie lernen, ‹geschehen zu lassen› und dieses Gefühl und die Entspannung zu genießen.

7. Schlußgespräch (40 Min.)

Die Gruppe setzt sich zusammen und spricht über die verschiedenen Erfahrungen, die die Teilnehmer in dieser Sitzung gemacht haben. Was war in der heutigen Sitzung anders als in anderen? Was macht mir angst, und was war überraschend schön für mich? Welche Parallelen sehe ich zu meinen Erfahrungen in meinem Alltag?

Die Gruppe kann diese 40 Minuten so ausfüllen, wie sie es für richtig hält. Rahmen Sie aber das Gespräch durch Blitzlichter ein, und denken Sie an die Diskussionsregeln.

7. SITZUNG:
Selbstbehauptungstraining (180 Minuten)

In dieser Sitzung erhalten Sie die Gelegenheit, auf sehr effektive Weise soziale Angst zu verringern und das Verhalten in schwierigen Situationen selbstbewußter und selbstbehauptender zu gestalten. Die Übungen sind zum Teil ungewöhnlich, und es verlangt Mut, sich in diese Übungssituationen zu begeben. Besonders in dieser Sitzung ist es wichtig, erst *nach* den konkreten Übungen über ihren Sinn und über den Lernerfolg zu reflektieren. Es ist möglich, diese Sitzung zu überspringen – und Sie sollten in Ihrer Gruppe darüber sprechen. Wir empfehlen diese Sitzung besonders allen Menschen, die sich gehemmt fühlen und die für bestimmte Zwecke selbstbehauptendes Verhalten benötigen. Außerdem ist diese Sitzung ein sehr guter Einstieg in das Rollenspiel und verringert die anfänglichen Hemmungen vor der Spielsituation. Wir empfehlen daher diese Sitzung allen Gruppen, die später als Rollenspielgruppe weiterarbeiten wollen. Wie bei allen anderen Sitzungen soll die Gruppe keinen Teilnehmer dazu zwingen, eine Übung durchzuführen – sie kann ihn aber ermuntern und ihm helfen, falls seine Hemmungen der Grund sind.

Die Technik, die Sie in diesen Übungen erfahren, ist folgende: Im Rollenspiel werden ‹schwierige› Situationen hergestellt, die den meisten Teilnehmern Angst machen. Hierbei sollen sich die Teilnehmer gelassen, ruhig und selbstbehauptend verhalten – auf diese Weise verringert sich das Angstniveau in diesen Situationen, und diese Angstverringerung wirkt sich auch auf andere Situationen als die gespielten aus.

In den ersten Rollenspielen werden Sie zunächst ‹überschießendes› Verhalten zeigen – nämlich offensive Aggressivität. Dies hilft, daß es Ihnen im letzten Rollenspiel leichter fallen wird, angemessenes selbstbehauptendes Verhalten zu zeigen. Dieses überschießende Verhalten (lautes Schreien, rücksichtsloses sich Durchsetzen) wird also nur zum Übungszweck eingesetzt, und wir raten Ihnen, dieses Verhalten auf keinen Fall in das normale Leben zu übertragen.

Außerdem verringert sich bei diesem überschießenden Verhalten die Angst vor der eigenen Aggressivität, und es wird hinterher leichter fallen, diese direkt und nicht verletzend auszudrücken und die negativen Folgen bei indirektem Ausdruck von unterdrückter Aggressivität zu vermeiden.

Wer gelernt hat, sich in Situationen angstfrei zu verhalten, in denen er andere Interessen hat als sein Gegenüber, wird weder sich selbst noch dem Sozialpartner gegenüber Ärger empfinden bei unterschiedlichen Interessen. Er kann dann gelassen und ruhig seine eigenen Interessen darstellen, die Interessen des Partners verstehen und akzeptieren und dann gemeinsam mit diesem Lösungsmöglichkeiten erarbeiten, die beide Seiten zufriedenstellen (siehe «Konfliktgespräch»).

1. Anfangsblitzlicht	(15 Min.)
2. Einbrechen	(20 Min.)
3. Aufwärmübung	(20 Min.)
4. «Wer kann es lauter?»	(30 Min.)
5. Unsinniger Vortrag	(40 Min.)
6. Vollständiges Rollenspiel	(40 Min.)
7. Schlußblitzlicht	(15 Min.)

1. Anfangsblitzlicht (15 Min.)

«Wie fühle ich mich, und was erwarte ich von dieser Sitzung?»

2. Einbrechen (20 Min.)

Die Gruppe hakt sich gegenseitig unter und bildet einen geschlossenen Kreis. Ein Gruppenmitglied steht außerhalb dieses Kreises, und seine Aufgabe ist es, auf irgendeine Weise in den Kreis einzubrechen. Die Aufgabe der Gruppe ist es hingegen, diesen Teilnehmer nicht hineinzulassen. Dafür darf sie sich aber nur ganz fest einhaken und mit den Körpern Widerstand leisten. Die Gruppenmitglieder dürfen das übende Gruppenmitglied aber nicht anfassen oder festhalten oder auf andere Weise aktiv behindern. Jedes Gruppenmitglied ist einmal an der Reihe, bis es geschafft hat, in die Mitte der Gruppe einzudringen.

In dieser Übung können Sie intensiv erfahren, wie schwer es Ihnen fällt, sich gegen den Widerstand von anderen durchzusetzen. Außerdem erleben Sie, mit welch verschiedenen Verhaltensweisen die Gruppenmitglieder zunächst reagieren: Aufgeben, Resignation, Wut auf die Gruppe, durch Witze überspielen, Tricks, Manipulation usw. Sie lernen bei dieser Übung (hier auf körperlicher Ebene) aktive Verhaltensweisen zu realisieren, um in eine Gruppe hineinzukommen. Das ist auf jeden Fall besser, als von einer Gruppe zu erwarten, daß die Teilnehmer einen selbst bitten, doch in die Gruppe zu kommen, um dann ärgerlich und enttäuscht zu sein, wenn die Gruppe diese unausgesprochenen Erwartungen nicht erfüllt oder erfüllen kann.

Wichtig bei dieser Übung ist, daß jeder Teilnehmer ein Erfolgserlebnis erhält, das heißt für seine Anstrengungen auch belohnt wird. Die Gruppe sollte es dem einzelnen aber auch nicht zu leicht machen, sondern erst dann ‹etwas nachhelfen›, wenn der einzelne Teilnehmer all seine Kräfte eingesetzt hat und man merken kann, daß er eine gewisse körperliche Hemmungsgrenze überschritten hat. Die Gruppe kann dabei dem einzelnen helfen, indem sie ihn durch Zurufe anfeuert.

Achten Sie darauf, daß der Raum so leergeräumt wird, daß sich kein Teilnehmer verletzen kann. Vermeiden Sie, wenn es geht, die anderen Teilnehmer anzugreifen. Das beste ist, wenn Sie mit Ihrer Schulter gegen die Gruppenkette drücken, auf diese Weise können Sie am besten spüren, wo bei Ihnen eine Hemmschwelle sitzt und die Muskeln gestoppt werden, ihre ganze Kraft beim Drücken einzusetzen. Versuchen Sie diese Schwelle zu überwinden, die Gruppe wird Ihnen dann die Situation schon erleichtern.

3. Aufwärmübung (20 Min.)

Die Gruppe bildet einen Halbkreis. Die freie Fläche vor der Gruppe ist die ‹Bühne›. Zwei Gruppenmitglieder fangen mit dem folgenden kleinen Spiel an, die anderen schauen zu. A und B gehen aufeinander zu. A sagt: «Ich sehe, Sie haben eine Uhr, können Sie mir sagen, wie spät es ist?» B hat die Aufgabe, ruhig, sicher und bestimmt zu antworten. Er bestimmt das Ende der Szene mit dem Satz: «Nein, dazu habe ich jetzt keine Lust», und entfernt sich. Die Gruppe gibt kurz Feed-back für die Dimension

Sicherheit (Sprechen, Tonfall, Mimik, sich verteidigende Aggression usw.), und die beiden Spieler spielen die Szene noch einmal mit vertauschten Rollen. Wieder kurzes Feed-back, und das nächste Paar beginnt zu spielen. Alle Gruppenmitglieder sollen einmal diese Szene spielen.

In dieser Übung können Sie Ihre Anfangshemmungen verlieren, vor der Gruppe eine vorstrukturierte Szene zu spielen. Sie sollen diese Szene nicht variieren, auch keine schauspielerischen Leistungen zeigen, sondern die Szene so spielen, wie sie vorgeschrieben ist. Es geht nicht darum, ‹gut› oder ‹erheiternd› oder ‹originell› zu spielen – Übungsziel ist, sich so sicher und selbstbehauptend wie möglich zu verhalten. Dabei ist besonders das nonverbale Verhalten wichtig. Wie schauen Sie Ihren Partner an? Wie klingt Ihre Stimme? Wer bestimmt die Situation? Bestimmt der wunschabschlagende Partner nicht zum Beispiel die Situation, wenn er sagt: «Nein, dazu habe ich jetzt keine Lust», und danach den Partner fragend und abwartend anschaut?

Wenn ein Spieler unzufrieden mit seinem Verhalten ist, kann er kurz diese Szene noch einmal oder mehrere Mal wiederholen. Die Gruppe sollte dann jedesmal die Verbesserungen im Spiel bekräftigen.

Die Zeit ist kurz bemessen, aber bei zügigem Spiel sind etwa 20 Rollenspiele möglich. Vermeiden Sie Diskussionen, die vom Spiel ablenken. Gedanken, wie Sie sich normalerweise verhalten würden, sind hier vollkommen irrelevant – die Situationen, auch für die nächsten Übungen, sind nur ausgewählt, um überhaupt spielen zu können. Sie haben nichts mit dem normalen Alltag zu tun. Lernziel sollte hier auch sein, so viel wie möglich zu spielen, die Rollen zu tauschen, die Spielpaare zu wechseln und Diskussionen zu vermeiden.

4. «Wer kann es lauter?» (30 Min.)

Arrangement wie bei der ‹Aufwärmübung›. Die Szene ist jetzt folgende: A ist in einem Restaurant auf der Toilette gewesen und kommt zu seinem Platz zurück, der nun von einem anderen Gast besetzt ist. Aus irgendwelchen Gründen (diese sind gleichgültig, Sie sollen sich im Spiel auch keine Begründungen einfallen lassen) will A unbedingt wieder auf diesen Platz, B will aber sitzen bleiben.

A: «Stehen Sie bitte auf, dies ist mein Platz.»
B: «Ich denke gar nicht daran. Es sind noch genug Plätze frei. Setzen Sie sich gefälligst woanders hin.»
A: «Ich setze mich nicht woanders hin, und Sie stehen jetzt sofort auf.»
B: «Was fällt Ihnen eigentlich ein, ich stehe nicht auf.»

Bei diesem Anfangsdialog sollen die Spieler schon relativ laut geworden sein. Danach sollen keine Worte mehr verloren werden, warum beide nicht nachgeben, und es soll nicht verbal angegriffen werden. Beide Partner sollen jetzt nur sich abwechselnd gegenseitig mit den Worten anschreien: «Sie stehen jetzt auf!» und «Ich stehe nicht auf!» Dieses wechselseitige Anschreien wird ungefähr fünf- bis achtmal wiederholt. Wenn Partner A das Gefühl hat, daß er seine maximale Lautstärke erreicht hat, beendet er die Situation durch die Bemerkung: «Dann hole ich den Geschäftsführer», B steht auf, und A setzt sich hin, um diese Belohnung für sein Verhalten auch zu genießen. Dann Rollenwechsel. A ist also der Übende, der für sein Verhalten eine Belohnung erhält, B ist Mitspieler.

Sie können bei dieser Übung die Angst verlieren, sich anders zu verhalten, als ein anderer Mensch es von Ihnen erwartet oder fordert. Außerdem ist es erleichternd zu erfahren, daß man sich im Spiel anschreien kann, ohne daß die Beziehung darunter leidet. Lernziel ist bei dieser Übung, so laut wie möglich zu werden und auch in der Gestik eine sichere Haltung zu realisieren.

Vermeiden Sie bei diesem Spiel zu lächeln oder freundlich mit den Augen zu blinzeln. Das führt die ängstliche Spannung ab, die ja gerade durch selbstbehauptendes Verhalten reduziert werden soll. Sie nehmen dadurch einen großen Teil Ihres Verhaltens dem Partner gegenüber zurück.

Bei dieser Übung werden viele Teilnehmer die Erfahrung machen, wie schwer es ihnen fällt, den anderen laut anzuschreien. Bei dieser Übung ist es deswegen wichtig, daß jeder Teilnehmer mindestens zweimal beide Rollen spielen kann, denn beim zweitenmal ist schon eine Erhöhung der Lautstärke und Sicherheit zu verspüren, so daß jeder Teilnehmer ein Erfolgserlebnis erhält.

Fällt es einem Teilnehmer sehr schwer, dann ist es hilfreich, wenn ein Teilnehmer mit ihm zusammen übt, der das Schreien recht sicher beherrscht. Beide fangen dann erst einmal leise an – aber immer im rhythmischen Wechsel. Ganz langsam wird der sichere Partner lauter und zieht dabei den unsicheren Partner nach, bis beide bei maximaler Lautstärke angelangt sind.

5. Unsinniger Vortrag (40 Min.)

Gesamtarrangement wie vorher. Auf der ‹Bühne› steht ein Tisch. Ein Teilnehmer ist der ‹Vortragende›, ein anderer Teilnehmer stellt ihm das Thema für den Vortrag (Beispiele: «Milchwirtschaft in England», «Der 6. Sinn bei Vögeln», «Sport und Philosophie» usw.), und der Spieler hat die Aufgabe, aus dem Stegreif mit ernster, sicherer, gelassener, überlegener, souveräner und überzeugter Haltung irgend etwas zu diesem Thema zu sagen. Es ist vollkommen unwichtig, ob das richtig ist, was er sagt – wichtig ist nur, daß er souverän spricht und sich als Experte fühlt (Beispiel: «Unsere Erfahrungen hingegen ...», «Ich selbst bin da der Meinung ...», «Meine eigenen Forschungen zeigen ...» usw.). Nach etwa 4 Minuten soll er feststellen, daß seinen ausführlichen Ausführungen nun wirklich nichts mehr hinzuzufügen ist und bittet das Publikum, Fragen zu stellen. Auf den größten Teil dieser Fragen soll er mit überlegener Sicherheit antworten: «Das kann ich leider nicht beantworten», «Da bin ich nun wirklich überfragt», «Ich habe keine Lust, solche dummen Fragen zu beantworten» oder «Ich weiß wirklich nicht, wieso das hierher gehört». Nach weiteren 3 Minuten bricht der Vortragende von sich aus die Diskussion ab und verabschiedet sich. Die Gruppe belohnt den Spieler durch Klatschen und gibt Feed-back.

Sie sollen in diesem Spiel die Angst noch weiter verlieren, nicht den Erwartungen anderer (hier des Publikums) zu entsprechen. Ziel ist also, mit größtmöglicher Sicherheit einen möglichst schlechten und unsinnigen Vortrag zu halten. Sie sollen dabei auf keinen Fall ‹originell› oder ‹witzig› sein – denn dann stellen Sie sich wieder unter Leistungsdruck, versuchen, dem Publikum zu gefallen und vermeiden, etwas vollkommen Unsinniges und Schlechtes ohne Angst durchzuführen.

Wenn die Gruppe den Eindruck hat, daß für alle diese Übung zu schwer ist und ein Zweitversuch für alle günstig wäre, dann kann sie die weitere Zeit für diese Übung benutzen.

Falls diese für einige Teilnehmer zu leicht ist, dann können sie noch erschwerende Bedingungen einbauen, indem sie beispielsweise sich beim Vortrag auf einen Stuhl oder Tisch stellen oder sich als Redner in die Mitte eines ‹Publikumskreises› stellen (das entspricht einer Vergrößerung des Publikums).

6. Vollständiges Rollenspiel (40 Min.)

In dieser Übung können Sie nun für eine konkrete Situation, die für ein Gruppenmitglied ein Problem darstellt, ein vollständiges ‹Selbstbehauptungsrollenspiel› durchführen, bei dem Sie zunächst überschießendes Verhalten einüben und danach versuchen, angemessenes Sozialverhalten zu realisieren. Bei dieser Übung werden wahrscheinlich nicht alle Gruppenmitglieder an die Reihe kommen können – aber auch dann lernen diese bei teilnehmender Beobachtung durch ‹Modell-lernen›. Falls Ihre Gruppe es als wichtig erachtet, weiterhin das Selbstbehauptungstraining für konkrete Probleme durchzuführen – dann sollte das nach dem Muster dieser Übung geschehen.

Das Rollenspiel sollte nach folgendem Schema durchgeführt werden:

1. *Schilderung des Problems*
Ein Teilnehmer erzählt der Gruppe, welche Situation im normalen Alltag ihm Schwierigkeiten bereitet, in der er sich seiner Meinung nach zu ängstlich verhält (z. B. hat ein Teilnehmer Angst, seinen Chef um eine Gehaltserhöhung zu bitten).

2. *Herausarbeiten einer spielbaren Situation*
Die Gruppe überlegt gemeinsam mit dem Gruppenteilnehmer, auf welche Weise diese schwierige Situation im Spiel darstellbar ist. Wenn die Angst in der Gruppe sehr viel geringer ist, dann überlegen Sie sich Möglichkeiten, wie Sie die Schwierigkeit der Situation erhöhen können. Erschwerend ist zum Beispiel häufig: unordentliches Haar, Sitzfläche höher oder niedriger stellen, beim Spiel stottern usw. (In unserem Beispiel: Der Teilnehmer kommt in das Zimmer des Chefs. Dieser sitzt an einem großen Schreibtisch usw.)

3. *Rollenspiel mit überschießendem Verhalten*
In diesem Rollenspiel soll der Spieler durch überschießendes, selbstbe-

G 7

hauptendes und aggressives Verhalten zunächst seine Angst in der Situation reduzieren.

4. *Feed-back von der Gruppe*
Die Gruppenmitglieder geben dem Spieler Feed-back über den Grad der Angstfreiheit seines Verhaltens.

5. *Weitere überschießende Rollenspiele mit Erschwerung der Situation*
Wenn der Übende die Situation sicher beherrscht und relativ angstfrei ist, wird die Schwierigkeit erhöht, indem zum Beispiel der Mitspieler in vermehrtem Maße selbstbehauptendes Verhalten zeigt. Die Schwierigkeit soll aber jedesmal nur soweit erhöht werden, daß der Spieler immer wieder ein Erfolgserlebnis erhält. (Der Chef versucht immer mehr ‹angstmachendes› und einschüchterndes Verhalten zu realisieren.) Nach jedem Rollenspiel gibt die Gruppe Feed-back.

6. *Rollenspiele mit angemessenem Verhalten*
In diesen Rollenspielen soll der Spieler in der gleichen Situation angemessenes Verhalten zeigen. Meist wird er seine Bedürfnisse am besten befriedigen können und sich durchsetzen können, wenn er ruhig, gelassen, freundlich und verständnisvoll ist. Der Mitspieler versucht, den ‹echten› Chef realistisch nachzuspielen, und nach jedem Rollenspiel gibt die Gruppe Feed-back über Ruhe, Gelassenheit, Sicherheit, Freundlichkeit und Verständnis. (Unser Teilnehmer verhält sich dem Chef gegenüber zum Teil partnerzentriert, konfrontiert diesen aber bestimmt und deutlich mit den eigenen Interessen. Er versucht dabei, den Chef nicht in Verteidigungshaltung zu bringen, da er weiß, daß dieser dann kaum gesprächs- und kompromißbereit ist.)

7. Schlußblitzlicht (15 Min.)
«Wie fühle ich mich im Augenblick, und was habe ich heute abend erfahren?»

8. SITZUNG:
Vermutungen und Beobachtungen (155 Minuten)

In der folgenden Sitzung können Sie zunächst erfahren, wie sich Ihre Vermutungen und ‹Vor›-Urteile über andere Menschen zusammensetzen und wie sie durch Ihre eigenen Erfahrungen und Ihre Persönlichkeit bestimmt werden. Sie können dadurch besser mit Ihren eigenen Interpretations- und Beurteilungsmechanismen im Umgang mit anderen Menschen vertraut werden.

Außerdem werden Sie Gelegenheit erhalten, sich in der Beobachtung von Verhalten zu üben. Sie lernen zu unterscheiden zwischen tatsächlich beobachtbarem Verhalten und Ihren Empfindungen und Gefühlen, die dieses Verhalten bei Ihnen auslöst.

Diese Verhaltensbeobachtung ist eine wichtige Fähigkeit für ein angemessenes Feed-back. Denn wenn Sie Ihre eigenen Gefühle geschildert haben, müssen Sie danach Ihrem Sozialpartner sein Verhalten auch konkret beschreiben können, damit dieser die Möglichkeit erhält, Ihr Feedback zu verstehen und daraus zu lernen.

Im abschließenden Gruppengespräch werden Sie sich mit der Frage beschäftigen, was Ihnen die Informationen über Sie bedeuten, die Sie im Kontakt mit den anderen Gruppenteilnehmern erhalten haben. Dieses Gespräch kann Sie auf die nächste Sitzung vorbereiten, in der sich die Gruppenteilnehmer noch ausführlicher gegenseitig Feed-back geben.

1. Anfangsblitzlicht   (15 Min.)
2. Vermutungen äußern   (20 Min.)
3. Zoo   (60 Min.)
4. Schlußgespräch   (60 Min.)

1. Anfangsblitzlicht (15 Min.)
«Wie fühle ich mich im Augenblick, und welche Erwartungen habe ich für diese Sitzung?»

2. Vermutungen äußern (20 Min.)
Die Gruppe teilt sich in Paare. In diesen Paaren teilen sich die Gruppenteilnehmer gegenseitig mit, was sie übereinander vermuten. Sie beginnen stereotyp mit den Satzanfängen: «Ich vermute, daß du . . .» oder «Ich stelle mir vor, daß du . . .».

In den ersten 10 Minuten sollen die Partner abwechselnd ihre Vermutungen äußern. Auf die Vermutungen soll auf keinen Fall geantwortet werden – sie sollen weder richtiggestellt werden noch sollen sie durch Kopfschütteln oder Nicken bejaht oder verneint werden.

A: «Ich vermute, daß du gern Sport treibst.»
B: «Ich vermute, daß du dieses Spiel albern findest.»
A: «Ich vermute, daß du gestern spät ins Bett gekommen bist.»
B: «Ich vermute, daß du dieses Spiel lieber mit Hans gemacht hättest als mit mir.»
A: «Ich vermute, daß du klassische Musik lieber magst als Rock-Musik.»

In den zweiten 10 Minuten sollen sich die Partner über ihre verschiedenen Vermutungen unterhalten. Welche Gefühle hatten sie, als sie falsche Vermutungen nicht richtigstellen konnten? Was haben Sie über Ihre eigenen Vermutungen gelernt? Die Partner können jetzt auch Stellung nehmen zu den Vermutungen des anderen.

G 8

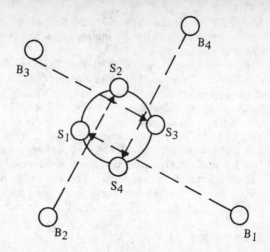

Wichtig ist, das Spiel 10 Minuten lang durchzuhalten. Wenn einem Partner einmal wirklich nichts mehr einfällt, dann kann er einmal ‹passen› – im großen und ganzen sollte die wechselnde Reihenfolge aber eingehalten werden. Gesprächspausen werden so lange ausgehalten, bis einem Partner wieder etwas einfällt. Sehen Sie Ihren Partner an während der Übung, es wird Ihnen dann leichter eine Vermutung einfallen.

Sie können in diesem Spiel Ihre eigenen Vermutungen über einen anderen Menschen besser kennenlernen. Diese Vermutungen sind zwar in jedem Kontakt vorhanden, aber häufig erkennen Menschen nicht diese ‹Vor›-Urteile und sprechen sie nicht aus. Aber erst wenn wir diese Vermutungen bewußter wahrnehmen und erkennen, können diese sich verändern. Wenn es Ihnen gelingt, in diesen Bereich der stereotypen Vermutungen vorzudringen, werden Sie erleben, in wie starkem Maß solche Vermutungen von Ihren eigenen Erfahrungen und von Ihren Wünschen und Befürchtungen und Lebensgewohnheiten geprägt sind.

3. Zoo (60 Min.)

Erste Phase (20 Min.) Die Gruppe teilt sich in gleich große Untergruppen. Eine Untergruppe übernimmt die Rolle der ‹Spieler›, die andere Untergruppe ist zunächst ‹Beobachter›. Die Spieler bilden einen Innenkreis. Jeder Beobachter sucht sich einen Spieler aus, den er während der folgenden Übung beobachtet. Er setzt sich in dem Außenkreis so hin, daß er seinem Spieler gegenübersitzt und diesen gut sehen kann. Die Beobachter sollen jedoch weit genug vom Innenkreis entfernt sitzen, damit sie die Spielergruppe nicht stören.

Die Spieler
Die Teilnehmer im Innenkreis sollen sich vorstellen, daß sie einen Zoo zusammenstellen sollen, in dem jeder Teilnehmer eine Tierrolle übernehmen soll. Die Gruppe soll sich für jeden Spieler auf die Tierrolle einigen,

die ihrer Meinung nach zu seiner Persönlichkeit paßt. Begründen Sie Ihre Tiervorschäge, um deutlich zu machen, weshalb Sie der Meinung sind, daß zu einem Spieler ein bestimmtes Tier paßt. Der Spieler selbst kann natürlich auch Vorschläge für sich selbst machen. Er soll auch den anderen mitteilen, wenn er nicht einverstanden ist mit den Vorschlägen der anderen und lieber ein anderes Tier sein möchte. Streiten Sie ruhig ein wenig und überlegen Sie so lange, bis für jeden eine Tierrolle gefunden worden ist, mit der alle einverstanden sind.

Die Beobachter
Diese sollen auf ein Stück Papier so genau wie möglich ihre Beobachtungen über ‹Ihren› Partner aufschreiben – das heißt, jede Aussage über Gefühle oder das Innenleben wäre schon eine Vermutung, und diese sollen Sie nicht aufschreiben. Also nicht: «Du warst unsicher», sondern: «Du hast deine Sitzhaltung oft verändert und sehr hastig geraucht.» Versuchen Sie so viel wie möglich aufzuschreiben und achten Sie dabei auf Sitzhaltung, Mimik, Tonfall, Gestik, Blickkontakt zu anderen. Auf welche Gruppenmitglieder reagiert ‹Ihr› Partner am häufigsten? Wie hält er seine Hände usw.?

Lassen Sie sich nicht ablenken von den oft belustigenden Vorschlägen der Spielergruppe, das würde ihre Beobachtungsfähigkeit behindern.

Zweite Phase (10 Min.). Jeder Beobachter setzt sich mit seinem Spieler zusammen und teilt ihm mit, was er aufgeschrieben und beobachtet hat. Erst nachdem er diese Verhaltensbeobachtung mitgeteilt hat, kann er auch Vermutungen äußern oder schildern, welche Gefühle dieses Verhalten bei ihm ausgelöst hat.

Dritte Phase (20 Min. und 10 Min.). Die Rollen werden getauscht (Spieler werden Beobachter und umgekehrt) und das Ganze wird noch einmal durchgespielt. Dabei sollen jetzt aber neue Paare gebildet werden.

Für die Beobachter ist es wichtig, daß sie sich nicht allzusehr vom Geschehen im Innenkreis gefangennehmen lassen, weil das ihre Aufmerksamkeit vom Verhalten ihres Partners ablenken würde.

In dieser Übung können Sie die Verhaltensbeobachtung üben und unterscheiden lernen zwischen tatsächlichem Verhalten und eigener Interpretation und Vermutung.

Das heißt nicht, daß es gut ist, einem anderen immer nur eine sachliche Beschreibung seines Verhaltens mitzuteilen, denn ebensowichtig ist es für ihn, welche Gefühle dieses Verhalten bei anderen auslöst. Wichtig ist nur, zu üben, beobachtbares Verhalten als Beobachtung und die eigenen Vermutungen und Gefühle als Gefühle zu schildern.

Außerdem erhalten Sie in dieser Übung neue Informationen über sich. Im Innenkreis erfahren Sie, welche Gedanken und Eindrücke die anderen mit Ihnen

G 8

verbinden, und von Ihrem Beobachter erhalten Sie konkrete Informationen über Ihr beobachtbares Verhalten.

4. Schlußgespräch (60 Min.)

Diskussion über das Thema: «Wie bekomme ich von anderen Menschen Informationen über mich, was bedeuten sie mir, und wie will ich mit ihnen umgehen?»

Die Diskussion sollte von zwei Blitzlichtern eingerahmt werden. Denken Sie bitte wieder an die Diskussionsregeln.

9. SITZUNG:
Feed-back (165 Minuten)

In dieser Sitzung erhalten Sie direkte Informationen darüber, wie die anderen Gruppenmitglieder Sie wahrnehmen und welche Gefühle Ihr Verhalten bei ihnen hervorgerufen hat bzw. hervorruft. Sie selbst können also Informationen über den Bereich Ihrer ‹blinden Flecken› erhalten – und zwar in einem Ausmaß, wie es im normalen Alltag kaum möglich ist. Anders als im Alltag, wo Sie diese Informationen meist nur in Auseinandersetzungen erhalten, bekommen Sie hier Feed-back in entspannter Atmosphäre und in hilfreicher Art, so daß Sie diese Informationen produktiv für sich verwerten können.

Außerdem können Sie in dieser Sitzung üben, anderen angemessenes Feed-back zu geben und dabei gleichzeitig Ihre Gefühle den anderen gegenüber noch mehr erforschen und klären. Beim Feed-back-Geben machen Feed-back-Empfänger wie auch Feed-back-Geber einen Lernprozeß durch. Schauen Sie sich vor der Sitzung noch einmal das Kapitel «Feed-back» (S. 70 ff.) an.

Wenn ein Gruppenmitglied neue Informationen über seine Wirkung auf andere erhält, dann kann es Gefühle und Gedanken bekommen wie: «Die kennen mich ja gar nicht richtig», «Ich fühle mich verkannt» oder: «Menschen, die mich besser kennen, beurteilen mich doch ganz anders.» Diese Gedanken treffen die Feed-back-Situation nicht, denn:

1. Sie können nur Feed-back erhalten über das Verhalten, das Sie vor den anderen in dieser Gruppe gezeigt haben – nicht über Verhaltensweisen, die Sie vielleicht woanders zeigen.
2. Wenn Ihnen ein anderer Mensch Feed-back gibt, dann hat das nur zum Teil mit Ihnen zu tun, zum anderen Teil hat es zu tun mit den Gefühlen, Erfahrungen und Einstellungen des Feed-back-Gebers.

1. Anfangsblitzlicht   (15 Min.)
2. Nonverbales Feed-back   (15 Min.)
3. Heißer Sitz   (120 Min.)
4. Schlußblitzlicht   (15 Min.)

1. Anfangsblitzlicht (15 Min.)

«Wie fühle ich mich im Augenblick, und was erwarte ich von der heutigen Sitzung?»

2. Nonverbales Feed-back (15 Min.)

Die Gruppe teilt sich in Paare auf, und in diesen werden die Rollen des ‹Aktiven› und des ‹Passiven› eingeteilt.

A: (5 Min.) Der Passive: Dieser Partner stellt sich so hin, daß der aktive Partner seinen Rücken ‹klopfen› kann. Er krümmt dafür den Rücken so, daß Kopf und Arme nach vorn unten hängen. Die Knie sind dabei nicht durchgedrückt, sondern der Körper ist folgendermaßen angewinkelt:

Der Aktive: Dieser Partner hat die Aufgabe, den Rücken des passiven Partners zu entspannen, indem er ganz leicht mit allen Fingern den Rücken des Partners ‹betrommelt›. So, als ob Sie Klavier spielen, lassen Sie die Finger auf dem Rücken tanzen und variieren die Stärke so, wie es Ihrem Partner lieb ist.

Bei der Übung soll nicht gesprochen werden, und der passive Partner soll durch Stöhnen, Grunzen und andere Laute mitteilen, wie angenehm oder unangenehm ihm die Massage ist – ob er lieber ‹etwas höher› betrommelt würde oder ob die Stärke oder die Art des Klopfens verändert werden soll.

B: (5 Min.) Die Rollen werden getauscht und der vorher aktive Partner wird massiert.

C: (5 Min.) Die Partner sollen sich über ihre Erfahrungen bei der Übung unterhalten.

Bei dieser Übung können Sie erleben, welche Gefühle Sie bekommen, wenn Ihr Partner Ihre Wünsche nicht richtig entschlüsseln und deswegen Ihre Wünsche auch nicht befriedigen kann. Als aktiver Partner erfahren Sie die Schwierigkeit, auf Wünsche zu reagieren, die nicht eindeutig geäußert werden. Situationen im Alltag, in denen die Sozialpartner ihre Wünsche nicht ganz eindeutig formulieren und sich dann ärgern, wenn diese nicht erfüllt werden, sind sehr häufig. Außerdem soll diese Übung die Gruppe auflockern für die anstrengende nächste Übung.

G9

3. Heißer Sitz (120 Min.)

Die Gruppenmitglieder sitzen im Kreis. In ihrer Mitte steht ein leerer Stuhl. Ein Gruppenmitglied setzt sich auf diesen ‹heißen Sitz› und bittet nacheinander vier Gruppenmitglieder um Feed-back. Er soll die Gruppenmitglieder auswählen, von denen ihm im Augenblick das Feed-back am wichtigsten ist. Die Gruppenmitglieder fangen ihr Feed-back mit den stereotypen Einleitungen an: «Mir gefällt an dir ...» und «Mir mißfällt an dir ...». Beide Aspekte sollten in dem Feed-back enthalten sein, und es sollte alle Gefühle und Gedanken einschließen, die ein Gruppenmitglied dem Mitglied auf dem heißen Sitz gegenüber hat. Oft klären sich diese Gefühle erst beim Aussprechen, und der Feed-back-Geber wird sich dabei seiner Gefühle bewußter.

Ist auf diese Weise viermal Feed-back gegeben worden, berichtet das Gruppenmitglied in der Mitte von seinen augenblicklichen Gefühlen und entscheidet, ob es von den restlichen Gruppenmitgliedern noch Zusätze oder Ausführungen zu den verschiedenen Rückmeldungen erhalten will. Auch die Mitglieder im Außenkreis können von sich aus jetzt noch Zusätze machen, müssen das Gruppenmitglied aber zunächst fragen, ob es dieses Feed-back hören will.

Wenn das geschehen ist, setzt sich das Gruppenmitglied wieder auf sei-

---

Regeln
Diese Regeln sind für das Gelingen der Übung sehr wichtig. Sie sind unbedingt einzuhalten.
1.
Das Gruppenmitglied in der Mitte darf auf das Feed-back nicht inhaltlich antworten. Es soll den Feed-back-Geber nur anschauen und zuhören. Am Schluß des Feed-back soll das Gruppenmitglied zum Feed-back-Geber einzig und allein sagen: «Ich danke dir und will darüber nachdenken und prüfen, was davon für mich wichtig ist.»
2.
Nach dem gesamten Feed-back darf das Gruppenmitglied auf dem heißen Stuhl nur von seinen momentanen Gefühlen sprechen (Betroffenheit, Freude, Erleichterung, Verwunderung, Nachdenklichkeit usw.). Es darf nicht inhaltlich Stellung nehmen. Der Gruppenteilnehmer soll das Feed-back erst einmal «sacken» lassen und in sich aufnehmen. Das Nachdenken und Verarbeiten des Feed-back wird durch eine inhaltliche Diskussion nur behindert.
3.
Es sollte akzeptiert werden, wenn ein Gruppenmitglied im Moment kein Feed-back geben kann, besonders wenn es vorher auf dem heißen Sitz war. Dieser Gruppenteilnehmer kann dann als vierter Feedback geben oder es zu einem späteren Zeitpunkt nachholen.

nen alten Platz, berichtet noch einmal kurz von seinem momentanen Gefühl, und das nächste Gruppenmitglied setzt sich in die Mitte auf den heißen Sitz.

Jedes Gruppenmitglied hat ungefähr 12 Minuten Zeit und eine Zeitüberschreitung kann andere Gruppenmitglieder daran hindern, später ihr Feed-back zu erhalten.

Dieser heiße Sitz ist nicht einfach, und die Übung kann sehr nachdenklich machen. Es ist schwierig, so massiert Information über die eigene Person aus der Sicht der anderen zu erhalten und nur zuzuhören und aufzunehmen. Diese Erfahrung ist aber viel intensiver, wichtiger und produktiver als ein Feed-back, auf das man sofort reagiert, sich verteidigt, klarstellt oder bei dem man innerlich ‹weghören› kann. Die meisten Gruppenmitglieder fühlen eine gewisse Aufregung und bekommen Herzklopfen, wenn sie sich in die Mitte des Kreises setzen und die Gruppenmitglieder alle um sich herum sehen. Man erlebt aber selten Momente von solcher Aufmerksamkeit, Klarheit und Intensität wie bei diesem Arrangement.

Die Gruppenatmosphäre ist nach dieser Übung meist erleichtert und nachdenklich zugleich. Auf der einen Seite muß die neue Information noch verarbeitet werden, und es macht betroffen, wenn diese anders ist, als es unserem Selbstbildnis entspricht. Auf der anderen Seite ist das in der Phantasie befürchtete Feed-back fast immer schlimmer als das reale, und insofern wird eine irrationale Angst und Befürchtung ersetzt durch eine reale Nachdenklichkeit. Die Erfahrung, daß das «gar nicht so schlimm ist, wie man dachte», erleichtert den einzelnen ungemein.

Falls Gruppenmitglieder nach der Übung das große Bedürfnis haben, mit den anderen weiter zu sprechen, dann sollten sie überlegen, ob sie damit nicht wollen, daß die anderen Gruppenmitglieder das Ausgesprochene wieder rückgängig machen und die Information verwässern wollen. Sinnvoll scheinen uns nur Informationsfragen dort zu sein, wo wir ein Feed-back noch nicht verstanden haben. Und außerdem sollten wir durch partnerzentriertes Eingehen auf den anderen ihm helfen, seine Gefühle noch mehr zu klären. Wenn ein Gruppenmitglied zum Beispiel äußert: «Ich glaube, daß ihr alle unehrlich wart und mir nur Nettes gesagt habt», dann sollte darüber nicht argumentiert werden, sondern die Gruppe sollte mitteilen, wie offen und ehrlich sie ihre Aussagen gemacht hat, und dann das Gefühl des Mißtrauens bei dem Gruppenteilnehmer wichtig nehmen und ihm helfen, dieses noch mehr zu explorieren. Für das Günstigste halten wir aber, keine Diskussion mehr an die Übung anzuschließen, sondern die Information erst einmal für eine Woche ‹sacken› zu lassen. In der nächsten Sitzung bietet sich Gelegenheit, neue, bewußt gewordene Probleme zu bearbeiten.

4. Schlußblitzlicht (15 Min.)

«Wie fühle ich mich im Augenblick, und was habe ich heute erfahren?»

G 9

10. SITZUNG:
Probleme und Konflikte (180 Minuten)

In dieser Sitzung erhalten Sie die Möglichkeit, in der Gruppe und mit Hilfe der anderen Gruppenmitglieder individuelle Probleme und Konflikte aufzuarbeiten.

Vielleicht ist Ihnen das Verhalten eines anderen Gruppenmitglieds in irgendeiner Sitzung zum Problem geworden, und Sie hatten noch nicht die Möglichkeit, dieses Problem mit dem Betreffenden zu besprechen. Oder Ihnen ist durch das Feed-back der letzten Sitzung oder durch eine andere Erfahrung ein persönlicher Konflikt deutlich geworden, den Sie gerne lösen möchten. Oder Sie haben ein Problem mit einem Sozialpartner außerhalb der Gruppe, mit dem Sie allein nicht zurechtkommen und bei dem Sie sich Hilfe von den anderen Gruppenmitgliedern versprechen.

Außerdem erhalten Sie die Gelegenheit, verschiedene Methoden und Instrumente kennenzulernen, mit deren Hilfe Sie diese Probleme und Konflikte häufig effektiver bearbeiten und lösen können als im freien Gruppengespräch.

Diese Sitzung stellt an die Gruppenmitglieder höhere Anforderungen als die vorausgegangenen, da wir Ihnen nur die Methoden zeigen, die Sie zur Problembewältigung zu Hilfe nehmen können. Wir überlassen aber Ihrer Gruppe die Entscheidung, zu welchem Zeitpunkt und auf welche Weise und für welches Problem Sie eine bestimmte Methode einsetzen. Wir überlassen also heute der Gruppe weitgehend selbst die Strukturierung der Sitzung. Der Sitzungsleiter hat nur noch die Aufgabe, zum Anfangs- und zum Schlußblitzlicht aufzufordern. Wir glauben aber, daß nach den bisherigen Sitzungen Ihre Gruppe sicherlich in der Lage ist, in befriedigender Weise die Sitzung selbst zu strukturieren.

Lesen Sie bitte vor dieser Sitzung noch einmal die Kapitel «Selbstkommunikation» (S. 81 ff.) und «Das Konfliktgespräch» (S. 131 ff.).

1. Anfangsblitzlicht   (15 Min.)
2. Problemgespräche und Übungen   (150 Min.)
3. Schlußblitzlicht   (15 Min.)

1. Anfangsblitzlicht (15 Min.)
«Wie fühle ich mich im Augenblick, und was erwarte ich von dieser Sitzung?»

2. Problemgespräche und Übungen (150 Min.)
Die Gruppe behandelt im Gespräch oder mit Hilfe einer der aufgezählten Methoden intra- und interpersonelle Probleme und Konflikte. Es ist nicht so wichtig, daß alle Gruppenmitglieder an die Reihe kommen – denn auch als ‹teilnehmende Beobachter› können die Gruppenmitglieder profitie-

ren. Denn es gibt wohl kein Problem, das nicht in irgendeiner Weise seine Parallele bei anderen Gruppenmitgliedern hat.

Das Gruppenmitglied, das als erstes ein Problem bearbeiten möchte, teilt der Gruppe mit, worum es sich handelt, und entscheidet mit Hilfe der Gruppe, welches der ‹Instrumente› für sein Problem am hilfreichsten sein dürfte (intrapersoneller Konflikt, Beziehungsgespräch, Konfliktgespräch oder partnerzentriertes Gespräch).

Die Bearbeitung des Problems findet bei allen Methoden auf zwei Stühlen in der Mitte des Kreises statt, wobei die anderen Gruppenmitglieder sich zurückhalten sollen und nur in bestimmten Phasen eingreifen dürfen. Wichtig ist, daß die Gruppe sich ganz auf das Problem der ‹Hauptperson› konzentriert. Hat die Hauptperson das Gefühl, daß sie selbst und die Gruppe sich genügend lange mit dem Problem beschäftigt haben, dann ist ein anderes Gruppenmitglied an der Reihe, das ein individuelles Problem bearbeiten will.

Wir raten Ihnen, in dieser Sitzung nicht allzulange vor der Bearbeitung der Probleme zu diskutieren. Sehr groß ist die Gefahr, daß durch die Diskussion vermieden wird, die verschiedenen Methoden kennenzulernen. Erfahrungsgemäß ist es nicht einfach, sich erst einmal in eine solche ungewöhnliche Situation (in der Mitte des Kreises) zu begeben. Und eine Vermeidung dieser Möglichkeiten zur Bearbeitung der Probleme führt dazu, daß wichtige Erfahrungen nicht gemacht werden können. Wir empfehlen Ihnen, jede Methode einmal auszuprobieren.

A. *Intrapersoneller Konflikt*

Ein Gruppenmitglied definiert die beiden sich bei diesem Konflikt widersprechenden oder im Streit liegenden Seiten seiner Person und läßt diese beiden Seiten in der Mitte des Kreises in einen Dialog treten, so wie es in der «Übung auf zwei Stühlen» im Kapitel «Selbstkommunikation» beschrieben worden ist. Die Gruppenmitglieder können diesem Gruppenmitglied hilfreich zur Seite stehen, wenn es dabei ist, die beiden Seiten seines Konfliktes zu identifizieren. Beim Rollenspiel selbst sollen sie aber auf keinen Fall eingreifen und nur teilnehmend beobachten. Wenn der Spieler aber selbst nicht mehr weiter weiß und die anderen um Hilfe bittet, dann können sie ihm ihre Beobachtungen und Vorschläge mitteilen.

B. *Beziehungsgespräch*

Ein Gruppenmitglied, das ein Problem mit einem anderen Teilnehmer hat, fragt diesen, ob er bereit ist, mit ihm in der Mitte des Kreises ein Beziehungsgespräch zu führen. Beide rücken zunächst mit ihren Stühlen so weit zueinander hin oder voneinander ab, bis für beide die optimale Nähe oder Distanz vorhanden ist. Dann treten die beiden Gruppenmitglieder in einen Dialog ein, um ihre Beziehung oder ihren gemeinsamen Konflikt miteinander zu erforschen.

Die Gruppe hält sich zurück und beobachtet das Gespräch. Sie soll besonderes Augenmerk auf die Kommunikation zwischen den beiden richten. (Wird angeklagt oder angegriffen? Werden die Gefühle direkt ausgedrückt? Werden «Du bist»-Aussagen vermieden usw.) Falls der Dialog stockt und die beiden Partner in Verteidigungshaltung geraten und die Kommunikation destruktiv wird, dann können die anderen Gruppenmitglieder kurz ihre Eindrücke den beiden mitteilen. Sie sollten sich aber damit nicht aufdrängen und zunächst fragen, ob die beiden diese Mitteilung auch hören wollen.

Falls der Dialog stockt, da beide Partner nicht so richtig an ihre Gefühle dem anderen gegenüber herankommen, können sie folgende Technik zu Hilfe nehmen, mit der sie auch das Gespräch beginnen können:

Abwechselnd sagen sie sich gegenseitig, was sie miteinander unternehmen oder machen könnten und was nicht. Abwechselnd werden also Tätigkeiten genannt, die man gern mit dem anderen ausführen würde, und Tätigkeiten, die man nicht so gern mit dem Partner ausführen würde, wobei Kommentare und Erwiderungen vermieden werden sollen. Zum Beispiel:

A: «Ich könnte mit dir segeln gehen.»
B: «Ich könnte mit dir einen Abendspaziergang machen.»
A: «Ich würde nicht gern mit dir ins Theater gehen.»
B: «Ich könnte nicht mit dir einen trinken gehen.»
A: «Ich würde mit dir gern einen trinken gehen.»

Diese Statements sollen schnell und spontan und ohne allzulanges Nachdenken ausgetauscht werden. Oft werden dabei die verschiedenen Erwartungen und Beziehungsvorstellungen der Partner deutlich, und sie können sich nach diesem Spiel besser über ihre Beziehung unterhalten. Im obigen Dialog wird zum Beispeil ein wenig sichtbar, daß A andere Erwartungen und Wünsche an die Beziehung stellt als B.

C. *Das Konfliktgespräch für einen Konflikt außerhalb der Gruppe*

Das echte Konfliktgespräch eignet sich am besten für Konflikte, bei denen Lösungen für die Zukunft gefunden werden müssen. Meistens werden das Konflikte mit einem Sozialpartner außerhalb der Gruppe sein, mit dem man zusammen wohnt oder arbeitet.

Ein Gruppenmitglied schildert kurz diesen Konflikt, die Einstellungen und das Verhalten des betreffenden Sozialpartners außerhalb der Gruppe. Ein anderes Gruppenmitglied erklärt sich bereit, diesen Sozialpartner im Rollenspiel darzustellen. Dabei ist es nicht notwendig, daß der Mitspieler genauso agiert wie der betreffende Sozialpartner. Auch wenn die Situation im Spiel sich anders entwickelt als normalerweise, kann mit dem Spiel doch ein großer Lerneffekt erzielt werden.

Die Aufgabe für die beiden Spieler ist zunächst, die Phasen «Störungen anmelden» und «Hintergrundsbedürfnisse» des Konfliktgesprächs (siehe S. 148 f.) durchzuspielen.

Dann wird das Spiel kurz unterbrochen, und die Gruppe teilt Beobachtungen über Kommunikation und Verhalten der beiden mit – ohne jedoch Lösungsvorschläge für den Konflikt anzubieten.

Danach spielen die beiden Gruppenmitglieder die gleichen Phasen noch einmal durch – jetzt aber mit vertauschten Rollen. Der Mitspieler soll sich möglichst genauso verhalten wie die Hauptperson im ersten Spiel, damit diese in der Rolle ihres Sozialpartners sensibler für die Auswirkungen ihres Verhaltens werden kann.

Dann wird wieder unterbrochen, die Spieler sprechen von ihren Gefühlen, und die Gruppe gibt Feed-back. Darauf beteiligt sich die ganze Gruppe an einem Brainstorming für mögliche Problemlösungen, das heißt, ohne Diskussion und Bewertung werden alle Lösungen genannt, die den einzelnen einfallen. Dieses Brainstorming ist für die Spieler aber unverbindlich – sie sollen die Lösungen nicht übernehmen, sondern nur als Anregung betrachten. Darauf spielen die beiden wieder allein die Phase «Einigung auf die beste Lösung» – und zwar so lange, bis sie beide zu der Lösung ja sagen können.

Obwohl der ‹echte› Sozialpartner nicht anwesend ist, kann dennoch dieses Rollenspiel der Hauptperson weiterhelfen – außerdem wird einmal ein vollständig durchgespieltes Konfliktgespräch demonstriert.

D. *Das partnerzentrierte Gespräch*
Ein Gruppenmitglied bittet ein anderes, für ihn die Rolle des Beraters zu übernehmen, und beide setzen sich in die Mitte des Kreises, damit die Hauptperson in der Rolle des Klienten ihr Problem lösen kann. Dies ist dann anzuraten, wenn ein Gruppenmitglied das Gefühl hat, daß die anderen drei Methoden für sein Problem nicht angemessen sind.

Der Berater versucht partnerzentriert auf das Gruppenmitglied zu reagieren, so wie es im Kapitel «Das partnerzentrierte Gespräch» beschrieben und ja auch in der 5. Sitzung geübt worden ist.

Dabei wird es meist nicht möglich sein, ein Problem vollständig zu lösen. Ziel ist es eher, durch das Gespräch zu bewirken, daß das Gruppenmitglied einige Probleme klarer oder in einem anderen Licht sieht.

3. Schlußblitzlicht (15 Min.)
«Was habe ich heute abend erfahren, und wie fühle ich mich im Augenblick?»

11. SITZUNG:
Rückblick und Abschied (180 Minuten)

In dieser Sitzung haben Sie die Möglichkeit, noch einmal auf alle Sitzungen zurückzublicken und die Entwicklung der Gruppe sowie die Entwicklung Ihrer Person in dieser Gruppe zu reflektieren. Selbst wenn die Gruppe vorhat, sich weiterhin zu treffen, möchten wir Ihnen doch empfehlen, diese Sitzung als Abschied und als Schlußpunkt für dieses Programm aufzufassen – denn ein neuer Anfang wird erleichtert durch einen vorläufigen Schlußstrich und eine Reflexion über den bisherigen Lernerfolg.

In dieser Sitzung ist die Strukturierung ganz der Gruppe überlassen. Sie sollte jedoch Gebrauch machen von den Instrumenten, die sie jetzt als Rüstzeug für eine sich selbst regulierende Selbsterfahrungsgruppe besitzt.

Wir werden Ihnen für die drei Stunden drei Themen als Anregung geben. Diese Themen sind jedoch nach den Diskussionsregeln («Störungen haben Vorrang», «Sei dein eigener Chairman») nicht verpflichtend. Es kann und sollte also auch über andere Dinge gesprochen werden, wenn das der Gruppe wichtig ist. Sie sollten aber in dieser Stunde nicht beim Diskutieren stehenbleiben, sondern auch verschiedene der gelernten Methoden anwenden. Wir führen diese ‹Instrumente› noch einmal auf der nächsten Seite auf. Diese Stunde kann für Sie ein Modell für alle weiteren Stunden sein, wenn Sie vorhaben, als Selbsterfahrungsgruppe zusammenzubleiben. Wir glauben, daß diese Instrumente jetzt von Ihnen so gehandhabt werden können, daß sich die Gruppe selbst regulieren kann und weder Trainer noch festes Programm benötigt. Wenn Sie aber eine Gruppe sind, die zusammenwohnt oder zusammenarbeitet, sollten Sie diese Sitzung dafür nützen, um zu diskutieren, was die Erfahrungen, die Sie gemacht haben (besonders die Erfahrungen mit den Diskussionsregeln) für Ihre weitere Zusammenarbeit oder Ihr weiteres Zusammenwohnen bedeuten können.

Wenn Sie aber vorhaben, als problemzentrierte Rollenspielgruppe weiterzuarbeiten, dann benötigen Sie noch eine Einführung in das Rollenspiel (siehe Kapitel «Rollenspielgruppe», S. 333 ff.).

Die drei Themen:

1. Was hat mir an der Gruppe gefallen und was nicht?
2. Wie will ich die Erfahrungen in dieser Gruppe in meinem Alltag anwenden?
3. Wie schwer fällt mir der Abschied, und wie wollen wir weitermachen?

Die Instrumente

1. *Anfangs- und Schlußblitzlicht*

Auf diese Blitzlichter sollten Sie in dieser Sitzung und auch in Zukunft nicht verzichten. Sie können damit experimentieren, welche Sitzungsdauer für Ihre Gruppe am besten ist. Aber es ist unserer Erfahrung nach immer hilfreich, wenn durch diese beiden Blitzlichter die Stunde klar vom informellen Teil getrennt wird.

2. *Die freie Diskussion mit Hilfe der Diskussionsregeln*

Die freie Diskussion wird vielleicht in Ihrer Gruppe die meiste Zeit in Anspruch nehmen. Denken Sie dann aber daran, immer wieder auf die Diskussionsregeln zu achten. Wenn Sie eine Störung haben, sollten Sie diese anmelden, oder Sie sollten um ein Blitzlicht bitten, wenn Ihnen die Gruppensituation nicht mehr transparent ist.

3. *Der heiße Sitz*

Angebracht, wenn ein Gruppenmitglied für ein Verhalten von allen oder mehreren Gruppenmitgliedern Feed-back erhalten will.

4. *Das partnerzentrierte Gespräch*

In der Mitte des Kreises.

5. *Das intrapersonelle Konfliktgespräch*

6. *Das Beziehungsgespräch*

7. *Das Konfliktgespräch*

5
Trainingsmöglichkeiten zur Verbesserung von Kommunikation und Kooperation in Arbeits- und Wohngruppen

1. Einleitung

Gruppen, die für längere Zeit zusammenwohnen oder -arbeiten, haben häufig das Gefühl, daß ihre gemeinsame Arbeit durch emotionale Konflikte behindert wird und daß sie große Schwierigkeiten haben, diese Konflikte zu erkennen und zu bearbeiten. In der Tat stellt partnerschaftliches Zusammenwohnen und -arbeiten hohe Ansprüche an die Kommunikations- und Kooperationsfähigkeit der Gruppenteilnehmer, die in der Kindheitsfamilie und in der Schule nur selten erlernt wurden. Solange in der Erziehung und in der Schule noch kooperationsfeindliche Arbeitsmodelle vorherrschen, ist es für Arbeitsgruppen meist notwendig zu lernen, zusätzlich zum Arbeitsthema auch ihre affektiv-emotionalen Probleme zu behandeln.

Denn Emotionen und sachliche Arbeit beeinflussen sich gegenseitig. So werden zum Beispiel emotionale Konflikte häufig auf der inhaltlichen Ebene ausgetragen, ohne daß das erkannt wird. So streiten sich die Gruppenmitglieder beispielsweise über ein Thema, und die Polarisierung auf dieser Ebene wird immer größer – obwohl in diesem Fall der Grund für den Konflikt Gefühle der Zuneigung, Abneigung, Unterlegenheit usw. sein können.

Andererseits wagen manchmal Gruppenmitglieder nicht, zu ihren inhaltlichen Argumenten zu stehen und ihre Meinung deutlich zu machen – aus Angst, daß diese Polarisierung sich als Isolierung oder Abneigung auf der emotionalen Ebene auswirkt –, und darunter leidet das Arbeitsergebnis ebenso.

Neben dem Arbeitsaspekt ist aber noch etwas anderes wichtig. In einer Gruppe, in der die Kommunikation wenig offen und direkt ist, in der die Gruppenmitglieder miteinander konkurrieren, Angst voreinander haben und nicht offen ihre Interessen anmelden können, werden die Gruppenmitglieder aus der gemeinsamen Arbeit wenig Befriedigung schöpfen können, und das Thema wird nicht als Anreiz aufgefaßt, engagiert und von innen motiviert damit umzugehen. Je besser Kommunikation und Kooperation in einer Lerngruppe sind, desto mehr wird Gruppe und Thema den eigenen Interessen angepaßt, und die Arbeit wird in die eigene Erfahrung und in die eigenen Ziele integriert. Auf diese Weise lernt der einzelne aus seiner inneren Motivation heraus, er wird von äußeren Belohnungen und Bestrafungen (z. B. Zensuren) unabhängig – und damit können Wissen und Lernen handlungsrelevant werden.

Und noch ein wichtiger Aspekt: In einer Arbeits- und Wohngruppe, in der sich die Mitglieder um eine Verbesserung der Kommunikation und Kooperation bemühen, erhält der einzelne die Möglichkeit, neue partnerschaftlichere Verhaltensweisen zu erlernen. Lernziel wird für das einzelne Gruppenmitglied nicht nur das Arbeitsthema, sondern auch die eigene sozialaffektive Entwicklung – und so kann er von der Gruppe als «Anleitungsgruppe zum sozialen Lernen» profitieren.

2. Für welche Gruppen kann ein Kommunikations- und Kooperationstraining hilfreich sein?

Ein Training kann denjenigen Gruppen helfen, die emotionale Konflikte besser erkennen und bearbeiten wollen, um die Effektivität der Arbeit zu verbessern, die Gruppe für alle Mitglieder befriedigender zu gestalten und ihr gegenseitiges Sozialverhalten zu verbessern. Dies können Gruppen aus verschiedensten Bereichen sein, zum Beispiel:
– Arbeitsteams, die über längere Zeit zusammenarbeiten;
– Lehrerkollegien;
– Mitarbeiter im Kindergarten, im Krankenhaus und in anderen sozialen Institutionen, in denen Teamfähigkeit notwendig ist;
– studentische Arbeitsgruppen;
– Kleingruppen in der Schule;
– Wohngemeinschaften;
– ‹Flurgruppen› in einem Studentenheim;
– Projektgruppen (Kinderladen usw.);
– Jugendgruppen.

3. Anwendung der Diskussionsregeln

Für alle Gruppen, die ein Thema behandeln, das ihre konkreten Erfahrungen direkt berührt (in der Schule beispielsweise Deutsch- und Sozialkundeunterricht), ist es hilfreich, während der Arbeit die Diskussionsregeln zu beachten (s. «Selbsterfahrungsprogramm», S. 323f). Dadurch wird die Kommunikation offener, Störungen können aufgedeckt werden, und das Thema wird mehr in die eigene Erfahrung integriert. Auf ähnliche Weise arbeiten die themenzentrierten interaktionellen Gruppen von Ruth Cohn. Für andere Arbeitsgruppen oder auch für Wohngruppen ist es günstiger, spezielle Problem- oder Konfliktsitzungen durchzuführen, die dem emotionalen Bereich vorbehalten sind. Bei diesen Sitzungen sollten die Diskussionsregeln eingehalten werden.

4. Durchführung der Sitzung «Metakommunikation in Gruppen»

Da das Verstehen und das Einhalten der Diskussionsregeln nicht einfach ist, empfehlen wir jeder Arbeits- und Wohngruppe, die Sitzung «Metakommunikation in Gruppen» (2. Sitzung im Selbsterfahrungsprogramm) durchzuführen. In dieser Sitzung wird durch Papiere noch einmal einsichtig gemacht, warum bestimmte Diskussionsregeln wichtig sind, und diese können sofort danach konkret erfahren werden. Wenn eine Gruppe wenig Zeit hat für ein zusätzliches Training, dann sollte sie überlegen, ob diese Sitzung in ihrem Arbeitszeitplan noch Platz hat.

5. Blitzlicht und Datenerhebungsbögen in Arbeitssitzungen

Wenn sich eine Gruppe dazu entschließt, im Anschluß an jede Gruppensitzung den Ablauf der Arbeitssitzung zu besprechen, dann kann eine solche Form von Feed-back und Metakommunikation die gemeinsame Arbeit bereits verändern und befriedigender gestalten. Eine Möglichkeit ist das Blitzlicht am Ende jeder Sitzung mit anschließender Diskussion über die Arbeit: «Was hat mir gefallen, was nicht?» «Womit bin ich nicht zufrieden?» usw. So wie es im Selbsterfahrungsprogramm beschrieben worden ist, sollte das Blitzlicht Anstoß geben zur Metakommunikation. Bei der anschließenden Diskussion sollte auf die Einhaltung der Diskussionsregeln geachtet werden.

Statt des Blitzlichts können auch Datenerhebungsbögen benutzt werden, wie die Gruppe es in der Sitzung «Metakommunikation in Gruppen» erfahren hat. Diese Datenerhebungsbögen sollten die Fragen aufweisen, die für die Gruppenarbeit wichtig sind, wie zum Beispiel Fragen nach der subjektiven Befindlichkeit, dem Engagement beim Thema, der Einschätzung der Kooperation und des Gruppenleiterverhaltens (wenn einer vorhanden ist) usw. Mit Hilfe des Blitzlichts oder der Datenerhebungsbögen am Schluß der Sitzung können jedesmal mit geringem Zeitaufwand die Gruppensitzung reflektiert und Änderungen überlegt werden. Zur Einübung einer solchen ‹Manöverkritik› am Ende von Arbeitssitzungen ist die Einheit ‹Metakommunikation› (s. Selbsterfahrungsprogramm) ein geeignetes Mittel.

6. Die Durchführung des Selbsterfahrungsprogramms

Falls Arbeits- und Wohngruppen die Zeit aufbringen können, dann halten wir die Durchführung des Selbsterfahrungsprogramms für sehr günstig. Für Wohngruppen, in denen die Intimität zwischen den Mitgliedern meist größer ist als in Arbeitsgruppen, wird das Programm eine große

Hilfe zum Erkennen und Bearbeiten von Problemen und Konflikten sein. Arbeitsgruppen müssen überlegen, wie groß ihrer Meinung nach der Grad der Intimität in ihrer Gruppe werden soll. Sie können gegebenenfalls das Selbsterfahrungsprogramm nach ihren Bedürfnissen verändern, indem Sie zum Beispiel die 3. Sitzung (Begegnung), die 6. Sitzung (Nonverbale Übungen) und die 7. Sitzung (Selbstbehauptungstraining) übergehen. Solch ein gekürztes Programm ist dann ohne weiteres an einem Wochenende durchzuführen.

7. Ein Kurztraining von vier Sitzungen

Für Gruppen, die mehr Zeit für ein Training aufwenden wollen als nur für die Sitzung «Metakommunikation in Gruppen», für die aber der Zeitaufwand für das gesamte Selbsterfahrungsprogramm zu groß ist, haben wir folgendes Trainingsprogramm zusammengestellt. Es nimmt im ganzen zehn Zeitstunden in Anspruch. Die Sitzungen können entweder zusätzlich zur Arbeit einmal wöchentlich durchgeführt werden oder aber jede zweite Arbeitssitzung für einige Zeit ersetzen. Sie können aber auch an einem einzigen Tag durchgeführt werden.

1. Sitzung: Metakommunikation in Gruppen (180 Minuten)
(2. Sitzung des Selbsterfahrungsprogramms)

2. Sitzung: Wie kooperieren wir (140 Minuten)
(siehe Seite 325 ff.)

3. Sitzung: Emotionale Beziehungen und Arbeit (140 Minuten)
1. Anfangsblitzlicht (10 Min.)
2. Erweitertes Soziogramm (90 Min.)
   (siehe 4. Sitzung des Selbsterfahrungsprogramms)
3. Arbeits- oder Beziehungskonflikt (30 Min.)
   Die Gruppenmitglieder diskutieren über das Thema: «Wie hängen meine Stellung in der Gruppe und meine emotionalen Beziehungen zu den anderen mit meinem Verhalten bei der Arbeit zusammen?»
4. Schlußblitzlicht (10 Min.)

4. Sitzung: Einübung in das Konfliktgespräch (160 Minuten)
1. Anfangsblitzlicht (10 Min.)
2. Andere Interessen verstehen (45 Min.)
   Jedes Gruppenmitglied schreibt auf eine Karteikarte ein Problem, das es mit oder in dieser Gruppe hat. Dabei genügen einige Stichworte, die das Problem hinreichend deutlich machen. Die Karteikarten werden eingesammelt und gemischt. Jedes Gruppenmitglied zieht aus diesem Haufen eine Karteikarte, so daß es jetzt auf dieser Karte ein Problem beschrieben bekommt, das ein anderes Gruppenmitglied mit der Gruppe hat. Jedes Gruppenmitglied soll jetzt dieses

Problem der Gruppe in ‹Ich›-Form erzählen, so daß es das Problem als sein eigenes schildert. Der Gruppenteilnehmer, der dieses Problem wirklich hat und es aufgeschrieben hat, sollte sich nicht zu erkennen geben – das kann nach der Übung geschehen.

Wenn ein Gruppenmitglied nun ‹sein› Problem schildert, können die anderen Gruppenmitglieder nachfragen und das Gruppenmitglied zu weiteren Ausführungen über das Problem bewegen. Der Sprecher muß sich also in das Problem des anderen einfühlen und soll seine Gefühle zu dem Problem schildern, wobei er sich nach seinen Vermutungen über die Gefühle des ‹wirklichen› Gruppenmitglieds richten wird. Das Gruppenmitglied, welches das Problem aufgeschrieben hat, kann während dieses Gespräches prüfen, ob ein anderer sich eigentlich in sein Problem hineinversetzen kann und es versteht.

3. Konfliktgespräche (60 Min.)

Ein Gruppenmitglied erzählt der Gruppe von einem Problem oder einem Konflikt, den es mit einem oder verschiedenen Gruppenmitgliedern hat. Das kann dann dasselbe Problem sein, das es in der vorangegangenen Übung aufgeschrieben hat, es kann aber auch ein anderes sein.

Falls dieser Konflikt nur *ein* anderes Gruppenmitglied betrifft, dann setzen sich die beiden Gruppenmitglieder in die Mitte des Kreises und führen ein Konfliktgespräch, wie es in der 9. Sitzung des Selbsterfahrungsprogramms beschrieben worden ist.

Wenn der Konflikt die *ganze Gruppe* betrifft, dann wird das Gespräch so geführt, wie es in dem Kapitel «Konfliktgespräch in Gruppen» (S. 149) ausgeführt worden ist.

Wenn die Gruppe einen Konflikt in allen Phasen bearbeitet hat und noch Zeit übrig hat, dann geht sie zum nächsten Konflikt über. Aber nie sollte ein neuer Konflikt bearbeitet werden, wenn der vorangegangene nicht ausgetragen worden ist.

4. Schlußdiskussion (45 Min.)

Die Gruppe diskutiert über die Themen:

1. «Was hat mir die Teilnahme an diesem Trainingsprogramm gebracht? Was habe ich Neues gelernt?»

2. «Nehme ich jetzt die Gruppe anders wahr, und wenn ja, wie?»

3. «Über welche Dinge bin ich enttäuscht und meine, daß wir daran noch weiterarbeiten sollten?»

4. «Wie wichtig finde ich es, daß wir weiterhin regelmäßige ‹Konfliktsitzungen› einrichten?»

8. Die Sitzung «Wie kooperieren wir?» (140 Minuten)

In dieser Sitzung können die Gruppenmitglieder prüfen, auf welche Weise sie sich normalerweise kooperativ oder unkooperativ verhalten. Mit Hilfe einer experimentellen Situation (Spiel) wird unkooperatives Verhalten forciert, so daß jeder einzelne sensibler für seine spezifischen arbeitshemmenden Verhaltensweisen werden kann. Es geht also nicht darum zu prüfen, *ob* man kooperativ oder unkooperativ ist, Ziel dieser Sit-

325

zung ist vielmehr zu prüfen, *auf welche Weise* die Gruppenmitglieder kooperatives Arbeiten blockieren, wenn die Situation schwierig ist.

Außerdem können die Gruppenmitglieder in dieser Sitzung das partnerzentrierte Gespräch üben und in der Rolle des ‹Klienten› über ihre Schwierigkeiten bei der Arbeit mit den anderen reflektieren.

Die Technik des partnerzentrierten Gesprächs wird für jede Gruppe nützlich werden, besonders wenn sich bei Konflikten die Stimmung emotional auflädt und die Gruppenmitglieder sich nicht mehr verstehen. Auch für diese Sitzung sollte ein Sitzungsleiter gewählt werden, der die Anweisungen zu den verschiedenen Übungen gibt. Die Gruppenmitglieder sollten die Beschreibung des Kooperationsspiels vorher noch nicht lesen – da diese Übung dann sinnlos wird.

1. Anfangsblitzlicht   (10 Min.)
2. Kooperationsspiel   (20 Min.)
3. Reflexion   (40 Min.)
4. Das partnerzentrierte Gespräch   (60 Min.)
5. Schlußblitzlicht   (10 Min.)

1. Anfangsblitzlicht (10 Min.)

«Wie fühle ich mich im Augenblick, und was erwarte ich von dieser Sitzung?»

2. Kooperationsspiel (nach William Pfeiffer) (20 Min.)

Vorbereitung: Der Sitzungsleiter tippt die Anweisung auf ein Blatt Papier, und die für dieses Spiel benötigten Informationen auf Karteikarten, so daß die Gruppe in der Sitzung eine Anweisung vor sich liegen hat. Dieses Buch sollte sie in der Sitzung nicht benutzen, da dann die Lösung für die Aufgabe zu einfach werden kann.

Vorgehen: Der Sitzungsleiter rechnet die Aufgabe schon vor der Sitzung einmal aus, damit er bei der Übung sensibler den Gruppenprozeß beurteilen kann. Die Aufgabe ist zu lösen. Falls die Gruppe nicht mehr als 7 Mitglieder besitzt, können alle Gruppenmitglieder mitspielen, außer dem Gruppenleiter. Falls die Gruppe größer ist, übernehmen einige Gruppenteilnehmer die Beobachterfunktion, oder aber die Gruppe wird in zwei Untergruppen aufgeteilt, die jede für sich die Aufgabe lösen sollen und in Konkurrenz zu anderen treten.

Der Sitzungsleiter gibt die ‹Instruktion zur Aufgabenlösung› an die Gruppe und verteilt die Karteikarten mit den Informationen gleichmäßig an die Gruppenmitglieder.

Auch wenn Fragen aus der Gruppe kommen, gibt er keine weiteren Kommentare – Anweisung und Karten genügen zur Instruktion, und die Gruppe muß allein mit der Anweisung zurechtkommen. Der Sitzungsleiter weist noch einmal darauf hin, daß nur 20 Minuten Zeit zur Verfügung stehen und die Aufgabe als nicht gelöst gilt, wenn die Lösung nicht in dieser Zeit erarbeitet wird.

Während der Übung achtet er darauf, daß die Karten nicht gezeigt oder ausgetauscht werden und daß nicht geschrieben wird. Er beobachtet so genau wie möglich das Verhalten der Gruppenmitglieder und die verschiedenen Rollen, die sie bei der Arbeit einnehmen.

In dieser Übung wird eine realistische Arbeitssituation in Gruppen simuliert. Es herrscht Zeitdruck (sonst Prüfungsdruck, Leistungsdruck und Zeitdruck), für die Lösung dieser Aufgabe besitzen die Gruppenmitglieder verschiedene Fähigkeiten (logisches Denken, Informationen sammeln, Kopfrechnen), so daß sich «Expertenrollen» herausbilden können. Außerdem haben die Gruppenmitglieder verschiedene Vorinformationen, die nur durch offene und rationale Kommunikation der ganzen Gruppe zugänglich gemacht werden können. Folgende Problemfelder können bei der Übung besonders deutlich hervortreten:

1. ‹Experten›, die in einer Dimension sehr leistungsfähig sind (z.B. hier der Dreisatz), übernehmen auch die Führung in Dimensionen, in denen andere Gruppenmitglieder leistungsfähiger sind (z.B. hier Daten speichern oder den Problemlösungsweg aufzeigen),
2. Gruppenmitglieder verstärken die Omnipotenzgefühle der ‹Experten›.
3. Durch die Vorinformationen halten viele Gruppenmitglieder den Lösungsweg am relevantesten, der den größten Zusammenhang zu ‹ihren› Informationen aufweist.
4. Dominante Gruppenmitglieder leiten die Gruppe häufig in ‹Sackgassen› beim Lösungsweg.
5. Häufig sind die ‹Störungsmitglieder› diejenigen, die die Gruppe zu einer Reflexion über ihr momentanes Vorgehen provozieren, worauf dann die ‹Weichen gestellt› werden können für einen neuen Lösungsweg. Die Störungsmitglieder sind die, die äußern: «Ich verstehe das nicht mehr!», «Ich komme nicht mehr mit» usw. Falls dies bei der Übung sichtbar wird, sollte der Sitzungsleiter bei der Reflexion diese Beobachtung besonders mitteilen, um das allgemeine Bewußtsein davon zu erhöhen, daß das Einbringen von ‹persönlichen Störungen› arbeitsfördernd wirken kann.

3. Reflexion (40 Min.)

Die Gruppenmitglieder füllen jeder für sich den folgenden Fragebogen zur Reflexion aus:

Fragebogen zur Reflexion

1. Habe ich vollständig verstanden, wie die Lösung zustande gekommen ist, und kann ich das Ergebnis auch als *mein* Ergebnis auffassen?

2. Wessen Mitwirkung war am hilfreichsten für die Gruppe zur Lösung der Aufgabe?

Woraus bestand ihre/seine Mitwirkung?

3. Wessen Teilnahme schien die Aufgabenlösung der Gruppe zu behindern?

Worin bestand ihr/sein Verhalten?

4. Welche Gefühlsreaktionen hatte ich beim Lösen der Aufgabe?

5. Welche Verhaltensweisen anderer Gruppenmitglieder haben bei mir Kooperationsbereitschaft geweckt?

6. Welche Rolle(n) spielte ich selbst während der Aufgabenlösung?

Die Gruppenmitglieder lesen der Reihe nach ihre Antworten zu den Fragen vor, ohne zunächst darüber zu diskutieren. Wenn diese Informationen der ganzen Gruppe bekanntgemacht worden sind, diskutiert die Gruppe mit Hilfe der Informationen des Beobachters über die verschiedenen Fragen. Es sollte dabei unbedingt an die Diskussionsregeln erinnert werden (besonders: nicht-verletzendes Feed-back).

4. Das partnerzentrierte Gespräch (60 Min.)

In dieser Übung haben Sie als ‹Klient› die Möglichkeit, über das Thema zu sprechen: «Was behindert mich, mich auch in schwierigen Situationen kooperativ zu verhalten?» Die Gruppe teilt sich in Triaden auf. Ein Gruppenmitglied übernimmt die Rolle des ‹Klienten›, das zweite Triadenmitglied übernimmt die Rolle des ‹Beraters› und das dritte Triadenmitglied die Rolle des ‹Beobachters›.

Klient:
Dieses Gruppenmitglied erzählt von seinem Problem mit der Kooperation. Es ist nicht wichtig, ob ihm vor dem Gespräch das Problem deutlich sichtbar ist. Er soll einfach darauflosreden, auch wenn ihm kooperatives Verhalten nicht schwerfällt.
Berater:
Der Berater soll sich nur auf den Klienten und dessen Gefühle konzentrieren und seine eigenen Gedanken und Stellungnahmen vergessen. Er soll versuchen, nur die verschiedenen Stufen des partnerzentrierten Gesprächs zu realisieren:
Stufe 1: akzeptierendes Zuhören und Ermunterung zum weiteren Gefühlsausdruck,
Stufe 2: Wiederholung der vorausgegangenen Äußerung des Klienten (Paraphrase),
Stufe 3: Verbalisierung der Gefühle, die in den Äußerungen des Klienten stecken.
Beobachter:
Der Beobachter hält sich ganz zurück und beobachtet stumm den Gesprächsverlauf. In der Feed-back-Phase teilt er dem Klienten und dem Berater mit, wie er den Gesprächsverlauf wahrgenommen hat.

Nach 10 Minuten partnerzentrierten Gesprächs wird das Gespräch abgebrochen, und weitere 10 Minuten wird mit Hilfe des Feed-back vom Beobachter über den Gesprächsverlauf gesprochen. Besonders der Berater sollte um Feed-back bitten, inwieweit sich der Klient verstanden gefühlt hat und inwieweit er selbst partnerzentriert reagiert oder hemmende Reaktionen gezeigt hat.

Im ganzen sollen die Rollen dreimal gewechselt werden, so daß jedes Triadenmitglied einmal Berater, einmal Klient und einmal Beobachter ist:

1. Erstes Gespräch   (10 Min.)
2. Feed-back   (10 Min.)
3. Rollenwechsel und 2. Gespräch   (10 Min.)
4. Feed-back   (10 Min.)
5. Rollenwechsel und 3. Gespräch   (10 Min.)
6. Feed-back   (10 Min.)

Für diese Übung ist es wichtig, daß die Gruppenmitglieder vor der Sitzung noch einmal das Kapitel «Das partnerzentrierte Gespräch» gelesen haben.
Häufig ist es schwer, ein Triadenmitglied zur Klientenrolle zu bewegen. Hier ist

es günstig, die Rollen einfach zu verteilen. Der Klient fängt zum Beispiel dann so an:

Klient: «Was soll denn das Thema, ich verhalte mich immer kooperativ.»

Berater: «Du empfindest es als sinnlos, über unkooperatives Verhalten zu sprechen?»

Klient: «Na ja, sinnlos nicht gerade. Aber wie oft haben wir schon über dieses Thema gesprochen, und es kommt doch nie etwas heraus!»

Berater: «Du hast da keine Hoffnung mehr, daß sich in der Gruppe etwas ändert?»

Klient: «Genau, mit der Hälfte der Gruppe habe ich sowieso keine Lust zu arbeiten . . .» usw.

Achten Sie bei dieser Übung darauf, daß jedes Triadenmitglied einmal die Rolle des Beraters übernimmt. Häufig erleben Gruppenmitglieder bei dieser Übung, wie schwer es ihnen fällt, partnerzentriert zu reagieren, und halten es dann oft für nötig, diese Gesprächsform noch in zusätzlichen Sitzungen zu üben.

5. Schlußblitzlicht (10 Min.)

«Wie fühle ich mich jetzt, und was habe ich in dieser Sitzung erfahren?»

Instruktionen zur Aufgabenlösung

Nehmen Sie an, daß *Lutts* und *Mipps* neue Längenmaße sind und daß *Dars, Wors* und *Mirs* neue Zeiteinheiten darstellen.

Ein Mann fährt von Stadt A durch Stadt B und Stadt C nach Stadt D.

Die Aufgabe Ihrer Gruppe ist es, zu bestimmen, wie viele *Wors* die ganze Reise dauert.

Sie haben genau 20 Minuten Zeit zur Lösung der Aufgabe. Wählen Sie keinen offiziellen Gruppensprecher oder -führer. Sie werden Kärtchen erhalten, die Informationen zu der gestellten Gruppenaufgabe enthalten. Sie können diese Informationen mündlich austauschen, aber Sie müssen die Karten die ganze Zeit über in Ihrer Hand behalten.

Die Aufgabe ist zu lösen. Es darf nicht geschrieben werden!

Die folgenden Informationen werden, jede für sich, auf eine Karteikarte getippt.

1. Wie weit ist es von A nach B?
   Es ist 4 *Lutts* von A nach B.
2. Wie weit ist es von B nach C?
   Es ist 8 *Lutts* von B nach C.
3. Wie weit ist es von C nach D?
   Es ist 10 *Lutts* von C nach D.
4. Wie groß ist ein Lutt?
   Ein *Lutt* hat 10 *Mipps*.
5. Was ist ein *Mipp*?
   Ein *Mipp* ist ein Längenmaß.
6. Wie viele *Mipps* hat ein Kilometer?
   Ein Kilometer hat 2 *Mipps*.
7. Was ist ein *Dar*?
   Ein *Dar* sind 10 *Wors*.

8. Was ist ein *Wor*?
   Ein *Wor* hat 5 *Mirs*.
9. Was ist ein *Mir*?
   Ein *Mir* ist eine *Zeiteinheit*.
10. Wie viele *Mirs* hat eine Stunde?
    Eine Stunde hat 2 *Mirs*.
11. Wie schnell fährt der Mann von A nach B?
    Der Mann fährt von A nach B mit einer Geschwindigkeit von 24 *Lutts* per *Wor*.
12. Wie schnell fährt der Mann von B nach C?
    Der Mann fährt von B nach C mit einer Geschwindigkeit von 30 *Lutts* per *Wor*.
13. Wie schnell fährt der Mann von C nach D?
    Der Mann fährt von C nach D mit einer Geschwindigkeit von 30 *Lutts* per *Wor*.

6
Die Rollenspielgruppe

1. Einleitung

In diesem Kapitel wollen wir Ihnen Möglichkeiten aufzeigen, durch verschiedene Techniken des Rollenspiels Ihr Verhalten zu ändern. Während das Ziel in der Selbsterfahrungsgruppe eher die Verbesserung der Kommunikation und der Selbsterkenntnis ist, geht es in der Rollenspielgruppe darum, ein Verhalten einzuüben, das in seiner Auswirkung den eigenen Zielen besser entspricht als das bisherige Verhalten. Eltern, die ihre Kinder zu mehr Selbständigkeit erziehen wollen, könnten in einer Rollenspielgruppe zunächst lernen, ob ihr Verhalten ihren Kindern gegenüber deren Selbständigkeit tatsächlich fördert oder eher behindert. Als zweiten Schritt könnten sie dann konkretes Verhalten lernen, das dieser Absicht besser entspricht.

Das Rollenspiel ist eine sehr effektive Methode zur Verhaltensänderung, sie wird in den USA schon seit längerer Zeit zur Therapie, zur Schulung von Lehrern, Eltern und Erziehern und zur Ausbildung von Führungskräften angewendet.

Für eine Rollenspielgruppe ohne Trainer ist es besonders wichtig, daß die Gruppe sich selbst regulieren kann, die Teilnehmer relativ angstfrei sind, angemessen Feed-back geben können, Konflikte partnerschaftlich lösen können und sich ihrer Wirkung auf andere Menschen bewußt sind. Vorbedingung für die Arbeit mit dem Rollenspiel sollte deswegen für jede Gruppe die Durchführung des Selbsterfahrungsprogramms sein. Dabei sind die 7. und 9. Sitzung als Einführung in das Rollenspiel besonders wichtig.

Ganz allgemein besteht das Prinzip der Rollenspielgruppe darin, das konkrete Verhaltensproblem eines Gruppenteilnehmers in einer Spielsituation nachzustellen und ihm so Gelegenheit zu geben, neue Verhaltensweisen einzuüben und anderes Verhalten zu verlernen. Wenn zum Beispiel ein Gruppenmitglied in einer Lehrergruppe lernen will, sich bei Klassendiskussionen so zu verhalten, daß alle Schüler frei und offen ihre Meinungen und ihre Gefühle mitteilen können, dann übt er dieses Verhalten in der Spielsituation in der Gruppe ein. Er bittet die anderen Gruppenteilnehmer, die verschiedenen Rollen seiner Schüler zu spielen, und im Spiel wird die reale Klassendiskussion simuliert. Dabei erzielt nicht nur dieser Übende einen Lerneffekt – auch die Mitspieler lernen auf der Verhaltensebene durch Modell-lernen und durch die Übernahme von Rollen der beteiligten Sozialpartner (hier der Schüler). Dieser ‹Rollenwechsel› erhöht die Einsicht in Zusammenhänge bei der Interaktion verschiedener Menschen.

2. Für wen ist die Rollenspielgruppe geeignet?

Ganz allgemein für alle Menschen, die Ziele und Ideen besitzen, wie sie sich verhalten wollen, doch im Alltag immer wieder eine Diskrepanz zwischen Theorie und Praxis feststellen – das heißt für alle Menschen, die lernen wollen, ihre Verhaltensziele noch besser in konkrete Verhaltenspraxis umzusetzen. Dies scheint besonders für die Menschen erforderlich zu sein, die in ihrer Eltern- oder in ihrer Berufsrolle eine Verantwortung für die Sozialisation anderer Menschen tragen, wie beispielsweise

● Eltern, die sich zu einer Übungsgruppe zusammenschließen, um Erziehungsprobleme besser bewältigen zu können;

● Lehrer, die sich zusammentun oder als Kollegen schon zusammenarbeiten und in der Rollenspielgruppe partnerschaftlicheres Verhalten den Schülern oder den Kollegen gegenüber einüben;

● Paare können sich zu einer Partnergruppe zusammentun, um im Rollenspiel weiter zu üben, Konflikte angemessen und partnerschaftlich auszutragen;

● Jugendgruppenleiter, Volkshochschuldozenten und Universitätsdozenten können in der Rollenspielgruppe ihr Verhalten besonders im emotional-affektiven Bereich demokratischer gestalten;

● Sozialarbeiter können von der Rollenspielgruppe profitieren, wenn sie zum Beispiel unsicher sind, ob sie angemessen auf ihre Klienten reagieren, und wenn sie die Notwendigkeit sehen, das partnerzentrierte Gespräch zu beherrschen;

● ebenso Kindergärtnerinnen, die mit ihrem Verhalten nicht ganz zufrieden sind und in vermehrtem Maß verständnisvolles und förderndes Verhalten einüben wollen.

Dies ist nur eine Aufzählung der Berufsgruppen, die uns als wichtigste erscheinen. Bevor jedoch eine Gruppe ohne Trainer als Rollenspielgruppe zu arbeiten beginnt, sollte sie zunächst – eventuell in etwas verkürzter Form – den Selbsterfahrungskurs durchführen.

3. Die Gruppensituation beim Rollenspiel

Die Gruppe, die gemeinsam das Selbsterfahrungsprogramm durchgeführt hat, besitzt zur Strukturierung der Rollenspielsitzungen nun folgende Instrumente:

● die Diskussionsregeln,
● das Blitzlicht,
● die verschiedenen Methoden der Problem- und Konfliktlösung,
● das problemzentrierte Rollenspiel.

Zusätzlich werden wir Ihnen in diesem Teil noch die Benutzung des Tonbandes, der Datenerhebungsbögen und des Planspiels beschreiben.

Nach dem Selbsterfahrungsprogramm wird eine Gruppe häufig etwas Zeit benötigen, um sich an das neue ‹Rollenspielklima› zu gewöhnen: Emotionen spielen – im Vergleich zur Selbsterfahrungsgruppe – eine weniger wichtige Rolle, das gemeinsame Tun bekommt mehr den Charakter von Arbeit (auch wenn diese spielerisch ist), und das Klima wird nüchterner, sachlicher und problemzentrierter. Zu einer effektiven Verhaltensänderung kann es schon manchmal nötig sein, daß ein Teilnehmer eine Situation vier- bis fünfmal durchspielt, so daß sich die anderen Teilnehmer während dieser Zeit konzentriert mit diesem Problem beschäftigen müssen, obwohl für einige dieses Problem nicht besteht oder ihnen recht unbedeutend erscheint.

Auch in der Rollenspielgruppe gilt die Regel: «Störungen haben Vorrang», so daß bei Konflikten unter den Gruppenmitgliedern die Rollenspielarbeit zunächst unterbrochen werden sollte (aber nicht gerade während eines Spiels), um diese Konflikte zu bearbeiten. Wir fassen also das Rollenspiel als ‹Thema› oder als ‹gemeinsame Arbeit› auf, und Probleme aus dem ‹Hier und Jetzt› (ein Gruppenmitglied fühlt sich z. B. von einigen anderen abgelehnt und kann deswegen nicht richtig spielen) gelten als ‹Störungen›, die eindeutig Vorrang haben. Denn diese emotionalen Störungen wirken sich selbstverständlich hemmend auf die gemeinsame Arbeit und auf den Lerneffekt aus, wenn sie nicht erkannt und bearbeitet werden.

Wir geben bei der Rollenspielgruppe stärker als bei der Selbsterfahrungsgruppe dem verteilten Lernen den Vorrang, so daß wir regelmäßige wöchentliche Sitzungen für günstiger halten als ein verlängertes Wochenende. Denn gerade in der Rollenspielgruppe ist es besonders wichtig, daß mit dem neu eingeübten Verhalten immer wieder zwischen den Sitzungen im Alltag experimentiert wird. Auf diese Weise kann die Übertragung des in der Gruppe Gelernten auf die Situation in der Familie oder am Arbeitsplatz am sichersten geschehen.

4. Die Technik des Rollenspiels

Das Rollenspiel ist Ihnen nicht ganz neu. Sie haben es kennengelernt in der «Übung auf zwei Stühlen», in der Sie entweder nur einen Teil Ihrer Person spielten oder einen Ihrer Sozialpartner. Außerdem haben Sie diese Technik schon bei einigen Übungen des Partnerprogramms und besonders in der 7. Sitzung des Gruppenprogramms («Selbstbehauptungstraining») eingeübt. Vielleicht haben Sie schon in diesen Übungen erfahren, wie nützlich das Spiel wirken kann. Im Spiel simulieren wir die Wirklichkeit, ohne aber deren ‹Ernsthaftigkeit› befürchten zu müssen oder nachteilige Konsequenzen bei ‹Fehlern› zu erleben. Manchen Menschen fällt es schwer, zu glauben, daß das Spiel lernwirksamer für eine Verhaltensänderung ist als das Üben in der Wirklichkeit. Verhaltensänderung in der normalen Umgebung ist aber tatsächlich sehr schwer. In der Spielsituation können wir ungefährdet von negativen Konsequenzen auf sehr viel effektivere Weise unser Verhalten diagnostizieren und einüben. Der nächste Schritt muß natürlich immer die Übertragung des neu gelernten Verhaltens in den Alltag sein. Auf jeden Fall wird eine Verhaltensänderung am sichersten zu erzielen sein durch die Schritte: Diskussion oder Rollenspiel – neue Einsichten in das Problem – Einübung des erwünschten Verhaltens im Rollenspiel – Einübung des Verhaltens in der Wirklichkeit. Wir fassen die Vorteile des Rollenspiels noch einmal zusammen:

1. Da wir in einer akzeptierenden Gruppe spielen, entfallen die ernsthaften Konsequenzen des Alltags für unser Verhalten, und wir können mutiger sein, neues Verhalten auszuprobieren.
2. In der Spielsituation können wir schneller wechseln zwischen Handlung–Aktion und Beobachtung–Betrachtung, was eine Verhaltensänderung begünstigt.
3. In der künstlichen Situation des Spiels treten unsere charakteristischen Verhaltensweisen häufig überzeichnet und damit prägnanter und deutlicher hervor.
4. Beim Rollenspiel in einer Gruppe erhalten wir unmittelbar nach dem Spiel Feed-back von den anderen Gruppenmitgliedern. Auf diese lerntheoretisch günstige Weise geschieht dies nur selten im alltäglichen Leben.
5. Da die Mitspieler von unserem Verhalten nicht so stark betroffen sind wie unsere wirklichen Sozialpartner, können sie auf hilfreichere Art und Weise Feed-back geben und auf lerntheoretisch günstige Weise Verbesserungen im Spiel bekräftigen.
6. Wenn wir im Spiel andere Rollen spielen als unsere eigenen, lernen wir besser die Gefühle unserer Sozialpartner verstehen. Eltern können zum Beispiel die Gefühle ihrer Kinder besser nachvollziehen, wenn sie im Rollenspiel die Rolle des Kindes übernehmen. Das gleiche trifft für Lehrer, Sozialarbeiter, Vorgesetzte, Richter usw. zu, wenn diese ihre komplementäre Rolle übernehmen.

Zum Einüben des Rollenspiels ist es zunächst günstig, sich an folgende Rollenspielsequenz zu halten:

1. *Schilderung des Problems*

Ein Teilnehmer erzählt von einem Problem, mit dem er nicht ganz zurechtkommt. Die Gruppe geht auf ihn hilfreich ein und hilft ihm bei der Klärung.

2. *Herausarbeiten einer spielbaren Situation*

Die Gruppe überlegt gemeinsam mit der Hauptperson, wie dieses Problem in der Gruppe in der Spielsituation dargestellt werden kann. Die Hauptperson soll ihre normale Rolle spielen. Sie sucht sich zum Spiel andere Gruppenmitglieder aus, die die Rollen der betreffenden Sozialpartner übernehmen sollen, und schildert ihnen deren charakteristische Verhaltensweisen.

3. Diagnostisches Rollenspiel

In diesem Rollenspiel zeigt die Hauptperson der Gruppe zunächst einmal, wie sie sich in dieser Situation normalerweise verhält, um sich für die Wirkung ihres Verhaltens zu sensibilisieren.

4. Feed-back von der Gruppe oder vom zusätzlichen Tonband

Die Gruppe gibt der Hauptperson Feed-back, und die Mitspieler erzählen, wie sie sich beim Spiel gefühlt haben.

5. Verarbeitung des Feed-back durch die Hauptperson

Der Spieler verarbeitet das Feed-back der Gruppe, die partnerzentriert auf ihn eingeht. Er teilt der Gruppe mit, mit welchen seiner Verhaltensweisen er unzufrieden ist.

6. Diskussionen über andere Maßnahmen, zusätzlich zur Verhaltensänderung

Die Gruppe überlegt gemeinsam, welche Maßnahmen neben einer Verhaltensänderung wichtig sind (Änderung der Situation). Diese Diskussion soll zunächst nur Anregungen geben und Möglichkeiten aufzeigen, nicht jedoch als Lösung des Problems verstanden werden.

7. Anbieten von Alternativen durch die Gruppe

Die Gruppenmitglieder spielen der Hauptperson kurz alternative Verhaltensweisen vor, die sie für diese Situation für günstiger halten, überlassen der Hauptperson aber die Entscheidung, ob sie diese Alternativen für sich übernehmen will.

8. Zweites Rollenspiel mit Angabe der relevanten Verhaltensdimensionen

Die Hauptperson sagt der Gruppe, auf welche Verhaltensdimensionen sie sich besonders konzentrieren will, und bittet die Gruppe, besonders diese zu beobachten (nicht mehr als drei Dimensionen). Dann wird das Rollenspiel noch einmal wiederholt, und der Spieler versucht, neues Verhalten zu realisieren.

9. Erneutes Feed-back von der Gruppe mit Bekräftigung der Veränderungen

Die Gruppe gibt Feed-back für das Rollenspiel und bekräftigt besonders die Verbesserung in den von der Hauptperson angegebenen Verhaltensdimensionen.

10. Verarbeitung des Feed-back durch die Hauptperson

Der Spieler denkt über das Feed-back nach, und die Gruppe geht partnerzentriert auf ihn ein.

11. *Weitere Phasen Rollenspiel – Feed-back – Verarbeitung*

Falls es nötig ist, werden die Phasen 8, 9 und 10 so lange wiederholt, bis der Spieler sich so verhält, wie er es sich wünscht. Das kann so oft geschehen, wie der Spieler und die Gruppe es für gut halten – je mehr Rollenspiele, desto größer die Verhaltensänderung. Es sollten dann aber zügig und konzentriert nur die wichtigsten Teile der Situation gespielt werden. Diskussionen sollten dann, so gut es geht, vermieden werden.

12. *Schlußdiskussion und nächster Teilnehmer*

Hauptperson und die anderen Gruppenmitglieder reflektieren über den Lernerfolg in den Rollenspielen, und der nächste Teilnehmer ist mit seinem Problem an der Reihe.

Vielleicht können Sie sich noch nicht so ganz konkret vorstellen, wie solch eine Rollenspielsequenz in der Praxis aussieht. Wir werden diese Sequenz deswegen noch einmal an einem Beispiel beschreiben – wollen aber zunächst noch einige Phasen genauer betrachten.

5. Die Hemmungen vor dem Spiel

Den meisten Menschen ist es zunächst etwas peinlich und ungewohnt, wenn sie vor der Gruppe ‹spielen› sollen. Das ‹Spielen› erscheint manchen kindlich und unreif, einem Erwachsenen also nicht angemessen. So brauchen wir fast immer eine Anlaufzeit, um unsere ersten Hemmungen zu überwinden, wobei besonders die Selbstbehauptungssitzung des Selbsterfahrungsprogramms eine Hilfe sein kann. Da aber zum Rollenspiel immer wieder etwas Überwindung gehören wird, sollten die Gruppenmitglieder darauf achten, daß die Gruppe nicht allzuviel Zeit auf Diskussionen verwendet und immer wieder zur Darstellung des Problems im Spiel gelangt. Hilfreich können hier Aufforderungen sein wie: «Willst du das Problem nicht lieber einmal spielen?» oder: «Für mich wäre es anschaulicher, wenn du die Situation einmal spielen würdest, als wenn du sie mir schilderst.»

Es ist beim Rollenspiel nicht unbedingt nötig, daß das Verhalten der Spieler exakt ihr Verhalten im Alltag widerspiegelt – ebenso muß das Verhalten der Mitspieler nicht genau das der wirklichen Sozialpartner treffen. Manche Gruppenmitglieder reagieren auf das Feed-back der Gruppe mit dem Satz: «Aber sonst verhalte ich mich ganz anders.» Das ist vollkommen richtig – denn die Situation im Rollenspiel entspricht häufig einer ‹schwierigen› Situation im Alltag, weil die Hemmungen zunächst größer sind als beim gewohnten Verhalten im Alltag. Es ist zum Beispiel viel leichter, einen Sozialpartner anzuschreien, wenn man wirklich wütend ist, als ein anderes Gruppenmitglied im Spiel anzuschreien. Derjenige, dem es im Rollenspiel schwerfällt, zum Beispiel partnerzentriertes Gesprächsverhalten zu zeigen, der wird dazu auch kaum im Alltag in der Lage sein, wenn er erregt oder gehemmt ist. Ziel sollte es also immer sein, das erwünschte Verhalten im Rollenspiel so lange zu üben, bis die Verwirklichung dieses Verhaltens dem Spieler leichtfällt und fast automatisch geschieht. Mit großer Wahrscheinlichkeit wird dann die Übertragung dieses Verhaltens in den Alltag zum Erfolg, wobei dieses eingeübte Verhalten in verschiedenen Situationen variabel und manchmal mit erforderlichen Abweichungen eingesetzt werden wird.

6. Das Feed-back beim Rollenspiel

Wenn der Übende und die Mitspieler das Rollenspiel beendet haben, sollten der Reihe nach zunächst alle Gruppenmitglieder Feed-back geben und ihre Beobachtungen während des Spiels mitteilen. Hier wird es besonders wichtig sein, all das zu berücksichtigen, was wir im Kapitel «Feed-back» geschrieben haben. Die Schilderung der eigenen Gefühle wird in der Rollenspielgruppe wahrscheinlich etwas mehr in den Hintergrund treten. Denn Feed-back hat hier mehr die Funktion einer sachlichen und hilfreichen Information für den Spieler und nicht so sehr die Funktion einer persönlichen Klärung der Beziehung. Wichtig ist hier also die Unmittelbarkeit des Feed-back, die Spezifizierung auf konkrete und beobachtbare Verhaltensdimensionen und eine nichtwertende Sachlichkeit.

Wenn alle Gruppenmitglieder ihr Feed-back mitteilen, dann sollte der Spieler zunächst nicht darauf antworten und nur aufmerksam zuhören. Ebensowichtig ist es, daß die Gruppenmitglieder akzeptieren, daß andere das gleiche Spiel andes wahrgenommen haben als sie selbst und lernen, eine Diskussion darüber, wer ‹recht› hat, zu vermeiden. Ziel des Feedback ist es, möglichst viele Beobachtungen über das Spiel zu sammeln und nebeneinanderzustellen.

Hinter dem Feed-back sollte auf keinen Fall der Wunsch stehen, dem Spieler mitzuteilen, wie er hätte spielen ‹müssen›. Diese Entscheidung muß der Spieler selbst fällen, und das Feed-back kann ihm nur eine Hilfe sein. Der Spieler ist die Hauptperson, und wenn er das Feed-back verarbeitet, sollte die Gruppe ihm akzeptierend zuhören und ihm Gelegenheit geben, seine Gedanken und Gefühle darzustellen.

Eine große Hilfe für das Rollenspiel ist das objektive Feed-bak durch Tonbandaufzeichnung oder Video-Aufzeichnung. Die Konfrontation mit dem eigenen Verhalten auf dem Bildschirm kann dem Spieler am deutlichsten zeigen, wie er sich verhalten hat – und ob dieses Verhalten seinen Zielen entspricht oder widerspricht. Außerdem entlastet das die anderen Gruppenmitglieder teilweise von der Feed-back-Aufgabe, und sie kön-

nen sich eher verständnisvoll dem Spieler zuwenden, wenn er dieses
Feed-back verarbeitet.

Die Tonaufzeichnung hat den Nachteil, daß Informationen über Mimik
und Gestik wegfallen. Dennoch ist sie eine sehr effektive Feed-back-Me-
thode, und der Spieler kann mit seinem eigenen Tonfall konfrontiert werden, mit dem er häufig Gefühle ausdrückt, die ihm nicht bewußt sind. Da
Videorecorder teurer und umständlicher zu bedienen sind, wird in den
meisten Gruppen wahrscheinlich das Tonbandgerät das Aufzeichnungs-
instrument sein, das in Betracht kommt. Hier sollte dann nach folgendem
Schema vorgegangen werden: Spiel – Abhören der Tonaufzeichnungen –
der Spieler und die Mitspieler teilen ihre Gefühle mit – zusätzliches Feed-
back von der Gruppe.

7. Vorspielen von Alternativen

Wenn der Spieler das Feed-back aufgenommen und verarbeitet hat, sollten ihm die anderen Gruppenmitglieder alternative Verhaltensweisen für
die Situation anbieten. Der Spieler muß dann nicht lange durch Versuch
und Irrtum neue Verhaltensweisen suchen, sondern kann die angebote-
nen Alternativen zur Entscheidungshilfe benutzen. Das Angebot von alternativen Verhaltensweisen sollte mit folgender Haltung geschehen:
«Hier zeige ich dir einmal, wie ich mir vorstelle, wie ich mich verhalten
würde. Ich überlasse es aber dir, zu entscheiden, ob du diese Alternative
realisieren willst oder ob du sie für dich ungeeignet hältst.»

Diese Alternativen sollten nicht nur in Worten vermittelt, sondern sofort vorgespielt werden. Wenn ein Gruppenmitglied also zeigen will, daß
es selbst bei einer bestimmten Szene im Spiel gelassener hätte reagieren
wollen – dann sollte dieses Gruppenmitglied diese kleine Szene auf seine
Weise kurz vorspielen.

Auf diese Weise kann der Spieler alternative Verhaltensweisen konkret
betrachten und durch Modell-lernen das übernehmen, was er für gut hält.
Außerdem könnte es ihm die Situation erleichtern, wenn er erlebt, daß
sich die anderen bemühen, ihm zu helfen und ihre ‹Spielhemmung› überwinden.

8. Der Zweitversuch

Jedem Rollenspiel, dem Feed-back und Vorspielen von Alternativen gefolgt sind, sollte sich ein zweites Rollenspiel der gleichen Situation an-
schließen. Der Zeitaufwand wäre nicht vollständig genutzt, wenn dem
Spieler jetzt nicht sofort die Möglichkeit gegeben würde, in einem zweiten Rollenspiel zu versuchen, verändertes Verhalten zu zeigen. Manche

340

Teilnehmer scheuen vor dem Zweitversuch zurück und äußern das Gefühl: «Ach, das wird ja auch nicht besser als das erste.» Dies kann dann besonders der Fall sein, wenn Feed-back bestrafend und nicht hilfreich gegeben wurde oder wenn nicht auch die besonders positiven Verhaltensweisen des Spielers diesem rückgemeldet wurden.

Aber auch wenn das Feed-back hilfreich gegeben wurde, kann der Spieler dieses Gefühl äußern, und hier ist es günstig, wenn die anderen Gruppenmitglieder den Spieler zum Zweitversuch ermuntern, damit er sofort ein Erfolgserlebnis erhalten kann. Denn im Zweitversuch sind meist schon viele Veränderungen feststellbar, so daß der Spieler durch das erneute Feed-back für die Veränderungen in seinem Verhalten sensibilisiert wird. Nicht nur das vorgespielte Verhalten wird dem Spieler erst durch Feed-back bewußt – auch positive Verhaltensänderungen werden oft von ihm nicht bemerkt und erst durch das Feed-back bewußt.

Für den Zweitversuch ist es günstig, wenn das Feed-back sich nicht mehr auf das ganze Spiel bezieht, sondern der Spieler vorher angibt, auf welche Verhaltensdimensionen die Gruppenmitglieder besonders achten sollen (z. B. Mimik, verständnisvolle Haltung und Deutlichkeit). Es ist wichtig, daß der Spieler sich nicht vornimmt, ganz allgemein sich anders zu verhalten – sondern daß er ganz konkrete Verhaltensdimensionen angibt (nicht mehr als drei), auf die er sich besonders konzentrieren will.

Beim Zweitversuch sollten sich die beobachtenden Gruppenmitglieder besonders auf positive Veränderungen in diesen Dimensionen konzentrieren und noch vor ihrem ausführlicheren Feed-back diese Verbesserungen bekräftigen und den Spieler auf diese Verbesserungen hinweisen.

9. Ein Beispiel für eine vollständige Rollenspielsequenz an Hand einer Elterngruppe

Die Gruppe besteht aus sechs Teilnehmern – einem Ehepaar, drei Müttern und einem Vater. Die Gruppe ist die Restgruppe von neun Teilnehmern, die gemeinsam das Selbsterfahrungsprogramm durchgeführt haben. Ein Teilnehmer konnte aus Zeitgründen nicht mehr teilnehmen, ein anderer, weil er sich trotz großer Bemühungen aller in der Gruppe fremd fühlte und sehr große Unterschiede in den Anschauungen über Erziehung vorhanden waren. Das dritte Gruppenmitglied wollte erst einmal eine Pause machen, um eventuell später wieder in die Gruppe einzutreten.

Das Selbsterfahrungsprogramm war auf einem verlängerten Wochenende durchgeführt worden, die Gruppe hatte dann noch fünf wöchentliche Selbsterfahrungssitzungen selbst strukturiert und sich dann darauf konzentriert, im Rollenspiel Erziehungs- und Partnerprobleme durchzuarbeiten.

Die Gruppe beginnt die Sitzung mit dem Anfangsblitzlicht: «Wie fühle ich mich im Augenblick.» Teilweise fühlen sich die Teilnehmer müde und lustlos, glauben aber, daß sich das schnell ändern wird – also keine ernsthafte Störung, die erst einmal behoben werden muß. Einige Eltern berichten von ihren Erfahrungen, die sie mit neuen Verhaltensweisen zu Haus gemacht haben, und es entsteht eine lebhafte Diskussion.

Schilderung des Problems

Langsam konzentriert sich das Gespräch auf eine Teilnehmerin, die deprimiert äußert, daß sie in der letzten Zeit nur Mißerfolge zu Haus erlebt hätte. Sie hätte so oft versucht, offener von ihren Gefühlen, besonders von ihrem Ärger, zu sprechen – das Ergebnis wäre jedoch, daß die ganze Familie sich gelangweilt abwende. Die Gruppe hört der Teilnehmerin zu und hilft ihr, ihre Gefühle zu klären.

Herausarbeiten einer spielbaren Situation

Die Gruppe drängt darauf, daß die Teilnehmerin ihre Erlebnisse in ihrer Familie spezifiziert, und sie versuchen gemeinsam eine Situation zu finden, in der das Problem besonders deutlich zutage tritt. Die Teilnehmerin sagt, daß es besonders beim sonntäglichen Frühstück häufig vorkommt, daß sie von ihren Sorgen und von ihren Änderungswünschen spricht und nur ‹Undank› erntet.

Diagnostisches Rollenspiel

Die Rollen werden verteilt: die Hauptperson übernimmt ihre Mutterrolle, und drei andere Gruppenteilnehmer spielen die Rollen Vater, Sohn und Tochter. Die Hauptperson schildert kurz, auf welche Weise sich diese drei normalerweise verhalten. Alle besinnen sich und konzentrieren sich auf ihre Rollen und auf die Situation «Sonntagmorgens beim Kaffeetisch». Das Spiel geht über ca. 10 Min. Die restlichen Gruppenteilnehmer beobachten.

Feed-back

Bevor die zwei Beobachter ihre Beobachtungen mitteilen, schildern alle Spieler zunächst ihre Empfindungen. Die Mutter ist sehr erstaunt, daß sie auch hier im Spiel Aggressionen und Widerwillen bei den Mitspielern hervorgerufen hat – recht ähnlich wie zu Haus. Die Mitspieler äußern, daß sie sich tatsächlich ‹überrumpelt› und ‹belästigt› gefühlt hätten: Sie wollten gemütlich das sonntägliche Frühstück genießen. Die ‹Tochter› äußerte, daß sie morgens eine sehr zarte Stimmung hätte und sich diese auch im Spiel vorgestellt habe. Sie empfand das Verhalten der ‹Mutter› als unsensibel und vorwurfsvoll, so daß sie am liebsten in Ruhe irgendwo anders allein gefrühstückt hätte. Die Beobachter äußern, daß sie den Eindruck gehabt hätten, daß die ‹Mutter› eine ganze Liste voller Störungen parat gehabt hätte, die sie endlich einmal loswerden wollte.

Verarbeitung des Feed-back

Die Spielerin wirkt betroffen. Sie wußte nicht, daß ihr Verhalten so wirkt, als ob sie ‹alles auf den Tisch› bringen wollte. Auch war ihr unbekannt, daß sie dabei oft einen recht vorwurfsvollen Ton anschlägt.

Die Gruppenmitglieder reagieren partnerzentriert, und in einem etwas längeren Gespräch kommt sie zur Einsicht, daß sie ihren Ärger zu lange zurückhalte, so daß sie sich am Sonntag tatsächlich ungeduldig und ärgerlich fühlt. Außerdem meint sie, daß sie sich einen sehr ungünstigen Zeitpunkt für ein Familiengespräch ausgesucht hätte und daß sie ihren Ärger so äußerte, daß die anderen ein schlechtes

Gewissen bekämen. Sie erwartet, daß die anderen sich sofort schämen und ihr Verhalten ändern wollen – und das scheint sie in ihrem Tonfall zu vermitteln.

Eine eingeschobene Zwischenübung
Die Teilnehmerin und die Gruppe sind sich einig, daß auf jeden Fall die Situation für ein Familiengespräch eine andere sein müsse. Sie selbst schlägt folgenden Weg vor: Sie will jedes ihrer Familienmitglieder für ein Familiengespräch gewinnen, indem sie mit jedem einmal spricht und sagt: «Ich bin sehr interessiert, daß wir alle einmal als Familie zusammen sprechen. Ich habe nämlich einige Probleme mit euch und möchte die einmal mit allen besprechen, damit wir gemeinsam irgendwelche Lösungen erarbeiten können. Wäre es dir am Sonntagnachmittag um 15 Uhr recht?»

Ein Gruppenmitglied macht den Vorschlag, daß die Teilnehmerin doch einmal in der Gruppe herumgehen und sich vor jedes Gruppenmitglied stellen und diesem den Satz sagen soll. Sie könnte dabei sofort nach dem Satz Feed-back von dem Gruppenmitglied erhalten und würde auf diese Weise fünf ‹Kleinstrollenspiele› durchführen.

Die Teilnehmerin geht auf diesen Vorschlag ein. Bei den ersten Gruppenmitgliedern liegt in ihrer Stimme noch etwas Drängen und Vorwurf, bei dem letzten Gruppenmitglied kann sie diesen Satz ganz ruhig und sicher sagen, ohne im Angesprochenen Gefühle unangenehmer Vorahnung auszulösen.

Vorspielen von Alternativen
Die Spielerin selbst möchte lernen, ihre Störungen während des Familiengesprächs noch mehr so vorzubringen, daß den anderen klar wird, daß *sie* es ist, die unter bestimmten Dingen leidet. Sie möchte in der Mimik und im Tonfall weniger Vorwurf ausdrücken. Auf der anderen Seite will sie aber deutlich und klar machen, daß ihr diese Störungen sehr wichtig sind und daß sie es nicht akzeptieren kann, wenn diese nicht besprochen werden. Zusätzlich will sie noch lernen, verständnisvoll auf Widerstände während des Gespräches einzugehen.

Ein Gruppenmitglied spielt kurz einmal vor, wie er das Gespräch einleiten würde. Ein anderes spielt vor, wie es eine peinliche Situation beim Beginn des Gesprächs durch eine humorvolle Schilderung eines Erlebnisses mit der Familie auffangen würde. Eine dritte Gruppenteilnehmerin spielt vor, wie sie sich verhalten würde, wenn während des Gesprächs jemand äußern würde: «Also, was ist denn mit Mutter los – ihr Kurs scheint ihr wohl in den Kopf gestiegen zu sein.»

Zweites Rollenspiel
Die gleiche Situation wie beim ersten Rollenspiel wird noch einmal mit den gleichen Mitspielern gespielt. Die Szene ist jetzt aber nicht der sonntägliche Frühstückstisch, sondern das vorausgeplante Familiengespräch am Sonntagnachmittag.

Erneutes Feed-back
Alle Teilnehmer sind begeistert über die Verbesserungen im Spiel bei der Hauptperson. Die Gruppe teilt der ‹Mutter› mit, welche Verbesserungen sie wahrgenommen hat, und bekräftigt sie dafür. Auch auf die Gefühle der Mitspieler hat sich das veränderte Verhalten der Mutter positiv ausgewirkt. Sie waren ruhiger und bereiter zu einem Gespräch – so daß im Spiel sogar ein Konflikt gelöst werden konnte.

Die Mutter ist sehr froh über den geglückten Zweitversuch und ist recht hoffnungsvoll, daß sie diese Veränderung auch zu Haus schaffen wird.

Verarbeitung des Feed-back

Der Teilnehmerin ist durch die zwei Rollenspiele und die Gespräche sehr viel deutlicher geworden, warum ihre Familie auf die geschilderte Art auf ihr Verhalten reagiert. Sie hofft, daß durch eine Verhaltensänderung ihrerseits die Familienmitglieder ihre Bitten um Veränderung eher aufnehmen, auf ihre Wünsche vermehrt eingehen oder wenigstens bereit sind, darüber zu sprechen.

Schlußdiskussion

Die Gruppenmitglieder beschließen jetzt, kurz noch einmal mit Hilfe eines Blitzlichts ein ‹Fazit› zu ziehen. Die meisten Teilnehmer äußern, daß sie beim Beobachten des Spieles oder beim Mitspielen fast ebensoviel gelernt haben wie die Hauptperson. Sie hätten zwar nicht genau die gleichen Probleme wie diese – aber es sind doch Ähnlichkeiten vorhanden.

Nur eine Teilnehmerin äußert, daß sie sich zum Schluß gar nicht mehr am Gruppengeschehen beteiligen konnte, da sie mit ihren Gedanken bei einem Streit wäre, den sie vor kurzem mit ihrem Ehemann hatte. Die Gruppe geht hilfreich auf sie ein – und ein neuer Anfang ist gefunden für ein neues Rollenspiel.

Natürlich müssen nicht alle Rollenspiele nach diesem Schema ablaufen. Dieses soll nur eine Anregung sein und demonstrieren, daß es zunächst günstig ist, mit mehreren solcher vollständigen Sequenzen anzufangen.

In diesem Beispiel wäre auch das partnerzentrierte Gespräch mit der ‹Mutter› in der Mitte des Kreises angebracht gewesen. Oder ein anderer Teilnehmer hätte nach dem ersten Rollenspiel ihre Rolle nachspielen können, während sie selbst die Rolle eines ihrer Kinder übernommen hätte (Rollenwechsel). Auf diese Weise hätte sie direkt erfahren, welche Gefühle ihr Verhalten auslöst. Es wäre auch denkbar gewesen, daß ein Gruppenmitglied nach ihrer anfänglichen Schilderung des Problems geäußert hätte: «Du, mir geht es genauso mit dir wie deiner Familie, und ich selbst habe wirklich ein Problem mit deinem Verhalten.» Es hätte vielleicht die ‹Mutter› zu einem Konfliktgespräch in der Mitte des Kreises gebeten. Jede Rollenspielgruppe wird mit der Zeit ihre eigenen Erfahrungen machen und mit den verschiedenen Möglichkeiten experimentieren. Wenn jede Rollenspielsequenz und jede Gruppensitzung zum Schluß reflektiert wird, wird eine Gruppe nach einigen Sitzungen gelernt haben, die verschiedenen Probleme geschickt zu bearbeiten.

10. Datenerhebungsbögen

In der zweiten Sitzung der Selbsterfahrungsgruppe und im Partnerprogramm haben Sie schon mehrere Datenerhebungsbögen (Fragebögen) kennengelernt, die dazu benutzt wurden, um Informationen für eine anschließende Diskussion zu sammeln und um die Diskussion lebhafter und themenbezogener zu gestalten. In einer Gruppe, die das Selbsterfahrungsprogramm durchgeführt hat, wird die Kommunikation so offen sein, daß die verschiedenen Gefühle und Einstellungen jederzeit transparent sind und diese Datenerhebungsbögen für die Gruppensitzungen selbst kaum nötig sind.

In der Rollenspielgruppe können wir jedoch solche Fragebögen für einen anderen Zweck benutzen, nämlich um Daten über die Gefühle, Einstellungen und Wahrnehmungen von den Sozialpartnern außerhalb der Gruppe zu erheben (z. B. Daten aus der Familie, aus der Schulklasse, von Klientel usw.). Dies kann die Arbeit der Rollenspielgruppe auf folgende Weisen fördern:

1. Wenn alle Gruppenmitglieder die gleichen Daten außerhalb der Gruppe erheben (z. B. Daten über die Zufriedenheit der Schüler in der Klasse des betreffenden Gruppenmitglieds), können die Gruppenmitglieder diese Daten vergleichen und dadurch schneller eine Problemdiskussion in Gang bringen.

2. Der Lerneffekt der Rollenspielgruppe kann immer wieder geprüft werden, indem dieselben Datenerhebungsbögen in regelmäßigen Abständen der Gruppe ‹zu Haus› vorgegeben werden. (Nach einem Monat wird z. B. wieder geprüft, wie groß die Zufriedenheit der Schüler in den Klassen der Gruppenteilnehmer ist.)

3. Die Erhebung von Daten kann in der Gruppe ‹zu Haus› einen positiven Feed-back-Prozeß in Gang setzen. Oft ist eine solche Datenerhebung der Beginn eines Gesprächs, in dem über Gefühle und Einstellungen gesprochen werden kann, die vorher nicht geäußert wurden und die nicht transparent sind.

Das Gespräch über einen Datenerhebungsbogen (z. B. in der Klasse selbst) ist aber nicht einfach und sollte vorher in der Rollenspielgruppe geübt werden, wie wir es im nächsten Kapitel an einem Beispiel zeigen.

Datenerhebungsbögen sollten nicht allzulang sein und nur die Fragen enthalten, die die Gruppenmitglieder im Augenblick für die wichtigsten halten. Sie können auf verschiedene Weise konstruiert werden: In diesem Buch haben wir es immer so gemacht, daß eine Aussage auf einer Skala von 1 bis 7 auf ihre Richtigkeit für den Ausfüllenden bewertet wurde. Dabei war der eine Pol der Skala immer 1 = ‹stimmt genau› und der andere Pol 7 = ‹stimmt überhaupt nicht›.

11. Ein Beispiel für die Benutzung von Datenerhebungsbögen an Hand einer Lehrergruppe

Diese Gruppe von sieben Lehrern hat zunächst den Selbsterfahrungskursus in wöchentlichen Abständen durchgeführt. Einige Teilnehmer waren recht ungeduldig, endlich berufsbezogenes Verhalten im Rollenspiel einzuüben, andere waren enttäuscht, daß das Selbsterfahrungsprogramm schon zu Ende war.

Zunächst einigte sich die Gruppe so, daß sie erst einmal in zehn Sitzungen als Rollenspielgruppe weiterarbeiten will. Gleich in der ersten Sitzung ergibt sich, daß alle Gruppenmitglieder recht unsicher sind, wie ihre Schüler eigentlich ihr Verhalten wahrnehmen und wie sich die Schüler in der Klasse fühlen. Die Lehrer kommen überein, folgendermaßen vorzugehen:

1. Sitzung: Konstruktion eines Fragebogens und anonyme Beantwortung in den Klassen in der darauffolgenden Woche.
2. Sitzung: Besprechung der erhobenen Daten und Rollenspielübungen, um diese anonymen Daten mit der Klasse auszuwerten. Dieses Auswertungsgespräch soll jedes Gruppenmitglied in der darauffolgenden Woche in seiner Klasse führen.
3. Sitzung: Austausch der Erfahrungen. In der nächsten Woche soll derselbe Bogen noch einmal in den Klassen vorgegeben werden. Jetzt soll er aber nicht anonym ausgefüllt werden, und es soll danach ein Klassengespräch über die Daten geführt werden. In dieser Sitzung wollen die Gruppenmitglieder die Leitung solch eines Gesprächs im Rollenspiel vorüben.
4. Sitzung: Austausch der Erfahrungen mit den Klassengesprächen.

1. Sitzung
Die Gruppe setzt sich zusammen und versucht einen Datenerhebungsbogen zu entwerfen, der ihren Interessen entspricht. Er soll nicht zu viele Fragen umfassen, damit das Ausfüllen und die Auswertung nicht zuviel Zeit in Anspruch nehmen. Der Fragebogen sieht zum Schluß folgendermaßen aus:

Datum:
Klasse:

	stimmt genau	stimmt überhaupt nicht
1. Ich fühle mich in dieser Klasse sehr wohl und möchte in keiner anderen sein.	1 2 3 4 5 6 7	
2. Ich habe in dieser Klasse viele Freunde, und die Mitschüler sind freundlich und verständnisvoll zu mir.	1 2 3 4 5 6 7	
3. Ich kann in dieser Klasse so aktiv mitarbeiten, wie ich es möchte.	1 2 3 4 5 6 7	
4. Das Klassenklima und die Stunden sind so, daß ich Spaß beim Lernen habe und mir das Lernen schmackhaft gemacht wird.	1 2 3 4 5 6 7	
5. Wenn ich etwas gut mache, wird das vom Lehrer anerkannt, und er zeigt mir das.	1 2 3 4 5 6 7	
6. Der Lehrer verhält sich häufig so, daß ich Angst vor ihm habe und nicht ehrlich meine Meinung sagen mag.	1 2 3 4 5 6 7	

7. Ich glaube, daß der Lehrer versteht,
warum ich mich in der Klasse so
verhalte, wie ich es tue.   1 2 3 4 5 6 7

Was mir sonst noch   Was mir sonst noch
positiv an der Klasse   negativ an der Klasse
und am Lehrer auffällt.   und am Lehrer auffällt.

Da alle Lehrer an der gleichen Schule unterrichten, ist es kein Problem, diese Bögen auf Matrizen zu tippen und abzuziehen, so daß sie am nächsten Tag an alle Gruppenmitglieder verteilt werden können.

Zum Schluß überlegen die Gruppenmitglieder noch, auf welche Weise sie die Fragebogenaktion begründen sollen. Das beste scheint ihnen, ganz offen vor der Klasse von der Rollenspielgruppe zu erzählen und mitzuteilen, wie alle Lehrer gemerkt haben, wie wenig sie über die Zufriedenheit oder Unzufriedenheit in den Klassen wissen. Auf diese Weise können sie den Schülern vermitteln, daß die Bogen nicht als unerwünschte Kritik aufgefaßt werden, sondern als erwünschtes Feed-back, das auch in konkrete Änderungen umgesetzt werden soll. Zwei Gruppenmitglieder äußern, daß sie nicht daran glauben, daß durch die Datenerhebung neue Informationen transparent werden würden. Doch die Gruppe kommt überein, dies zunächst experimentell zu prüfen. Jeder Lehrer soll auf einem eigenen Fragebogen ankreuzen, wie er glaubt, daß der Durchschnittswert der Klasse aussehen wird. In der nächsten Sitzung können dann diese ‹Schätzungen› mit den wirklichen Werten verglichen werden.

2. Sitzung

Die Gruppenmitglieder haben die Mittelwerte der anonym ausgefüllten Fragebogen errechnet und lesen diese zusammen mit ihren geschätzten Mittelwerten vor. Alle sind überrascht von den wirklichen Mittelwerten, und es ergibt sich eine intensive Diskussion über die Unterschiede zu den Schätzungen der Lehrer.

Die Fragen selbst sind natürlich viel zu allgemein, und da der Fragebogen anonym ausgefüllt wurde, ist in der Diskussion nicht immer zu klären, woran es zum Beispiel liegt, daß ein Teil der Schüler sich unverstanden fühlt usw.

Die Gruppenmitglieder sind sich aber einig, daß ein «Befragen» der Schüler ungünstig ist und es für die Schüler noch zu früh ist, ihre Meinungen öffentlich vor der Klasse zu vertreten.

Zunächst wollen sie diese anonymen Daten in der nächsten Woche in den Klassen bekanntgeben. Sie meinen, daß ebenso wie ihre Neugier auch die Neugier der Schüler größer werden wird, wenn die Mittelwerte veröffentlicht werden. Sie nehmen sich vor, die Mittelwerte in den Klassen an die Tafel zu schreiben und ihre Gefühle und Gedanken zu diesen Daten zu äußern.

Ihnen ist es klar, daß sie auch ihre Schätzungen an die Tafel schreiben, um ein Modell dafür zu sein, zu den eigenen Irrtümern zu stehen. Wichtig ist es auch für alle, daß sie modellhaftes Verhalten zeigen für: Offenheit, Angstfreiheit und freimütiges Schildern von Überraschung und Betroffenheit, ohne den Schülern oder sich selbst Vorwürfe zu machen.

Außerdem wollen alle Gruppenmitglieder versuchen, eine allgemeine Diskussion über die Daten in der Klasse anzuregen, und vorschlagen, die gleiche Erhebung in der nächsten Woche nicht-anonym durchzuführen, weil dann die verschiedenen Störungsfaktoren in der Klasse noch konkreter bearbeitet werden können.

Diese Veröffentlichung der Daten und die anschließende Diskussion wird im Rollenspiel von der Gruppe mehrere Male durchgeübt. Dies nimmt viel Zeit in Anspruch, weil es vielen schwerfällt, sich so zu verhalten, daß die Schüler nicht denken: «Hätte ich doch nicht so ehrlich geantwortet. Jetzt ist er beleidigt!»

3. Sitzung

Die Gruppenmitglieder berichten ihre Erfahrungen mit der Veröffentlichung der Daten. In allen Klassen wurden diese sehr interessiert aufgenommen, und es ergaben sich sehr lebhafte Diskussionen. In einer Klasse jedoch verlief das Gespräch sehr stockend, und die Schüler wagten sich nicht so richtig heraus. Die Lehrerin führt das darauf zurück, daß in dieser Klasse sehr wenig von den eigenen Gefühlen und Wahrnehmungen gesprochen wird, weil die Schüler sehr ehrgeizig sind und zwischen ihnen ein starkes Konkurrenzverhältnis besteht. Sie meint, daß in dieser Klasse noch viel geschehen muß und daß es besser gewesen wäre, wenn sie zunächst mit der Klasse über die Wichtigkeit von Feed-back und dem Anmelden von ‹Störungen› gesprochen hätte – sie will das nachholen.

In den anderen Klassen war die Diskussion eher zu lebhaft, und die Gruppenmitglieder stellten eher eine destruktive Kommunikation in den Klassen fest. Einige Schüler versuchten, den anderen ihre Gefühle ‹auszureden›, so daß das Äußern von Störungen bestraft wurde. Und die Schüler, die sich wohl fühlten, sprachen davon mit Stolz und Gefühlen der Überlegenheit gegenüber den anderen. Alle Lehrer stimmen auf Grund ihrer Erfahrung überein, daß es unbedingt erforderlich ist, vor der Durchführung einer nicht-anonymen Datenerhebung und dem Gespräch darüber einen Vortrag zu halten, über Gefühle und deren Wichtigkeit, über die verschiedenen Arten, negative Gefühle auszudrücken und auf sie zu reagieren, und über die Wichtigkeit von Feed-back.

Sie wollen Fallgeschichten erzählen von Schülern, die durch das Verhalten von Lehrern und Mitschülern Minderwertigkeitsgefühle und Hemmungen bekamen, und wollen auch von ihren eigenen Schulerfahrungen als Kinder erzählen. Außerdem wollen sie an die Tafel Reaktionsweisen schreiben, die den Ausdruck von Gefühlen fördern (akzeptierendes Zuhören, Verbalisierung der Gefühle des Partners, interessiertes partnerbezogenes Nachfragen und das Äußern der eigenen Gefühle). Zusätzlich wollen sie die Diskussionsregeln für die Gruppendiskussion vorstellen (siehe Selbsterfahrungsgruppe).

Da ihnen auch die Aufgabe der Leitung solch einer Klassendiskussion sehr schwierig scheint, benötigen sie auch in dieser Sitzung viel Zeit, um sich im Rollenspiel auf diese vorzubereiten.

4. Sitzung

In der Zwischenzeit haben alle Gruppenmitglieder in ihren Klassen die Bögen ausfüllen lassen, dann für jede Frage die Werte der Reihe nach vorlesen lassen, um danach eingehend jede Frage zu diskutieren.

Einem Gruppenmitglied war in der Zwischenzeit noch eine andere Möglichkeit eingefallen. Es hatte die Diskussionsregeln auf Pappe geschrieben und an sichtbarer Stelle in der Klasse befestigt. Dann hatte es die Klasse in mehrere Kleingruppen zu je fünf Mitgliedern aufgeteilt, die nach dem angegebenen Schema über ihre Fragebogenwerte sprachen. Er selbst ging dann von Gruppe zu Gruppe und achtete darauf, daß die Kommunikation verständnisvoll und akzeptierend blieb.

Im ganzen äußern die Lehrer, daß sie in den Klassen selten eine so intensive und engagierte Diskussion erlebt hätten und daß die Schüler nach weiteren solchen Klassengesprächen verlangten. Sie selbst haben in diesen Diskussionen mehr über die Schüler und über sich selbst erfahren, als in jeder anderen Stunde. In einigen Klassen konnten auch konkrete Änderungen im Lehrplan, an der Unterrichtsmethode und im Hinblick auf die Beteiligung der Schüler am Unterricht besprochen werden.

Alle Gruppenmitglieder sind recht hoffnungsvoll und nehmen sich vor, solch ein Klassengespräch mit Hilfe derselben oder mit neu konstruierten Datenerhebungsbögen monatlich durchzuführen. Sie überlegen auch, ob sie nicht mit ihren Klassen gemeinsam einen neuen Datenerhebungsbogen erstellen sollen.

Ganz allgemein kommen die Gruppenmitglieder zu dem Schluß, daß viele Techniken, die sie hier in der Gruppe erlernen, langsam in den Unterricht mit übernommen werden können, zum Beispiel die Diskussionsregeln für freie Klassendiskussionen im Deutsch- oder Sozialkundeunterricht. Ebenso wollen sie das Rollenspiel im Sozialkundeunterricht anwenden, indem sie soziale Konflikte durchspielen lassen, um hinterher darüber zu diskutieren.

12. Das Tonband zur Datenerhebung von «draußen»

Auch das Tonband ist ein vorzügliches Hilfsmittel, um Daten aus der Familie oder dem Klassenzimmer mit in die Gruppe zu tragen. So können zum Beispiel Eltern Tonbandaufnahmen von ‹Familiendiskussionen› mit in die Gruppe bringen, Lehrer Tonaufzeichnungen von einer Unterrichtsstunde, und Paare können ihre Konfliktgespräche auf Tonband aufnehmen und in der Gruppe vorspielen. Dies ist natürlich nur möglich, wenn die beteiligten Familienmitglieder oder Schüler der Tonaufzeichnung und der Besprechung in der Rollenspielgruppe zugestimmt haben.

Wenn schwierige Situationen auf Band aufgenommen worden sind und in der Gruppe vorgespielt werden, dann ersetzt das das erste diagnostische Rollenspiel von schwierigen Situationen. Die Gruppe gibt beim Abhören des Tonbandes Feed-back über das Verhalten der Hauptperson, und diese kann das Feed-back zur Grundlage der Überlegungen nehmen, auf welche Verhaltensdimensionen sie sich beim darauffolgenden Rollenspiel konzentrieren will. Die Reihenfolge wäre also hier: Vorspielen des Tonbandes – Feed-back von der Gruppe – Verarbeitung des Feed-back – Verbesserung des Verhaltens in den relevanten Verhaltensdimensionen in einem Rollenspiel, in dem die gleiche Situation gespielt wird, wie sie auf der Tonaufzeichnung festgehalten worden ist.

Außerdem dienen Tonaufzeichnungen auch der Kontrolle des Lernerfolgs, wenn von Zeit zu Zeit dieselben schwierigen Standardsituationen mit dem Tonband festgehalten werden.

13. Das Tonband zur Datenerhebung von «draußen» am Beispiel einer Ehepaargruppe

Grundsätzlich ist es möglich, daß eine Gruppe, die aus Ehepaaren oder Freundespaaren besteht, nach der Durchführung des Selbsterfahrungsprogramms als Rollenspielgruppe weiterarbeitet. In dieser Rollenspielgruppe wird meist die Zeit auf das Konfliktgespräch zwischen zwei Partnern verwandt. Es ist dabei günstig, wenn immer ein Paar in der Mitte des Kreises ein Konfliktgespräch führt, während die Gruppe auf die Kommunikation zwischen den Partnern achtet und hinterher darüber Feed-back gibt. Auch hier ist es günstig, wenn das Paar hinterher die Möglichkeit zu einem zweiten Gespräch erhält, wobei dann nicht mehr der Inhalt des Konfliktgespräches wichtig sein sollte, sondern die Einübung angemessener Kommunikationsfertigkeiten.

Solch eine Gruppe ist nur möglich, wenn die Teilnehmer bereit sind, ihre Partnerschaft in die Gruppe einzubringen, und nicht der Meinung sind, daß «unsere Probleme keinen anderen etwas angehen».

Für die meisten Paare ist es eine große Bereicherung ihrer Beziehung, wenn sie sich als Paar nicht von anderen absondern und isolieren, sondern wenn sie in der Gruppe als zwei verschiedene Menschen auftreten, die sich besonders intensiv kennen. Für viele Paare ist das zunächst nicht einfach, und es schleicht sich oft das ‹Wir› anstelle des ‹Ich› ein – auch dort, wo nicht geprüft worden ist, ob der Partner ebenso denkt wie man selbst. Zunächst mag es überraschend und manchmal auch beängstigend sein, wenn man bemerkt, daß der Partner sich manchmal auf eine Art verhält, die wir selbst gar nicht an ihm kennen. Wir lernen ihn aber auf diese Weise viel beser kennen und lernen, neue Seiten am Partner wahrzunehmen. Ebenso überraschend kann es sein, wenn man bemerkt, daß die anderen Gruppenmitglieder den Partner anders wahrnehmen, als man es selbst tut.

Das Einbringen der Partnerschaft in eine Gruppe ist jedoch eine gute Möglichkeit, den Partner als ganze Person wahrnehmen und akzeptieren zu lernen und damit den Grundstein zu legen für eine Partnerschaft, in der sich beide Partner frei entwickeln und entfalten können. Außerdem ist die Beobachtung der Partnerschaftsmodelle der anderen Paare in der Gruppe eine Möglichkeit, die eigene Beziehung zu definieren und die eigenen Veränderungswünsche zu konkretisieren. Und es ist erleichternd, von den anderen Paaren zu hören, daß sie ähnliche Probleme haben oder gehabt haben wie man selbst und für diese Probleme Lösungsmöglichkeiten entdeckt haben.

In der Gruppe werden die Partner von der Funktion entlastet, dem anderen Feed-back zu geben. Denn das Feed-back kommt häufig von den anderen Gruppenmitgliedern, so daß man sich mehr darauf konzentrieren kann, dem Partner bei der Verarbeitung des Feed-back hilfreich zur Seite zu stehen. Häufig können Sie erleben, daß Ihr Partner das Feed-back der anderen bereitwilliger aufnimmt, als wenn Sie es geben. Feed-back in Dyaden wird häufig so gegeben oder so aufgefaßt, als wolle der Feed-back-Geber einen unbedingt verändern – und das löst Widerstände aus. So ist die Feed-back-Funktion der anderen Gruppenmitglieder ein großer Vorteil der Gruppenarbeit.

Notwendig ist es immer, vor der Arbeit als Rollenspielgruppe das Selbsterfahrungsprogramm durchzuführen. Die Paare können natürlich vorher auch schon das Partnerprogramm durchgeführt haben. Oder sie können es zum Inhalt der

Rollenspielgruppe machen, indem sie zu Haus die Sitzungen des Partnerprogramms durchführen, um die Erfahrungen damit in der Gruppe durchzusprechen und Kommunikationsfertigkeiten im Spiel einzuüben.

Die Gruppe, über die wir jetzt berichten wollen, besteht aus vier Paaren. Sie hatte sich zu Beginn folgendes Schema für ihre Arbeit vorgenommen:
1. Selbsterfahrungsprogramm an einem verlängerten Wochenende.
2. Durchführung des Dyadenprogramms zu Haus. Diese Sitzungen werden vollständig auf Tonband aufgenommen, schwierige Situationen werden in der wöchentlichen Gruppensitzung vorgespielt und durchgesprochen. Verhaltensweisen, die für einen Teilnehmer besonders wichtig sind, werden zusätzlich im Rollenspiel eingeübt.
3. Ausweitung der Gruppe in eine Rollenspielgruppe, in der Partnerprobleme wie auch Erziehungsprobleme mit den Kindern bearbeitet werden sollen.

Die Gruppe hat bereits das Selbsterfahrungsprogramm durchgeführt, und für manche Paare ist es noch wichtiger geworden, in der Gruppe weiterzuarbeiten. Während des Wochenendes sind viele Konflikte sichtbar geworden, die zwar auch vorher schon vorhanden waren, den Partnern aber nicht bewußt waren. Für einige Paare war das zunächst schmerzlich – auf der anderen Seite waren sie froh, daß diese Konflikte endlich einer Bearbeitung zugänglich wurden.

Die Teilnehmer hatten sich vorgenommen, einmal in der Woche als Paare zu Haus eine Partnersitzung durchzuführen und diese auf Tonband aufzunehmen. In der Gruppe wurden dann wichtige Ausschnitte vorgespielt und besprochen. Da dies zunächst dazu führte, daß einige Paare ihre Sitzungen vorspielten, Feed-back erhielten, daß über die Sitzung diskutiert wurde und sie ihr Verhalten im Rollenspiel üben konnten, anderen Paaren dann aber keine Zeit mehr zur Verfügung stand, einigten sie sich auf folgendes Schema für die Gruppensitzungen:
1. Anfangsblitzlicht
2. Erfahrungsaustausch über die letzte Partnersitzung. Diese Phase sollte nicht länger als eine Stunde dauern, und es wurde hier strikt darauf geachtet, daß jeder Partner nur von sich sprach. Vielen wurde dabei klar, wie verschieden sie die Sitzungen im Vergleich mit ihrem Partner wahrgenommen hatten. Viele waren überrascht über die unterschiedlichen Erfahrungen verschiedener Paare mit den gleichen Sitzungen.
3. Die restliche Zeit der Sitzung wird einem Paar zur Verfügung gestellt, so daß jedes Paar jede vierte Sitzung einmal ‹Hauptperson› ist.
4. Dieses Paar spielt Ausschnitte von schwierigen Situationen vor, die vorher auf dem Tonband markiert worden sind.
5. Jeder der beiden Partner überlegt mit Hilfe der Gruppe, mit welchen seiner Verhaltensweisen er unzufrieden ist und welche er verbessern möchte. Er beschränkt sich dabei möglichst auf zwei oder drei Verhaltensdimensionen (besser zuhören, ruhiger sein usw.) und vermeidet, über den Inhalt des aufgenommenen Gesprächs zu sprechen oder über das Verhalten seines Partners. Dazu hat er Gelegenheit im nächsten Rollenspiel.
6. Das Paar setzt sich in die Mitte der Gruppe und einigt sich auf ein Thema für ein Konfliktgespräch. Das kann ein Restproblem aus der letzten Partnersitzung sein, das kann aber auch ein neues Problem sein, das sich im Laufe der letzten Tage ergeben hat oder das beim Abhören des Tonbandes in der Gruppe deutlich

geworden ist. Die Partner führen ein Konfliktgespräch und achten dabei besonders auf die Verhaltensdimensionen, in denen sie sich verbessern wollen. Die Gruppe achtet auf die Kommunikation und gibt dem Paar nach dem Konfliktgespräch Feed-back, wobei auch besonders die Verbesserungen im Kommunikationsverhalten erwähnt werden sollten.

Oft ergab es sich, daß den Paaren das inhaltliche Problem so wichtig war, daß sie kaum noch auf die Kommunikation achten konnten. Der Gruppe erging es ebenso, so daß das Feed-back sich weniger auf das Kommunikationsverhalten als auf den Inhalt des Gesprächs konzentrierte. Die Gruppe sah aber deutlich, daß Probleme und Konflikte immer wieder zwischen Partnern auftreten werden und diese nicht restlos in der Gruppe gelöst werden können. Wichtiger schien ihnen die Art und Weise, wie man diese Probleme löst, zu verbessern – das heißt angemessene Kommunikation zu erlernen.

Wenn es um echte Konfliktgespräche geht, dann soll die Gruppe darauf drängen, daß das Konfliktschema streng eingehalten wird. Die Partner sollen auf keinen Fall auf Probleme ausweichen, die mit dem vorgenommenen Konfliktpunkt nichts zu tun haben. Erst muß für einen Konfliktpunkt eine Lösung gefunden werden, der beide zustimmen können. Stellt sich danach heraus, daß dieser Punkt nicht der wichtigste war, dann ist er wenigstens erledigt und ‹zu den Akten gelegt›, so daß er beim nächsten Konfliktgespräch über einen wichtigeren Punkt nicht störend die Kommunikation beeinflussen kann.

14. Das Planspiel

Das Planspiel ist eine effektive Methode, um Konflikte nicht nur zwischen Individuen, sondern zwischen größeren Interessengruppen transparent zu machen. Es dient zur Vorbereitung auf Auseinandersetzungen mit verschiedenen Interessengruppen. Beim Planspiel wird die Auswirkung von Aktionen, institutionellen Änderungen, Wirtschaftsplänen, Produktionsumstellungen usw. in einer simulierten Spielsituation erprobt. Dabei können Störfaktoren erkannt und bearbeitet werden, die häufig nicht transparent werden, wenn die geplante Aktion nur in der Diskussion oder auf dem Papier vorgeprobt wird. Es geht beim Planspiel also nicht so sehr um individuelles Verhalten, sondern mehr um eine gemeinsame Strategie oder die Vorbereitung einer Aktion, die bestehende Gruppen der Verwirklichung ihrer Ziele näherbringt.

Wichtig könnte das Planspiel beispielsweise für Gruppen sein, die politisch arbeiten (Gewerkschaftsgruppen, politische Jugendgruppen, Bürgerinitiativen usw.). Diese Gruppen müssen sich immer wieder überlegen, welche Auswirkungen ihre Aktionen und ihr Verhalten auf andere Menschen haben, um zu prüfen, ob diese Auswirkungen ihrer Aktionen ihren Zielen gerecht werden. Günstig ist es darum in diesen Fällen, die Wirklichkeit zunächst im Plan- und Rollenspiel zu simulieren, um diese Erfahrungen für die konkrete Praxis berücksichtigen zu können. Für viele politische Gruppen wird zusätzlich zum Planspiel auch das individuelle

352

Rollenspiel wichtig sein, denn häufig können die Gruppenmitglieder nicht alle Verhaltensweisen realisieren, die für ihre Arbeit notwendig sind. So fällt es den Mitgliedern jugendlicher Gruppen oft schwer, selbstbehauptendes Verhalten ‹nach oben› zu zeigen, und für Studenten aus der Oberschicht ist es nicht immer ganz einfach, für ihre Arbeit in der Unterschicht ihre Sprachbarrieren zu überwinden.

15. Das Planspiel am Beispiel einer gewerkschaftlichen Jugendgruppe

Auch diese Gruppe führte zunächst das Selbsterfahrungsprogramm durch. Obwohl die meisten Gruppenmitglieder gegen eine ‹Psychologisierung› der Gruppe waren und befürchteten, daß durch das Selbsterfahrungsprogramm die Gruppe in ihrer politischen Arbeit behindert werden könnte, entschlossen sie sich doch zu diesem Schritt, denn die politische Arbeit wurde immer wieder durch nicht erkannte und bearbeitete Störungen und Konflikte beeinträchtigt. Es hatten sich die Rollen der ‹Vielredner› und der ‹Schweiger› herausgebildet, Gruppenmitglieder fühlten sich bei Entscheidungen übergangen, und immer häufiger fehlten die Mitglieder an den Gruppenabenden.

Die Gruppenmitglieder beschlossen deswegen, an einem Wochenende das Selbsterfahrungsprogramm durchzuarbeiten. Sie ließen alle nonverbalen Übungen weg und konzentrierten sich vermehrt auf Konfliktgespräche über die Gruppensituation und auf das Selbstbehauptungstraining.

Die Gruppe hatte nun eine öffentliche Aktion vor, mit der sie die Bevölkerung auf Mißstände in einem bekannten Betrieb aufmerksam machen wollte. In diesem Betrieb war der Unfallschutz vollkommen unzureichend, die Mitbestimmung wurde von einigen leitenden Angestellten sabotiert, und in der letzten Zeit wurden immer mehr Arbeitnehmer aus Rationalisierungsgründen entlassen, ohne daß das Werk sich um eine Einstellung dieser in anderen Betrieben kümmerte.

Ganz allgemein hatte die Gruppe die Vorstellung einer Flugblattaktion, verbunden mit einem Demonstrationsmarsch. Sie waren sich einig, daß diese Aktionen nicht nur vorher besprochen, sondern auch durchgespielt werden sollten, und sie einigten sich auf zwei Planspiele:

1. Wie soll das Flugblatt aussehen?
2. Wie soll die Demonstration durchgeführt werden?

1. *Wie soll das Flugblatt aussehen?*
Ziel des Flugblatts sollte sein, möglichst viele Menschen unterschiedlichster Berufsgruppen anzusprechen und ihnen die Relevanz der Aktion auch für ihr Leben aufzuzeigen. Man teilte deshalb die Gesamtgruppe in vier Untergruppen auf, die folgende Interessengruppen vertreten und spielen sollten:
1. die Arbeiter des Betriebes,
2. die übrigen Arbeiter der Stadt,
3. die ‹Normalbürger›, die oberflächlich gesehen nicht direkt betroffen sind,
4. die Organe der Stadtverwaltung.
Der Zeitplan für die gemeinsame Arbeit sah folgendermaßen aus:

1. 30 Minuten Arbeit in den Kleingruppen,
2. 30 Minuten Diskussion im Plenum,
3. 30 Minuten Delegation an journalistisch begabte ‹Experten›,
4. 30 Minuten Verlesung, Diskussion und Verabschiedung des Flugblatts.

Arbeit in den Kleingruppen:
Die Gruppen verteilten sich so, daß sie sich gegenseitig bei der Arbeit nicht stören konnten. Jede Gruppe hatte die Aufgabe, sich genau in ihre vorgegebenen Rollen und Interessenlagen hineinzuversetzen und ein Flugblatt zu entwerfen, das ihre Interessen vertreten würde und von dem sie sich angesprochen fühlen. Sie sollten dabei auf den Inhalt wie auf den Stil achten und genau nach 30 Minuten fertig mit der Arbeit sein, das heißt, sie durften keinen allzugroßen Perfektionismus walten lassen.
Die Einhaltung der Zeit und der Abbau von Perfektionismus ist gerade bei Planspielen wichtig, da hier immer wieder verschiedene Rollen und Interessen durchgespielt werden sollen und die Gruppe das Ergebnis schrittweise zusammensetzen soll.

Diskussion im Plenum
Nach dieser halben Stunde trafen sich die verschiedenen Untergruppen im Plenum und tauschten die unterschiedlichen Ergebnisse aus. In 30 Minuten hatte das Plenum folgende Aufgaben:
– Alle aufgeführten Punkte der verschiedenen Flugblätter zusammenzusetzen,
– Konflikte zwischen den verschiedenen Gruppen (Arbeiter, Stadtverwaltung usw.), die den Text des Flugblatts betrafen, zu lösen,
– Einigung auf das Gesamtkonzept und auf den endgültigen Stil des Flugblatts.

Delegation an journalistisch begabte ‹Experten›
Die endgültige Erstellung des Flugblatts wurde an drei Gruppenmitglieder delegiert, die journalistische Erfahrungen und Begabungen besaßen. Die anderen Gruppenmitglieder diskutierten inzwischen über andere Themen wie zum Beispiel Druck und Verteilung des Flugblatts und anderes Organisatorisches.

Verlesung, Diskussion und Verabschiedung des Flugblatts
Die Experten lasen ihr Flugblatt vor, das sie nach den Richtlinien des Plenums geschrieben haten. Es wurde noch über einige Punkte diskutiert und es wurden einige kleine Änderungen vorgenommen – aber im ganzen waren alle Interessenuntergruppen mit dem Ergebnis zufrieden, und das Flugblatt wurde verabschiedet.
Das Ergebnis dieses Vorgehens war ein Flugblatt, das in seiner Wirkung frühere Flugblätter übertraf – auch weil die Gesamtgruppe Verbesserungen im Druck und in der Verteilung gefunden hatte.

2. *Wie soll die Demonstration durchgeführt werden?*
Bei der Planung war den Gruppenmitgliedern wichtig, die Reaktionen folgender Interessengruppen zu antizipieren:
– der betroffenen Arbeiter,
– des Industriewerks,
– des Polizeiapparats,
– der ‹Normalbürger›,

- der Jugendlichen der Stadt,
- der politischen Parteien in der Stadt,
- der Presse, des Rundfunks und Fernsehens.

Es wurde dabei nach folgendem Schema vorgegangen:
1. 30 Minuten Aufteilung in Interessengruppen und Kleingruppenarbeit,
2. 30 Minuten Podiumsdiskussion,
3. 30 Minuten Kleingruppenarbeit,
4. 30 Minuten Diskussion des Gesamtkonzeptes,
5. 60 Minuten konkrete Planung.

Zuerst erschien manchen Teilnehmern der Zeitplan als zu aufwendig. Aber andere Gruppenmitglieder erinnerten daran, wie häufig sie vorschnell Aktionen geplant hätten, von denen sich später manche Gruppenmitglieder distanzierten oder sich von den Entscheidungen ausgeschlossen gefühlt hatten. Und der Zeitverlust durch die dadurch entstandenen Konflikte war größer gewesen.

Aufteilung in Interessengruppen
Die Gruppe teilte sich in Kleingruppen, wobei jede eine der Interessengruppen simulieren sollte (Polizeiapparat, Presse usw.). Jede Gruppe arbeitete für sich und sollte zu folgenden Punkten Notizen machen:
- Was würde uns an der Demonstration mißfallen?
- Was würde uns für die Demonstration einnehmen?
- Was würden wir gegen die Demonstration unternehmen?

Die Gruppenmitglieder sollten sich ganz in die Rollen ihrer Interessengruppen einfühlen und deren Interessen vertreten.

Podiumsdiskussion
Jede Gruppe wählte einen Gruppensprecher, und alle sieben Gruppensprecher setzten sich um einen Tisch zu einer Diskussion. Die übrigen Gruppenmitglieder setzten sich vor diesen Tisch, so daß die Sprecher wie auf einer Bühne vor den anderen diskutieren.

Die Gruppensprecher sollten also in den Rollen von Interessenvertretern ihrer Gruppe (Polizei, Bürger usw.) sich vorstellen, daß die Demonstration schon durchgeführt worden sei, und ihre Einwände vorbringen. Dadurch kann die Information der Kleingruppenarbeit allen Teilnehmern transparent gemacht werden, ohne daß die Diskussion schleppend wird, wie meist bei Plenumsdiskussionen. Die Gruppenmitglieder, die nicht an der Podiumsdiskussion beteiligt sind, sollen nur zuhören und nicht in die Diskussion eingreifen. Außerdem werden die Ergebnisse der Kleingruppenarbeit auf diese Weise in lebendiger Konfrontation mit den anderen Interessengruppen veröffentlicht.

Kleingruppenarbeit
Durch die Podiumsdiskussion sind die Gruppenmitglieder sensibilisiert worden für mögliche Störfaktoren und Konfrontationspunkte bei der Durchführung der Demonstration. Außerdem haben sie die Erwartungen der verschiedenen Gruppen besser kennengelernt und können sich darauf einstellen, so wie sie es für richtig halten. Die Gesamtgruppe teilt sich nun in neue Kleingruppen auf, die für verschiedene Themenkomplexe Richtlinien erstellen sollen. Die verschiedenen Themenkomplexe, die also arbeitsteilig bearbeitet werden, sind:

- Material für die Demonstration,
- Öffentlichkeitsarbeit und Werbung für die Aktion,
- Vorgespräche mit der Stadtverwaltung,
- Parolen, Reden und Aktionen.

Diskussion des Gesamtkonzepts
Im Plenum lesen die verschiedenen Gruppen ihre erarbeiteten Richtlinien vor, und die Gesamtgruppe diskutiert das allgemeine Konzept für die Demonstration.

Konkrete Planung
Die Demonstration wird im Plenum von Anfang bis Ende durchgeplant, und die verschiedenen anfallenden Vorbereitungsarbeiten werden an Untergruppen delegiert.

Die Prinzipien dieser Muster-Sitzung sind einmal die Verschiebung der konkreten Arbeit in die Kleingruppen, während die Diskussion und die Verabschiedung der Arbeitsergebnisse im Plenum geschieht. Zum anderen werden die Gruppenmitglieder immer wieder gezwungen, sich in die Rollen anderer Interessengruppen hineinzuversetzen, um deren Reaktionen zu antizipieren. Das dritte Prinzip ist, daß das Ergebnis in genau vorstrukturierten Phasen langsam zusammengesetzt wird. Für Arbeitsgruppen, die große Erfahrung im Produzieren von Ideen, Papieren, Aktionen usw. haben, wird eine so starke Vorstrukturierung nicht mehr nötig sein – für andere Gruppen ist eine in dieser Art aufgebaute Sitzung eine gute Übung, um nutzlose Wortgefechte (deren Ursprung oft emotional und nicht rational ist) zu vermeiden und trotz Unterschieden auf der verbalen oder begrifflichen Ebene zur konkreten Arbeit zu kommen.

Weiterführende Literatur

Im folgenden führen wir nur die Bücher auf, die leicht verständlich geschrieben sind und sich nach der subjektiven Meinung der Autoren für praxisrelevante Veränderung eignen.

1. Carl R. Rogers: *Entwicklung der Persönlichkeit*. Stuttgart 1973, Ernst Klett Verlag.
In diesem Buch berichtet Carl Rogers, der Begründer der klientenzentrierten Gesprächspsychotherapie, einfach und deutlich von Forschungen und Erfahrungen mit der Entwicklung und Selbstverwirklichung des Menschen. Das Buch ist so geschrieben, daß der Leser immer wieder Parallelen zu seinem eigenen Leben und zu seiner Erfahrung ziehen kann.

Bücher für die Partnerschaft

2. Nena und George O'Neill: *Die offene Ehe*. Bern und München 1972, Scherz-Verlag.
In diesem Buch beschreiben die Autoren neue Zielvorstellungen für mögliche Partnerschaften. Paaren, die sich mit einer Verbesserung ihrer Kommunikation allein nicht zufrieden geben und strukturelle Veränderungen in ihrer Beziehung überlegen, kann dieses Buch viel nutzen.

3. *Wohngruppe, Kommune, Großfamilie*. Reinbek bei Hamburg 1972, rororo Sachbuch 6726.
Paaren, die in ihren Überlegungen über strukturelle Änderungen von Beziehungen noch weiter gehen wollen, seien diese Erfahrungsberichte über experimentelle neue Strukturen empfohlen.

4. George R. Bach, Peter Wyden: *Streiten verbindet*. Gütersloh 1970, Bertelsmann Sachbuchverlag.
Dieses Buch schildert ausführlich den konstruktiven und den destruktiven Umgang mit Aggression und Ärger in Partnerschaften. Mit sehr vielen anschaulichen Beispielen wird die Kommunikation in verschiedensten Bereichen zwischen zwei Menschen untersucht.

5. George R. Bach, Ronald Deutsch: *Pairing*. Düsseldorf und Köln 1972, Eugen Diederichs Verlag.
Auch in diesem Buch wird die Kommunikation zwischen zwei Menschen auf ihre Schädlichkeit und Förderlichkeit hin untersucht. Stärker als in

dem oben geschilderten Buch tritt hier die Phase des Kennenlernens und der Anfang einer Beziehung in den Vordergrund.

6. Anita Mandel, Karl Herbert Mandel, Ernst Stadter, Dirk Zimmer: *Einübung in Partnerschaft durch Kommunikationstherapie und Verhaltenstherapie*. München 1971, Verlag J. Pfeiffer.
Die zur Zeit umfassendste deutschsprachige Darstellung von therapeutischen Maßnahmen zur Verbesserung von Partnerschaften. Zum Teil wird das Buch nur dem Fachmann verständlich sein.

Bücher für Eltern

7. Elisabeth Dessai: *Kinderfreundliche Erziehung in der Dreizimmerwohnung*. Frankfurt am Main 1973, S. Fischer Verlag.
Allen Eltern zu empfehlen, die schon von der Säuglingszeit an ihre Kinder ohne Macht, Zwang und Unterdrückung aufwachsen lassen wollen. Die Autorin beschreibt anschaulich ihre Erfahrungen mit repressionsfreien Erziehungsmethoden. Besonders betont wird in diesem Buch die Notwendigkeit und die Möglichkeit, Strukturen zu verändern (besonders die kinderfeindliche Architektur). Das Buch gibt konkrete Hilfen, auch in einer beengten Neubauwohnung eine kindergerechte Umwelt herzustellen.

8. Thomas Gordon: *Familienkonferenz*. Hamburg 1972, Hoffmann und Campe Verlag.
Eine hervorragend ausführliche Darstellung des partnerzentrierten Gesprächs und des Konfliktgesprächs, die Gordon ebenso wie die Autoren aus der Theorie der non-direktiven Therapie herleitet. Dieses Buch ist allen Eltern mit älteren Kindern zu empfehlen.

9. Virginia Axline: *Dibs*. Bern und München 1971, Scherz-Verlag.
Eine bewegende Darstellung der Entwicklung eines verhaltensgestörten Kindes in der non-direktiven Spieltherapie. Virginia Axline ist die Begründerin dieser Therapieform; sie schreibt so anschaulich, daß das Verständnis des Lesers für die innere Erlebniswelt eines Kindes wachsen muß.

Bücher für Lehrer

Die unter 1, 8 und 9 aufgeführten Bücher gehen auch auf die Schulsituation von Kindern ein und sind auch Lehrern zu empfehlen.

10. George B. Leonard: *Erziehung durch Faszination*. Reinbek bei Hamburg 1973, rororo Sachbuch 6809.
Eine phantasievolle Weiterentwicklung wissenschaftlicher Untersuchungen, die die heutige Reform im Bildungswesen weit hinter sich läßt und neue Perspektiven für die Entwicklung der Schule eröffnet.

11. Herbert R. Kohl: *Antiautoritärer Unterricht in der Schule von heute*. Reinbek bei Hamburg 1971, rororo Sachbuch 6699.
Dieses Buch setzt sich ganz konkret mit der Möglichkeit von Strukturveränderungen im Klassenzimmer, in der Schule und im Lehrplan auseinander. Taktische Hinweise helfen dem Lehrer, moderne Unterrichtsmethoden auch gegen widrige Schulleiter, Eltern und Behörden durchzusetzen.

12. Margarete Lutz, Wolfgang Ronellenfitsch: *Gruppendynamisches Training in der Lehrerbildung*. Süddeutsche Verlagsgesellschaft 1971.
Eine theoretische und praktische Darstellung von Trainingsmöglichkeiten. An einem Beispiel einer Lehrerselbsterfahrungsgruppe wird die Veränderung im emotional-affektiven Verhaltensbereich aufgezeigt.

13. Rainer E. Kirsten: *Lehrerverhalten*. Stuttgart 1973, Ernst Klett Verlag.
Eine gründliche Diskussion der Literatur über die Lehrer-Schüler-Interaktion, verbunden mit praktischen Trainingsvorschlägen. Die wichtigsten Instrumente zur Unterrichtsbeobachtung und -analyse werden aufgeführt.

14. M. Sader u. a.: *Kleine Fibel zum Hochschulunterricht*. München 1971, Verlag C. H. Beck.
Praktische Vorschläge für Hochschullehrer, die ihren Unterricht und ihre Seminare partnerschaftlicher und befriedigender gestalten wollen. Zu empfehlen für Studenten, die die Veranstaltungen produktiv umwandeln und verändern wollen.

Persönlichkeitsentwicklung und Selbstverwirklichung

15. Carl Rogers: *On Encounter Groups*. New York, Evanston, London 1972, Harper & Row, demnächst auf deutsch im Kindler-Verlag.
Carl Rogers schildert seine Erfahrungen mit Veränderungen, die in Gruppen und in den Persönlichkeiten der Gruppenmitglieder stattfinden, wenn eine akzeptierende und verstehende Atmosphäre den freien Ausdruck der Gefühle fördert. In diesem Buch werden die persönlichen Erfahrungen von Menschen in einer Selbsterfahrungsgruppe besonders deutlich.

16. William C. Schutz: *Freude*. Reinbek bei Hamburg 1973, rororo Sachbuch 6811.
Ebenfalls eine anschauliche Einführung in die Erfahrungen und Erlebnisse, die Menschen in Selbsterfahrungsgruppen machen können. In diesem Buch werden die verschiedensten Techniken und Möglichkeiten beschrieben, diese Erfahrungen zu provozieren.

17. Frederik Perls, Ralph Hefferline, Paul Goodman: *Gestalt Therapy*. Hamondsworth, Penguin Books, Pelican 1642.
Eine ausführliche Einführung in die Gestalt-Therapie, wobei der Leser immer wieder mit seiner eigenen subjektiven Erfahrung angesprochen wird. Der erste Teil des Buches ist als Anleitung zur Selbsttherapie gedacht, und verschiedenen theoretischen Ausführungen folgen Übungen zur Selbsterfahrung für den einzelnen. Leider ist dieses Buch noch nicht auf deutsch erhältlich.

18. Thomas A. Harris: *Ich bin o. k., Du bist o. k.* Reinbek bei Hamburg 1973.
Eine Einführung in die Methode der Transaktions-Analyse nach Eric Berne. Dieses Buch befaßt sich hauptsächlich mit der Beeinflussung neuer Erfahrungen durch ‹alte› Informationen aus der Kindheit.

19. Dieter Schwarz, Elisabeth Sedlmayr: *Befreiung von der Neurose*. Düsseldorf 1971, Eugen Diederichs Verlag.
Eine Beschreibung der verschiedenen Techniken der Verhaltenstherapie auch für schwerere psychische Störungen. Das Buch kann den Weg zu einem professionellen Verhaltenstherapeuten vorbereiten, ist aber zur Selbstanwendung ungeeignet (siehe Kapitel «Verhaltensänderung»).

Bücher für Arbeitsgruppen

Die Bücher 12 und 15 können helfen, Gruppenprozesse zu deuten und zu verstehen.

20. Wolfgang Schmidbauer: *Sensitivitätstraining und analytische Gruppendynamik*. München 1973, R. Piper Verlag, Serie Piper 56.
Eine Übersicht über die gruppendynamische Laboratoriumsmethode und über die Encounter-Bewegung. Kann das Verständnis für Gruppenprozesse erhöhen.

21. Joseph Luft: *Einführung in die Gruppendynamik*. Stuttgart 1971, Ernst Klett Verlag.
Ebenso wie Titel 20 kann dieses Buch das Verständnis für Gruppenpro-

zesse erhöhen. Beide Bücher geben aber dem einzelnen Gruppenmitglied keine Instrumente an die Hand, die für die Gruppe handlungsrelevant werden können.

22. Ruth Cohn: *Das Thema als Mittelpunkt interaktioneller Gruppen.* In: *Gruppenpsychotherapie und Gruppendynamik,* Bd. 3, Heft 2, Göttingen 1970.
Die Autorin gibt eine kurze Einführung in ihre themenzentrierte interaktionelle Methode und zählt sechs Diskussionsregeln auf, die die Autoren dieses Buches in ihre Diskussionsregeln übernommen haben.

23. Klaus Antons: *Praxis der Gruppendynamik.* Göttingen 1973, Verlag für Psychologie.
Eine Auflistung von verschiedensten Übungen in der Gruppendynamik. Wenn eine Gruppe gelernt hat, auch bei Konflikten angemessen zu kommunizieren, können viele dieser Übungen auch ohne Trainer durchgeführt werden.

Weitere Literatur mit praktischen Übungen

Abt, C. C.: *Ernste Spiele,* Köln 1971

Antons, K.: *Praxis der Gruppendynamik,* Göttingen, Hogrefe, 1973

Bach, G., Bernhard, Y.: *Aggression Lab.* Iowa, Dubuque, 1971

Bach, G., Wyden, P.: *Streiten verbindet.* Gütersloh 1971

Blank, Gottsegen, Gottsegen: *Confrontation,* New York, Macmillan Company, 1971

Brocher, T.: *Gruppendynamik und Erwachsenenbildung,* Braunschweig 1969

Didactic Systems, Inc.: *A catalog of ideas for action oriented training.* New York

Fagan, J., Shepherd, I. L.: *Gestalt Therapy now.* Middlesex, Penguin Books 1972

Malamud, D. I., Machover, S.: *Toward self-understanding: Group techniques in self-confrontation.* Springfield 1965

Malcher, J.: *Nicht ohne. Gruppendynamische Übungen, Methoden und Techniken.* Erzbischöfliches Jugendamt Köln 1972

Muccinelli; R.: *Gruppendynamik.* Salzburg 1972

Nylen, D. u. a.: *Handbook of staffdevelopment and human rleations training.* Copenhagen 1969

Otto, H. A.: *Group methods designed to actualize human potential.* Chicago 1968

Otto, H. A., Mann, J.: *Ways of Growth: Approaches to Expanding Awareness.* New York, Grossmann 1968

Perls, F., et. al.: *Gestalt Therapy*. Harmondsworth, Penguin Books, Pelican 1642

Pfeiffer, J. W.: *A Handbook of structured experiences for human relations training*. Vol. 1/2. Iowa 1970

Schutz, W. C.: *Freude. Abschied von der Angst durch Psychotraining*. Reinbek 1971

Vopel, K. W.: *Stimulated social skill training. Ein Kurs mit gruppendynamischen Übungen zur Selbstkonfrontation*. Unveröffentl. Manuskript, Hamburg 1972

Vopel, K. W., Kirsten, R. E.: *Teilnehmermaterialien zum Kommunikations- und Kooperationskurs*. Unveröffentl. Manuskript Hamburg 1973

Pädagogik bei rororo

H. u. J. Bußmann
Unser Kind geht auf die Waldorfschule *Erfahrungen und Ansichten*
(rororo sachbuch 8736)

B. Esser / Ch. Wilde
Montessori-Schulen *Zu Grundlagen und pädagogischer Praxis*
(rororo sachbuch 8556)

Wulf Wallrabenstein
Offene Schule - Offener Unterricht *Ratgeber für Eltern und Lehrer*
(rororo sachbuch 8752)
Dieses Buch lädt ein zu einer Entdeckungsfahrt in den Offenen Unterricht und Offene Schulen und informiert engagiert über Wochenplan, Morgenkreis, entdeckendes Lernen und viele weitere Brennpunkte.

Horst Speichert
Richtig üben macht den Meister *Das Erfolgsprogramm gegen Lernfehler, Verlernen und Vergessen*
(mit kindern leben 7875)

K. Dietrich / G. Landau
Sportpädagogik *Grundlagen, Positionen, Tendenzen*
(rororo sport 8623)

Dieter Lenzen
Pädagogische Grundbegriffe Band 1: Agression - Interdisziplinarität Band 2: Jugend - Zeugnis
(rowohlts enzyklopädie 487 + 488)

Christoph Lindenberg
Waldorfschulen: Angstfrei lernen, selbstbewußt handeln *Praxis eines verkannten Schulmodells*
(rororo sachbuch 6904)

rororo sachbuch

Schulspaß und Schulspiele *Handbuch zum Schulalltag. Herausgegeben von der Arbeitsgruppe Oberkircher Lehrmittel*
(rororo sachbuch 7783)

Else Müller
Hilfe gegen Schulstreß *Übungsanleitungen zu Autogenem Training, Atemgymnastik und Meditation. Übungen zum Abbau von Aggressionen, Wut und Spannungen für Kinder und Jugendliche*
(rororo sachbuch 7877)

Klaus-Jürgen Tillmann
Sozialisationstheorien *Eine Einführung in den Zusammenhang von Gesellschaft, Institution und Subjektwerdung*
(rowohlts enzyklopädie 476)

Sämtliche Bücher und Taschenbücher zum Thema finden Sie in der *Rowohlt Revue*. Jedes Vierteljahr neu. Kostenlos in Ihrer Buchhandlung.

Psychologie und Lernen

Harold H. Bloomfield
Das Achilles-Syndrom *Wie man Schwächen in Stärken umwandelt*
(rororo sachbuch 8091)

Nathaniel Branden
Ich liebe mich auch *Selbstvertrauen lernen*
(rororo sachbuch 8486)

David Cooper
Der Tod der Familie *Ein Plädoyer für eine radikale Veränderung*
(rororo sachbuch 8560)

Wayne W. Dyer
Der wunde Punkt *Die Kunst, nicht unglücklich zu sein. Zwölf Schritte zur Überwindung seelischer Problemzonen*
(rororo sachbuch 7384)

Luise Eichenbaum / Susie Orbach
Was wollen die Frauen? *Ein psychotherapeutischer Führer durch das Labyrinth von Wünschen, Ängsten und Sehnsüchten in Liebesdingen*
(rororo sachbuch 7967)

Erich Fromm
Anatomie der menschlichen Destruktivität
(rororo sachbuch 7052)
Märchen Mythen, Träume *Eine Einführung in das Verständnis einer vergessenen Sprache*
(rororo sachbuch 7448)

Klaus D. Heil
Programmierte Einführung in die Psychologie *Ein Lernprogramm*
(rororo sachbuch 6930)

rororo sachbuch

Muriel James / Dorothy Jongeward
Spontan leben *Übungen zur Selbstverwirklichung*
(rororo sachbuch 8301)

Hans-Peter Nolting
Lernfall Aggression *Wie sie entsteht - Wie sie zu vermindern ist. Ein Überblick mit Praxisschwerpunkt Alltag und Erziehung*
(rororo sachbuch 8352)

Friedemann Schulz von Thun
Miteinander reden 1 *Störungen und Klärungen. Allgemeine Psychologie der Kommunikation*
(rororo sachbuch 7489)
Miteinander reden 2 *Stile, Werte und Persönlichkeitsentwicklung. Differentielle Psychologie der Kommunikation*
(rororo sachbuch 8496)

Dieter E. Zimmer
Tiefenschwindel *Die endlose und die Beendbare Psychoanalyse*
(rororo sachbuch 8775)

Psychologie und Lernen

L. Ashner / M. Meyerson
Wenn Eltern zu sehr lieben
(rororo sachbuch 9359)

George R. Bach / Laura Torbet
Ich liebe mich – ich hasse mich
Fairness und Offenheit im Umgang mit sich selbst
(rororo sachbuch 7891)

Nathaniel Branden
Liebe für ein ganzes Leben
Psychologie der Zärtlichkeit
(rororo sachbuch 7867)

Kathleen Gose / Gloria Levi
Wo sind meine Schlüssel?
Gedächtnistraining in der zweiten Lebenshälfte
(rororo sachbuch 8756 und als Großdruckausgabe 33109-8)

Thomas A. Harris
Ich bin o.k. – Du bist o.k.
Wie wir uns selbst besser verstehen und unsere Einstellung zu anderen verändern können – Eine Einführung in die Transaktionsanalyse
(rororo sachbuch 6916)

Raymond Hull
Alles ist erreichbar *Erfolg kann man lernen*
(rororo sachbuch 6806)

Gerhard Krause
Positives Denken – der Weg zum Erfolg *13 Bausteine für ein erfülltes Leben*
(rororo sachbuch 7952)

Abraham H. Maslow
Motivation und Persönlichkeit
(rororo sachbuch 7395)

Erhard Meueler
Wie aus Schwäche Stärke wird
Vom Umgang mit Lebenskrisen
(rororo sachbuch 8540)

John Selby
Einander finden *Übungen zur Psychologie der Begegnung in Freundschaft, Beruf und Liebe*
(rororo sachbuch 7991)

Martin Siems
Dein Körper weiß die Antwort
Focusing als Methode der Selbsterfahrung – Eine praktische Anleitung
(rororo sachbuch 7968)

Frauke Teegen / Anke Grundmann / Angelika Röhrs
Sich ändern lernen *Anleitungen zur Selbsterfahrung und Verhaltensmodifikation*
(rororo sachbuch 6931)

Weitere Bücher und Taschenbücher zum Thema finden Sie in der *Rowohlt Revue*. Jedes Vierteljahr neu. Kostenlos in Ihrer Buchhandlung.

rororo sachbuch